应用型本科立体化规划教材

现代物流学

主　编　易　兵　熊文杰
副主编　张轶鹏　胡晓兰
　　　　刘　瑶　李傲寒

中国财富出版社

图书在版编目（CIP）数据

现代物流学 / 易兵，熊文杰主编 . —北京：中国财富出版社，2019. 8

（应用型本科立体化规划教材）

ISBN 978 - 7 - 5047 - 6900 - 8

Ⅰ. ①现… Ⅱ. ①易… ②熊… Ⅲ. ①物流—教材 Ⅳ. ①F252

中国版本图书馆 CIP 数据核字（2019）第 086670 号

策划编辑 张 茜 **责任编辑** 邢有涛 许 诺

责任印制 梁 凡 郭紫楠 **责任校对** 杨小静 **责任发行** 敬 东

出版发行 中国财富出版社

社 址 北京市丰台区南四环西路 188 号 5 区20 楼 **邮政编码** 100070

电 话 010 - 52227588 转 2098（发行部） 010 - 52227588 转 321（总编室）

010 - 52227588 转 100（读者服务部） 010 - 52227588 转 305（质检部）

网 址 http://www. cfpress. com. cn

经 销 新华书店

印 刷 北京京都六环印刷厂

书 号 ISBN 978 - 7 - 5047 - 6900 - 8/F · 3058

开 本 787mm × 1092mm 1/16 **版 次** 2019 年 8 月第 1 版

印 张 22. 25 **印 次** 2019 年 8 月第 1 次印刷

字 数 487 千字 **定 价** 68. 00 元

序　一

应用型本科教育是在我国经济建设现代化和高等教育大众化推动下产生的一种新类型本科教育。应用型本科教育作为一种独立的教育类型，具有自己的人才培养目标、培养规格、培养过程、培养方式和评价标准。

随着办学规模的快速扩大和分类指导、分层教学的开展，应用型本科高校的人才培养定位日益清晰，但作为实现培养目标重要工具的教材建设却远远滞后。由于应用型教材种类和数量的匮乏，使得许多应用型本科院校不得不沿用传统研究型教学的教材，严重影响了应用型本科院校人才培养目标的实现。中国财富出版社一直关注应用型本科院校的发展，把开发应用型本科教育教材列为重要工作，组织力量并与高校密切合作，与广大一线教师、院系教学领导进行充分有效的研讨、交流，组织优秀的作者队伍编写教材，努力编写出适合应用型人才培养需要的教材。中国财富出版社与应用型本科高校武汉商学院物流管理教研室教师团队合作出版的《现代物流学》立体化教材，就是其中之一。

《现代物流学》立体化教材，作为一个整体的教学、学习解决方案，通过提供多种教学资源，最大限度地满足教师教学需要和学生学习需要，达到提高教学、学习质量，促进教学改革的目的。相信这本精心策划、认真编写出版的教材会得到广大院校的认可，对应用型本科院校经济管理类专业的教学改革和教材建设将起到积极的推动作用。

中国物流学会副会长

2019 年 5 月

序　二

教学是一个教和学互动的过程，教材正是这一互动过程的重要工具和载体。教材对老师而言在于“授渔”，即教会学习、教会反思、教会提炼本质；教材对于学生而言在于“用”，即用来获取知识、用来思考、用来解决问题，简言之就是用活知识。凡要掌握一门知识，唯有从教材入手，才能让你获得的知识更加系统化、规范化。

在教材发挥的效果方面，有两个现象值得思考。其一，认为解决问题比发现问题重要，导致学生“知其然而不知其所以然”；其二，注重教材的系统性和逻辑性，而忽视了其灵活性和留白性。这样的问题在《现代物流学》立体化教材中得到有效解决。该教材围绕“教、学、做、考”设置立体化资源，为师生提供一整套的教学、学习解决方案。让教材成为学生与世界连接的桥梁，成为学生随时随地学习的“移动库存”。

从教材编写的结构设计上，能够看出易兵等老师具有深度的教学反思和对教育事业的初心。立体化教材建设任重道远，衷心希望易兵等老师再接再厉，百尺竿头，也呼吁更多的老师重视教材建设，投身到这项伟大的事业中。

北京物资学院副校长

2019 年 5 月

前言

在国际上，物流产业被认为是国民经济发展的基础和动脉，其发展程度是衡量一国现代化进程和综合国力的重要标志之一。随着我国经济发展进入新常态，物流业的产业地位得到显著提升，一些细分领域，如快递物流、电子商务物流、农产品（冷链）物流、应急物流、城市配送等发展迅速。在“互联网 +”战略引领下，在大数据和云技术等的支撑下，我国物流业迎来了前所未有的发展机遇。面对大好形势，物流业的发展离不开“运筹帷幄之中”的物流人才。行业实践性强的特点，要求我们培养的人才应具有实验分析、动手操作和创新学习的能力，完善课程设计是人才培养的重要抓手，选用一本好的教材是关键。

《现代物流学》立体化教材建设思想是以新时代应用型人才培养目标为指导，以高质量编写为准绳，与之配套的课程设计将现代技术与教学中的实践应用充分结合，既要增强传统教材在系统性和逻辑性方面的优势，又要体现立体教材在灵活性和留白性方面的特点，让教材成为能随时更新和补给知识的“移动库存”。《现代物流学》立体化教材建设以完善课程设计、促进教学改革为目标，通过提供多种教学资源，最大限度地满足教师教学需要（“如何教?”）和学生学习需要（“怎样学?”）。教材建设呈现以下两个特色。

其一，突出“交互式”课程设计的要求。教材配有 App 教学资源平台，除了将传统教学资源教案和课件上传供学生全天候自学和下载外，还设置了信息推送功能（链接最新物流资讯）、电子资料库（通过扫描教材图片即可获取视频、音频、图文等学习资料）、自测（考试）软件、互动专区、学生管理系统、教师教辅系统等，让课堂设计变得更加灵活，教师与学生间能够进行充分的沟通。

其二，突出“自主学习”的人才培养理念。教学的效果除了与老师的传授技巧相关外，更重要的是学生的自主学习能力。教材配有网络学习监控系统软件，能够对学生的学习效果自动进行数据分析，如测试成绩统计、阅读量时间统计、考勤记录、答疑记录等，用以监督学生学习落实的情况，调动他们“自主学习”的积极性。

本教材由武汉商学院物流管理教研室教师团队编写。感谢武汉青木云科技有限公司、北京金文天地信息咨询有限公司、山绿农产品集团股份有限公司、湖北省智慧物流企业家联盟、武汉市长江中游城市群发展研究会、武汉智慧物流与供应链研究中心、武汉市商业经济学会等领导及专家给予编撰工作的大力支持。易兵负责全书内容结构设计以及组织协调、统稿审核和修改定稿等工作，并负责第一章的撰写；罗俊杰负责第二章的撰写；张燕妮负责第三章的撰写；许弢负责第四章的撰写；周辉负责第五章的撰写；张轶鹏负责第六章的撰写；谢美娥负责第七章的撰写；刘瑶负责第八章的撰写；李傲寒负责第九章的撰写；徐琴负责第十章的撰写；姚丽霞负责第十一章的撰写；胡晓兰负责第十二章的撰写；熊文杰全程参与教材编写讨论、指导和审核等并负责第十三章的撰写。

本教材在编写过程中，不仅融进了笔者在教学中所积累的经验与研究成果，而且参考了一些文献资料，在此谨向相关文献的作者表示深深的谢意。由于时间仓促、水平有限，敬请各位专家、读者提出宝贵意见，以便我们不断完善，更好地服务于高等教育，为我国物流行业的发展做出积极贡献。

易兵

2019 年 5 月

目　录

第一章　现代物流概论

本章导读

如果从物体的流动来理解，物流是一种古老又平常的现象。自从人类社会有了商品交换，就有了物流活动（如运输、仓储、装卸搬运等）。而将物流作为一门学问来研究，却仅有几十年的历史。因此说物流是一门新学科。

物流作为一门科学的诞生是社会生产力发展的结果。在长期的社会发展过程中，学者们经过长期的理论酝酿，逐渐认识到在生产活动中，有一种活动过去被人们看成在生产过程、生产工艺的组成领域里，详细分析起来是没有直接参与实际生产制造过程的，而是与工艺有关但又另有特性，那就是物流。如果把生产活动进行专业的细分，又可分成两个组成部分，一部分是生产工艺活动，另一部分是物流活动。通过对物流这一概念的起源和发展进行探索，我们可以认识到物流的发展历程。

教学目标

对物流概念的理解是把握现代物流思想及分析、解决物流问题的关键。必须正确地引导学生对物流的产生、发展及未来趋势有全面系统的了解，激发学生学习物流、研究物流的潜能，为新时期我国物流产业的蓬勃发展培养具有创新精神和实践能力的专业人才。

学习任务

1. 理解物流概念的产生及其演变的过程。
2. 理解物流在经济和社会中的重要作用。
3. 掌握现代物流理论及学说的深刻内涵。
4. 全面了解国内外现代物流的发展历程。
5. 了解我国新时期物流发展的远景规划。

知识导图

- 第一章 现代物流概论
  - 第一节 物流概念的产生与发展
    - 一、物流概念的演变
    - 二、物流的发展历程
    - 三、物流的学说理论
  - 第二节 现代物流的概念及分类
    - 一、物流的概念
    - 二、现代物流及其特征
    - 三、现代物流的分类
  - 第三节 我国物流业发展的新时期
    - 一、我国物流业发展现状
    - 二、我国物流业建设的基本原则和远景目标

导入案例

最早的“物流公司”

古时，水陆交通非常不便，但随着经济发展，各地区之间交易日趋频繁。为了保护行旅安全，将货物平安送达目的地，镖局（如图 1－1 所示）便应运而生。

由于镖局同各地均有联系或设有分号，一些汇款业务也由镖局承担。明末清初，就连官府运送饷银，也请镖局出面保驾护航。后来，看家护院、保护票号也成了镖局的工作内容，据说当年李鸿章的家宅，就是由北京十大镖局之首的会友镖局派人保护的。到了清中叶，随着票号的兴起，镖局的主要业务就是为票号押送银票。清末时期，随着镖局生意的衰败，镖局的主要业务就转化为为一些有钱有势的客人押送衣、物并保护人身安全，这就形成了当时走镖的三大形式：粮镖、物镖、人身镖。

图 1－1　中国镖局

镖局属于特殊行业，既同绿林有来往，又同官府有关系，它的性质介于官和民之间。镖局的组织包括镖局主人、总镖头、从事保镖工作的镖头和镖师、大掌柜、管理杂务的伙计和杂役。由此看来，旧时的“镖局”和现今的“物流公司”简直如出一辙，镖局“走镖”就如同现代物流公司“运货”。所以，起源于我国明末时期的镖局算得上世界最早的物流公司，这即是说，中国旧时镖局可谓世界现代物流业的开山鼻祖！

第一节　物流概念的产生与发展

一、物流概念的演变

一般而言，物流是与商流相伴而生的，商品生产是物流产生的客观基础。然而，远在商品流通出现之前，甚至还在人类进化时期，物流这种形态就已存在。自然界中存在的劳动工具的运动以及后来与农业生产相关的另一种形态——仓储，都是物流的雏形。我国在先秦时期就形成了仓储理论和思想，有“储”与“商”两个领域。在早期的物流活动中，运输和仓储成为主体活动，主要表现在生产性的领域之中。

物流活动在人类社会的生产活动和交易行为中本就存在。但物流作为一个与商流分离的独立领域，形成的历史并不久远。

最早提出“物流”概念并将其付诸实践的国家是美国。1901 年，约翰·F. 克罗韦尔（J. F. Crowell）在美国政府报告“关于农产品的配送”中，第一次论述了对农产品配送成本产生影响的各种因素，揭开了人们对物流认识的序幕。1915 年阿奇·萧在《市场流通中的若干问题》一书中就提到“Physical Distribution”（物流）一词，并指出“物流是与创造需求不同的一个问题”。因为在 20 世纪初，西方一些国家出现生产大量过剩、需求严重不足的经济危机，企业因此提出了销售和物流的问题，此时的“物流”指的是销售过程中的物流。1927 年，拉尔夫·布索迪（R. Borsodi）在《流通时代》一文中首次用“Logistics”来称呼物流，为后来的物流概念奠定了基础。

从实践发展的角度看，1941—1945 年美国参加第二次世界大战期间，围绕战争供应，美国军队建立了“后勤管理”（Logistics Management）理论，并将其应用于战争活动。其中，所提出的“后勤管理”是指将战时物质生产、采购、运输、配给等实物运动进行全面管理和统一布置，以求战略物资补给的费用更低、速度更快、服务更好，此举对战争的胜利起到了保障作用。第二次世界大战后，后勤学逐步成长为相对独立的学科体系，并不断发展出“后勤工程”（Logistics Engineering）、“后勤分配”（Logistics of Distribution）等领域。

后勤管理的理念和方法，被引入到工业部门和商业部门后，就有了商业后勤管理、流通后勤管理的提法，这时的后勤管理包含了生产过程和流通过程的物流，包括原材料的流通、产品分配、运输、购买与库存控制、储存、用户服务等，因而是一个包含范围更广泛的物流概念。

1962 年，美国管理学家彼得·德鲁克（Peter F. Drucker）在《财富》（*Fortune*）杂志上发表了题为《经济的黑暗大陆》（*The Economy's Dark Continent*）一文，他将物流

比作“一块未开垦的处女地”，强调应高度重视流通及流通过程中的物流管理、物流的价值和利润，这一理念在实业界引发了巨大的震动。

二、物流的发展历程

（一）国际上物流的发展历程

物流在从 PD 向 Logistics 的演变过程中，不断被世界各国引用、研究和发展，至今，物流在理论与实践上已经呈现出多样化发展的态势。到目前为止，物流的发展经历了以下四个阶段。

1. 物流萌芽阶段（20 世纪初至 50 年代）

20 世纪初，北美和西欧工业化进程的加快、大批量生产和销售的出现促进了最初的物流形态的产生，主要表现为以工厂布置和物料搬运为主的企业物流与企业间采购、销售、供给等社会物流两种形态。

美国的物流开始于学者对一些物流活动的研究、探索和第二次世界大战中美国军事后勤为物流提供的实证基础。1946 年，美国正式成立了全美输送物流协会（American Society of Traffic Logistics），这是美国第一个对专业输送者进行考查和认证的组织。

2. 物流快速发展阶段（20 世纪 60 年代至 70 年代）

20 世纪 60 年代以后，科技与管理的不断发展，生产组织规模化和销售、供应专业化的改变对物流的发展起到了极大的促进作用；同时，社会各界对物流的重视同样为物流的飞速发展提供了良好的环境。

美国企业在这一时期普遍意识到物流所提供的服务对企业的重要性。物流，特别是配送在这一时期得到了快速的发展。1960 年美国雷神（Raytheon）公司设立了最早的配送中心，1963 年美国国家物流管理委员会成立。70 年代初，日本经济高速发展，生产领域向机械化、自动化方向的发展以及销售体制的改善，促进了物流业的快速发展与普及，大量的物流基础设施投入建设。欧洲社会对物流的需求随着欧洲经济的快速发展而不断涌现，此时欧洲的物流已经突破了原有厂内物流的局限，建立配送中心已经成为经济发展的需要。

3. 物流成熟阶段（20 世纪 70 年代至 80 年代）

在物流成熟阶段，物流管理的重点已经转移到对物流的战略研究上，企业开始关注与供应网络中企业的合作。电子数据交换（EDI）、准时生产（JIT）、配送计划以及其他物流技术的不断涌现、应用与发展，为物流管理提供了强有力的技术支持和保障。

1885 年，美国物流管理协会（CLM）对物流的定义反映了物流实践的发展，也进一步揭示了物流的本质，使综合物流管理的概念得到广泛的认可和应用。这一观念的引入，使企业内部逐步改变了传统的财务、采购、销售、市场、研发等分解式管理的思维方式，代之以系统整合的思想。它表明物流协作化与专业化已成为今后物流发展的主方向。20 世纪 80 年代，欧洲开始探索一种新的联盟型或合作式的物流新体系——综合物流供应链管理，以实现最终消费者和最初供应商之间的物流与信息流的综合，即在商品流通过程中加强企业间的合作，改变原来各企业分散的物流管理方式，通过合作达成原来不可能达到的物流效率，其成果由参与的企业共同分享。值得一提的是，这一时期第三方物流开始在欧洲兴起。

4. 现代物流发展阶段（20 世纪 90 年代至今）

随着新经济和现代信息技术的迅速发展，现代物流的内容经过不断丰富和拓展已更加完善。信息技术的进步，使人们更加意识到物流体系的重要性；同时，信息技术特别是网络技术的发展，也为物流发展提供了强有力的支撑，使物流向信息化、网络化、智能化方向发展。

美国电子商务如火如荼的发展，使现代物流上升到前所未有的重要地位。电子商务带来的交易方式的变革，使物流向信息化并进一步向网络化发展。此外，专家系统的推广使美国物流管理实现了智能化，提升了整体效果。为了保障效率和效果，一方面通过销售点（Point of Sale，POS）信息系统、条码、EDI 网络技术等收集和传递信息；另一方面利用专家系统使物流战略决策实现最优化，从而共同实现增加商品附加值的目标。

（二）中国物流科学的发展历程

中国学术界正式使用“物流”一词始于 1979 年（也有学者认为孙中山先生主张的“货畅其流”是我国物流思想的起源）。同年 6 月，我国物资工作者代表团赴日本参加第三届国际物流会议，回国后在考察报告中第一次引用和使用“物流”这一术语。在商业部提出建立“物流中心”时，曾有人认为“物流”一词来自日本，有崇洋之嫌，于是改为建立“储运中心”。然而，储存和运输虽是物流的主体，但物流有更广泛的外延，且物流是从日本引入的汉语，作为“实物流通”的简称，既科学合理又确切易懂，因此不久仍改称为“物流中心”。1988 年中国台湾地区也开始使用“物流”这一概念。1989 年 4 月，第八届国际物流会议在北京召开，“物流”一词的使用日益普遍。

我国物流的发展，除了和我国的经济结构、经济发展水平、技术发展状况有关外，还和我国的经济体制改革进程有直接关系。按照我国经济发展历程，中华人民共和国成立以来，我国物流的发展大致可以分为三个阶段。

1. 计划经济下的物流萌芽阶段（中华人民共和国成立初期至 1978 年）

中华人民共和国成立初期，我国实行的是高度集中的计划经济体制，国家的整个经济运行处于计划管理之下。企业的原材料供应、生产、销售，商业服务部门的仓储，运输企业的经营管理，都在严密的计划控制之下，由各级政府行政主管部门分条或分块直接管理。国家对各种产品特别是生产资料和主要消费品，实行指令性计划生产、分配和供应，商品流通企业的主要职责是负责各级政府部门指令性调拨计划的实施。虽然各级政府也在综合发展各种运输方式、合理布局物资储运点、保持合理库存、编制并不断修订主要物资的合理流向图、提倡综合利用各种运输方式及发展联运等方面提出了多种政策措施，但总体上是按计划生产、储存和运输，实现计划分配与供应。特别是1963年物资部门实行统一管理中转供销仓库以后，全国商品的物流活动基本上由各级物资储运公司和商业储运公司来承担。物资储运公司遵循“以收抵支，收支平衡”的原则，无论中转次数多少，只向用货单位按国家规定的收费标准收取一次性管理费用，物资系统内部调拨物资不收管理费。国家要求物资企业发挥蓄水池的作用，以至于社会物资库存量不断上升，物资周转缓慢。工业消费品的储存和运输按三级批发的供销体制进行，即对应一、二、三级商品批发供应站分别设立相应的商业储运公司，承担三级批发过程中的储运业务。当时的商品零售业主要是国营的百货商店、粮店、副食店、供销社和各种物资供应店，它们成了物流活动的终点，而且大都规模不大。

在这一阶段，资源分配和组织供应是按行政区划进行的，物流活动的主要目标是保证国家指令性计划分配指标的落实，而物流的经济效益目标被放到了次要位置。企业完全没有自主权。管理上条块分割，生产、仓储、运输、销售各环节相互分离，物流效率低下，现代物流管理的概念还处于“蒙昧阶段”。

2. 有计划的商品经济下的物流发展阶段（1979—1993年）

1979年，我国开始实行对内搞活、对外开放的政策，宏观经济环境发生了根本性变化。从那时起，我国开始从计划经济向市场经济逐步过渡，即从计划经济体制向以计划经济为主、市场经济为辅，计划经济和市场经济相结合的体制转变。市场在经济运行中的作用逐步加强，我国的经济运作从产品经济逐步向商品经济过渡，国内商品流通和国际贸易也不断扩大，国民经济步入高速发展时期。与此同时，我国的物资分配体制、商品流通体制、交通运输体制也发生了重大的变化。各级政府逐步放开了对企业生产、采购、销售的管理，企业逐步摆脱了高度指令性计划的束缚，自主决定其原材料的采购和产品的运输、销售。商贸企业根据流通体制改革和供应方式的变革，开展了商品物流配送中心的试点工作。交通运输企业突破传统的经营观念，开始实施前向一体化和后向一体化，开展了货物运输代理、取货送货、订舱配载、联运服务等许多新的业务活动。

由于经济活动已向商品导向转变，物流业开始注重经济效益。物流活动已不仅仅局限于被动的仓储和运输，而是开始看重系统运作，即考虑包括包装、装卸、流通加工、运输在内的物流系统整体效益，按系统化思想，推出了仓库一次性作业、集装单元化技术、自动化立体仓库、各种运输方式综合利用和联合运输等系统应用形式，用系统思想对物流全过程进行优化，使物流总费用降低。这一阶段，物流的经济效益和社会效益均有所提高。

3. 社会主义市场经济体制中的现代物流发展阶段（1993—2018 年）

1993 年，党的十四届三中全会通过了《中共中央关于建立社会主义市场经济体制若干问题的决定》。我国加快了经济体制改革的步伐，经济建设开始进入一个新的历史发展阶段。特别是20 世纪90 年代末，社会经济和国际交流的发展已使我国成为世界经济大国。加入世界贸易组织（WTO）后参与全球竞争，面对区域经济发展乃至国际贸易、科学技术的迅速发展和信息技术的普及应用、消费需求个性化趋势的加强、竞争机制的建立等问题，我国的工商企业，特别是中外合资企业，为了提高竞争力，不断提出新的物流需求，几乎所有的制造企业都开始重视企业物流的规划、设计与管理。随着我国经济向社会主义市场经济体制过渡，改革开放40 年来，物流活动逐渐摆脱了部门附属机构的地位，开始按照市场规律的要求发展。物流活动开始体现出真正的本质内容——服务，物流开始和更多的信息技术结合使用，其范围和领域也不断扩大，可以说在我国今后几十年，物流的发展前途无量。

4. 以新技术为代表的物流业全面进入智慧物流时代（2018 年至今）

中国物流业正经历着中国经济转为高质量发展的时代之变，以及全面数字化驱动下的工业经济时代向共享经济时代的历史性跨越，供求关系在逆转，需求结构在升级，商业模式在颠覆，发展动力在换位，产业边界在消融，行业格局在重构。在此背景下，智慧物流应运而生。

智慧物流是由科技创新引发的物流产业全方面的系统革命，其影响已由技术范畴扩展为文化范畴，由企业行为扩展为社会行为，以数字化、智能化、协同化、平台化、生态化为特征，呈现出全新的价值创造模式。

2018 年11 月24 日，在“第十六届中国企业家年会”上，中国外运发布了《新时代中国智慧物流发展报告》，吹响了中国物流业迈入智慧物流时代的号角。

三、物流的学说理论

自物流诞生之日起，物流活动的各个环节都在不断发展和完善。与物流活动发展相伴而生的，除了实践层面展现出的显著的技术性之外，理论层面也形成了一系列物流学说和物流理论，呈现出百花齐放、百家争鸣的态势。

（一）早期：物流现象说

1. 黑暗大陆学说

在探索期，物流领域有关理论学说以“黑暗大陆学说”为典型代表。

1962 年，美国著名的管理学权威彼得·德鲁克在《财富》杂志上发表了一篇文章，指出“流通是经济领域里的黑暗大陆”。德鲁克所说“流通”的指向比较宽泛，并没有明确界定具体的流通领域。但是由于在流通领域中，物流活动的模糊性尤为突出，是流通领域中人们的认识最为模糊不清的领域，所以“黑暗大陆”现在主要用于指代物流领域。正是因为物流是“经济的黑暗大陆”，因此德鲁克认为物流是“降低成本的最后处女地”。

2. 商物分离学说

商物分离（Separation of Deal and Physical Distribution），即商物分流。“商”，指“商流”即商业性交易，实际上是商品价值运动，是商品所有权转让，流动的是“商品所有权证书”，是通过货币实现的。商流的特点是灵活、机动、活跃、相对成本低；而物流的特点是费人、费时、费成本。“物”即“物流”，是马克思讲的“实际流通”，是商品实体的流通。商物分离学说是物流科学赖以生存的先决条件。所谓商物分离，是指流通中两个组成部分——商业流通和实物物流各自按照自己的规律和渠道独立运动，是指商流和物流在时间、空间上的分离，商贸企业可以不再有实际的存货，不再有真实的仓库，仅仅拥有商品的所有权，存货可以由工厂保管，也可以由市郊的物流中心保管，销售时，商贸企业完成的仅仅是所有权的转移，而具体的物流则交给工厂或物流中心处理。这样，可有效降低仓储、运输、装卸、管理成本，缓解相关区域的交通压力。

（二）发展期：费用成本学说

在这一时期，与物流的发展速度和深度相对应，物流理论的发展也日益成熟。在众多物流理论中，“物流冰山说”“第三利润源说”“效益背反说”“成本中心说”以及“利润中心说”等有较强的代表性。这些学说的核心思想是立足费用和成本层面，研究侧重点主要集中于物流在节省流通费用、降低流通成本、增加利润等方面所发挥的作用，以及效益背反的影响分析等方面。

1. 物流冰山说

物流成本的冰山理论是早稻田大学西泽修教授提出的。这一学说将物流成本比作“物流冰山”，即大部分物流成本是沉在水面以下我们看不到的黑色领域，而我们能看到的不过是物流成本中的小部分，大量的物流成本存在于企业其他费用中。

通常在企业的会计科目中，只将支付给外部运输企业和仓库企业的费用列入物流成本科目，而物流基础设施建设费用、企业内部车辆运输费用、内部库存费用、装卸费用和包装费用等内部费用都没有被列入物流成本科目，因此运用财务会计制度和会计核算方法不可能掌握物流费用的实际情况，因而，人们对物流费用的了解有很大的虚假性。物流冰山说一经提出，立刻在学术界引起了轰动。该学说之所以备受重视，主要原因在于以下几个方面：

（1）物流成本的会计核算科目繁杂，难以保证物流成本核算的科学性；

（2）物流成本的会计核算科目选择标准不统一，难以确保物流成本核算的准确性；

（3）不将内部物流成本列入物流成本核算范围，将影响物流成本核算的完整性。

知识链接

1895 年，心理学家弗洛伊德与布罗伊尔合作发表《歇斯底里研究》，弗洛伊德著名的“冰山理论”也就传布于世。弗洛伊德的人格理论认为人的心理分为超我、自我、本我三部分，超我往往由道德判断、价值观等组成；本我是人的各种欲望；自我介于超我和本我之间，协调超我和本我，既不能违反社会道德约束又不能太压抑。与超我、自我、本我相对应的是弗洛伊德对人的心理结构的划分，基于这种划分他提出了人格的三我，认为人的人格就像海面上的冰山一样，露出来的仅仅只是一部分，即有意识的层面；剩下的绝大部分是处于无意识的，而这绝大部分在某种程度上决定着人的发展和行为，包括战争、法西斯、人跟人之间的恶劣的争斗等。

1932 年，海明威在他的纪实性作品《午后之死》中，提出著名的“冰山原则”。他以“冰山”为喻，认为作者只应描写“冰山”露出水面的部分，水下的部分应该通过文本的提示让读者去想象补充。他说：“冰山运动之雄伟壮观，是因为它只有八分之一在水面上。”文学作品中，文字和形象是所谓的“八分之一”，而情感和思想是所谓的“八分之七”。前两者是具体可见的，后两者是寓于前两者之中的。

弗洛伊德和海明威等人在各自领域将“冰山理论”提出并加以应用，“冰山理论”才得以广为流传。

2. 第三利润源说

1970 年，日本早稻田大学的西泽修教授提出了“第三利润源”的概念。

从历史的发展来看，人类历史上曾经有过两个大量提供利润的领域：“第一利润源”是指物质资源的降低，主要是指节约原材料；“第二利润源”是指减少劳动消耗，主要是指提高劳动生产率。西泽修教授在此基础上提出了“第三利润源”的概念，即整合生产和流通的资源，使之合理、高效，从而产生更高的利润。

第三利润源说不仅对当时日本物流业的发展起到了巨大的作用，也对亚太地区很多国家物流业的发展产生了相当重要的影响。

3. 效益背反说

效益背反说是物流领域内部矛盾的反映和表现，是物流领域的普遍现象，指物流系统中各个环节（如运输、储存、搬运、包装、流通加工等环节）存在着此消彼长的关系。因此决策层必须认真考虑物流成本下降与物流服务质量之间的关系。

对点案例

（1）减少物流网络中仓库的数目并减少库存，必然会使库存补充变得频繁而增加运输的次数；

（2）简化包装，虽可降低包装成本，但由于包装强度的降低，使运输和装卸过程中的破损率增加，且在仓库中摆放时亦不可堆放过高，降低了保管效率；

（3）将铁路运输改为航空运输，虽然运费有所增加，却提高了运输速度，不但可以减少库存，还降低了库存费用。

思考：

物流领域普遍存在效益背反现象，那么物流成本控制是对局部成本进行控制还是对总成本进行控制呢？

4. 成本中心说

成本中心说是指在企业战略研究中，物流成为企业成本的重要产生点。因而组织合理的物流活动，并不单纯是为了合理化、现代化建设，也并不只是为了支持和保障其他活动的顺利进行，而是要通过物流管理及其一系列活动达到降低成本的目的。

物流成本具有乘数效应。按照日本最保守的方法来计算，如果某企业销售额为 100 万元，物流成本为 10 万元，物流成本占销售额的 10%，当物流成本下降 10%，即 1 万元，那么利润就相当于增加了 1 万元。假如这个企业的利润率为 2%，那么要创造 1 万元的利润，就需要将销售额增加 50 万元，这是非常困难的，相比之下，降低 10% 的物流成本就容易多了。也就是说，物流成本降低 10% 所起到的作用相当于增加 50% 的销售额。这个理论类似于物理学中的杠杆原理，物流成本的下降通过一定的支点，可以使销售额成倍地增长。

5. 利润中心说

物流可以为企业创造大量直接和间接的利润，是形成企业经营利润的主要活动。非但如此，对国民经济而言，物流也是国民经济中创利的主要活动。物流的这一作用被表述为“第三利润源”。

（三）成熟期：服务－战略学说

随着物流的发展，欧美学者提出的服务中心说和战略说已超越了企业节约消耗、降低成本或增加利润的较低认识层面，从提高企业对用户的服务水平，进而提高企业的竞争能力，以达到双赢互利的目标等方面进行深入分析，特别是针对跨国企业面临的特殊发展环境，提出要具有纵览全局的跨行业、跨组织、跨地区的高科技服务水平。这些学说的诞生将现代物流理论推向了战略性高度。

1. 物流服务中心说

这种思想是美国和欧洲一些国家的学者对物流的认识。这种学说认为，物流活动最大的作用并不在于为企业节约了消耗、降低了成本或增加了利润，而在于提高企业对用户的服务水平，进而提高企业的竞争能力。

2. 物流战略说

战略说是当前最盛行的说法。事实上越来越多的人已逐渐认识到，物流的战略性是企业发展的战略而不是一种具体操作性任务。企业战略是生存和发展。物流会影响企业总体的生存和发展，而不是只在某几个环节优化和合理化。

第二节 现代物流的概念及分类

一、物流的概念

世界各国对物流的定义有多种表述，即便是我国，关于物流定义的表述也不尽相同。在学术研究、物流实践的不断深入过程中，为了便于进行物流学术交流、促进物流业的发展，统一对物流的认识就显得格外重要。

对点案例

王永庆卖米

创办台塑集团的王永庆以卖米起家，在米店经营过程中王永庆将卖米服务精细化。表1-1所示内容体现了王永庆卖米服务的具体内容。

表1-1　王永庆卖米服务内容

编号			米缸容量	
姓名			量/天	
人口	大人：	小孩：	需求周期	
住址			发工资日	

（1）物流配送：知道需求时间、数量后，送货上门；

（2）增值服务：王永庆去顾客家送米会将旧米从米缸中掏出，放入新米后再将旧米放在新米之上。为顾客掏米是坚持“先进先出”库存原则、洗米缸后知道米缸容积；

（3）讨账高手：在顾客发工资后，及时上门收账。

小结：物流就是以恰当数量（Right Quantity）和恰当质量（Right Quality）的恰当产品（Right Product），在恰当的时间（Right Time）和恰当的地点（Right Place），以恰当的成本（Right Cost）提供给恰当的消费者（Right Customer）的过程。

（一）美国有关物流的定义

“当你需要的时候，搬箱子的人就站在你门口了”这是美国对物流服务形象化的最早描述。1985年美国物流管理协会对物流做出定义，随后在1986年、1992年、1998年、2002年，对物流定义进行了完善（见表1－2）。

表1－2　美国物流定义的比较

时间	物流定义	特点
1985年	物流是对货物、服务及相关信息从产地到消费地进行有效率、有效益的流动和储存，以满足顾客要求的过程，并对这个过程进行计划、执行和控制	物流活动从生产活动中逐渐剥离出来
1986年	物流是以满足顾客需要为目的，对货物、服务及相关信息从起源地到消费地的有效率、有效益的流动和存储而进行计划、执行和控制的过程	突破了商品流通的范围，把物流活动扩大到生产领域的全过程
1992年	物流是为了迎合顾客需要面对商品、服务及相关信息从产出地到消费地的高效、低成本流动和储存而进行的规划、实施与控制的过程	物流对有形和无形商品服务的本质是低成本运作
1998年	物流是供应链管理活动的一部分，是为了满足顾客需要对商品、服务及相关信息从产地到消费地高效、低成本流动和储存而进行的规划、实施与控制的过程	强调了供应链管理
2002年	物流管理是以满足客户需求为目的，对产品、服务和相关信息从生产点到消费点的有效率和有效果的正向和逆向流动和储存的进行计划、执行和控制部分的供应链过程	物流不是单向流动，把逆向流动也放到物流研究的范畴

知识链接

2004年8月，美国物流管理协会决定从2005年1月1日起更名为"美国供应链管理专业协会"（Council of Supply Chain Management Professionals，CSCMP），这让我们认识了物流概念不断延伸、不断发展、不断进步的过程，反映了物流对世界的影响。

（二）欧洲有关物流的定义

1994年欧盟物流协会（European Logistics Association，ELA）的定义是："物流是在一个系统内对人员和商品的运输、安排及与此相关的支持活动进行计划、执行和控制，以达到特定的目的。"

（三）日本有关物流的定义

日本后勤系统协会专务理事稻束原树1997年在《这就是"后勤"》一书中对"后

勤”下的定义是：“‘后勤’是一种对于原材料、半成品和成品的有效率的流动进行计划、实施和管理的思路，它同时协调供应、生产和销售各部门的利益，最终达到满足顾客的需求。换言之，‘后勤’意味着按要求的数量，以最低的成本送达要求地点，以满足顾客的需要作为基本目标。”

1981 年，日本通商产业省运输综合研究所出版的《物流手册》一书中，提出物流的概念：“物流是物质资料从供给者向需求者的物理性移动，是创造时间性、场所性价值的经济活动，包括包装、装卸、保管、库存管理、流通加工、运输、配送等诸种活动。”

（四）我国有关物流的定义

2001 年 8 月 1 日起，我国正式实施的由国家质量监督检验检疫总局（现国家市场监督管理局）发布的《中华人民共和国国家质量标准　物流术语》（GB/T 18354—2006）（现行）中将物流定义为：“物品从供应地到接收地的实体流动过程，根据实际需要，将运输、储存、装卸、搬运、包装、流通加工、配送、回收、信息处理等基本功能实施有机结合。”

二、现代物流及其特征

（一）现代物流

现代物流（Modern Logistics）是相对于传统物流而言的。它是在传统物流的基础上，引入高科技手段，即运用计算机进行信息联网，并对物流信息进行科学管理，从而使物流速度加快，准确率提高，减少库存，降低成本，以此延伸和放大传统物流的功能。我国许多专家学者认为：“ 现代物流是根据客户的需要，以最经济的费用，将物资从供给地向需求地转移的过程。它主要包括运输、储存、加工、包装、装卸、配送和信息等活动。”2001 年 3 月，当时的国家六部委在《关于加快我国现代物流发展的若干意见》的通知中，对现代物流的定义是这样表述的：“原材料、产品从起点至终点及相关信息有效流动的全过程。它将运输、仓储、装卸、加工、整理、配送、信息等方面有机结合，形成完整的供应链，为用户提供多功能、一体化的综合性服务。”

（二）现代物流产业

著名物流专家徐寿波院士提出了“大物流产业论”：整个国民经济是由物的生产、物的流动和物的消费三大领域组成，即整个国民经济是由生产、物流和消费三大支柱产业群组成。物流是一个支柱产业群，涉及运输、仓储、配送、包装、流通加工、物流信息、物流设备制造、物流设施建设、物流科技开发、物流教育、物流服务和物流管理等产业。

现代经济中的物流产业，是利用现代信息技术进行货物存储、交易、运输的运作方式和管理机制。信息化技术的突飞猛进，是现代物流产业发展的巨大推动力。在促进物流产业加速发展的几个基本条件中，电子商务是最重要的因素。网上购物的兴起、信用制度的完善，使相应货品配送的服务需求量越来越大。

（三）现代物流业的基本特征

1. 物流过程一体化

现代物流具有系统综合和总成本控制的思想，它将经济活动中所有供应、生产、销售、运输、库存及相关的信息流动等活动视为一个动态的系统总体，关心的是整个系统的运行效能与费用。

物流一体化的一个重要表现是供应链（Supply Chain）概念的出现。供应链把物流系统从采购开始经过生产过程和货物配送到达用户的整个过程，看作是一条环环相扣的“链”条，物流管理以整个供应链为基本单位，而不再是单个的功能部门。在采用供应链管理时，世界级的公司力图通过增加整个供应链提供给消费者的价值、减少整个供应链的成本的方法来增强整个供应链的竞争力，其竞争不再是单个公司之间的竞争，而是上升为供应链与供应链的竞争。

2. 物流技术专业化

物流技术专业化表现为现代技术在物流活动中得到了广泛的应用。例如，条码技术、射频识别技术、EDI 技术、自动化技术、网络技术、智能化和柔性化技术等都得到了广泛的应用。运输、装卸、仓储等也普遍采用专业化、标准化、智能化的物流设施设备。这些现代技术和设施设备的应用大大提高了物流活动的效率，扩大了物流活动的领域。

3. 物流管理信息化

物流信息化是整个社会信息化的必然要求。现代物流高度依赖于对大量数据、信息的采集、分析、处理和即时更新。在信息技术、网络技术高度发达的现代社会，从客户资料取得和订单处理的数据库化、代码化，物流信息处理的电子化和计算机化，到信息传递的实时化和标准化，信息化渗透至物流的每一个领域。为数众多的无车船和固定物流设备的第三方物流者，正是依赖其信息优势展开全球经营的。从某种意义上来说，现代物流竞争已成为物流信息的竞争。

4. 物流服务社会化

物流服务社会化突出表现为第三方物流与物流中心的迅猛发展。随着社会分工的深化和市场需求的日益复杂，生产经营对物流技术和物流管理的要求也越来越高。众多工商企业逐渐认识到依靠企业自身的力量不可能在每一个领域都获得竞争优势。它们更倾向于采用资源外取的方式，将本企业不擅长的物流环节交由专业物流公司，或者在企业内部设立相对独立的物流专业部门，而将有限的资源集中于自己真正的优势领域。专业的物流部门由于具有人才优势、技术优势和信息优势，可以采用更为先进的物流技术和管理方式，取得规模经济效益，从而达到物流合理化——在产品从供方到需方的全过程中环节最少、时间最短、路程最短、费用最省。

5. 物流活动国际化

在产业全球化的浪潮中，跨国公司普遍采取全球化战略，在全世界范围内选择原材料、零部件的来源，选择产品和服务的销售市场。因此，其物流的选择和配置也超出国界，着眼于全球大市场。大型跨国公司普遍的做法是选择一个适合全球分配的分配中心以及关键供应物的集散仓库；在获得原材料以及分配新产品时使用当地现存的物流网络，并且把这种先进的物流技术推广到新的地区市场。例如，耐克公司通过全球招标采购原材料，在东南亚生产，再将产品分别送到欧洲、亚洲的几个中心仓库，然后就近销售。同样，全球采购原材料和零部件，大大降低了汽车的成本，改变了汽车生产线的位置。

三、现代物流的分类

按照物流系统的作用、属性及作用的空间范围，可以从不同角度对物流进行分类，分类的目的是对物流体系进行有效细化，便于进一步研究。

（一）按照物流活动的作用分类

按照物流活动的作用不同，可分为供应物流、销售物流、生产物流、回收物流和废弃物物流。

1. 供应物流

生产企业、流通企业或消费者购入原材料、零部件或商品的物流过程称为供应物流，即物资生产者、持有者与需求者、使用者之间的物流。对于工厂而言，供应物流是指生产活动所需要的原材料、备品备件等物资的采购、供应活动所产生的物流；对于流通领域而言，供应物流是指交易活动中，从买方立场出发的交易行为中所发生的物流。

企业的流动资金大部分被购入的物资材料及半成品等占用。供应物流的严格管理及合理化对于企业的成本有重要影响。

2. 销售物流

生产企业、流通企业售出产品或商品的物流过程称为销售物流，是指从物资的生产者或持有者到用户或消费者之间的物流。对于工厂是指售出产品，而对于流通领域是指交易活动中，从卖方角度出发的交易行为中的物流。通过销售物流，企业得以回收资金，获得利润，并进行再生产的活动，销售物流的效果关系到企业的存在价值是否被社会承认。销售物流的成本在产品及商品的最终价格中占有一定的比例，因此，在市场经济中，为了增强企业的竞争力，销售物流的合理化可以收到立竿见影的效果。

3. 生产物流

在制造业中，从工厂的原材料购进入库起，到工厂成品库的成品发送止，这一全过程的物流活动称为生产物流。生产物流是制造产品的工厂所特有的，它和生产流程同步。原材料、半成品等按照工艺流程在各个加工点之间移动、短暂存储、流转形成了生产物流。如果生产物流中断，生产过程也将随之停顿，生产物流合理化对工厂的生产秩序、生产成本有很大影响。生产物流均衡稳定，可以保证在制品的顺畅流转，缩短生产周期。在制品库存的压缩、设备负荷均衡化，也都与生产物流的科学管理和有效控制有关。

4. 回收物流

在生产及流通活动中，有一些物资是要回收并加以利用的，如作为包装容器的纸箱、塑料筐、酒瓶等，建筑行业的脚手架也属于这一类物资。还有可用杂物的回收分类和再加工，例如，旧报纸、书籍等，通过回收、分类可以再制成纸浆加以利用，特别是金属的废弃物，由于金属具有良好的可再生性，可以回收并重新熔炼成有用的原材料。目前我国冶金生产每年有30吨废钢铁作为炼钢原料使用，这即是说我国钢产量中有30%以上是由回收的废钢铁重新熔炼而成的。因回收物资品种繁多，流通渠道也不规则，且多有变化，因此，这一过程管理和控制的难度大。

5. 废弃物物流

生产和流通系统中所产生的无用的废弃物（如开采矿山时产生的土石，炼钢生产中的钢渣、工业废水，以及其他一些无机垃圾等），若未经妥善处理，则会造成环境污染，如就地堆放会占用生产用地以致妨碍生产，影响生态环境，这类物资在处理过程中就会产生废弃物物流；城市垃圾的处理也是城市废弃物物流的重要形式。对废弃物物流的处理主要考虑它不可忽视的社会效益，其是为了减少资金消耗，提高效率，更好地保障生活和生产的正常秩序。因此，对废弃物综合利用的研究很有必要。

（二）按照物流活动的空间范围分类

按照物流活动的空间范围不同，可分为地区物流、国内物流和国际物流。

1. 地区物流

对于地区物流，有不同的划分原则。首先，可按行政区域划分，如西南地区、华北地区等；其次，可按经济圈划分，如苏（州）（无）锡常（州）经济区、黑龙江边境贸易区等；还可按地理位置划分，如长江三角洲地区、珠江三角洲地区、环渤海地区等。地区物流系统对于提高该地区企业物流活动的效率以及保障当地居民的生活福利，具有不可缺少的作用。研究地区物流应根据地区的特点，从本地区的利益出发，组织好物流活动。如某城市建设一个大型物流中心，这对于提高当地物流效率、降低物流成本、稳定物价很有作用，但也会引起由于供应点集中、货车来往频繁而产生废气噪声、交通事故等消极问题的发生。因此，物流中心的建设不单是物流问题，还要从城市建设规划、地区开发计划出发，统一考虑，妥善安排。

2. 国内物流

国家或相当于国家的实体，是拥有自己的领土和领空的政治经济实体，它所制订的各项计划、法令政策都是为其自身的整体利益服务的。物流作为国民经济的一个重要方面，也应该纳入国家总体规划之中。我国的物流行业是社会主义现代化建设的重要组成部分，全国物流系统的构建必须从全局着眼，清除对部门分割、地区分割所造成的物流障碍。在物流系统的建设投资方面也要从全局考虑，使一些大型物流项目能尽早建成，为社会主义市场经济服务。

3. 国际物流

当前网络时代的发展主流是经济全球化、一体化，国家与国家之间的经济交流逐渐强化，任何一个国家如果不投身于国际经济大协作的交流之中，不寻求在国际范围内进行资源优化配置，本国的经济技术就得不到良好的发展。随着工业生产走向社会化和国际化，跨国公司在世界经济中的影响越来越大，一个企业经济活动的范畴可以遍布世界各大洲，国家与国家之间、洲际之间的原材料与产品的流通越来越发达，因此，国际物流的研究已成为物流研究的一个重要分支。

（三）按照物流系统的属性分类

按照物流系统的属性不同，可分为社会物流、行业物流和企业物流。

1. 社会物流

社会物流一般指流通领域所发生的物流，是全社会物流的整体，所以通常称之为大物流或宏观物流。社会物流的一个标志是：它是伴随着商业活动（贸易）发生的，即物流过程和所有权的更迭是相关的，如商业销售物流、邮政快递物流、城市垃圾处理物流等均是与人民生活息息相关的物流活动。就物流科学的整体而言，可以认为其主要研究对象是社会物流。社会物资流通网络是国民经济的命脉，流通网络分布是否合理、渠道是否畅通至关重要。必须进行科学管理和有效控制，采用先进的技术手段，保证高效率、低成本运行，这样做可以带来巨大的经济效益和社会效益。物流科学对宏观经济的重大影响是物流科学受到高度重视的主要原因。

2. 行业物流

同一行业中的不同企业是市场上的竞争对手，但是在物流领域中常常相互协作，共同促进行业物流系统的合理化。如日本的建设机械行业，提出行业物流系统化的具体内容有：各种运输手段的有效利用；建设共同的零部件仓库，实行共同集合配送；建立新旧设备及零部件的共同流通中心；建立技术中心以共同培训操作人员和维修人员；统一建设机械的规格等。又如，在大量消费品方面来用统一票据，统一商品规格，统一法规政策，统一托盘规格，陈列柜和包装模数化等。行业物流系统化的结果使参与的各个企业都得到相应的利益。各个行业的协会或学会应该把行业物流作为重要的研究课题之一。

3. 企业物流

企业是为社会提供产品或某些服务的一个经济实体。一个工厂，要购进原材料，经过若干道工序的加工，形成产品销售出去；一个运输公司，要按客户要求将货物输送到指定地点。在企业经营范围内，由生产或服务活动所形成的物流系统称为企业物流。

综上所述，可以从不同角度对物流系统进行分类，分类的目的是便于研究分析其活动规律，可以在相应的范围内组织实施物流合理化。

第三节　我国物流业发展的新时期

一、我国物流业发展现状

党的十八大以来，我国物流业实现较快发展，在国民经济中的基础性、战略性、先导性作用显著增强。物流专业设施和交通基础设施网络不断完善，特别是一些地区自发建设形成了一批物流枢纽，在促进物流资源集聚、提高物流运行效率、支撑区域产业转型升级等方面发挥了重要作用，为建设国家物流枢纽网络奠定了良好基础。

（一）物流业发展日新月异

1. 基础设施条件不断完善

截至 2017 年年底，我国铁路、公路营运总里程分别达到 12.7 万千米和 477.3 万千米，万吨级以上港口泊位 2366 个，民用运输机场 226 个，铁路专用线总里程约 1.8 万千米。全国营业性通用仓库面积超过 10 亿平方米，冷库库容约 1.2 亿立方米，运营、在建和规划的各类物流园区超过 1600 个。

2. 运行组织效率持续提高

互联网、物联网、大数据、云计算等现代信息技术与物流业发展深度融合，无人机、无人仓、物流机器人、新能源汽车等智能化、绿色化设施设备在物流领域加快推广应用，物流枢纽运行效率显著提高，有力引导和支撑物流业规模化集约化发展，为加快物流转型升级和创新发展注入新的活力。

3. 综合服务能力大幅提升

货物集散转运、仓储配送、装卸搬运、加工集拼等基础服务能力不断增强，与制造、商贸等产业融合发展趋势日益明显，物流要素加速向枢纽聚集，以平台整合、供应链融合为特征的新业态新模式加快发展，撮合交易、金融结算等增值服务功能不断拓展，物流枢纽的价值创造能力进一步增强。

4. 经济支撑带动作用明显

国际陆港、中欧班列枢纽节点等快速发展，跨境电商、同城配送等物流新需求持续增长，物流枢纽的资源聚集效应和产业辐射效应不断显现，对经济增长的带动作用日益增强，有效支撑我国世界第二大经济体和第一大货物贸易国的地位。

（二）与发达国家存在的差距

但也要看到，与发达国家相比，我国物流枢纽发展还存在一定差距。

1. 系统规划不足

现有物流枢纽设施大多分散规划、自发建设，骨干组织作用发挥不足，物流枢纽间协同效应不明显，没有形成顺畅便捷的全国性网络。

2. 空间布局不完善，物流枢纽分布不均衡

西部地区明显滞后，部分地区还存在空白；一些物流枢纽与铁路、港口等交通基础设施以及产业集聚区距离较远，集疏运成本较高。

3. 资源整合不充分

部分物流枢纽存在同质化竞争、低水平重复建设问题，内部缺乏有效分工，集聚和配置资源要素的作用没有得到充分发挥。

4. 发展方式较为粗放

一些已建成的物流枢纽经营方式落后，功能单一，无法开展多式联运；有的枢纽盲目扩大占地面积，物流基础设施投入不足，服务质量有待提高。

二、我国物流业建设的基本原则和远景目标

当前，我国经济已由高速增长阶段转向高质量发展阶段。物流业发展迎来前所未有的机遇与挑战。

（一）我国物流业发展的指导思想

以习近平新时代中国特色社会主义思想为指导，全面贯彻党的十九大和十九届二中、三中全会精神，牢固树立和贯彻落实新发展理念，按照高质量发展的要求，统筹推进“五位一体”总体布局和协调推进“四个全面”战略布局，坚持以供给侧结构性改革为主线，认真落实党中央、国务院决策部署，推动物流组织模式和行业管理体制机制创新，加快现代信息技术和先进设施设备应用，构建科学合理、功能完备、开放共享、智慧高效、绿色安全的国家物流枢纽网络，打造“通道＋枢纽＋网络”的物流运行体系，实现物流资源优化配置和物流活动系统化组织，进一步提升物流服务

质量，降低全社会物流和交易成本，为优化国家经济空间布局和构建现代化经济体系提供有力支撑。

（二）我国物流业发展遵循的基本原则

1. 市场主导、规划引领

遵循市场经济规律和现代物流发展规律，使市场在资源配置中起决定性作用，更好发挥政府作用，通过规划引领和指导，推动物流资源向有市场需求的枢纽进一步集聚，支持和引导具备条件的物流枢纽做大做强，在物流运行体系中发挥骨干作用。

2. 集约整合、融合创新

坚持以存量设施整合提升为主、以增量设施补短板为辅，重点提高现有物流枢纽资源集约利用水平。依托国家物流枢纽加强物流与交通、制造、商贸等产业联动融合，培育行业发展新动能，探索枢纽经济新范式。

3. 统筹兼顾、系统成网

统筹城市经济发展基础和增长潜力，兼顾东中西部地区协调发展，围绕产业发展、区域协调、公共服务、内联外通等需要，科学选址、合理布局、加强联动，加快构建国家物流枢纽网络。

4. 协调衔接、开放共享

加强物流与交通基础设施衔接，提高不同运输方式间货物换装效率，推动信息互联互通、设施协调匹配、设备共享共用，增强国家物流枢纽多式联运功能，提高运行效率和一体化组织水平。

5. 智慧高效、绿色发展

顺应现代物流业发展新趋势，加强现代信息技术和智能化、绿色化装备应用，推进货物运输结构调整，提高资源配置效率，降低能耗和排放水平，打造绿色智慧型国家物流枢纽。

（三）我国未来物流业发展的“三步走”目标

第一步，到2020年，通过优化整合、功能提升，布局建设30个左右辐射带动能力较强、现代化运作水平较高、互联衔接紧密的国家物流枢纽，促进区域内和跨区域物流活动组织化、规模化运行，培育形成一批资源整合能力强、运营模式先进的枢纽运营企业，初步建立符合我国国情的枢纽建设运行模式，形成国家物流枢纽网络基本框架。

第二步，到2025年，布局建设150个左右国家物流枢纽，枢纽间的分工协作和对接机制更加完善，社会物流运行效率大幅提高，基本形成以国家物流枢纽为核心的现代化物流运行体系，同时随着国家产业结构和空间布局的进一步优化，以及物流降本增效综合措施的持续发力，推动全社会物流总费用与国内生产总值（GDP）的比率下降至12%左右。

1. 高效物流运行网络基本形成

以“干线运输 + 区域分拨”为主要特征的现代化多式联运网络基本建立，全国铁路货运周转量比重提升到30%左右，500千米以上的长距离公路运量大幅减少，铁路集装箱运输比重和集装箱铁水联运比重大幅提高，航空货运周转量比重明显提升。

2. 物流枢纽组织效率大幅提升

多式联运、甩挂运输等先进运输组织方式广泛应用，各种运输方式衔接更加紧密，联运换装转运效率显著提高，集疏运体系更加完善，国家物流枢纽单元化、集装化运输比重超过40%。

3. 物流综合服务能力显著增强

完善互联互通的枢纽信息网络，国家物流枢纽一体化运作、网络化经营、专业化服务能力进一步提高，与供应链、产业链、价值链深度融合，对实体经济的支撑和促进作用明显增强，枢纽经济效应充分显现。

第三步，到2035年，基本形成与现代化经济体系相适应的国家物流枢纽网络，实现与综合交通运输体系顺畅衔接、协同发展，物流规模化、组织化、网络化、智能化水平全面提升，铁路、水运等干线通道能力充分释放，运输结构更加合理。全社会物流总费用与GDP的比率继续显著下降，物流运行效率和效益达到国际先进水平。依托国家物流枢纽，形成一批具有国际影响的枢纽经济增长极，将国家物流枢纽打造为产业转型升级、区域经济协调发展和国民经济竞争力提升的重要推动力量。

本章小结

本章首先从物流与流通的密切关系出发，介绍了物流产生和发展历程，物流的概念、分类、作用，最后介绍了国内外物流行业的发展现状和现代物流发展的新趋势。

自从美国学者在20世纪初提出“物流”这个概念后，物流的概念得到了逐步的完善。本章从广义角度出发，介绍了不同国家、不同时期、不同专家学者、不同组织对物流的定义，通过比较、分析，引导学生多方位认识并掌握物流的基本概念，最后给出了一个比较合理的定义。另外，较为详细地讲解了物流分类及其作用，并说明了在物流研究与实践过程中，针对不同类型的物流活动需要采取不同的运作方式、管理方法等。

本章最后结合最新物流规划文件，阐述了我国物流业发展的趋势是朝信息化、自动化、网络化、智能化、柔性化、标准化、社会化、精益化及绿色物流等方向发展。人们对物流的探究从未停止过，现代物流管理对于供应链管理模式、准时化生产、协同化经营、全球化电子商务等新的企业经营模式有着不可替代的支撑作用。

案例分析

西游记其实是个物流故事

如来佛是货主（经书供应商），需要“手眼通天”的特殊技能，才不会因为不了解货物在途情况而着急上火。最重要的是还有必杀绝招“五指山”（联网终端，例如“云计算”），这样才能有“一切尽在掌控”的自信。

唐太宗是货物需求方（买方），西天取经漫漫长路，煎熬的不仅是唐僧师徒四人，因为整个取经路上（公路运输全程）的信息也要共享给太宗皇帝，让他也有参与感。

观世音是物流规划师（设计路线，并为九九八十一难提供解决方案）。西天取经路上，唐僧师徒四人都有所成长，这还要归功于观音的九九八十一难（最经济、最安全可靠的个人服务方案），最重要的是四人因此拥有“流传万世”的好口碑。

唐僧是物流公司首席执行官（CEO）（组建和管理团队），有资本有来历有团队，最重要的是还有管理人才的“紧箍咒”，这样就算不做事，一样能在取经成功后稳坐“第一把交椅”。

孙悟空是运营总监（对公司运营负责），更是对唐僧（CEO）负责，制订方案、把控风险、运营管理。

猪八戒是客服总监（内外调侃协调），猪八戒善于交流，因此猪八戒（客服团队）的职责在于解答货主疑问、协助货主解决问题，主管内外协调。西天取经之路，没了他很难成功。

沙僧是行政总监，行政部门是幕后的大功臣，主管一切后勤，在团队中代表着监督与维护的角色。

最不声不响的白龙马，却是负责了整个西天取经中“运输”（物流公司的血液）的运输经理，保证快速、安全，有时还会在唐僧被捉后（临时调不到车或车辆在途出现问题）做好突发事件的处理。

综观上述故事，请你说说什么是物流？物流都包括哪些功能？物流是如何开展服务的？

教学资源包

在线答题

课后练习

一、判断题

1. 物流概念起源于日本，发展于美国，成熟于欧洲，拓展于中国。(　)
2. 物流是一种生产性服务行业。(　)
3. 物流功能要素和组成要素是一样的。(　)

二、选择题

1. 物流“黑暗大陆学说”是由（　）提出的。

A. 西泽修　　B. 德鲁克　　C. 吴清一　　D. 戴定一

2. 《物流业调整和振兴规划》是在（　）提出来的。

A. 2009 年　　B. 2008 年　　C. 2010 年　　D. 1999 年

3. 把物流分为区域物流、国内物流和国际物流是按（　）来划分的。

A. 物流活动的性质　　B. 物流活动的地域范围

C. 物流服务对象的不同　　D. 物流活动主体的不同

4. 物流活动可以创造（　）。

A. 时间价值　　B. 空间价值　　C. 加工价值　　D. 供应链价值

5. 现代物流具有（　）特征。

A. 物流过程一体化　　B. 物流技术专业化

C. 物流管理信息化　　D. 物流活动社会化和范围国际化

6. 物流按物流活动的作用分为（　）。

A. 加工物流　　B. 生产物流　　C. 销售物流　　D. 供应物流

7. 物流的组成要素包括（　）。

A. 流体与载体　　B. 流向　　C. 流量与流速

D. 流程　　E. 流效

三、思考题

1. 什么是现代物流？其基本特征有哪些？
2. 简述物流“效益背反”学说的基本内涵。
3. 举例说明，物流创造价值的方式有哪些？
4. 按照物流活动的作用分，物流可以分为哪几类？
5. 在新的时期，我国全面培育物流发展的新动能有哪些？
6. 在新的时期，我国物流业建设的基本原则和远景目标是什么？

第二章　物流系统管理

本章导读

物流学科的研究对象是物流系统。物流系统本身是一个非常复杂的系统，包括原材料供应物流系统、生产物流系统、销售物流系统、废弃物物流系统等。物流学科研究是从原材料采购到生产、流通直至消费、废弃的供应链全过程中物的时间和空间转移规律。用系统观点来研究物流活动是现代物流管理学的核心问题。

教学目标

1. 让学生理解系统及物流系统的概念、基本模式和构成要素。
2. 让学生了解物流系统各要素之间的冲突。
3. 培养学生系统分析和评价的能力。
4. 培养学生用系统思维能力树立团队合作意识。

学习任务

1. 了解系统的定义和系统的特征。
2. 了解物流系统的定义和物流系统的构成。
3. 阐述物流系统性要求的理由。

知识导图

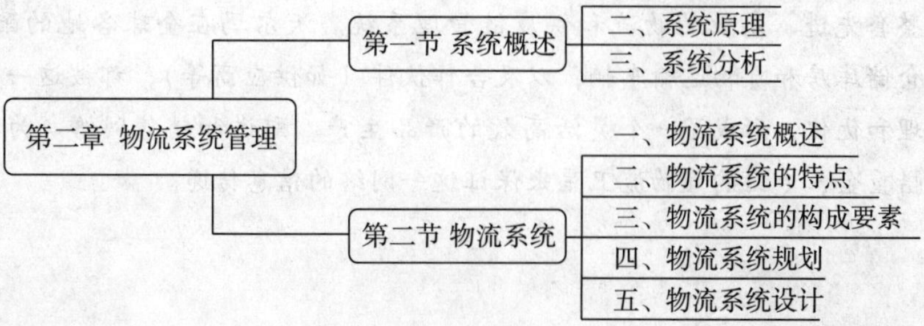

导入案例

沃尔玛的成功之道

沃尔玛百货有限公司（以下简称“沃尔玛”）由美国零售业的传奇人物山姆·沃尔顿先生于1962年在阿肯色州成立。经过五十余年的发展，沃尔玛已经成为美国最大的私人雇主和世界上最大的连锁零售商。目前，沃尔玛在全球14个国家开设了7266家商场，员工总人数190多万，分布在美国（美国只有3亿人口，却有4141家沃尔玛，其中沃尔玛商店971家、沃尔玛购物广场2447家、山姆会员商店591家、沃尔玛社区店132家）、墨西哥、巴西、阿根廷、波多黎各、英国、加拿大、中国、日本、哥斯达黎加、危地马拉、洪都拉斯、萨尔瓦多、尼加拉瓜等14个国家。每周光临沃尔玛的顾客有近1.4亿人次。2007年沃尔玛全球的销售额达到3511.39亿美元，连续多年荣登《财富》杂志世界500强企业和“最受尊敬企业”排行榜。

沃尔玛的业务之所以能够迅速增长，并且成为现在非常著名的公司之一，是因为沃尔玛在节省成本以及物流配送系统与供应链管理方面取得了巨大的成就。沃尔玛强大的物流信息系统在其发展过程中起到了举足轻重的作用。沃尔玛有80000多种商品，为满足全球7000多家连锁店的配送需要，沃尔玛每年的运输总量超过780000万箱，总行程达65000千米。没有强大的信息系统，它根本不可能完成如此大规模的商品采购、运输、存储、物流管理工作。

苹果公司联合创办人乔布斯曾经说过，如果全球IT企业只剩下三家，那一定是微软、英特尔（Intel）和戴尔，如果只剩下两家，将只有戴尔和沃尔玛。这显然只是玩笑话，沃尔玛是零售业的翘楚，无论如何都算不上IT企业。不过，沃尔玛对信息技术的执着追求却是有目共睹的，正是缘于此，沃尔玛低成本战略才得以屡试不爽。

案例点评：

沃尔玛的成功既是优秀的商业模式与先进的信息技术应用的有机结合，也是其对自身的“商业零售企业”身份的超越。

通过以上对沃尔玛的分析研究可以发现，沃尔玛给人们留下的印象最深刻之处，是它的一整套先进、高效的物流和供应链管理系统。沃尔玛在全球各地的配送中心、连锁店、仓储库房和货物运输车辆，以及合作伙伴（如供应商等），都被这一系统集中有效地管理和优化，形成了一个灵活高效的产品生产、配送和销售网络。为此，沃尔玛甚至不惜重金，专门购置物流卫星来保证这一网络的信息传递。

第一节　系统概述

一、系统概念

尽管“系统”一词频繁出现在社会生活和学术领域中，但不同的人在不同的场合往往赋予它不同的含义。我国著名学者、系统科学权威专家钱学森认为：系统是由相互作用相互依赖的若干组成部分结合而成的，是具有特定功能的有机整体，而且这个有机整体又是它从属的更大系统的组成部分。英文中“系统”（System）一词来源于古代希腊文，意为部分组成的整体。系统的定义应该包含一切系统所共有的特性。一般系统论创始人贝塔朗菲定义：“系统是相互联系相互作用的诸元素的综合体。”这个定义强调元素间的相互作用以及系统对元素的整合作用。一般我们采用如下的定义：系统是由一些相互联系、相互制约的若干组成部分结合而成的、具有特定功能的一个有机整体（集合）。

可以从三个方面理解系统的概念：

系统是由若干要素组成的。这些要素可能是一些个体、元件、零件，也可能其本身就是一个系统（或称之为子系统）。如运算器、控制器、存储器、输入/输出设备等组成了计算机的硬件系统，而硬件系统又是计算机系统的一个子系统。

系统有一定的结构。一个系统是其构成要素的集合，这些要素相互联系、相互制约，系统内部各要素之间相对稳定的联系方式、组织秩序及失控关系的内在表现形式，就是系统的结构。要素和结构是构成系统的不可或缺的两个方面，系统是要素和结构的统一。例如钟表是由齿轮、发条、指针等零部件按一定的方式装配而成的，但将一堆齿轮、发条、指针随意放在一起却不能构成钟表；人体由各个器官组成，但各器官若只是简单拼凑在一起却不能成为一个有行为能力的人。

系统有一定的功能，或者说系统要有一定的目的性。系统的功能是指系统与外部环境相互联系和相互作用中所表现出来的性质、能力和功能。例如信息系统（如图 2－1 所示）的功能是进行信息的收集、传递、储存、加工、维护和使用，辅助决策者进行决策，帮助企业实现目标。

二、系统原理

系统原理是管理原理之一。它主张运用系统的观点、理论和方法对管理活动进行系统分析，以达到管理的优化目标。任何社会组织都是由人、物、信息组成的系统，

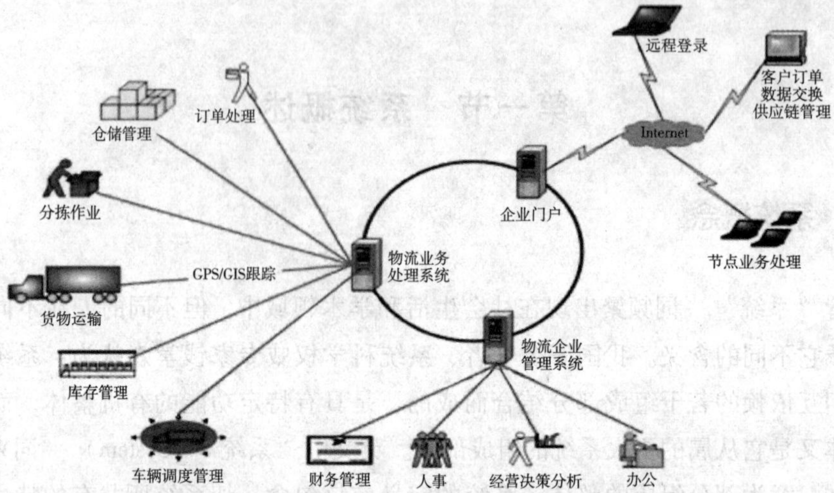

图2-1 企业物流信息系统

任何管理都是对系统的管理。没有系统，也就没有管理。它主要包括整体性原理、动态性原理、开放性原理、适应性原理和综合性原理五个要点。它不仅为认识管理的本质和方法提供了新的视角，而且它所提供的观点和方法广泛也渗透到人本原理、责任原理和效益原理之中。

系统是客观存在的，具有普遍性。从系统组成要素的性质来看，可以划分为自然系统和人造系统。自然系统是由自然物组成的，它的特点是自然形成的，如生态系统、星际系统等；人造系统是人们出于某种目的而制造的系统，如生产系统、交通系统、商业系统、管理系统等。从系统与环境的联系程度来看，可以划分为封闭系统和开放系统；从系统的状态与时间的关系来看，可以划分为静态系统和动态系统等。无论是何种分类的系统，它们都具有以下几个共同的特征。

（一）整体性

系统的整体性又称为系统性，通常理解为“整体大于部分之和”，这即是说，系统的功能不等于要素功能的简单相加，而是往往要大于各个部分功能的总和。如将建筑上用的钢筋、石头、水泥和黄沙等材料混合起来，可以支撑高楼大厦，产生的力和做的功比其单独存在时不知要大多少倍。根据整体性这一特点，人们在认识和改造系统时，必须从整体出发，从组成系统的各要素间的相互关系中探求系统整体的本质和规律，把握住系统的整体效应。

（二）层次性

任何较为复杂的系统都有一定的层次结构，其中低一级的要素是它所属的高一级系统的有机组成部分。系统与要素、环境是相对的，就自然界而言，从宇宙大系统到基本粒子系统，存在着若干层次，各层次之间又相互交叉、相互作用。从社会生活来看，公共领域和非公共领域是社会生活的两大基本领域，以此可以把现代社会的管理划分为公共管理和企业管理两大类型。而在公共管理和企业管理之下，还可划分为许多不同层次的管理子系统，这样逐层都有着系统与要素的关系。一般而言，系统的运动能否有效，效率的高低，很大程度上取决于能否分清层次。因此，研究系统的层次性对于实行有效管理具有重要的意义。

（三）目的性

所谓目的性，是指系统在一定的环境下，必须具有达到最终状态的特性，它贯穿于系统发展的全过程，并集中体现了系统发展的总倾向和趋势。一般而言，系统的目的性与整体性是紧密联系在一起的，若干要素的集合，就是为了实现一定的目的，没有目的就没有要素的集合。因此，人们在实践活动中首先必须确定系统应该达到的目的，以明确系统最终可能达到什么样的状态，以便依据这个最终状态来研究系统的现状与发展。

（四）适应性

任何系统都存在于一定的环境之中，都要和环境有现实的联系。所谓适应性，就是指系统随环境的改变而改变其结构和功能的能力。系统在适应性方面涉及以下三种不同的情况。

（1）系统原有稳定状态被破坏后，逐渐过渡到一个新的稳定状态，即依靠系统本身的稳定性来适应环境的改变。

（2）当系统稳定状态被破坏后，靠系统内部或人为提供的一个特殊机制，抗拒环境的干扰，修补被破坏的因素，致使系统回到原来的稳定状态。

（3）系统由于突然的、强大的干扰，稳态结构迅速被破坏，一个新的稳定形态迅速形成。

在实际工作中运用系统原理研究、管理问题，应做到以下四点：

①对管理的对象进行系统的分析，包括对系统要素、结构、功能、集合、联系、历史等方面的分析。管理的决策和措施就建立在系统分析基础之上。

②根据系统的目的性特征，要坚持一个系统只有一个目的，其子系统要围绕这个目的形成合力，统筹运动。

③根据系统的整体性特征，必须树立全局观点，不要孤立地看问题，局部利益服从整体利益，处理好国家、单位和个人的关系，克服本位主义及自给自足的小生产思想。

④根据系统的层次性特征，各个系统都应建立合理的层次结构，上一层次只管下一层次，下一层次只对上一层次负责。要求领导只做本级领导岗位职责的事，各层做好各层的事，职责分明，各司其职，各负其责。

三、系统分析

系统分析（Systems Analysis）一词最早是在20世纪30年代提出的，当时是以管理问题为主要应用对象，是管理信息系统的一个主要和关键阶段。到了40年代，由于它的应用获得成功，得到了进一步的发展。以后的几十年，无论是研究大系统的问题，还是建立复杂的系统，都广泛应用了系统分析的方法。

系统分析方法是指把要解决的问题作为一个系统，对系统要素进行综合分析，找出解决问题的可行方案的咨询方法。系统分析是采取系统观点和方法，对所研究的问题进行系统结构和系统状态等定性和定量分析，建立、评价、协调各种可行方案，向决策者提供系统最佳方案。系统分析是咨询研究的最基本的方法，把一个复杂的咨询项目视为系统工程，通过系统目标分析、系统要素分析、系统环境分析、系统资源分析和系统管理分析，可以准确地诊断问题，深刻地揭示问题起因，有效地提出解决方案，满足客户的需求。

系统分析方法的具体步骤包括：限定问题、确定目标、调查研究收集数据、提出备选方案和评价标准、评估备选方案、提交最可行方案。

（一）限定问题

所谓问题，是现实情况与计划目标或理想状态之间的差距。系统分析的核心内容有两个：其一是进行“诊断”，即找出问题及其原因；其二是“开处方”，即提出解决问题的最可行方案。所谓限定问题，是要明确问题的本质或特性、问题存在范围和影响程度、问题产生的时间和环境、问题的症状和原因等。限定问题是系统分析中关键的一步，因为如果“诊断”出错，以后开的“处方”就不可能对症下药。在限定问题时，要注意区别症状和问题，探讨问题原因不能先入为主，同时要判别哪些是局部问题，哪些是整体问题，问题的最后确定应该在调查研究之后。

（二）确定目标

系统分析目标应该根据客户的要求和对需要解决的问题的理解加以确定，如有可能应尽量通过指标表示，以便进行定量分析。对不能定量描述的目标，也应该尽量用文字说明清楚，以便进行定性分析和评价系统分析的成效。

（三）调查研究，收集数据

调查研究和收集数据应该围绕问题起因进行，一方面要验证限定问题阶段形成的假设，另一方面要探讨产生问题的根本原因，为下一步提出解决问题的备选方案做准备。

调查研究有四种常用方式，即阅读文件资料、访谈、观察和调查。

收集的数据和信息包括事实（Facts）、见解（Opinions）和态度（Attitudes）。要对数据和信息去伪存真，交叉核实，保证真实性和准确性。

（四）提出备选方案和评价标准

通过深入调查研究，最终确定真正有待解决的问题，明确产生问题的主要原因，在此基础上有针对性地提出解决问题的备选方案。备选方案是解决问题和达到咨询目标可供选择的建议或设计，应提出两种以上的备选方案，以便进一步评估和筛选。为了对备选方案进行评估，要根据问题的性质和客户具备的条件，提出约束条件或评价标准，供下一步应用。

（五）评估备选方案

根据上述约束条件或评价标准，对解决问题备选方案进行评估。评估应该是综合性的，不仅要考虑技术因素，也要考虑社会经济等因素，评估小组的成员应该有一定代表性，除咨询项目组成员外，也要吸收客户组织的代表参加。根据评估结果确定最可行方案。

（六）提交最可行方案

最可行方案并不一定是最佳方案，它是在约束条件之内，根据评价标准筛选出的最现实可行的方案。如果客户满意，则系统分析达到目标；如果客户不满意，则要与客户协商调整约束条件或评价标准，甚至重新限定问题，开始新一轮系统分析，直到客户满意为止。

第二节　物流系统

一、物流系统概述

随着计算机科学和自动化技术的发展，物流管理系统也从简单的方式迅速向自动化管理演变，其主要标志是自动物流设备，如自动导引车（Automated Guided Vehicle，AGV）、自动化立体仓库系统（Automated Storage/Retrieval System，AS/RS）、空中单轨自动车（SKY－RAV）、堆垛机（Stacker crane）等，以及物流计算机管理与控制系统的出现。物流系统的主要目标在于追求时间和空间效益。

物流系统是社会经济大系统的一个子系统，它由有机联系的物流要素组成，是物流各要素存在的综合体。物流系统主要受内部环境及外部环境的要素影响，使物流系统整体构成十分复杂；其外部存在过多的不确定因素，其内部存在相互依赖的物流功能因素。物流系统的成功要素是使物流系统整体优化以及合理化，并服从或改善社会大系统的环境。

一般认为，物流系统由物流作业系统和物流信息系统两个部分组成。

物流作业系统（Logistics Operation System）由运输、储存、包装、装卸、流通加工子系统中的一个或多个有机结合而成。每个子系统又可以按空间和时间分成更小的子系统，如运输系统又可分成铁路运输系统、公路运输系统、航空运输系统、水路运输系统以及管道运输系统等。通过在各个子系统中使用各种先进技术，实现生产设施、物流设施、运输配送路线、运输手段等网络化，以提高物流系统效率。

物流信息系统是指由人员、设备和程序组成的，为物流管理者执行计划、实施、控制等提供信息的交互系统，它与物流作业系统一样都是物流系统的子系统。对一个企业而言，物流信息系统不是独立存在的，而是企业信息系统的一部分，或者说是其中的子系统，即使对一个专门从事物流服务的企业而言也是如此（如图 2 – 2 所示）。例如，一个企业的 ERP（企业资源计划）系统，物流管理信息系统就是其中一个子系统。物流信息系统作为企业信息系统中的一部分，可以理解为通过与物流相关信息的加工处理来达到实现物流、资金流的有限控制和管理，并为企业提供信息分析和决策支持的人机系统。

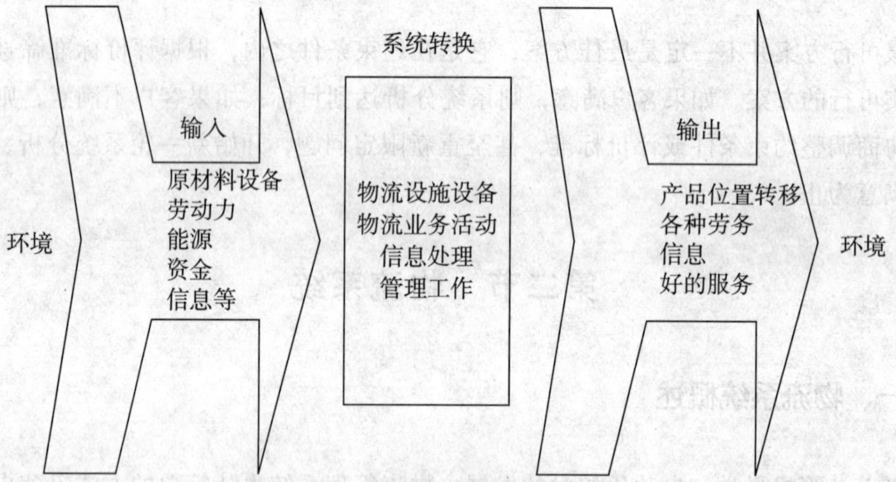

图 2 – 2　企业物流系统基本模式

二、物流系统的特点

（一）物流系统的客观存在性

物流系统是一个“人机系统”。物流系统由人和形成劳动手段的设备、工具所组成。它表现为物流劳动者运用运输设备，装卸搬运机械、仓库、港口、车站等设施，作用于物资的一系列生产活动。在这一系列的物流活动中，人是系统的主体。因此，在研究物流系统的各方面问题时，要把人和物有机地结合起来，作为不可分割的整体加以考察和分析，而且始终要把发挥人的主观能动作用放在首位。

（二）物流系统是一个大跨度系统

物流系统的跨度大主要表现在两个方面，一是地域跨度大，二是时间跨度大。在现代经济社会中，企业间物流经常会跨越不同地域，国际物流的地域跨度更大。通常采取储存的方式解决产需之间的时间矛盾，这样时间跨度往往也很大，大跨度系统带来的问题主要是管理难度较大，对信息的依赖程度较高。

（三）物流系统稳定性较差而动态性较强

一般的物流系统总是联结多个生产企业和用户，随着需求、供应、渠道、价格的变化，系统内的要素及系统的运行也经常发生变化。这就是说，社会物资的生产状况、社会物资的需求变化、资源变化、企业间的合作关系，都随时随地影响着物流，物流受到社会生产和社会需求的广泛制约。物流系统是一个具有满足社会需要、适应环境能力的动态系统，出于经常变化的社会环境，人们必须对物流系统的各组成部分不断地修改、完善，这就要求物流系统具有足够的灵活性与可改变性。在有较大的社会变化情况下，有时甚至还要对整个系统重新进行设计。

（四）物流系统属于中间层次系统范畴，具有可分性

物流系统是一个可分系统。作为物流系统，无论其规模多么庞大，都可以分解成若干个相互联系的子系统。这些子系统的多少和层次的阶数，是随着人们对物流的认识和研究的深入而不断扩充的。系统与子系统之间，子系统与子系统之间，存在着时间和空间及资源利用方面的联系；也存在总的目标、总的费用及总的运行结果等方面的相互联系。物流系统不仅具有多层次性，而且具有多目标性。

虽然物流系统本身是一个复杂的社会系统，但是处在国民经济这个比它更大、更复杂的大系统之中，是国民经济系统中的一个子系统，对整个国民经济系统的运行起着特别重要的作用。对物流系统的分析，既要从宏观方面去研究物流系统运行的全过程，也要从微观方面对物流系统的某一环节（或称之为子系统）加以分析。

（五）物流系统的复杂性

物流系统运行对象——“物”遍及全部社会物质资源，资源的大量化和多样化带来了物流的复杂化。从物质资源上看，品种成千上万，数量极大；从从事物流活动的人员上看，需要数以百万计的庞大队伍；从资金占用上看，占用着大量的流动资金；从物资供应点上看，遍及全国城乡各地。这些人力、物力、财力资源的组织和合理利

用，是一个非常复杂的问题。在物流活动的全过程中，始终贯穿着大量的物流信息。物流系统要通过这些信息把子系统有机地联系起来。如何把信息收集全、处理好，并使之指导物流活动，亦是非常复杂的事情。物流系统的边界是广阔的，其范围横跨生产、流通、消费三大领域。这一庞大的范围，给物流组织系统带来了很大的困难，而且随着科学技术的进步、生产的发展、物流技术的提高，物流系统的边界范围还将不断地向内深化，向外扩张。

（六）物流系统的结构要素间广泛存在“效益背反”现象

物流系统的多目标常常表现出“目标背反”。因此系统要素间有着非常强的“背反”现象，常称之为“交替背反”或“效益背反”（如图2－3所示），在处理时稍有不慎就会导致总体恶化的结果。通常，对物流数量，希望最大；对物流时间，希望最短；对服务质量，希望最好；对物流成本，希望最低。但要满足上述所有要求是很难办到的。例如，在储存子系统中，站在保证供应、方便生产的角度，人们会提出储存物资的大数量、多品种问题；而站在加速资金周转、减少资金占用的角度，人们则提出减少库存。又如，选用最快的运输方式为航空运输，但运输成本高，时间效用虽好，经济效益却不一定最佳；而选择水路运输，则情况相反。所有这些相互矛盾的问题，在物流系统中广泛存在。而物流系统又恰恰要求在这些矛盾中运行，要使物流系统在各方面满足人们的要求，就要建立物流多目标函数，并在多目标中求得物流的最佳效果。

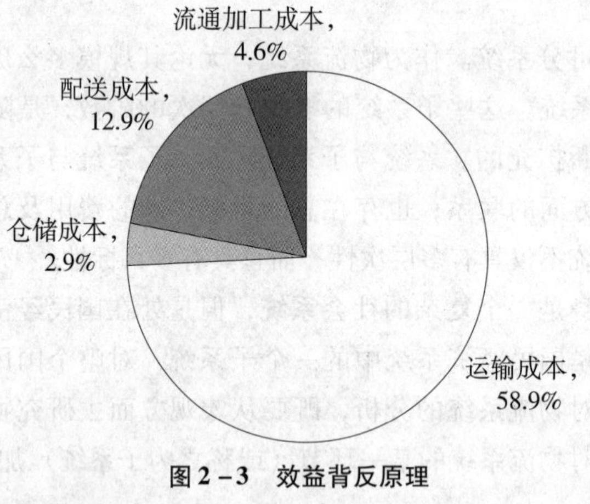

图2－3　效益背反原理

三、物流系统的构成要素

物流系统是由人、财、物、设备、信息和任务目标等要素构成的有机整体。

物流系统的组成要素通常包括一般要素、功能要素、支撑要素、物质基础要素和流动要素五个方面。

（一）物流系统的一般要素

物流系统的一般要素主要是指人、财、物方面。

（1）人是物流的主要因素，是物流系统的主体。人是保证物流得以顺利进行和提高管理水平的最关键因素。提高人的素质，是建立一个合理化的物流系统并使之有效运转的根本。为此需要合理进行物流从业人员的选拔和录用，加强物流专业人才的培养。

（2）财是物流活动中不可缺少的资金。物流运作的过程，实际也是资金运动过程，同时物流服务本身也需要货币作为媒介。物流系统建设是资本投入的大领域，离开了资金这一要素，物流便不可能实现。

（3）物即物流中的原材料、成品、半成品、能源、动力等物质条件，包括物流系统的劳动对象。没有物，物流系统便成为无本之木。

一般要素对物流产生的作用和影响，构成物流系统的"输入"。

（二）物流系统的功能要素

物流系统的功能要素指的是物流系统所具有的基本能力（如图 2－4 所示）。这些基本能力的有效组合连接，构成了物流的总功能，便能够合理、有效地实现物流系统的目标。

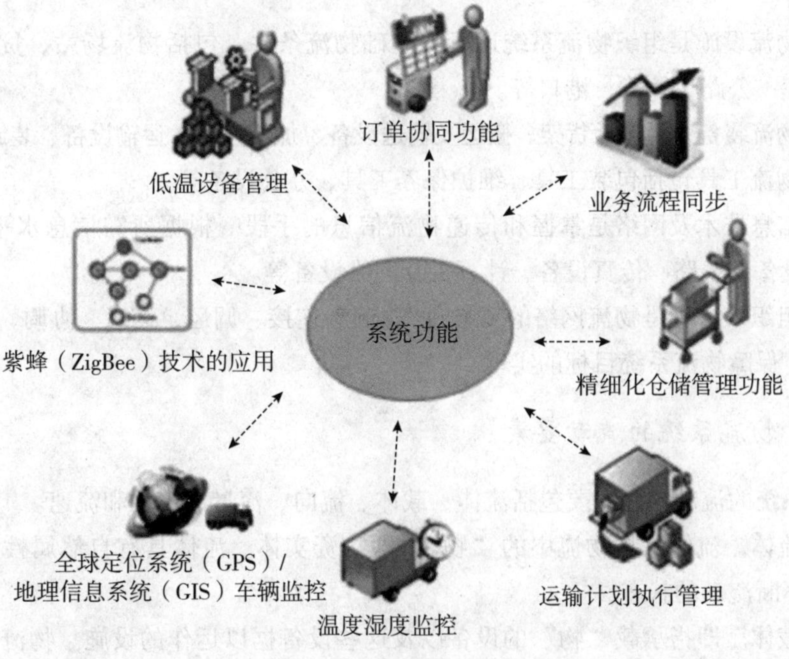

图 2－4　物流系统功能

一般认为，物流系统的功能要素主要有运输、储存保管、包装、装卸搬运、流通加工、配送和物流信息等七个方面。上述七项功能要素中，运输及保管功能在物流系统中处于主要功能要素地位。

（三）物流系统的支撑要素

物流系统的支撑要素是指建立物流系统所需要的各种支撑手段，主要包括以下方面。

（1）体制、制度。这是物流系统的重要保障，它决定物流系统的结构、组织、领导、管理方式。有了这个支撑条件才能确立物流系统在国民经济中的地位。

（2）法律、规章。物流系统的运行，不可避免会涉及企业或人的权益问题。法律、规章一方面限制和规范物流系统的活动，使之与更大的系统协调；另一方面给予保障。合同的执行、权益的划分、责任的确定都需要靠法律和规章来维系。

（3）行政命令。物流系统关系国家经济命脉。所以，行政命令等手段也常常是支撑物流系统正常运转的重要因素。

（4）标准化。标准化保证物流环节协调运行，是物流系统与其他系统在技术上实现连接的重要支撑条件。

（四）物流系统的物质基础要素

物流系统的物质基础要素主要是指物流系统建立和运行所需要的技术装备手段，这些技术装备手段的有机联系对物流系统的运行起着决定性意义。物质基础要素主要有以下几种。

（1）物流设施是组织物流系统运行的基础物流条件，包括物流场站、货场、物流中心、仓库、公路、铁路、港口等。

（2）物流装备主要包括货架、搬运及输送设备、加工设备、运输设备、装卸机械等。

（3）物流工具包括包装工具、维护保养工具、办公设备等。

（4）信息技术及网络是掌握和传递物流信息的手段。根据所需信息水平的不同，包括通信设备及线路、传真设备、计算机及网络设备等。

（5）组织及管理是物流网络的“软件”，起着连接、调运、运筹、协调、指挥各要素的作用，保障物流系统目标的实现。

（五）物流系统的流动要素

物流系统的流动要素主要包括流体、载体、流向、流量、流程和流速。

（1）流体。流体是指物流中的“物”，即物资实体。流体具有自然属性和社会属性，处于不断流动的状态。

（2）载体。即指承载“物”的设备以及这些设备据以运作的设施。物流载体可分为两类：一类载体指基础设施，如铁路、道路、水路、机场、车站等，它们大多是固定的；另一类载体指设备，即以第一类载体为基础，直接承载并运送流体的设备，如车辆、飞机、船舶等，它们大多是可以移动的。物流载体的状况，尤其是物流基础设施的现状直接决定物流的质量、效率和效益。

（3）流向。流向是指流体从起点到终点的流动方向，即“物”转移的方向。物流的流向有四种：①自然流向，指根据产销关系决定的商品的流向，这表明一种客观需要，即商品要从产地流向销地；②计划流向，指根据流体经营者的商品经营计划而形成的商品流向，即商品从供应地流向需要地；③市场流向，指根据市场供求规律而确定的商品流向；④实际流向，指在物流过程中实际发生的流向。

对某种商品而言，可能会同时存在以上几种流向。在确定物流流向时，理想状况是商品的市场流向与实际流向相一致，但由于计划流向与市场流向都有其存在的前提及载体，商品的实际流向经常偏离市场流向。物流学科通过研究流向准确掌握流向的变化规律，达到合理配置物流资源、合理规划物流流向，从而降低物流成本、加快物流速度的目的。

（4）流量。流量是指通过载体的流体在一定流向上的数量表现，即物流的数量表现。流量与流向是不可分割的，每一种流向都有一种流量与之相对应，因此流量的分类可以参照流向的分类，也分为四种，即自然流量、计划流量、市场流量和实际流量。

但是，对流量的分类也有特殊性，根据流量本身的特点，可以将流量具体分为以下两类。

第一类是实际流量，即实际发生的物流流量。实际流量又可进一步分为以下五种，即：①按照流体统计的流量；②按照载体统计的流量；③按照流向统计的流量；④按照发运人统计的流量；⑤按照承运人统计的流量。

第二类是理论流量，指从物流系统合理化角度来看应该发生的物流流量，也可按照与实际流量相对应的五个方面来分类。

理想状况的物流应该是在所有流向上的流量都均匀分布，这样，物流资源利用率最高、组织管理最容易。但实际上，在一定的统计期间内，在所有流向上流量达到均衡的物流是不存在的，在流体之间、载体之间、流向之间、承运人和托运人之间的实际物流流量是不可能出现均衡的，这样，就要从宏观物流管理的角度，通过资源的合理配置、采用合理的物流运行机制等手段消除物流流量的不均衡。

（5）流程。流程指通过载体的流体在一定流向上行驶路径的数量表现，即物流经过的里程。流程可以分为自然流程、计划流程、市场流程与实际流程。

另外，还可以像流量的分类那样，将物流流程分为理论流程和实际流程。理论流程通常是可行路径中最短的路径，路径越长，物流运输成本越高，如果要降低运输成本，就应设法缩短运输里程。实际流程又可按照五种口径来统计：一是按照流体统计，二是按照载体统计，三是按照流向统计，四是按照发运人统计，五是按照承运人统计。

（6）流速。流速是指通过载体的流体在一定流程上的速度表现，即流体流动的速度。流速与流向、流量、流程一起构成了物流向量的四个数量特征，是衡量物流效率和效益的重要指标。一般来说，流速快意味着物流时间的缩短，也就意味着物流成本的减少，物流价值的提高。

流体、载体、流向、流量、流程和流速这六个要素称为物流的六要素，任何物流都有这六个要素，同时这六个要素之间有极强的内在联系，如流体的自然属性决定了载体的类型和规模，流体的社会属性决定了流向和流量，载体对流向和流量有制约作用，载体的状况对流体的自然属性和社会属性均会产生影响。物流六要素贯穿整个供应链，存在于原材料采购、制造、销售、废弃物回收等任何类型的物流环节中，也存在于运输、储存、包装、装卸、流通加工、物流信息等各种物流活动中，存在于公路运输、铁路运输、水路运输、航空运输及管道运输等各种运输系统中。因此，分析物流六要素可以帮助我们更好地认识物流系统。

四、物流系统规划

（一）物流系统规划概念

所谓物流系统规划，是指为实现一定的目标而设计的由相互作用、相互依赖的各物流要素（或子系统）构成的有机整体，是确定物流系统发展目标和设计达到目标的策略与行动的过程，是对整个物流系统的计划。要建立一个物流系统，需要首先在物流系统规划阶段进行物流系统的分析、物流系统的建模和物流系统的评价，然后由此做出决策。物流系统是一个涉及领域非常广泛的综合系统，涉及交通运输、货运代理、仓储管理、流通加工、配送、信息服务、营销策划等领域，其规划的内容主要有发展规划、布局规划、工程规划三个方面。可以说物流系统规划是对物流战略层面的计划与决策，是在充分的资料基础上，根据物流系统的客观环境，借助于经验、科学的理论和方法，在已提出的若干物流系统方案中，选择一个合理满意的方案的决断行为。

（二）物流系统规划的层次

按照物流范围的不同，物流系统可以构成一个完整的层次秩序，即国家一级物流系统→省市一级物流系统→企业物流系统。高一级的物流系统包含低一级的物流系统，在进行物流规划时表现出这种层次性。其主要表现在：

（1）国家一级的物流规划，应是着重以物流基础设施和物流基础网络为内容的物流基础平台规划，应当和国家基础设施建设的国策相吻合。这个物流基础平台的规划，应当从现代物流的综合角度进行全面的规划，组建综合的网络，其中包括不同运输方式和线路的合理布局和使网络发挥更大效用的综合物流结点——物流基地，以及相应的综合信息网络。

(2) 省市一级的物流规划，应当着重于地区物流基地、物流中心、配送中心三个层次的物流结点以及综合的物流园区规模和布局的规划。物流基地、物流中心、配送中心三个层次的物流结点是省、市物流外结内连的不同规模、不同功能的物流设施，也是较大规模的投资项目。这三个层次物流结点的规划是省、市物流运行合理化的重要基础。目前，许多城市制定了物流发展规划，都对自己的物流基地、物流中心和物流园区进行了规划。

(3) 企业的物流规划。现代物流系统规划的发展离不开供应链这个大环境，物流就像是供应链体内的大动脉，研究物流系统规划还需要研究供应链，进而分析物流与供应链的关系（尤其是它们之间的区别），从而规划一个有效的、整合的物流系统。

（三）物流系统规划内容

物流系统规划的内容一般包括以下三方面内容。

1. 管理系统的规划

管理系统是指物流系统的计划、控制、协调、指挥与作业等所组成的系统，它是整个物流系统的支柱。具体包括物流系统战略目标规划、物流能力规划、物流需求预测规划、物流过程管理规划、作业管理规划和管理信息系统规划等。

2. 设施系统的规划

物流设施系统的规划包括物流中心、配送中心、仓库、货场、码头和集装箱中转站等物流节点的规划设计。

3. 输入输出环境系统分析

任何一个系统都处于一个比它更大的环境系统中。外界环境通过向系统提供劳动力、劳动手段、指令、资源、信息对系统发生作用，这一作用为外部环境对该系统的“输入”。系统以其本身所拥有的各种手段和特定功能，在外部环境的某种影响下，对环境的输入进行必要的转化处理活动，使之成为对环境有用的产品，提供给外部环境使用，即为所谓系统的“输出”。因此，物流系统的输入输出环境为物流活动所处的外部环境与内部环境，即行业环境。

物流环境对物流活动有着至关重要的影响，所以在进行物流系统规划设计时，首先要考虑物流环境对物流系统的影响范围、程度，这样才不至于因为设计的盲目，带来物流系统规划和设计的风险。

五、物流系统设计

（一）物流系统设计概念

物流系统设计是指经过系统分析，完成物流系统硬件结构和软件结构体系的构想，形成物流系统组织设计和技术方案的过程。物流系统组织设计是技术设计的前提，它确定了技术设计的纲领和基本要求。系统的状态根据市场地位和竞争实力进行评价。

（二）物流系统设计的基本原则

物流系统设计的基本原则，是从物流的需求和供给两个方面谋求物流的大量化、时间和成本的均衡化、货物的直达化以及搬运装卸的省力化。实现这种目的的有效条件有运输、保管等的共同化，订货、发货等的计划化，订货标准、物流批量标准等有关方面的标准化，和附带有流通加工和情报功能的扩大化等。物流结构既指物流网点的布局构成，也泛指物流各个环节（装卸、运输、仓储、流通加工、包装、发送等）的组合情况。物流网点在空间上的布局，会在很大程度上影响物流的路线、方向和流程，而物流各环节的内部结构模式又直接影响着物流运动的成效。

（三）物流系统设计的步骤

（1）确定物流系统的范围和外部环境。

（2）确定物流的目标任务。如提高物流系统的吞吐能力以适应产量增长的要求，改善作业流程，减轻工人的劳动强度等。

（3）确定评价物流系统优劣的准则。如经济性、可靠性、服务水平等。

（4）确定各项评价准则的加权值即权重。从所有的评价准则中，每次取两个进行比较打分，分值与单项之和的比值即为该指标的权重。

（5）收集物流系统的原始资料，如物料信息数据、经济数据、设备数据、环境条件等。

（6）提供各种可供选择的方案，重点是要充分应用物流系统的各种分析技术，同时要很好地借鉴他人的成功经验。

（7）明确方案中的可控和不可控因素。如各种物料的选择、作业方式的确定、物流服务水平的确定及由生产计划决定的物流量等。

（8）调整可控变量以求最佳结果。

（9）变动不可控因素以考察系统的敏感性。

（10）进行方案比较并做出抉择。

本章小结

本章介绍了系统的相关理论，并在此基础上介绍了物流系统的特点等相关概念。

为了引出物流系统的概念与一般模式，对系统的概念、原理、分析等理论进行了充分的介绍。物流系统研究要素介绍从一般要素、功能要素、支撑要素、物质基础要素和流动要素等方面进行了展开。现代物流系统的基本特征除具有系统的一般特点外，还具有跨度大、稳定性较差而动态性较强、属于中间层次系统范围、系统结构要素间有非常强的“背反”现象等特点，物流系统的功能是与其自身的构成相匹配的。

物流系统是社会经济大系统中的一个子系统，由有机联系的物流各要素组成，是能使物流总体趋向于合理化的综合体。物流系统将一定的时间、空间内所从事的物流事务和过程作为一个整体来处理，用系统的观点进行分析研究。物流系统是一个复杂而庞大的系统。物流系统化管理的基本目标，是实现物流合理化，以最低的费用支出完成商品从供应地向消费地的运动，使物流过程中各系统各要素之间优化组合、协调运行，适应和促进商品经济的发展，从而取得最佳效益。

案例分析

案例一　奥地利 SPAR 公司肉制品物流系统

奥地利 SPAR 公司创立于 1954 年，1970 年兼并了 10 家批发公司后改为现名，目前已发展为奥地利最大的工商业企业，其经营范围涉及各种食品的批发和零售，同时生产肉制品、香肠、葡萄酒、烈酒、咖啡和茶。

SPAR 生产的肉制品及香肠制品均采用 TANN 品牌，在国内市场拥有很高的知名度。该品牌产品的主要生产基地建在 Foderlach，其生产设备和工艺符合欧洲最严格的标准。除了这个主要生产基地，SPAR 在奥地利的每家直销店都有一个与之配套的现代化肉食品加工厂，其产品会充分考虑所在地区的消费需求。此外，这些工厂还负责屠宰和鲜肉配送，配送范围覆盖 SPAR 集团旗下的 850 多个连锁网点，包括 SPAR 肉制品店、SPAR 食品店、EROSPAR、InterSPAR 零售店。

SPAR 物流系统的需求：随着斯洛文尼亚加入欧盟，市场需求逐渐增长，TANN 设在 Foderlach 的肉类加工厂的仓储能力已经达到极限，需要建设一个新的存储系统用于存放香肠及肉制品，以满足 TANN 产量日益增加带来的仓储及配送需求。为此，TANN 和系统集成商 KNAPP 公司展开了合作。

根据 TANN 工厂的业务发展要求，新物流系统的最佳配置包括一个自动化托盘高架库，以及一个带托盘传送带的半自动化货物到人的订单分拣系统。尽管库房的空间限制给建设高架库和订单分拣系统带来一定困难，但新建成的库房系统必须要满足未来 220 托盘/小时的吞吐量要求。

（资料来源：http：//www. chinawuliu. com. cn/xsyj/200906/23/141005. shtml）

思考：

根据以上案例，分析物流系统规划的要点及实施策略。

案例二　香港机场物流中心（HECTLO）的物流水平在世界上处于领先地位

香港机场货运中心是比较现代化的综合性货运中心，它的物流实现了高度的自动化，如在其1号货站，货运管理部对需要入库的货物按标准打包；之后，一般规格的包装通过货架车推到一列摆开的进出口，在电脑输入指令，货架车就自动进入轨道，运送到六层楼高布满货架的库房，自动进入指定的仓位。

从库房提取货物时，也是通过电脑指令，货物自动从进出口输送出来。巨型的货架，则用高3米、宽7米的升降机运到仓库。搬动货物主要用叉车、拖车，看不到人工搬运。

对比传统的仓储运输业与现代物流业，传统储运的基本要求是做好货物的保管和运输，现代物流则包括运输、装卸、保管、加工、包装、配送、信息网络等，其要求是通过整体科学管理做到物流过程最优化。由此可见，社会化、现代化的物流中心，必须具备适中的地点、一定的规模、完整的配套设施、拥有专业人才等条件，并不断提高信息化、现代化和国际化水平，以实现商流、物流、信息流、资金流的合一。

思考：

香港机场货运中心的物流水平为什么能在世界上处于领先地位？

案例三　美国布里恩花卉冷链物流系统探秘

“我们没有任何秘密，我们也不需要有关花卉物流的高谈阔论，我们靠的是实干和奋斗，同时不断总结经验教训，向竞争对手学习，利用电子信息技术等现代化技术，把我们花卉物流系统的所有功能发挥到极限。”美国迈阿密布里恩花卉物流公司总裁布里恩的一席话让大家顿时明白了美国各大城市的商店、超市、宾馆和家庭天天都能见到鲜嫩欲滴的各种花卉的奥秘。

（一）物流工作常遭变数

每天晚上，满载着当天从拉丁美洲新鲜收割的玫瑰花等名贵花卉的货机徐徐降落在迈阿密国际机场。经过简短的接收手续后，所有花卉立即转运到集装箱卡车或者飞机上，直接运送到美国各地配送站、超级市场和大卖场，再通过这些市场快速传送到各大城市街道上的鲜花商店、小贩、快递公司和消费者手中。这便是目前迈阿密鲜花物流系统的操作过程。然而万事开头难，当初开创这一系统时的酸甜苦辣，只有经过艰苦奋斗的布里恩最清楚。

布里恩遇到的第一个问题就是怎样让那些刚从拉丁美洲农场采摘下来的玫瑰花送到北美各大城市的消费者手中时，如同他们刚从自家花园中采的一样新鲜。他发现，在整个运输过程中，每一个环节一旦处理不到位，都可能成为玫瑰花的保鲜“杀手”。

厄瓜多尔中部的科托帕希（Cotopaxi）火山地区地势险要，山高林密，但常年气候温暖，雨水丰富，是盛产玫瑰花和其他花卉的好地方。布里恩花卉物流公司向北美各大城市配送的玫瑰花就是从坐落在科托帕希山区四周的三家大型农场定点采购的。为了避免运输过程中的重新包装，所有的玫瑰花在科托帕希农场收割后立即现场包装，每150株玫瑰花包成1盒，然后装入集装箱，运送到厄瓜多尔首都基多的国际机场。根据鲜花种植专家测定，玫瑰花从农场收割后，通常可以在正常情况下保鲜14天。最科学的保鲜办法是，玫瑰花一切下来就尽快装入纸盒，并立即存储在34℉（约等于1.1℃）的冷藏集装箱内。在布里恩花卉公司的统一安排下，这些集装箱连夜运送到美国迈阿密机场。第二天早上，海关当局、检疫所和动植物检验所进行例行检查，然后再把鲜花发往北美各大城市的鲜花配送站。

按理说，整个配送程序完整科学，完全可以满足鲜花运输的种种需要。但是在实际物流过程中，由于存在种种不确定因素，经常会出现令人不愉快的事情。

从科托帕希农场运出的新鲜收割的玫瑰花完成包装后，必须在晚上8时之前运到基多机场，然后飞机必须连夜起飞直达迈阿密。可是有一次，在这过程中遇到了飞机晚点，而且机舱容量不够，装不下全部鲜花集装箱。好不容易运到了迈阿密国际机场，却在机场仓库耽搁了不少时间，再加上冷藏集装箱的温控设备失灵，箱内温度升到60℉（约等于15.6℃），严重影响了玫瑰花的保鲜质量。等到迈阿密国际机场的美国海关官员打开集装箱检查的时候，玫瑰花几乎已经全部腐烂了。

花卉货主把鲜花从飞机舱口运送到保温仓库的时间也非常关键，必须迅速运到温控仓库里，否则容易发生霉变和腐烂。但是有些货主为了节约经费，竟把鲜花直接装运在敞口的卡车上，完全暴露于空气中。再有，即使进入温控仓库，已经怒放的玫瑰花还是不够安全，必须在规定的时间内配送到南部佛罗里达州，从那里用集装箱卡车或者短程飞机运送到零售商手中。还有一些花卉批发商，把玫瑰花箱子装在客机的底部货舱内。那里的条件最差，飞机在高空飞行时，货舱里气温很低，玫瑰花很容易被冻坏，造成损失。

（二）科学管理才是关键

经过一年多的市场调查，布里恩花卉物流公司发现，无论是花卉种植者还是进口商，大部分只重视运输成本是否低廉，而很少愿意多考虑花卉的保鲜和保值问题。正是因为运输成本高，花卉的市场价格一直居高不下，从而严重阻碍了花卉市场的迅速发展。为了进一步拓展花卉的国际市场，让更多消费者能买到价廉物美的花卉，降低运价是关键，于是布里恩花卉保鲜物流公司采取了如下措施。

（1）大力发展互联网管理经营，充分利用信息通信技术，把拉丁美洲中部国家的花卉农场迅速带入现代化国际电子信息市场，把花卉农场、承运人、进出口商、仓储、集装箱运输、市场和消费者紧紧地联系在一起，增强相互之间的透明度。例如，无论消费者身在何处，只要他在互联网上发出订购有关花卉的品种、数量和需要的日期等信息，在规定的时间内就有人把订购的花卉送到消费者的手中，而布里恩物流公司则变成一个中间商，只要接受网上订单，再发出业务指令，安排交通运输，就可以收取利润了。

（2）寻找降低运输花卉成本的新办法。目前他们正在使用新发明的保温材料，可以持续保温96个小时，它可用在宽体飞机底部货舱内的环保式集装箱上，因为货机底部货舱没有保温设备，运价也特别低廉。

（3）使用新的保鲜技术。美国芝加哥一所大学的物流专家发明了一种花卉运输袋。根据他的设计，布里恩花卉物流公司在运输途中，需要确保袋中的花卉一直保持垂直，花卉根茎一直浸泡在袋子底部的营养液体中，袋子上部则能通气散热，这样可以使花卉的保鲜效果更好。这种袋子的设计，一开始是为了运输玫瑰花，现在已经扩大到60余种花卉的长途运输。

（三）走上加盟之路

为了获得准时、稳定的物流服务，布里恩花卉物流公司分别与联邦快件公司和联合包裹服务公司签订了有关提供一体化快递服务的合同，通过它们把鲜花直接运送到美国各地，这使布里恩花卉公司的生意好做多了。虽然快递服务的成本较高，但是在鲜花运输行业中，迄今没有其他替代办法。而如果采用民航运送或集装箱卡车运送，一旦发生抛锚或者延误情况，很多鲜花就会无法销售，这样尽管运费有所降低，却会导致事故索赔不断，影响公司的声誉。

为确保花卉运输有效管理，鲜花物流的标准非常苛刻，实现这些标准的关键就是把新鲜花卉运输途中可能遇到的各种障碍和意外风险降到最低。2001年1月，布里恩花卉物流公司加盟了由美国赫尔曼国际货运代理公司主持成立的迈阿密赫尔曼保鲜物流集团（HPL），该集团专门从事花卉植物的进口运输工作。他们认为，鲜花交易的地区性非常强，从事鲜花交易的企业非常多，虽然他们个个都是花卉专家，也是交易高手，但是依然无法解决进口鲜花在运输过程中的易腐变质问题，而鲜花进口生意竟然变成了碰碰运气的生意和“上帝的差事”。美国每年进口数亿美元的鲜花，偏偏缺少专业化保鲜物流服务，结果鲜花屡屡在运输途中出事，损失巨大，因此潜力巨大的保鲜物流不仅能够减少不必要的运输挫折，而且能够为物流公司带来更多的利润。

为了进一步促进保鲜运送业务，HPL在迈阿密国际机场建立了一座7万平方米的保鲜仓库，在西雅图国际机场设立了专门从事新鲜花卉物流的洲际货运代理公司。开业的第一年，HPL的利润就达到了6000万美元。2002年起，总部仍然设在美国迈阿密的HPL分别在智利、澳大利亚、新西兰、危地马拉、哥斯达黎加、洪都拉斯、秘鲁、萨尔瓦多和伦敦设立了花卉物流办事处，并把花卉运送业务扩大到海洋水产品运送。2002年下半年，他们在花卉王国荷兰也设立了物流办事机构，然而荷兰花卉虽然名不虚传，但价格昂贵。相比之下，拉丁美洲中部国家，如哥伦比亚和厄瓜多尔所产花卉的市场前景更好。虽然在栽培设施上他们比不上荷兰等发达国家，但是其出品的花卉质量并不低。迄今为止，哥伦比亚和厄瓜多尔的花卉农场已经各自发展到400多家，产量高且价格低廉得多，具备相当强劲的价格优势和竞争实力。

目前美国进口的花卉中有1/3来自南美洲，而且几乎是专机空运。据美国波音航空公司提供的统计资料，2001年该公司经营的从南美洲到美国的北向航线50余万吨空运货物中，花卉运量占36%。南美洲花卉生产的大发展进一步促进了花卉国际贸易和花卉国际物流的发展，给货物空运业带来了前所未有的兴旺。据波音航空公司透露，花卉运输带来的收益是该公司经营的南美到美国货物空运航线总收益的1/4。

（资料来源：中国物流与采购网，www. chinawuliu. com. cn，2011－7－29）

思考：

美国迈阿密布里恩花卉物流公司是怎样把花卉物流系统的所有功能发挥到极限的？

教学资源包

在线答题

课后练习

一、判断题

1. 系统是客观存在的，具有特殊性。（　）

2. 物流系统由物流作业系统和物流信息系统两个部分组成。（　）

3. 物流信息是组织物流系统运行的基础物流条件。（　）

二、选择题

1. 系统的（　）又称为系统性，通常理解为“整体大于部分之和”。

A. 整体性　　B. 层次性　　C. 目的性　　D. 适应性

2. 系统要素间有着非常强的“背反”现象，常称之为（　）现象，在处理时稍有不慎就会出现总体恶化的结果。

A. 内部背反　　B. 外部背反　　C. 效益背反　　D. 左右背反

3. 系统分析（Systems Analysis）一词最早是在（　）提出的，当时是以管理问题为主要应用对象，是管理信息系统的一个主要和关键阶段。

A. 20 世纪 20 年代　　B. 20 世纪 30 年代

C. 20 世纪 40 年代　　D. 20 世纪 50 年代

4. 对管理的对象进行系统的分析，包括对系统要素、（　）、历史等方面的分析。

A. 结构　　B. 功能　　C. 集合　　D. 联系

5. 收集的数据和信息包括（　）。

A. 事实　　B. 真实　　C. 见解　　D. 态度

6. 物流系统的一般要素主要是指（　）方面。

A. 智　　B. 人　　C. 财　　D. 物

7. 物流系统规划的内容一般包括（　）。

A. 管理系统的规划　　B. 设施系统的规划

C. 输入输出环境系统分析　　D. 信息系统的规划

三、思考题

1. 什么是系统？系统的功能是什么？

2. 什么是物流系统？物流系统包括哪些要素？

3. 物流系统的特点有哪些？它们之间有什么样的联系？

4. 物流系统的五大构成要素在物流系统中分别起什么作用？

5. 物流系统规划的层次主要表现在哪些方面？

6. 什么是物流系统设计？它有哪些步骤？

第三章　物流运输管理

本章导读

物流系统要实现自己增加物质产品空间效用和时间效用的功能，必须依靠运输、包装、装卸、储存和信息等要素，其中运输是重要的物流构成要素之一，或者说是物流的主干。运输是把物流系统连接在一起的纽带，它为物质产品在空间进行移动，以便实现或增加其价值和使用价值提供了基础。要使物流快速而有效地完成，必须具备良好的运输条件。运输是物流中不可缺少的组成部分，没有运输就没有物流，而且物流管理的出现也要在运输体系的完善达到相当的水平之后。运输是物流作业中直观的要素之一。运输是通过运输手段使货物在物流据点流动。运输具有扩大市场、稳定价格、促进社会分工、扩大流通范围等社会经济功能。运输对发展经济、提高国民生活水平有着十分巨大的影响，现代的生产和消费，主要是靠运输事业的发展实现的。本章以物流运输为研究对象，系统地介绍了运输管理的基础知识、运输的常见类型、运输方式的选择以及运输合理化的内涵。

教学目标

通过本章的学习，明确运输在物流中的作用和提高货物实用价值的作用；认识到运输是整个物流系统中具有增值效应的重要部分。

学习任务

1. 理解运输的基本知识。
2. 了解运输的基本类型。
3. 掌握公路运输、铁路运输、水路运输、航空运输和管道运输五种类型。
4. 掌握特殊运输方式，主要包括联合运输、集装箱运输和托盘运输。
5. 掌握运输与物流之间的关系。

6. 掌握运输方式的选择。

7. 掌握运输合理化的内涵。

知识导图

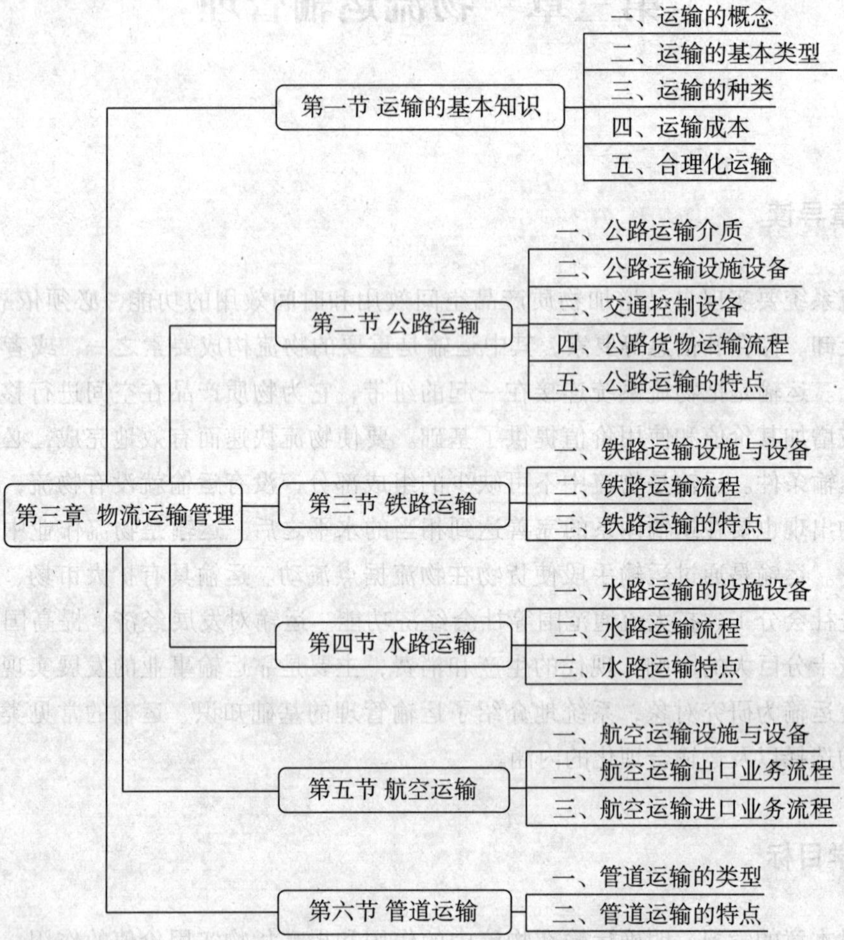

导入案例

蒙牛物流运输管理：打造快速物流系统

物流运输是乳品企业的重大挑战之一。目前，蒙牛的触角已经伸向全国各个角落，其产品远销到我国香港、澳门，甚至还出口到东南亚。蒙牛要如何突破配送的瓶颈，把产自大草原的奶制品送到更广阔的市场呢？另外一个重要的问题是，巴氏奶和酸奶的货架期非常短，巴氏奶仅10天，酸奶也不过21天左右，而且对冷链的要求最高。从牛奶挤出到车间加工，直到市场销售，全过程巴氏奶都必须保持在0～4℃的温度条件下，酸奶则必须在2～6℃的温度条件下储存。这对运输的时间控制和温度控制提出了更高的要求。为了能在最短时间内、有效的存储条件下，以最低的成本将牛奶送到商超的货架上，蒙牛采取了以下措施。

一、缩短运输半径

对于酸奶这样的低温产品，由于其保质期较短，加上消费者对新鲜度的要求很高，一般产品超过生产日期3天以后送达商超，商超就会拒绝该批产品，因此，对于这样的低温产品，蒙牛要保证在2~3天送到销售终端。

为了保证产品及时送达，蒙牛尽量缩短运输半径。在成立初期，蒙牛主打常温液态奶，因此奶源基地和工厂基本上都集中在内蒙古，以发挥内蒙古草原的天然优势。当蒙牛的生产线扩张到酸奶后，蒙牛的生产布局也逐渐向黄河沿线以及长江沿线伸展，使牛奶产地尽量接近市场，以保证低温产品快速送达卖场。

二、合理选择运输方式

目前，蒙牛产品的运输方式主要有两种：汽车和火车集装箱。蒙牛在保证产品质量的原则下，尽量选择费用较低的运输方式。对于路途较远的低温产品运输，为了保证产品能快速地送达消费者手中，保证产品质量，蒙牛往往采用成本较高的汽车运输。例如，北京销往广州等地的低温产品，全部采用汽车运输，虽然其成本较铁路运输高出很多，但在时间上能有保证。为了更好地了解汽车运输的状况，蒙牛还在一些运输车上装上了GPS，GPS可以跟踪车的情况，如是否正常行驶、所处位置、车速、车厢内温度等。蒙牛管理人员可以在网站上查看所有安装此系统的车辆信息。GPS的安装，给物流以及相关人员包括客户带来了方便，避免了有些驾驶员在途中长时间停车而导致货物未及时送达，或者产品在途中变质等情况的发生。而像利乐包、利乐枕这样保质期比较长的产品，则尽量依靠内蒙古的工厂供应，因为这里有最好的奶源。产品远离市场的长途运输问题就依靠火车集装箱来解决。与汽车运输相比，这样更能节省费用。在火车集装箱运输方面，蒙牛与中铁集装箱运输公司开创了牛奶集装箱“五定”班列这一铁路运输的新模式。“五定”即“定点、定线、定时间、定价格、定编组”，“五定”班列定时、定点、一站直达，有效地保证了牛奶运输的及时、准确和安全。

目前，蒙牛销往华东、华南的牛奶80%依靠铁路运到上海、广州，然后向其他周边城市分送。通过“五定”列车，上海消费者在70小时内就能喝上草原鲜奶。

三、全程冷链保障

低温奶产品必须全过程都保持在2~6℃的温度条件下，这样才能保证产品的质量。蒙牛牛奶在“奶牛—奶站—奶罐车—工厂”这一运行序列中，采用低温、封闭式的运输。无论在茫茫草原的哪个角落，“蒙牛”的冷藏运输系统都能保证将刚挤下来的原奶在6小时内运送到生产车间，确保牛奶新鲜的口味和丰富的营养。出厂后，在运输过程中，则采用冷藏车保障低温输送。蒙牛还在每个零售店、批发店等零售终端投放冰柜，以保证其低温产品的质量。

（资料来源：http：//www.aoyun56.com/）

第一节 运输的基本知识

一、运输的概念

运输是指用物品借助运力从一个地点向另一地点专用运送的过程。其中包括集货、分配、搬运、中转、装入、卸下、分散等一系列操作。

《中华人民共和国国家标准 物流术语》（GB/T 18354—2006）对运输的定义是：“用专用运输设备将物品从一个地点向另一地点运送。其中包括集货、分配、搬运、中转、装入、卸下、分散等一系列操作。

二、运输的基本类型

运输在物流系统中具有十分重要的地位和作用。运输方式包含基本运输方式和特殊运输方式两大类型。基本运输方式分为公路运输、铁路运输、水路运输、航空运输和管道运输五种类型，每种运输方式各有其适用范围和条件。特殊运输方式主要包括联合运输、集装箱运输和托盘运输。

三、运输的种类

（一）普通货物运输

按照货物的运输和保管条件（主要是指在运输和保管过程中所采取的不同的安全措施）可将货物分为普通货物和特殊货物。普通货物是指在装卸、运输以及保管过程中没有特殊要求的，不必采用特殊方式或手段运输的货物。货物运输组织方法直接影响货物运输速度与运输费用。在各种运输方式竞争激烈的情况下，做好货物运输组织工作显得尤为重要。货物运输组织方法应在掌握一定货源的基础上，根据货物结构的不同，合理调配和使用车辆，做到：车种适合货种，标重配合货吨。

（二）危险货物运输

由于危险货物具有爆炸、易燃、毒害、腐蚀、放射性等性质，在受理托运、仓储保管、货物装卸、运送、交付等环节应加强管理。托运人只能委托有危险化学品运输资质的运输企业承运，在托运时必须说明货物名称、特性、防护方法、形态、包装、单件重量等情况；还要出具资质证书以及经办人的危险货物业务培训合格证与身份证，托运剧毒化学品，还应出具目的地各级公安部门办理的通行证。

（三）大宗货物运输

汽车运输货物中，有些货物具有长、大、重的特点，甚至三个特点均具备，这些货物称为长大笨重货物，简称大件。长大笨重货物在汽车货运总量中所占比重不大，但由于这类货物在体积、质量上往往超过普通车辆允许的载质量或容积，甚至超过公路、桥涵的净空界及通过能力，所以汽车运输大件时的安全、质量、效率问题尤为突出，组织好大件运输具有很大意义。根据公路超限货物的特点，其组织工作环节主要包括托运、理货、验道、制订运输方案、签订运输合同、线路运输工作组织，以及运输统计与结算等。

四、运输成本

（一）运输成本的含义

运输成本是运输生产中耗费的物化劳动和活劳动的货币表现，也就是运输生产中耗费的原材料、燃料、动力、固定资产等生产资料的价值，支付劳动者的劳动报酬以及管理费。

（二）成本性质角度的运输成本组成

从运输成本性质角度，运输成本主要包括变动成本、固定成本、联合成本和公共成本。

1. 变动成本

变动成本是指与每一次运输直接相关的费用，包括劳动成本、燃料费用、维修、保养费用等四个部分。只有在进行运输、产生运输服务时，变动费用才存在。运输数量越多，运输路线越长，费用就越高。费用一般与运输里程和运输量成正比。承运人在确定运价时，不能让其低于变动成本，一般按运价确定的运费至少等于变动成本。

2. 固定成本

固定成本是指短期内不随运输水平的变化而变化的成本。这主要包括运输基础设施，如铁路、站台、通道、机器设备等的建造及设立的成本和管理系统费用，这些成本不受运输里程和运量的直接影响，但必须通过营运而得到补偿。

3. 联合成本

联合成本是指决定提供某种特定的运输服务而产生的不可避免的贡献率来弥补。

例如，当承运人决定用汽车运输货物从地点 A 运往地点 B 时，意味着这项决定中已产生了从地点 B 至地点 A 的回程运输的联合成本。这种联合成本要么必须由最初从地点 A 至地点 B 的运输补偿，要么必须找一位有回程货的托运人以得到补偿。联合成本对运输费用有很大的影响，因为承运人收取的运费中必须包括隐含的联合成本。承运人要考虑托运人有无适当的回程货，或者这种回程运输由原先的托运人来弥补。

4. 公共成本

公共成本是承运人代表所有的托运人或某个分市场的托运人支付的费用，如港站、路桥或其他管理部门收取的费用，通常是按照装运数量分摊给托运人。

（三）经济内容角度的运输成本构成

从经济内容角度，运输成本主要包括营运成本、管理费用和财务费用三个部分。

1. 营运成本

营运成本是指与运输营运生产直接有关的各项支出。包括实际消耗的各种燃料、物料、润料、用具等；运输工具固定资产折旧费、修理费、租赁费、保险费、港口、站场费、货物费、代理费、员工工资福利费，以及事故净损失等。

2. 管理费用

管理费用是指运输企业行政管理部门为管理和组织营运生产活动的各项费用。包括公司经费、工会经费、劳动保险费、财产和土地使用税、技术转让费、技术开发费等。

3. 财务费用

账务费用是指运输企业为筹集资金而发生的各项费用。包括企业营运期间发生的利息支出、汇兑净损失、调剂外汇手续费、金融机构手续费以及筹资发生的其他财务费用等。

五、合理化运输

由于运输是物流中重要的功能要素之一，物流合理化在很大程度上依赖于运输合理化。运输合理化主要包含五个要素，分别是运输距离、运输环节、运输工具、运输时间、运输费用。

物流过程的合理运输，是指从物流系统的总体目标出发，选择合理的运输方式和运输路线，即运用系统理论和系统工程原理与方法，选择合理的运输工具和优化运输路线，以最短的路径、最少的环节、最快的速度和最少的劳动消耗，组织合理运输活动，以获取最大的经济效益。

1. 运输方式选择的定性分析法

定性分析法主要是依据完成运输任务可用的各种运输方式的运营特点及主要功能、特性以及货主的要求等因素对运输方式进行直观选择的方法。

（1）单一运输方式的选择。单一运输方式的选择，就是选择一种运输方式提供运输服务。公路、铁路、水路、航空和管道五种基本运输方式各有自身的优点与不足，可以根据五种基本运输方式的特点，结合运输需求进行合适的选择。

（2）多式联运的选择。多式联运的选择，就是选择两种以上的运输方式联合起来提供运输服务。在实际运输中，一般只有铁路与公路联运（驮背运输）、公路或铁路与水路联运（鱼背运输）、航空与公路联运得到较为广泛的应用。

2. 运输方式选择的定量方法

运输方式选择的定量方法有综合评价法、成本比较法、考虑竞争因素的方法等，应用时可根据实际情况，选择其中的一种进行定量分析。但由于运输问题的影响因素复杂，很难用计算结果来决定一切，计算结果可以作为决策的重要参考依据。

（1）综合评价法。运输方式的选择应满足运输的基本要求，即经济性、迅速性、安全性和便利性。由于运输对象、运输距离和货主对运输时限要求不一样，对经济性、迅速性、安全性和便利性的要求程度也不同，因此可采取综合评价的方法来进行运输方式的确定。

（2）成本比较法。成本比较法也是运输方式选择的一种定量分析方法，它主要是根据不同的运输方式在一定的运输环境条件下所花费的成本来进行评价与选择的运输方式。

第二节　公路运输

公路运输是最常见的运输方式，通常是汽车在公路上运送旅客和货物。

一、公路运输介质

（一）公路

公路等级是根据公路的使用任务、功能和流量进行划分。根据我国现行的《中华人民共和国行业标准　公路工程技术标准》（JTG B01—2014），可以将公路划分为高速公路、一级公路、二级公路、三级公路和四级公路五个等级。在中国境内，二级以上的公路就称为高等级公路，包括高速公路、一级公路和二级公路。公路等级的选用应根据公路网的规划，按照公路的使用任务、功能和远景交通量综合确定。同一条公路，也可根据交通量等情况分段采用不同的公路等级。

1. 高速公路

高速公路具有特别重要的政治、经济意义，是专供汽车分向、分车道行驶并应控制全部出入口的多车道公路。

2. 一级公路

一级公路为连接重要政治、经济中心，通往重点工矿区、港口、机场，专供汽车分道行驶并部分控制出入口、部分立体交叉的公路。

3. 二级公路

二级公路是连接政治、经济中心或大型矿区等地的干线公路，或运输任务繁忙的城郊公路，为可供汽车行驶的双车道公路。

4. 三级公路

三级公路是沟通县及县以上城市的一般公路，为可供汽车行驶的双车道公路。

5. 四级公路

四级公路为沟通县、乡、镇的支线公路，是供汽车行驶的双车道或单车道公路。

（二）桥隧

桥隧是为车辆通过自然障碍（河流、山岭）或跨越其他立体交叉的交通线路而修建的构造物，主要有以下两种形式。

1. 桥梁

桥梁是指为道路跨越天然或人工障碍物而修建的建筑物。

2. 隧道

隧道是埋置于地层内的工程建筑物，是人类利用地下空间的一种形式。隧道可分为交通隧道、水工隧道、市政隧道、矿山隧道。

二、公路运输设施设备

公路运输是伴随着汽车的出现和发展而发展起来的。

（一）汽车组成

汽车是公路运输的基本工具。它由车身、动力装置、底盘和电器仪表等部分组成。

（二）汽车分类

《中华人民共和国国家标准　机动车辆及挂车分类》（GB/T 15089—2001）将机动车辆和挂车分为 L 类、M 类、N 类、O 类和 G 类。L 类是指两轮或三轮机动车辆，M 类是至少有 4 个车轮并且用于载客的机动车辆，N 类是至少有 4 个车轮并且用于载货的机动车辆，O 类是指挂车（包括半挂车），G 类是指越野车。

三、交通控制设备

交通控制设备主要有交通标志、路面标线和路标、交通信号三类，其功能主要是对车辆、驾驶员和行人起限制、警告和诱导作用。

（一）交通标志

交通标志是指把交通指示、交通警告、交通禁令和指路等交通管理与控制法规，用文字图形或符号形象化地表示出来，设置于路侧或公路上方的交通控制设施。它可分为警告标志、禁令标志、指示标志和指路标志。

（二）路面标线和路标

路面标线与交通标志具有相同的作用，它是将交通警告、禁令、指示和指路用画线号、文字等标示画在路面、缘石和路边的建筑上。

（三）交通信号

交通信号是最主要的交通控制设备，是用于在时间上给互相冲突的交通流分配行车权，使各个方向和车道上的车辆安全、有序地通过交叉口的一种交通管理措施。交通信号可分为定时式和感应式两类。

四、公路货物运输流程

公路货物运输是指围绕不同类型的货物，从受理托运开始，到交付收货人为止的生产活动。货运过程一般包括货物托运与承运、装运前的准备工作、装车、运送、卸车、保管和交付等环节。按照货运过程的不同阶段，车站货运工作可分为发送工作、途中工作和到达工作。

五、公路运输的特点

（一）公路运输的优点

1. 机动灵活，适应性强

由于公路运输网一般比铁路网、水路网的密度要大十几倍，分布面也广，因此公路运输车辆可以“无处不到、无时不有”，而且在绝大多数情况下，都可以实现物从托运人到收货人的“门到门”运输。

2. 快捷精确

与其他运输方式相比，公路运输客、货在途时间较短，运送速度较快，包装简单，货损少。因汽车运输途中货物撞击少，加之没有中转装卸作业，包装可以简单，货损率低。

3. 投资少，效益高

公路运输与铁路、水路、航空运输方式相比，所需固定设施简单，车辆购置费用一般也比较低，因此，投资兴办容易，投资回收期短。

（二）公路运输的缺点

1. 单车运量小

与铁路运输和水路运输相比，公路运输的运载能力明显处于劣势，拆下适合重型和大型的货物运输。一般来说，即使使用全拖车，普通货运汽车也只能载运3～5吨。

2. 能耗高，成本高

公路运输属于能耗高的一种运输方式。根据相关研究资料，公路运输能耗分别是铁路运输能耗的10.6～15.1倍、沿海运输能耗的11.2～15.9倍、管道运输能耗的4.8～6.9倍，但只是航空运输能耗的6%～8.7%。公路运输工具的运载能力偏低，使得公路运输的单位货物运费较高。

3. 污染严重

汽车所排出的尾气和引起的噪声也严重威胁着人类的健康，是大城市环境污染的较大污染源之一，而汽车尾气已成为引起全球环境变暖的主要原因。

4. 安全性差

虽然公路运输拥有密度最高的公路网，但是随着公路交通日益拥挤，公路交通事故的发生率远高于其他运输方式。

第三节　铁路运输

铁路运输是使用铁路列车运送客、货的一种运输方式。铁路运输主要承担长距离、大数量的货运，在没有水运条件的地区，几乎所有大批量货物都要依靠铁路运输。因此，铁路运输是在干线运输中起主力运输作用的运输形式。

一、铁路运输设施与设备

（一）线路

铁路线路是机车车辆和列车运行的基础，它是由路基、桥隧建筑物和轨道组成的一个整体的工程结构。轨道又称线路上部建筑，由道床、钢轨、轨枕、道岔、连接零件等组成。

（二）机车

铁路车辆本身没有动力装置，无论是客车还是货车，都必须把许多车辆连接在一起编成一列，由机车牵引才能运行。列车的载重量与速度主要取决于机车的功率和性能。

（三）货车和客车

货车与客车是铁路运输的基本载运工具，其构造及技术水平对提高列车的重量、降低运输成本、实现作业机械化与自动化，以及保证舒适的旅行条件有重大意义。

1. 货车

货车的基本类型有棚车、散车、平车和罐车。在这些基本车型的基础上又发展出各种专用货车。目前，货车发展的基本趋势是减轻自重、增加载重、提高速度和改进结构。

2. 客车

客车有开放式和包房式的软、硬席座车及卧铺车等。中国新造客车全部采用了滚动轴承，在一些客车中增设空气自动调节装置，车辆结构与车内设备也有所改善。

二、铁路运输流程

（一）铁路整车发运流程

1. 发运的基本条件

（1）购销业务部门或发货人要按时向委托办理商品发运的运输部门提供发货的商品运输计划资料。

（2）购销业务部门或发货人开出商品供应单或发货票后，应附有收货单位或收货人到达站商品名称、重量、件数、体积以及收货人的详细地址、开户银行、账号等。

（3）商品包装应适应多环节装卸搬运的要求。

（4）发运的商品包装两端应有明显、清楚的运输标记与标志。

（5）对化学危险品、毒品和鲜活易腐商品的质量标准、包装和装载方法要符合铁路、交通部门的要求。

2. 发运的业务程序

商品发运方式不同，发运的业务流程也有所不同。

（1）备运。备运是做好商品发运业务的前提条件，在备运阶段，做好货源的组织工作，是搞好商品发运工作的基础。

（2）组配。组配是根据计划、日安排组织商品配装，是发运过程中的一个重要的环节。组配的要求如下。

①运价号不同的货物不能进行组配。

②性质互有影响的货物不能进行组配。

③组配时应考虑运输工具的充分利用。

④对用退货物优先进行组配。

(3) 制单。制单是根据组配环节转来的组配好的商品调拨供应单，填制有关商品运输的各种单证。

(4) 托运。托运环节包括批单、送货、监装和缴纳运输费用等工作。批单是按日历计划要求，及时向承运部门提出发运商品的货物单，经承运部门审批受理后，即可按承运部门指定的日期与地点组织送货。

(5) 送单。在办好托运交付工作以及交付运杂费用后，由指定办理送单的人员，将领货凭证、运输交接单、付费货票、商品供应单证的有关联次，分送收货或者中转单位及内部有关各工作环节。它的目的是保证商品接收单位在接货时，按随货同行单证做好商品验收、清点、冲销在途商品等工作。

(6) 预报。预报是在商品发运以后，预先告知商品接收单位货已发出的通知。发预报的目的在于迅速通知收货单位做好接收准备，或者中转单位做好接转的准备工作。

(7) 结算。商品发运后，发运单位向收货单位或供货单位结算，收回代垫运杂费及其他费用的核算环节。结算分取货制、送货制、统一发货三种情况。

(8) 统计归档。除了统计发运数量，还凭发运留存统计单证计算有关经济指标。

(二) 铁路零担货物运输程序

(1) 制单。根据货物调用按供应单填制货物运单和有关运输交接凭证，并将同行单据订于运单背后。

(2) 复核。对运输单据内容，包括到站、品名、收货人、件数、重量等，逐项认真复核，做到准确无误。

(3) 批票。按规定时间，将货物运单送交车站办理托运批票，即车站正式受理指定送货日期与地点。有的到站可当场批票，有的则需要等铁路车站邮寄通知。

(4) 印鉴。根据货物运单所列的发货人、收货人、品名、到站、件数、运输号码等项目印制运输标签。

(5) 上站。按车站指定时间和地点，将货物按时上齐，并要逐件检查货物与运单是否相符，运输标记、包装是否符合要求，检查无误后，向铁路货运人员按货物运单实物交接。

三、铁路运输的特点

铁路运输方式是现代重要的货物运输方式之一，它对货物在异地的交换起了重要作用。

1. 铁路运输的优点

（1）运输能力大。陆地运输中，铁路运输的运送能力最大。每一次铁路车辆的平均运送能力可达到4000吨，远远大于公路运输的单车运量，所以铁路运输非常适合大宗物资的陆上运输。在我国，铁路运输起到运输主动脉的作用。

（2）运输成本较低。由于铁路运输采用大功率机车牵引列车运行，可承担长距离以及大运输量的运输任务，且机车的运行阻力较小、能源消耗低，所以系统的运行价格较低。

（3）受自然条件的限制较小。因为铁路运输具有高度的导向性，所以只要行车设施无损坏，在任何自然气候条件下，列车均可安全行驶，受气候因素限制很小，所以铁路运输是较可靠的运输方式。

（4）客货运输到发时间准确性高。因为铁路运输统一调度，且具有专用路权，先进的列车可通过高科技计算机控制，实现全自动化，可完全不受人为的控制，所以能保证运输到发时间的准确性。除此之外，铁路运输还有通用性能好、运输速度快、运行比较平稳、安全可靠以及平均运距较长等优点。

2. 铁路运输的缺点

（1）初期建设投资高。铁路运输固定资产的比例要远高于其他运输项目。对于铁路运输，初始建设的投资包括铁路线路的修建和机车的购买成本。一旦铁路拆除，造成的损失是很大的，所以铁路运输的投资风险就比较高。

（2）营运缺乏弹性。铁路运输只有达到一定的运输量，才能保证其经济性，这样势必影响铁路运输机动灵活性；同时，铁路运输不会随着客源与货源所在地变更营运路线。

（3）货损较高。因为铁路运输在运输的过程中需要编组，会出现货物的多次装卸搬运现象，若不能精细处理，则易造成货物的损坏。

第四节　水路运输

水路运输是以船舶为主要运输工具、以港口或港站为运输基地，以水域包括海洋、河流和湖泊为运输活动范围的一种运输方式。

一、水路运输的设施设备

（一）船舶

现代船舶以柴油机为主要动力装置，带动螺旋桨推进器产生推动力，使船行进，通常在船舶尾部设置舵装置以控制方向，在其首部两侧设锚、锚链等装置以帮助船舶停泊。船舶按载运对象可分为客船、货船和客货船。

1. 干散货船

干散货船是指专门载运粉末状、颗粒状、块状等非包装散堆货的运输船舶。如运输粮食、矿砂、煤炭、水泥等。按运输货物类型可以分成干散货船、散粮船、矿砂船、散装水泥船、车辆散货船。

2. 自卸式散货船

自卸式散货船通常是在舱底设置纵向输送机，舱内物料通过斗门及其他喂料方式喂入输送机并被提升到一定高度经投料输送机卸至码头。

3. 干杂货运输船舶

传统的班轮航线上运行的就是干杂货运输船舶。干杂货运输船舶的营运不追求高速，而注重经济性和安全性，要求尽量多装货物，提高装卸效率，减少船员人数和保证航行安全。

4. 滚装船

滚装船是自有动力车辆，或用牵引车牵引载有货物的半挂车或轮式托盘直接进出货舱的船舶。滚装船的优点是装卸效率高，船舶周转快和水陆直达联运方便。缺点是重心高，稳性较差；横格舱壁少而影响抗沉性，甲板的强度也受到影响等。

5. 冷藏船

冷藏船上通常设有制冷装置。一般可控制冷藏舱的温度为 -25℃ ~ 15℃。冷藏船货舱常隔成若干个舱室，每个舱室是一个独立的封闭的装货空间，可使相邻舱室互不导热，以满足不同货种对不同温度的要求。因为货舱口比较小，冷藏船的装卸效率也较低，有些冷藏船为了加速装卸，在舷侧开有绝热的舷门，从舷门进行装卸。冷藏货物的批量比较小，冷藏船的吨位都不大。

6. 液体货船

液体货船可分为油船和液化气船。油船也叫油轮，按载重吨位可分类如下：超级油轮（20 万 ~ 30 万载重吨），苏伊士型油轮（12 万 ~ 20 万载重吨），阿芙拉型油轮（8 万 ~ 12 万载重吨），巴拿马型油轮（6 万 ~ 8 万载重吨），灵便型油轮（1 万 ~ 5 万载重吨），通用型油轮（1 万吨以下）。

（二）港口

港口是具有一定面积的水域和陆域，供船舶出入和停泊、货物和旅客集散的场所。

根据港口在水运中的作用，港口的营运活动主要可以分为客运组织工作和货运装卸工作。

1. 港口类型

（1）按功能和用途分类。

①综合性商港或贸易港，以一般商船和客货运输为服务对象，可装卸多种货物的港口。

②专业港。专业性港口为装卸某单一货类的港口，如石油港、矿石港、煤港等。

③客运港。专门停泊客轮和转运快件货物。

④渔港。为渔船停泊、鱼货装卸、鱼货保鲜、冷藏加工、修补渔网和渔船生产等生活物资补给的港口。

⑤军港。供舰艇停泊并取得补给的港口。

⑥避风港。供船舶在航行途中，或海上作业过程中躲避风浪的港口。

（2）按照设置地点的不同分类。

①海港。沿海修建，为远洋和各种海船服务的港口。

②河口港。位于入海河流河口段，或河流下游潮区界内。

③河港。位于河流沿岸，且有河流水文特征的港口。

④运河港。沿人工开挖的河道修建的港口。

⑤湖港。位于湖泊沿岸或江河入湖口处的港口。

2. 港口的组成

港口由水域设施、陆域设施、水工建筑物三个部分组成。

（1）港口水域设施。

港口水域：港界线以内的水域面积。一般须满足两个基本要求：船舶能安全地进出港口和靠离码头，能稳定地进行停泊和装卸作业。

港口水域主要包括码头前水域（港池）、进出港航道、船舶转头水域、锚地等部分。

（2）港口陆域设施。

①港区生产设施。包括生产建筑、辅助生产建筑、港区作业调度室和候工室。

②港口集疏运设施。包括港区道路、港口铁路。

③港区辅助设施。

二、水路运输流程

（一）班轮运输的作业程序

1. 揽货

揽货是指从事班轮运输经营的船舶公司，为使自己所经营的班轮运输船舶能在载重量舱容上得到充分利用，力争做到“满舱满载”以期获得最好的经营效益而从货主那里争取货源的行为。

2. 订舱

订舱是指托运人或其代理人向承运人，即班轮公司，或其他营业所或代理机构等申请货物运输，承运人对这种申请给予承诺的行为。

3. 船换单

在班轮运输中，为了提高装船效率，减少船舶在港停泊时间，不致延误船期，通常都采用集中装船的方式。

4. 到港卸货交付

船舶公司在卸货港的代理人根据船舶发来的到港电报，一方面编制有关单证，联系安排泊位并准备办理船舶进口手续，约定装卸公司，等待船舶进港后卸货；另一方面还要把船舶预定到港的时间通知收货人，以便收货人及时做好接收货物的准备工作。

5. 交付货物

收货人收到提单后，将提单交给船舶公司在卸货港的代理人，经代理人审核无误后，签发提货单交给收货人，然后收货人再凭提货单前往码头仓库提取货物并与卸货代理人办理交接手续。

6. 保函

保函即为保证书。其作用包括凭保函交付货物、凭保函签发清洁提单、凭保函签发预借提单等。在凭保函交付货物的情况下，收货人保证在收到提单后立即向船舶公司交回全套正本提单，承担应由收货人支付的运费及其他费用的责任；对因未提交提单而提取货物所产生的一切损失均承担责任，并表明对于保证内容由银行与收货人一起负连带责任。

(二) 租船运输作业程序

1. 租船询价

询价又称询盘。通常是指承租人根据自己对货物运输的需要或对船的特殊要求，通过租船经纪人在租船市场上要求租用船舶。询价主要以电报或电传等书面形式提出。

2. 租船报价

报价又称发盘。当船舶所有人从租船经纪人那里得到承租人的询价后，经过成本估算或者比较其他的询价条件，通过租船经纪人向承租人提出自己所能提供的船舶情况和运费率或租金率。

3. 租船还价

还价又称还盘。在条件报价的情况下，承租人与船舶所有人之间对报价条件中不能接受的条件提出修改或增添的内容，或提出自己的条件，称为还价，意味着询价人对报价人报价的拒绝和新的报价开始。

4. 租船报实盘

在一笔租船交易中，经过多次还价与返还价，如果双方对租船合同条款的意见一致，一方可以以报实盘的方式要求对方做出是否成交的决定。

5. 接受订租

接受订租又称受盘，指双方当事人对实盘所列条件在有效期内明确表示承诺。

6. 订租确认书

订租确认书是租船程序的最后阶段。一项租船业务即告成交，当事人之间通常还要签署一份订租确认书。订租确认书无统一格式，但其内容应详细列出船舶所有人和承租人在订租过程中双方承诺的主要条款。订租确认书经当事人双方签署后，各保存一份备查。

7. 签订租船合同

正式的租船合同实际是合同已经成立后才开始编制的。实质就是一份供双方履行的简式的租船合同。船东按照已达成协议的内容编制正式的租船合同，通过租船经纪人送交承租人审核。如果租船人对编制的合同没有什么异议，即可签字。

三、水路运输特点

（一）水路运输的优点

1. 运载量大

在五种运输方式中，水路运输能力最大。在长江干线，一支拖驳或顶推驳船队的载运能力已超过万吨，国外最大的顶推驳船队的载运能力达 3 万 ~4 万吨，世界上最大的油船的载运能力已超过 50 万吨。

2. 运输成本低

我国沿海运输成本是铁路运输的 40%，美国沿海运输成本是铁路运输的 13%；长江干线运输成本是铁路运输的 25% ~33%，而美国密西西比河的运输成本只有铁路运输的 25% ~33%。

3. 通用性能好

水路运输可以运送各种货物，尤其是长距离、大宗货物，还能开展集装箱运输和多式联运。在运输条件良好的航道通过，能力几乎不受限制。

4. 运输路线长

水路运输平均运输路线长度分别是铁路运输的 23 倍、公路运输的 59 倍、管道运输的 2.7 倍，但只有民航运输的 68%。

5. 投资省

水路运输的线路不需要投资建设，只需要利用江河湖海等自然水利资源。除必须购买或建造船舶、建设港口外，沿海航道几乎不需要投资，整治航道所需费用也只有铁路建设费用的1/5～1/3。

（二）水路运输的缺点

1. 运输速度慢

水路运输平均航速较慢，在途中的时间长、货物多，会增加货主的流动资金占有量。

2. 受自然条件影响较大

内河航道和某些港口受季节影响较大，例如冬季结冰、枯水期水位变低、海洋风暴等，因而呈现较大的波动性及不平衡性，难以保证全年通航。

第五节　航空运输

一、航空运输设施与设备

（一）飞机

飞机是航空运输系统的载运工具，它是由推进装置提供推力（或拉力），主要由机翼产生升力，由操纵面控制飞行方向。飞机的性能、构造和外形基本上是由用途来确定的，按用途可以将飞机分为军用机、民用机以及专门用于科研和试验的研究机。

（1）按构造分类

按机翼的数目一般可分为多翼机和单翼机，当前大多数飞机为单翼机。

按发动机类型可分为活塞式飞机、螺旋桨式飞机和喷气式飞机。

按发动机数目可分为单发动机飞机、双发动机飞机、三发动机飞机和四发动机飞机。

按起落地点可分为陆上飞机、雪（冰）上飞机、水上飞机和舰载飞机。

按起落方式可分为滑跑起落式飞机和垂直短距起落式飞机。

（2）按用途分类

常用民用飞机如下。

①旅客机。

用于运载旅客和邮件，联络国内各城市与地区或国际间的城市。

按大小和航程可进一步分为：洲际航线上使用的远程（大型）旅客机，国内干线上使用的中程（中型）旅客机，地方航线（支线）上使用的近程（轻型）旅客机。中型旅客机使用较广泛，既有喷气式的，也有带螺旋桨的，如“三叉戟”型飞机。

②货机。

指以包机或定期航班的形式专门运输货物的飞机。很多干线飞机都有专门的货机。

全货机一般设计为集装设备型的货舱，飞机货舱底部均设置滚轴及固定系统，可以放置集装板和集装箱。最大的B747－400F货机可以装下39个集装板。

③农业机、林业机。

用于执行喷药、播种、施肥等田间作业的飞机，早期多用退役的小型飞机改装，近年来有专门研制的农业飞机。著名的农业机有苏联的安2、安3，美国的“农用马车”“农业猫”“空中拖拉机”，澳大利亚的“空中卡车年”和波兰的M18“单峰骆驼”等。

④教练机。

教练机是训练飞行员从最初级的飞行技术到能够单独飞行与完成指定工作的特殊机种。无论是操作军用或是民用飞机的飞行员都需要经过一些相同的训练程序，使用类似的教练机完成基础飞行课程。常见的教练机分类有两种，分别是两级制与三级制。两级制区分为初级与高级教练机，三级制为初级、中级与高级教练机。

⑤多用途轻型飞机。

这类飞机种类与用途繁多，如用于地质勘探、航空摄影、空中紧急救护、短途运输等。

（二）机场

1. 机场的概念与构成

机场是供飞机起飞、着陆、停驻、维护、补充给养及组织飞行活动所用的场所。机场主要由飞行区、航站区及进出机场的地面交通系统三部分构成。

（1）飞行区。飞行区是机场内用于飞机起飞、着陆和滑行的区域，通常还包括用于飞机起降的空域。飞行区主要包括跑道、滑行道和停机坪等。

（2）航站区。航站区是飞行区与机场其他部分的交接部。航站区包括航站楼、助航设施、地面活动引导和管制系统、地面特种车辆和场务设备等。航站区系统包括旅客航站系统、机场门位系统、机场维护与管理系统等。

（3）地面交通系统。进出机场的地面交通系统通常是公路，也包括铁路、地铁（或轻轨）和水运码头等。其功能是把机场和附近城市连接起来，确保旅客和货邮及时进出或运出航站楼。

2. 机场的分类

（1）按航线性质可分为国际航线机场（国际机场）和国内航线机场。国际机场供国际航班进出，并设有海关、边防检查（移民检查）、卫生检疫和动植物检疫等政府联检机构，内线机场是专供国内航班使用的机场。

（2）按机场在民航运输网络中所起的作用可分为枢纽机场、干线机场和支线机场。国内国际航线密集的机场称为枢纽机场。干线机场是指各直辖市、省会、自治区首府以及一些重要城市或旅游城市（如大连、厦门、桂林、深圳等）的机场，共有30多个。

二、航空运输出口业务流程

国际航空货物运输的出口业务流程是指从托运人发货到承运人将货物装上飞机的物流、信息流的实现和控制管理的全过程，国际航空货物运输的出口业务流程环节主要包含两大部分：航空公司出港货物的操作程序和航空货物出口运输代理业务程序。

航空公司出港货物的操作程序是指代理人将货物交给航空公司，直到货物装上飞机的整个操作流程。

（1）销售、揽货。作为航空货物运输销售代理，销售的是航空公司的舱位，只有飞机的舱位上配载了货物，航空货运才真正具有了实质性的内容，因此承揽货物处于整个航空货物出口运输代理业务程序的核心地位。

（2）接受委托、审核单证。托运人发货时应事先填写“航空货运委托书”并附有关单证，而且托运人必须在上面签字或盖章。同时，航空货运代理必须在托运书上签名并写上日期以示确认。

（3）预配舱。汇总所接受的委托和客户的预报，并输入计算机，计算出各航线的件数、重量、体积，按照客户的要求和货重、包装情况，根据各航空公司不同机型对不同板箱的重量和高度要求，制订预配舱方案，并为每票货配上运单号。

（4）预订舱。根据所指定的预配舱方案，按航班、日期打印出总运单号、件数重。

（5）接单。接受托运人或其代理人送交的已经审核确认的托运书及报关单证和收货凭证，将计算机中的收货记录与收货凭证核对。制作交接单，填上所收到的各种报关单证份数，给每份交接单配一份总运单或分运单，将制作好的交接单、配好的总运单或分运单、报关单证移交制单时货未到或未全到，可以按照托运书上数据填写交接单并注明，货到齐后再进行修改。

（6）制单。制单就是填开航空货运单，包括总运单和分运单。填开航空货运单是空运出口业务中最重要的环节，运单填写的准确与否直接关系到货物能否及时、准确地运达目的地。同时空货运单又是发货人结汇的主要有价证券。

（7）接货。接货是指航空货运代理公司把即将发运的货物，从发货人手中接过来并运送到自己的仓库，接货一般与接单同时进行。对于通过空运或铁路从内地运往出境地的出口货物，货运代理按照发货人提供的运单号、航班号、接货地点及接货日期，代其提取货物。如货物已在启运地办理了海关出口手续，发货人应同时提供启运地海关的关封。

（8）标签。接货时应对货物进行确认和丈量，并根据发票、装箱单或送货单清点货物，核对货物的数量、品名、合同号或唛头（“mark”头）等是否与货运单上所列一致。检查货物的外包装是否符合运输的要求。

（9）配舱。配舱时，须出运的货物都已入库，此时需要核对货物的实际件数、重量、体积与托运书上预报数量之间的差别。对于预订的舱位，要注意根据板箱的尺寸大小合理分配，并按照各航班机型、板箱型号、高度、数量进行配载。同时，对于货物晚到、未到情况以及未能顺利通关放行的货物做出调整处理，为制作出仓单做准备。实际上，这一过程一直延续到签单、交接给航空公司后才完毕。

（10）订舱。订舱就是将所接空运货物向航空公司申请并预订舱位的行为。货物订舱须根据发货人的要求和货物标志的特点而定。一般来说，大宗货物、紧急物资、鲜活易腐物品、危险品、贵重物品等，必须预订舱位，非紧急的零散货物，可以不预订舱位。

订舱的具体做法和基本步骤是：接到发货人的发货预报后，向航空公司吨控部门领取并填写订单。要提供的信息是：货物的名称、重量、件数，目的港、要求出运的时间及其他运输要求（温度、装卸要求、货物到达目的地时限等）。货运代理公司订舱时，可依照发货人的要求选择最佳的航线和最佳的承运人，同时为发货人争取最低、最合理的运价。订舱后，航空公司签发舱位确认书（舱单），同时给予装货集装器领取凭证，以表示舱位订妥。预订的舱位会由于货物原因、单证原因、海关原因等使最终舱位不够或者空舱。这需要综合考虑和预见性等经验，尽量减少此类事情发生，并且在事情发生后应及时采取补救措施，并进行必要的调整。

（11）出口报关。出口报关是指发货人或其代理人在货物发运前向出境地海关办理货物出口手续的过程。出口报关的基本程序：计算机预录入—报关单上盖章—准备随附单证—向海关申报—海关审核放行。

（12）编制出仓单。配舱方案制订后就可着手编制出仓单。出仓单上应写明出仓单的日期、承运航班的日期、装载板箱形式及数量、货物进仓顺序编号、总运单号、件数、重量、体积、目的港三字代码和备注。

出仓单交给出口仓库，用于出库计划，出库时点数并向装板装箱单位交接，作为向出口仓库提货的依据；出仓单也可作为装板装箱单位的收货凭证和制作《国际货物交接清单》的依据，该清单用于航空公司交接货物；出仓单还可用于外拼箱。出仓单进入报关环节，当报关有问题时，可采取相应措施。

（13）提板箱。根据订舱计划向航空公司申领板箱并办理相应的手续。提板箱时，应领取相应的塑料薄膜和网，对所使用的板箱进行型号登记。

（14）货物装板装箱。除特殊情况，航空货运均是以“集装板”“集装箱”形式装运。航空货运代理公司将 2 米以下货物作为小货交与航空公司拼装。

（15）签单。货运单在盖好海关放行章后还需到航空公司签单。主要是审核运价使用是否正确以及货物性质是否适合空运，例如，危险品等是否已办了相应的证明和手续。航空公司的地面代理规定，只有签单确认后才允许将单、货交给航空公司。

（16）交接发运。交接，就是向航空公司交单交货，由航空公司安排航空运输。交单，就是将随机单据和应由承运人留存的单据交给航空公司。随机单据包括第二联航空运单正本、发票、装箱单、产地证明，品质鉴定书等。交货，即把与单据相符的货物交给航空公司，交货之前必须粘贴成挂货物标签，清点和核对货物，填制货物交接清单。大宗货、集中托运货，以整板、整箱称重交接。零散小货按票称重，计件交接。航空公司审单验货后，在交接清单上验收，将货物存入出口仓库，单据交吨控部门，以备配舱。

(17) 航班跟踪。单、货交接给航空公司后，航空公司可能会因航班取消、延误、故障、改机型、错运、倒操或装板不符规定等原因，未能按预定时间运出，因此货运代理公司从单、货交给航空公司后须对航班、货物进行跟踪。需要连程中转的货物，在货物出运后，要求航空公司提供二程、三程航班中转信息。有些货物事先已预订了二程、三程，也需要确认中转情况。有时需要直接发传真或电话与航空公司的海外办事处联系货物中转情况，及时将上述信息反馈给客户，遇有突发情况及时处理。

(18) 信息服务。航空货运代理公司须在多个方面为客户做好信息服务。

订舱信息：应将是否订舱位及时告诉货主或委托人，以便及时备单、备货。

审单及报关信息：在审阅货主或委托人送来的各项单证后，若发现有遗漏、失误，应及时通告发货人，以便及时补充或修正。在报关过程中，如有任何报关、清关的问题，亦应及时通知货主，共商解决。

仓库收货信息：应将货物送达货运代理仓库，将有关出口货物的到达时间、货量、体积、缺件、货损情况及时通告货主，以免事后产生纠纷。

交运称重信息：运费计算标准以航空公司称重、量积为准。例如，在交运航空公司称重过磅过程中，发现称重、体积与货主宣称的重量、体积有误，且超过一定比例时，必须通告货主，求得确认。

一程及二程航班信息：应及时将出运航班号、日期及以后跟踪了解到的二程航班信息及时通告货主。

集中托运信息：对于集中托运货物，还应将发运信息预报给收货人所在地的国外代理，以便对方及时接货、查询、进行分拨处理。

单证信息：货运代理在发运出口货物后，应将发货人留存的单据，包括盖有放行章和验讫章的出口货物报关单、出口收汇核销单、第三联航空运单正本以及用于出口退税的单据，交付或寄送发货人。费用结算主要涉及同发货人、承运人和国外代理人三方面的结算。

(19) 费用结算。发货人结算费用：在运费预付的情况下，收取航空运费、地面运输费、各种服务费和手续费。

承运人结算费用：向承运人支付航空运费及代理费，同时收取代理金。国外代理结算主要涉及付运费和利润分成。

三、航空运输进口业务流程

航空进港货物的操作程序是指从飞机到达目的地机场，承运人把货物卸下飞机直接交给代理人的整个操作流程。

航空货物进口运输代理业务程序是指代理公司对于货物从入境到提取或转运整个流程的各个环节所需办理的手续及准备相关单证的全过程。

该流程包括：代理预报—交接单、货—理货与仓储—理单与到货通知—制单、报关—收费与发货—送货与转运等。

1. 代理预报

代理预报指在国外发货之前，由国外代理公司将运单、航班、件数、重量、品名、实际收货人及其地址、联系电话等内容通过传真或电子邮件发给目的地代理公司。

2. 交接单、货

航空公司的地面代理人向货运代理公司交接的有：国际货物交接清单，总运单、货物。交接时要做到：单单核对，单货核对。

3. 理货与仓储

（1）逐一核对每票件数，再次检查货物破损情况，遇有异常，确定属于接货时未发现的问题，可向民航提出交涉。

（2）按大货、小货，重货、轻货，单票货、混载货，危险品、贵重品，冷冻、冷藏品堆存进仓。堆存时要注意货物箭头朝向，注意重不压轻，大不压小。

（3）登记每票货物储存区号，并输入计算机货物。

（4）鉴于航空进口货物的贵重性、特殊性，其仓储要求较高，如防雨淋、防受潮、防重压，防温升变质、防危险品危及人员及其他货品安全、防贵重品被盗等。

4. 理单与到货通知

航空货运代理公司理单人员须将总运单、分运单与随机单证、国外代理人先期送达的单证审核、配齐。凡单证齐全、符合报关条件的即转入制单、报关程序。否则，即与货主联系，催齐单证，使之符合报关条件。货物到达目的港后，货运代理人应从航空公司运输的时效出发，为减少货主仓储费，避免海关滞报金，尽早、尽快、尽妥地通知货主到货情况，提请货主配齐有关单证，尽快报关。

5. 制单、报关

（1）进口制单：指按海关要求，依据运单、发票、装箱单及证明货物合法进口的批文，制作“进口货物报关单”。部分货主要求异地清关时，在符合海关规定的情况下，制作《转关运输申报单》、办理转关手续。

（2）进口报关：是进口运输中关键的环节。报关程序中，还有许多环节，在向海关申报后，海关有初审、审单、征税、验放等主要工作环节。

6. 收费与发货

（1）收费：航空货运代理公司仓库在发货前一般先将费用收取。收费内容有：到付运费及整付佣金，单证报关费，仓储费（含冷藏、冷冻、危险品、贵重品特殊仓储费），装卸护车费，航空公司到港仓储费，海关预录入、商检费等代收代付费用，关税及垫付佣金。

（2）发货：办完报关、报检等手续后，货主须凭盖有海关放行章、检验检疫章的进口货单到所属监管仓库付费提货。仓库发货时，须再次检查货物外包装情况，遇有破损，应向货主交代；还应协助货主装车，尤其遇有货物超大超重、件数较多的情况，应指导货主（或提货人）合理安排安全装车，以提高运输效率，保障运输安全。

7. 送货与转运

（1）送货上门业务：主要指进口清关后货物直接运送至货主单位，运输工具一般为汽车。

（2）转运业务：主要指进口清关后货物转运至内地的货运代理公司，运输方式主要为飞机、汽车、火车、水运、邮政。

（3）进口货物转关及监管运输：进口货物转关是指货物入境后不在进境地海关办理进关手续，而运往另一设关地点办理进口报关手续。在办理进口报关手续前，货物一直处于海关监管之下，转关运输亦称监管运输，即该运输过程置于海关监管之中。

第六节　管道运输

管道运输是利用管道输送气体、液体和粉状固体的一种运输方式。其运输形式是靠物体在管道内顺着压力方向循环移动实现的，和其他运输方式的重要区别在于，管道设备是静止不动的。

一、管道运输的类型

管道主要有三种类型：液体管道（主要运送石油及其制品）、气体管道（主要运送天然气）和浆质管道（主要运送煤浆）。当前，世界输油管道约 58 万千米，欧美和中东产油国都实现了石油运输管道化。

二、管道运输的特点

（一）管道运输的优点

1. 运输量大

一条输油管线可以源源不断地完成运输任务。根据管径大小的不同，其每年的运输量可达数百万吨到几千万吨，甚至超过亿吨。

2. 占地少

运输管道通常埋于地下，占用的土地很少。运输系统的建设实践证明运输管道埋藏于地下的部分占管道总长的95%以上，因而对土地的永久性占用很少，仅为公路的3%、铁路的10%左右。在交通运输规范系统中，优先考虑管道运输方案，这对于节约土地资源有重大意义。

3. 货物不需要包装

管道运输是运输通道与运输工具合而为一的运输方式，货物在运输过程中直接导入管道进行运输，故不需要进行包装，节省了包装费用。

4. 能耗小，成本低

由于管道运输采用密封设备，在运输过程中可避免散失、丢失等损失，也不存在其他运输设备在运输过程中消耗动力所形成的无效运输问题。

5. 安全可靠，连续性强

由于石油、天然气易燃、易爆、易挥发、易泄漏，采用管道运输方式，既安全又可以大大减少挥发损耗及对空气、水和土壤的污染，能较好地满足运输工程的绿色环保要求。

6. 建设周期短，费用低

管道运输系统的建设周期与相同运量的铁路建设周期相比，一般会短1/3以上，而且管道建设费用比铁路要低60%左右。

（二）管道运输的缺点

1. 运输货种单一

管道运输的专用性强，只能运输石油、天然气及固体料浆（如煤浆等），运输对象受到限制。

2. 灵活性差

管道运输不如其他运输方式灵活，除承运的货物比较单一外，它也不容许随便扩展管线，实现门到门的运输服务。

本章小结

本章以物流运输为研究对象，系统地介绍了运输管理的基础知识、现代运输方式的类型、物流运输管理以及运输合理化的相关理论。运输是指用专用运输设备将物品从一个地点向另一地点运送，其中包括集货、分配、搬运、中转、装入、卸下、分散等一系列操作。运输在物流系统中具有十分重要的地位和作用，主要承担两大功能：物品移动和物品储存。现代运输方式包含基本运输方式和特殊运输方式两大类型。基本运输方式分为公路运输、铁路运输、水路运输、航空运输和管道运输五种类型，每种运输方式有其适用范围和条件。特殊运输方式是指那些没有自己专有的运输工具，但却是现代物流体系中不可或缺的运输方式，主要包括联合运输、集装箱运输和托盘运输。企业为了做好物流运输，最重要的是要进行有效的运输管理，对运输方式、运输企业和运输路线进行科学、合理的选择与决策。运输合理化是指在保证货物流向合理的前提下，在整个运输过程中，确保运输质量，以适宜的运输工具、最少的运输环节、最佳的运输线路、最快的运输速度和最低的运输费用将产品从原产地运送到指定地点的运输活动状况。影响运输合理化的因素主要有运输距离、运输环节、运输工具、运输时间和运输费用五个因素。企业应通过运输合理化的相关途径，避免不合理运输的发生。

案例分析

家乐福中国及其运输决策

作为全球排名第二的跨国零售企业，家乐福于1995年进入中国市场。家乐福中国公司经营的商品95%来自本地，因此家乐福的供货很及时，这也是家乐福在中国经营很成功的原因之一。家乐福实行“店长责任制”，给各店长以极大的权力，店长能灵活决定所管理的店内的货物来源和销售模式等。由于家乐福是各生产商交纳入场费，商品也主要由各零售商自己配送，家乐福中国总公司本身调配的力度不大，因此各分店能根据具体情况灵活决定货物配送情况，事实证明这样做的效果很好。目前家乐福中国在网络设计方面主要体现为运输网络分散度高，一般流通企业都是自己建立仓库及其配送中心，而家乐福的供应商直送模式决定了它的大量仓库及配送中心事实上都是由供应商解决的，家乐福集中配送的货物占极少数。这样的经营模式不但可以节省大量的建设仓库费用和管理费用，商品运送也较集中，配送起来更方便，而且能及时供应商品或下架滞销商品，不仅对家乐福的销售，对供货商了解商品销售情况也是极有利的。在运输方式上，除了较少数需要进口或长途运送的货物使用集装箱挂车及大型货车外，大量商品来自本地生产商，故较多采用送货车。这些送货车中有一部分是家乐福租的车，而绝大部分则是供应商自己长期为家乐福各店送货的车，家乐福自身需要的车数量不多，所以它并没有自己的运输车队，也省去了大量的运输费用。在配送方面，在供应商直送的模式下，商品来自多条线路，而无论各供应商还是家乐福自己的车辆都采用了“轻重配载”的策略，有效利用了车辆的各级空间，使单位货物的运输成本得以降低，进而在价格上取得主动。而先进的信息管理系统也能让供应商在最短时间内掌握货架上销售的各种商品的货物数量以及每天的销售情况，补货和退货因此变得方便，也能让供应商与家乐福相互信任，建立长期的合作关系。

（资料来源：http：//www. docin. com/p－183877384. html）

教学资源包

在线答题

课后练习

一、判断题

1. 水路运输的成本低，主要负担大宗、笨重货物的长途运输。(　)

2. 运输市场结构调控也就是动力结构调控。(　)

3. 运输市场管理的性质属于运输市场调节行为。(　)

二、选择题

1. 影响运输合理化的因素主要有（　）。

A. 运输距离　　B. 运输环节　　C. 运输工具

D. 运输时间　　E. 运输费用

2. 水路运输的优点分别是（　）。

A. 运载量大　　B. 运输成本低　　C. 通用性能好

D. 运输路线长　　E. 投资节省

3. 飞行区是机场内用于飞机（　）的区域。

A. 起飞　　B. 着陆　　C. 滑行　　D. 载客

4. （　）适用于体轻、贵重、易损、鲜活或紧急的商品。

A. 铁路运输　　B. 管道运输　　C. 公路运输　　D. 航空运输

5. 零担货物以（　）为一批。

A. 每张运单　　B. 每车货物　　C. 每箱货物　　D. 每张货单

6. “近路不走走远路”是对（　）运输形式的描述。

A. 重复运输　　B. 迂回运输　　C. 过远运输　　D. 对流运输

7. 运输线路成本最低的是（　）。

A. 公路运输　　B. 水路运输　　C. 铁路运输　　D. 航空运输

三、思考题

1. 运输的基本类型有哪些？它们分别有哪些特点？
2. 简述运输的基本原理。
3. 运输在物流系统中具有什么功能与作用？
4. 简述五种基本运输方式的主要优缺点。
5. 联合运输的主要特点是什么？其主要方式有哪些？
6. 试述实现合理化运输的有效途径。

第四章　仓储管理

本章导读

物流过程需要经过众多的环节，仓储是其中最为重要、必不可少的一环。随着传统物流向现代物流的不断转化，仓储活动也从传统的储存和保管货物，发展到更加注重满足客户的多种需要，进而提供更多的服务功能；仓储管理也从只关注物资保管的安全性，发展为如何运用现代技术提高仓储效率与效益。

教学目标

仓储是物流的重要组成部分，通过对仓储含义、分类及其发展情况的介绍，引导学生正确认识仓储在物流中的功能与作用，掌握仓储管理的主要内容，为后续系统学习相关内容打下坚实基础。

学习任务

1. 了解仓储的含义与分类及其发展情况。
2. 理解仓储的作用与功能。
3. 了解仓储管理的内涵，掌握仓储管理的内容。

知识导图

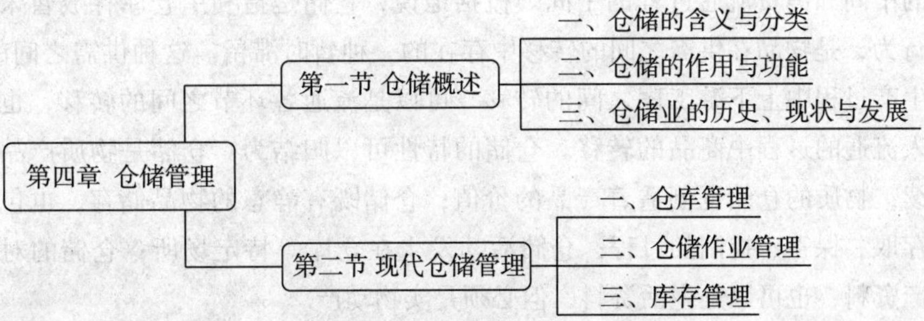

导入案例

启海云仓是基于EDI和云计算等信息技术的自动化仓储物流周转中心，全仓总面积21万平方米。2018年“双11”是启海云仓经历的第二个“双11”，400万订单，仅48小时便顺利出库，刷新出库纪录；单仓单品牌3小时出库量高达10万件，单日单仓最高处理量达到75万件，有效地解决了订单配送和管理的问题；此外，启海云仓最快订单处理速度高达5.8分钟/单，零异常堆积，同比2017年增长2.45倍。2018年“双11”，启海云仓交上了一份令行业内外赞赏的答卷。

启海云仓是向社会开放仓储资源和配送资源的第三方物流服务模式，启海云仓体系中高效的干线运输能力缩短了从生产商到仓库的运输时间，仓、配一体化缩短了仓储与配送的交接时间。启海云仓实行仓、配一体化，仓储信息系统与配送信息系统直接对接，统一编码、统一规则，确保出库率100%；入库后全方位监管每件货物的历史痕迹，直接在仓库内分拣时就按配送站点分组与归集，拣完之后直接配送，将仓库、配送的交接时间大大缩短。再加上本来就已经缩短了“订单完成提前期”，整个供应链反应时间明显缩短。启海云仓在行业内敢为人先的勇气和态度，将为供应链的各个环节带来巨大变革，为其发展的核心竞争力赋能。

（资料来源：选编自中国物流与采购网）

第一节　仓储概述

一、仓储的含义与分类

（一）仓储的含义

仓储是商品流通的重要环节之一，也是物流环节的重要支柱。仓储的含义有狭义和广义之分。狭义的仓储是指商品离开生产领域进入消费领域之前，处于流通领域时所形成的“停滞”；广义的仓储不仅存在于生产进入消费的过程中间，而且也存在于生产过程的中间和消费流通过程的中间。概括地说，仓储是指利用仓库存放暂未使用的物品的行为，是物品在供需之间的转移中存在的一种暂时滞留。这种供需之间的转移，可以是生产过程中上下游工序之间的转移，可以是流通各环节之间的转移，也可以是生产进入流通的过程中商品的转移。仓储的特性可以归结为：仓储是物质产品生产过程的持续，物质的仓储也创造着产品的价值；仓储既有静态的物品储存，也包含动态的物品存取、保管、控制的过程；仓储活动发生在仓库等特定场所；仓储的对象既可以是生产资料，也可以是生活资料，但必须是实物动产。

随着现代科学技术和生产力的进一步发展，仓库已由过去单纯的作为“储存、保管商品的场所”，逐步向“配送中心”“物流中心”发展。仓库不但在建筑场所的外貌上焕然一新，而且内部的空间、设施和货物都发生了根本的变化，更有在功能和管理方面的进化。现代仓储和物流中心已经形成了以围绕货物的存储空间、储存设施设备、人员和作业及管理系统组成的仓储系统，功能也延伸到包括运输、仓储、包装、配送、流通加工和信息等一整套的物流环节。

（二）仓储的分类

1. 按仓储经营的主体划分

（1）企业自营仓储。企业自营仓储包括生产企业自营仓储和流通企业自营仓储。生产企业自营仓储是指生产企业使用自有的仓库设施，对生产使用的原材料、中间产品和最终产品实施储存保管的行为。其仓储对象较为单一，以满足生产为原则。流通企业自营仓储则是指流通企业利用拥有的仓储设施对经营的商品进行仓储保管的行为。其仓储对象较多，目的是为了支持销售。企业自营仓储的行为不具有独立性，一般为自用仓库，不开展商业性仓储经营。

（2）营业仓储。营业仓储是指仓储经营人利用拥有的仓储设施，向社会提供商业性仓储服务的仓储行为。仓储经营人与存货人通过订立仓储合同的方式建立仓储关系，并根据合同约定提供服务和收取仓储费。营业仓储的目的是在仓储活动中获得经济回报，实现经营利润最大化。它主要包括提供仓储服务和提供仓储场地服务两种形式。

（3）公共仓储。公共仓储是公用事业的配套服务设施，用于为车站、码头提供仓储配套服务。其主要目的是保证车站、码头的货物作业具有内部服务的性质，在仓储活动中处于从属地位。但对于存货人而言，公共仓储也适用于营业仓储关系，只是不独立签订仓储合同，而将关系列在作业合同中。

（4）战略储备仓储。战略储备仓储是国家根据国防安全和社会稳定的需要，对战略物资实行储备的仓储。战略储备仓储由国家政府控制，通过立法、行政命令的方式进行。战略储备仓储特别重视储备品的安全性，且储备的时间较长。战略储备物资主要有粮食、石油、有色金属、淡水等。

2. 按仓储对象划分

（1）普通物品仓储。普通物品仓储是指不需要特殊保管条件的物品仓储。一般的生产物资、生活用品、普通工具等物品，不需要设置特殊的保管条件，采用无特殊装备的通用仓库或货场存放。

（2）特殊物品仓储。特殊物品仓储是指有特殊要求或需要满足特殊条件的物品仓储，如危险品仓储、冷库仓储、粮食仓储等。特殊物品仓储一般采用专用仓库，按物品的物理、化学、生物特性，以及相关法规规定进行仓库建设和实施管理。

3. 按仓储的主要功能划分

(1) 储存仓储。储存仓储是以储存保管为主要功能。这类仓储储存的物资通常品种较少，但存量较大，储存时间相对较长，因而一般选择较偏远的地区，储存费用较低廉。由于物资存放时间长，储存仓储应特别注重对物资质量的保管和维护。

(2) 物流中心仓储。物流中心仓储主要从事以物流管理为目的的仓储活动。为了实现有效的物流管理，对物流的过程、数量、方向进行控制的环节，是实现物流的时间价值的环节。物流中心仓储一般设在经济发达地区，交通较为便利，其储存品种较少，通常以较大批量进库、相对分散批量出库，整体上吞吐能力较强。

(3) 中转仓储。中转仓储是衔接不同运输方式的仓储，主要设置在生产地和消费地之间的交通枢纽地，如港口、车站等，是为了保证不同运输方式的高效衔接，减少运输工具的装卸和停留时间。中转仓储具有货物大进大出的特性，储存期限短，注重货物的周转作业效率和周转率。

(4) 配送仓储。配送仓储也称配送中心仓储，是商品在配送交付消费者之前所进行的短期仓储，是商品在销售或者供生产者使用前的最后储存，是商品保管和加工相结合的仓储活动。配送仓储一般在商品的消费经济区间内进行，主要职能是根据市场需要，对商品进行拆包、分拣、组配等，并迅速地送达消费和销售地。配送仓储物品品种繁多、批量少，需要一定量进货、分批少量出货，主要目的是支持销售，注重对物品存量的控制。

(5) 保税仓储。保税仓储是指使用海关核准的保税仓库存放保税货物的仓储行为。保税仓储所储存的对象是暂时进境而还需要复运出境的货物，或者是海关批准暂缓纳税的进口货物。保税仓储受海关的直接监控，所储存的货物由存货人委托保管，保管人要对海关负责，入库或出库单据均需要由海关签署。保税仓储一般在进出境口岸附近进行。

二、仓储的作用与功能

(一) 仓储的作用

仓储活动是以改变“物”的时间状态为主要目的的活动，从而克服产需之间的时间差异以获得更好的效用。仓储的作用可从以下几个方面加以说明。

1. 仓储是物流的主要功能要素之一

在物流活动中，运输承担了改变空间状态的重任，而改变“物”的时间状态，是由仓储活动来承担的。所以，在物流系统中，运输和仓储是并列的两大主要功能要素，被称为物流的两大支柱。

2. 仓储是社会物质生产的必要条件之一

仓储是社会再生产各环节之间的“物”的停滞，构成了上一步活动和下一步活动衔接的必要条件。例如，在生产过程中，上一道工序和下一道工序之间免不了有一定的间隔，上一道工序的半成品总是要达到一定批量之后，才能经济合理地送给下一道工序，而下一道工序为了保持连续生产，也总是要有一些储备保证。于是，仓储无论对哪一道工序来说，都是保证顺利生产的必要条件。

3. 仓储可以创造“时间效用”

时间效用是指“物”从供给者到需要者之间有一段时间差，仓储有改变这一时间差所创造的效用。通过仓储，使“物”在效用最高的时间发挥作用，就能充分发挥“物”的潜力，实现“物”在时间上的优化配置。从这个意义上来讲，也相当于通过仓储提高了“物”的使用价值。

4. 仓储是“第三利润源”的重要源泉之一

仓储是“第三利润源”中的主要组成之一。仓储作为一种停滞，有冲减利润的趋势，这是因为在“存”的过程中“物”的使用价值降低，各种仓储成本支出又必然冲减利润。若这部分成本控制得当，就能极大地节约物流成本，成为一个重要的利润来源。

（二）仓储的功能

仓储主要是对流通中的商品进行检验、保管、加工、集散和转换运输方式，并解决供需之间和不同运输方式之间的矛盾，提供场所价值和时间效益，使商品的所有权和使用价值得到保护，加速商品流转，提高物流效率和质量，促进社会效益。概括起来，仓储的功能可分为基本功能和增值服务功能两大类。

1. 仓储的基本功能

（1）储存保管功能。储存保管是仓储最基本的功能，也是其产生的根本原因。在特定的场所对物品进行收存并妥善保管，其目的是确保存储货物价值不受损坏，以便将来使用。

（2）调节功能。仓储在物流中起着“蓄水池”的作用，一方面，仓储可以调节生产与消费的关系，如销售与消费的关系，使它们在时间和空间上得到协调，保证社会再生产的顺利进行；另一方面，还可以实现对运输的调节。因为产品从生产地向销售地流转，主要依靠运输完成，但不同的运输方式在运向、运程、运量及运输线路和运输时间上存在着差距，一种运输方式一般不能直达目的地，需要在中途改变运输方式、运输线路、运输规模、运输方法和运输工具，协调运输时间和完成产品倒装、转运、分装、集装等物流作业，需要在产品运输的中途停留。如图 4－1 所示。

2. 仓储的增值服务功能

除了提供传统意义上的服务项目，现代仓储企业还在努力提供各种各样的增值服务以满足客户的需求，以提升仓储企业自身的内在价值，保持竞争力。仓储企业提供的增值服务功能多种多样，常见的有以下几种。

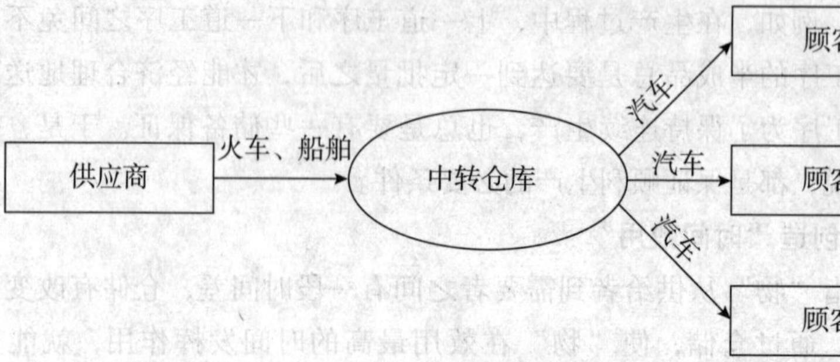

图 4-1　仓储的调节功能

（1）流通加工。仓储企业可以在物品进入流通领域后，按客户的要求进行简单加工。这种加工不仅可以方便客户，而且由于比传统的生产环节更靠近客户，因而能更好地了解客户需求，服务针对性更强；同时可以通过集中下料使原材料利用率、设备利用率、加工效率得到提高。因此流通加工成为仓储企业一项重要的增值服务功能。

（2）配送功能。随着现代科技的发展，商家、消费者订货可以通过网络等途径完成，但产品从生产者到消费者手中必须经过物流环节。仓储配送可以缩短物流渠道，改善物流环节，提高物流效益，促进物流合理化，实现物品多品种、小批量、高频率送达。因此，配送是商流物流的结合体，是拣选、包装、加工、组配等各种活动的有机组合，一般配送点设置在生产和消费集中的地区。仓储配送业务的发展有利于更好地满足客户小批量、多品种、高频率的服务需求，同时有利于客户企业降低存货、减少固定资产的投入，因而带来广泛的市场需求。如图 4-2 所示。

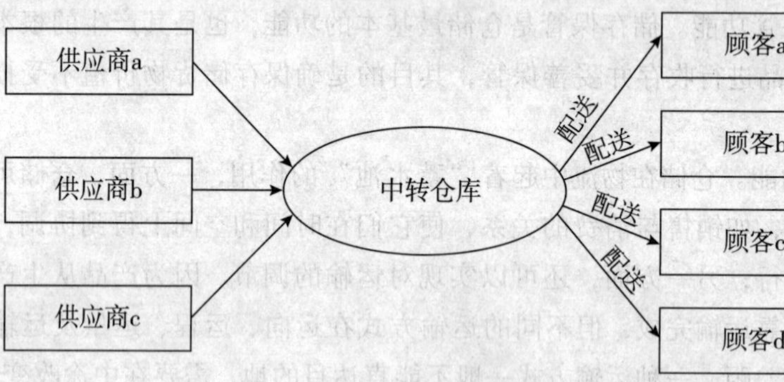

图 4-2　仓储的配送功能

（3）交易中介。仓储企业利用大量存放在仓库中的有形物资，以及与各类物资的使用部门之间广泛的业务关系，作为中介开展现货交易，扩大货物交易量，从而加速仓储物资的周转和吸引新的仓储业务，提高仓储效率。同时交易中介还能充分利用社会资源，加快社会资金周转，减少资金沉淀。交易中介功能的开发是仓储经营发展的重要方向。

（4）逆向物流。一般意义上的仓储是为商品从原材料到成品的流通过程提供场所，而现代商品流通则朝着可持续的方向发展。以退换货和商品包装物的回收利用为代表的逆向物流越来越引起人们的重视，而仓储是逆向物流必不可少的通道和场所，逆向物流成为仓储企业增值服务的发展方向之一。

三、仓储业的历史、现状与发展

（一）西方发达国家仓储业的现状与发展

第二次世界大战以后，世界经济得到了迅速恢复和发展，物流的经济总量也越来越大，与此同时，物流中的矛盾也越来越突出。例如，一些国家的商品流通费用占商品总成本的10%～30%，这就要求通过降低流通费用提高经济效益。为此，国外——特别是在美国和日本——出现了许多从事物流相关经济活动的企业和专门研究物流的机构。

20世纪50年代始于美国，随后在日本得到高速发展的自动化立体仓库就是这些努力的成果之一；目前，欧美国家又开始建设大型中转仓库，面积可达上万平方米，单层高度达十多米；同时，近几年，这些国家在大型配送中心的建设方面也发展得非常快，由此形成的配送网络的覆盖面越来越广，进一步提升了仓储在物流中的地位。

以日本为例，日本作为一个资源缺乏的国家，尤其重视仓库的建设，这方面发展程度较高。日本政府对仓储业的管理主要是通过法律来约束，如《仓库法》，而仓储主要是由独立的企业来完成。在仓储企业经营方面，越来越多的日本仓储企业在从事拆、分、拼装商品等多种经营业务，出现众多为生产企业和商业连锁点服务的配送中心，由此大大减少了各部门内仓库中的货物存储量，从而降低了资金的积压。

（二）我国仓储业的现状

经过数十年的发展，我国仓储业已经具备相当的规模，然而与高速发展的经济和货物流通的规模仍不相适应，仓储能力和技术水平远不能满足需求。例如，用于存放冷冻农副产品的专用仓库的容量并不能满足冷冻农副产品的储存容量需求。与发达国家相比，我国仓储业在规模和水平上仍有很大差距。总的来说，我国的仓储业还存在以下问题。

1. 企业对现代物流服务的需求不足

相当数量的企业管理观念陈旧，仍然停留在企业“大而全”和“小而全”的经营组织方式，尽管成本高、效益低却仍选择自己干，不愿业务外包。这种小规模、专业化程度低、以自我服务为主的物流活动模式在很大程度上限制和延迟了对高效率、专业化、社会化的现代物流服务的需求。

2. 提供专业的一体化现代物流服务的物流企业数量不多

从目前仓储业来看，首先，绝大多数仓储企业所提供仓储服务的方式和手段比较单一，一般只是提供简单的运输、仓储或货运代理等传统服务，没有形成物流供应链上的一体化服务。其次，仓储业存在着技术装备落后、管理方法不科学、管理人员素质不高等问题。此外，动态管理的响应度不高等因素影响了物流服务的准确性与及时性，从而使企业缺乏竞争力。

3. 现代物流产业的发展中管理体制和法规建设不健全

管理体制和法规建设滞后，不能适应物流仓储业发展。为保证仓储业健康发展，政府部门及相关管理部门应该积极着手，对各类政策法规进行及时清理和修改，努力营造一个公正、公平、合理有序的竞争环境。

4. 仓储业的标准化程度不高

目前，物流行业标准尚没有统一。这在一定程度上影响了物流的运作效率，导致成本有所提高。

5. 高素质的物流人才匮乏

物流行业的人才匮乏是影响高效率物流的主要因素之一。尽管国内培养了一定数量的物流专业的学生，但是，这仍然不能适应物流仓储业的发展需要。尤其是高层次的管理人员更是难求。

（三）我国仓储业的发展趋势

随着生产的发展和流通规模扩大，我国仓储业将向社会化、产业化、标准化以及现代化等方向发展。

1. 仓储社会化

仓储必须要打破部门间、行业间、地区间的界限，向社会开放，进行相互合作和竞争。只有打破这些框架，使仓库从附属型向半经营型、经营型转变，面向社会，优胜劣汰，才能提高我国仓储业的整体水平。

我国仓储业长期以来形成的条块分割、地区分割、“小而全、大而全”的局面，形成了目前以部门或地区为中心的仓储业。它们各自为政，自成系统，不仅占用了大量土地，还造成了劳动力和设备的浪费。但是，占用如此多的资源，效果却很不乐观。我国仓库平均利用率还不到 40%，但有些部门的仓库却不够用，如遇到农业丰收时，有些农产品的仓库就紧张。这种小生产方式的仓储业远远不能适应现代生产、流通发展的需要。

2. 仓储产业化

虽然仓储业不能脱离保管业务而单纯地进行生产加工业务，但仓储完全有条件利用自身的优势去发展流通加工业务。流通加工是商品在从生产者向消费者流通的过程中，为了增加附加价值，满足客户需求，促进销售而进行简单的组装、剪切、套裁、贴标签、刷标志、分类、检量、弯管、打孔等加工作业。发达国家的经验已经证明了仓储业发展流通加工是很有前途的，以日本为例，东京、大阪、名古屋等地的九十多家物流公司中有一半以上具有流通加工业务。流通加工业务给企业带来了巨大的经济效益，也产生了较好的社会效益。但我国在这方面确实非常薄弱，大多数仓储部门固守传统的仓储业务，思想不够解放。

3. 仓储标准化

由于仓储分散在商业、物资、外贸、运输等部门，为了提高物流效率，保证物流的统一性以及各物流环节的有机联系，必须制定物流标准。仓储标准化不仅是实现仓储与其他物流环节紧密联系的必要措施，也是仓储内部提高作业效率、充分利用仓储设施设备的有效手段，同时也是实现仓储机械化、自动化和信息化的前提条件。

4. 仓储现代化

仓储机械化和自动化是仓储现代化的重要标志。仓储具有负荷重、作业量大、时间紧等特点，因此仓储机械化是非常有必要的。仓储机械化不仅可以提高作业效率，也可以减少人身伤害和货物损害。

仓储自动化要求仓储活动主要由计算机来控制和管理。随着科学的发展和技术水平的提高，出现了许多信息技术，可用来提高仓储活动的自动化水平，如扫描技术、条码、射频通信、数据处理等用来指挥仓库堆垛机、传送带、自动导引车、自动分拣等设备自动完成，自动控制空调、监控设备、制冷设备进行环境管理，向运输设备下达运输指令安排运输等，同时完成单证、报表的制作和传递。

第二节　现代仓储管理

仓储管理是指对仓库和仓库储存物料所进行的管理，是仓储机构为了充分利用具有的仓储资源，提供高效的仓储服务所进行的计划、组织、指挥、控制和协调的过程。具体来说，仓储管理是指运用现代化的管理技术与方法服务于整个仓储的活动。

一、仓库管理

根据《中华人民共和国国家标准　物流术语》（GB/T 18354—2006），仓库是保管、存储物品的建筑物和场所的总称。

（一）仓库分类

仓库是物流系统的基础设施，按其保管形态、库房建筑形态、仓库的主要功能等可划分为不同的类型。

1. 根据保管形态分类

（1）普通仓库。它是指常温下的一般仓库，用于存放一般性物资，对于储存条件没有特殊要求，只要求具有一般通用的库房和堆场，用于存放普通货物，如一般的金属材料仓库、机电产品仓库等。普通仓库的设施较为简单，但储藏的物资种类繁杂，作业过程和保管方法、要求均不同。

（2）保温仓库。它是指用于储存对湿度、温度等有特殊要求的仓库，包括恒温、恒湿及冷藏库等，如粮食、水果、肉类等的储存。这类仓库在建筑上要有隔热、防寒、密封等功能，并配备专门的设备，如空调、制冷机等。

（3）特种仓库。它是指用来储存有特殊保管要求的物品，如危险品仓库、油库、化学品库，以及专门储藏粮食的粮仓等。特种仓库的储藏物单一，保管方法一致，但依据物品的特性不同，需要特殊的保管条件。

（4）水上仓库。它是指漂浮在水面上储藏货物的趸船、浮驳或其他水上建筑，或者在划定水面上保管物资的特定水域，以及沉浸在水下保管物资的水域。近年来，由于国际运输油轮的超大型化，许多港口因水深限制，大型船舶不能直接进港卸油，往往采用在深水区设立大型水面油库（超大型油轮）为仓库转驳运油。

2. 根据库房建筑形态分类

（1）单层仓库。一般是砖木结构的平房建筑，结构简单，货物的装卸搬运方便，但建筑面积利用率较低，单位货物的存储成本较高。

（2）多层仓库。两层以上，通常以钢筋混凝土建造。分层的结构可以将库区自然分隔，可以适用于不同的要求，有助于仓库的安全和防火，但在建造和使用中维护的投入较大，货物装卸搬运不方便，使用维护成本较高。

（3）地下仓库。是修建于地平面以下或山洞等处的仓库，建筑结构与地面封闭式仓库基本相同，但在建筑设计和施工方面应有防水、防潮等措施。

（4）立体仓库。采用高层货架存放货物，以巷道式堆垛起重机为主，结合入库出库周边设备来进行作业的一种仓库。

3. 根据仓库的主要功能分类

（1）储存仓库。它主要用来保管货物，以解决生产和消费的不均衡。例如，季节生产的大米储存到第二年卖；常年生产的化肥，要想在春、秋季节集中供应，只有通过仓储来解决。

（2）流通仓库。这种仓库除具有保管功能之外，还能进行流通加工、装配、简单加工、包装、理货以及配送，具有周转快、高附加值、时间性强的特点，从而减少在连接生产和消费的流通过程中，商品因停滞而产生的费用。

（3）配送中心。配送中心是从事配送业务且具有完善信息网络的场所或组织。作为配送中心的仓库，往往存在存货种类众多、存货量较少的现象，要进行商品包装拆除、配货组合等作业，一般还开展配送业务。

（4）保税仓库（保税货场）。它是指经海关核准的，并在海关监管下，专门存放已入境但暂时未交纳进口税或者未领进口许可证，在海关规定的存储期内复运出境或办理正式进口手续的货物（能制造化学武器的和易制毒化学品除外）的专用仓库。也就是说，保税仓库是获得海关许可的能长期储存外国货物的本国国土的仓库。同样，保税货场是获得海关许可的能装卸或搬运外国货物并暂时存放的场所。

（二）仓库选址

仓库选址就是运用科学的方法选择仓库的地理位置，使之与企业的整体经营运作系统有机结合，以便有效、经济地达到企业的经营目的。合理的选址方案应该使商品通过仓库的汇集、中转、分发，达到需求点的全过程效益最好。因为仓库的建筑物及设备投资大，所以选址时要慎重，由于选址不当带来的损失不可弥补。

1. 仓库选址的原则

（1）适应性原则。仓库的选址要与国家及地区的产业导向、产业发展战略相适应，与国家的资源分布和需求分布相适应，与国民经济及社会发展相适应。

（2）协调性原则。仓库的选址应将国家的物流网络作为一个大系统来考虑，使仓库的设施设备在区域分布、物流作业生产力、技术水平等方面相互协调。

（3）经济性原则。选址的结果要保证建设费用和物流费用最低，如选定在市区、郊区，或靠近港口、车站等，既要考虑土地费用，又要考虑将来的运输费用。

（4）战略性原则。要有大局观，一是要考虑全局，二是要考虑长远。要有战略眼光，局部利益要服从全局利益，眼前利益要服从长远利益，要用发展的眼光看问题。

（5）可持续发展原则。主要指在环境保护上，要充分考虑长远利益，保护生态环境，促进城乡一体化发展。

2. 仓库选址的影响因素

（1）自然环境因素。

①气象条件。主要考虑的气象条件有：年降水量、空气温湿度、风力、无霜期长短、冻土厚度等。

②地质条件。主要考虑土壤的承载能力，仓库是大宗商品的集结地，货物会对地面形成较大的压力，如果地下存在着淤泥层、流沙层、松土层等不良地质环境，则不适宜建设仓库。

③水文条件。要认真搜集选址地区近年来的水文资料，需远离容易泛滥的大河流域和上溢的地下水区域，地下水位不能过高，故河道、干河滩也不可选。

④地形条件。仓库应建在地势高、地形平坦的地方，尽量避开山区、陡坡地区，最好选长方地形。

（2）经营环境因素。

①政策环境背景。仓库所在地的物流产业政策对企业的经济效益将产生重要的影响，因此应充分考虑备选地的政策背景，合理利用。

②商品特性。经营不同类型商品的仓库应该分别布局在不同地域，如生产型仓库的选址应与产业结构、产品结构、工业布局紧密结合进行考虑。

③物流费用。仓库应该尽量选择建在靠近物流服务需求地，如大型工业、商业区，以便缩短运输距离，降低运费等物流费用。

④服务水平。物流服务水平是影响物流产业效益的重要指标之一，所以在选择仓库地址时，要考虑是否能及时送达，应保证客户在任何时候向仓库提出要求，都能获得满意的服务。

(3) 基础设施状况。

①交通条件。仓库的位置必须交通便利，最好靠近交通枢纽，如港口、车站、交通主干道（国、省道）、铁路编组站、机场等，应该有两种以上的运输方式衔接。

②公共设施状况。要求城市的道路畅通，通信发达，有充足的水、电、气、热的供应能力，有污水和垃圾处理能力。

(4) 其他因素。

①国土资源利用。仓库的建设应充分利用土地，节约用地，充分考虑到地价的影响，还要兼顾区域与城市的发展规划。

②环境保护要求。要保护自然与人文环境，尽可能降低对城市生活的干扰，不影响城市交通，不破坏城市生态环境。

③地区周边状况。一是仓库周边不能有火源，不能靠近住宅区。二是仓库周边地区的经济发展情况，是否对物流产业有促进作用。

④人力资源。仓库属于劳动密集型企业，需要充分考虑人力资源供给的渠道、数量及质量。

3. 仓库选址时的注意事项

大中城市的仓库应采用集中与分散相结合的方式选址；在中小城镇，因仓库的数目有限，不宜过于分散，宜选择独立地段；在河道（江）较多的城镇，商品集散大多利用水运，仓库可选择沿河（江）地段。应当注意的是，城镇要防止将那些占地面积较大的综合性仓库放在城镇中心地带，带来交通不便等诸多问题。

(1) 不同类型仓库选址时的注意事项。

①转运型仓库。转运型仓库大多存储倒装、转载或短期储存的周转类商品，大都使用多式联运方式，因此一般应设置在城市边缘地区的交通便利地段，以方便转运和减少短途运输。

②储备型仓库。储备型仓库主要存储国家或所在地区的中、长期储备物品，一般应设置在城镇边缘或城市郊区的独立地段，且具备直接而方便的水陆运输条件。

③综合型仓库。这类仓库存储的商品种类繁多，根据商品类别和流量选择不同的地段。例如与居民生活关系密切的生活型仓库，若物流量不大又没有环境污染问题，可选择接近服务对象的地段，但应具备方便的交通运输条件。

（2）存储不同商品的仓库选址时的注意事项。

存储不同商品的仓库对选址的要求不同，应分别加以注意，以下对果蔬食品、冷藏品、建筑材料、危险品（如燃料及易燃材料）等仓库的选址特殊要求进行典型分析。

①果蔬食品仓库。果蔬食品仓库应选择入城主干道处，以免运输距离拉得过长，商品损耗过大。

②冷藏品仓库。冷藏品仓库往往选择屠宰场、加工厂、毛皮处理厂等附近。因为有些冷藏品仓库会产生特殊气味、污水、污物，而且设备及运输噪声较大，可能会对所在地环境造成一定影响，故多选择城郊。

③建筑材料仓库。通常建筑材料仓库的物流量大且占地多，可能产生某些环境污染问题，有严格的防火等安全要求，应选择城市边缘对外交通运输干线附近。

④燃料及易燃材料仓库。石油、煤炭及其他易燃物品仓库应满足防火要求，选择城郊的独立地段。在气候干燥、风速较大的城镇，还必须选择大风季节的下风位或侧风位。特别是油品仓库的选址，应远离居住区和其他重要设施，最好选在城镇外围的地势低洼处。

4. 选址的方法

（1）单一设施选址。单一设施选址是指独立选择一个新的设施地点，其运营不受企业现有设施网络的影响。单一设施选址有以下几种方法。

①负荷距离法。负荷距离法的目标是在若干个候选方案中，选定一个目标方案，可以使总负荷（货物、人或其他）移动的距离最小。当与市场的接近程度等因素至关重要时，使用这一方法可从众多候选方案中快速筛选出最有吸引力的方案。

②因素评分法。因素评分法在常用的选址方法中也许是使用得最广泛的一种，因为它以简单易懂的模式将各种不同因素综合起来，运用简便易行，且经过科学严密的判断能得到合理的方案。运用因素评分法应特别注意：由于确定权数和等级得分完全靠人的主观判断，只要判断有误差就会影响评分数值，最后影响决策的正确性。因此，一定要选择科学合理的方法确定权数与得分。

③盈亏分析法。盈亏分析法是厂房选址的一种基本方法，亦称生产成本比较分析法。这种方法基于以下假设：可供选择的各个方案均能满足厂址选择的基本要求，但各方案的投资额不同，投产以后原材料、燃料、动力等变动成本不同。这时，可利用损益平衡分析法的原理，以投产后生产成本的高低作为比较的标准。

④选址度量法。选址度量法是一种既考虑定量因素又考虑定性因素的用以支持设施选址的方法。主要步骤包括：明确必要因素，将因素分类，计算客观度量值，确定主观评比值，计算主观度量值，确定位置度量值。

⑤重心法。运用重心法首先要在坐标系中标出各个地点的位置，目的在于确定各点的相对距离，然后根据各点在坐标系中的横纵坐标值求出运输成本最低的位置坐标。最后，选择求出的重心点坐标值对应的地点作为布置设施的地点。

（2）设施网络选址。设施网络中的新址选择比单一设施选择问题更复杂，因为在这种情况下决定新设施的地点位置时，还必须同时考虑到新设施与其他现有设施之间的相互影响和作用。如果规划得好，各个设施之间会相互促进，否则就会起到负面作用。设施网络选址有以下几个方法。

①简单的中线模式法。这种方法只假设坐标上最优的点（即使总运输距离最短的点）是一个可行的建厂点，并不考虑那里现在是否有道路，也不考虑自然地形、人口密度，以及其他许多在布点时应考虑的重要事项。因此这种方法有其局限性。

②德尔菲分析模型。有些选址分析涉及多个设施和多个目标，其决策目标相对模糊，甚至带有感情色彩。解决这类选址问题的一个方法，是使用德尔菲分析模型，该模型在决策过程中考虑了各种影响因素。使用德尔菲分析模型涉及三个小组，即协调小组、预测小组和战略小组。每个小组在决策中发挥不同的作用。

③启发式方法。用于帮助人们自己发现或学习某种事物的方法，如提出时间、成本、人力、使用范围等限制条件，来改进现有的程序和方法。因为有一些问题的目标较为笼统抽象，所包含的因素也难以数量化，因而难以采用线性规划等数学方法来求解。因此，只能根据一般认为有经验的决策者实施上述的决策原则，予以总结归纳，加以程式化，发展为一种模型。后面若遇到同类问题，就先利用这种模型求解，再做检查改进。这样虽然不能保证找到最佳答案，却有助于缩小考虑范围，得到近似最佳的答案。

④模拟方法。模拟是通过模型重现某一系统的行为或活动，而不必实地去建造并运转一个系统，否则会造成巨大的浪费，或根本没有可能实地进行运转实验。模拟方法有许多种应用，在选址问题中，模拟可以使分析者通过反复改变和组合各种参数，多次试行来评价不同的选址方案。模拟方法可描述多方面的影响因素，因此有较大的实用意义。

（三）仓库的规划与布局

所谓仓库的规划与布局，是指根据仓库的总体设计要求，确定库区主要建筑物的位置，科学合理地安排各功能分区。具体来说，是根据库区场地状况、仓库的作业性质和规模、货物储存的要求以及设备的性能和特点等因素，对仓库的建筑物、站台、货架、通道及库内运输线路进行规划和布置，以提高仓库有效储存空间和作业能力，在保证货物存储安全的前提下，提高仓库各项工作的效率。仓库的设施布置直接影响仓库长期的存储效率及经济效益，设施布置合理的仓库能够充分利用存储空间、存储设备和劳动力，降低存储和物料搬运的成本。要使仓库设施布置合理，须考虑以下几个因素。

（1）库区的场地状况。包括库区的面积大小、空间大小等。

（2）仓库的类型。如存储的物品特性、仓库的营运方式等。

（3）仓库的未来发展。包括仓库的发展战略与规模（仓库的扩建与改造、仓库吞吐与存储能力的增长等）、仓库机械化发展水平和技术改造方向等。

（4）仓库的管理方法与能力以及员工的素质。

（5）仓库的主要经济指标。如仓库的主要设施利用率、劳动生产率、吞吐存储能力、物资周转率、储存能力利用率、储运质量指标等。

（6）安全仓储和消防管理的需要。

为了保证仓库设施布置的合理性和科学性，除了要考虑以上提到的各种因素外，还要遵循一定的布局原则。

1. 仓库规划布局的基本原则

（1）整体性原则。在仓库设施布置中要整体考虑各种因素，使得组织结构合理，管理方便。

（2）流动性原则。流动性原则是指在物品出入库的过程中，保证流动的顺畅，避免物品的往返交错流动。

（3）移动距离最小原则。物品搬运距离的长短不仅影响物品的装卸搬运费用，还影响仓库设备及劳动力的工作效率。在设施布置的过程中要综合考虑物品出入库的搬运距离。

（4）合理利用空间原则。仓库的空间布置包括仓库的整体平面布置和内部空间布置。应当合理有效地利用空间，降低非存储空间占用率，从而降低单位物品的储存空间。

（5）柔性原则。在仓库设施布置时要考虑新技术、新设备的采用和仓库未来的发展，以便以后的扩展和调整。

（6）安全性原则。在仓库设施布置时要考虑存储物品及工作人员的安全。库内各区域、各建筑间应根据建筑设计防火规范的有关规定，留有一定的防火间距，并有防火、防盗等安全设施。总平面布置应符合卫生和环境要求，既满足库房的通风、日照等，又要考虑环境绿化、文明生产，有利于职工身体健康。

2. 仓库的总体构成和布置

仓库通常可以划分为生产作业区、辅助生产区和行政生活区三大部分。

（1）生产作业区。生产作业区是仓库的主体部分，是商品储运活动的主要场所，主要包括储货区、铁路专用线和道路、装卸站台等，对货位的周转和调剂作业起着重要作用。

储货区是物品收发、储存、保管的场所，是生产作业区的主体。储货区分为保管区和非保管区，保管区是储存物品的区域，非保管区是物品装卸搬运、待检、收发等作业所占用的区域。现代仓库的各部分面积占总面积的比例通常为：合格品储存区为40%～50%，通道为8%～12%，待检区和收发作业区为20%～30%。

铁路专用线和道路是库内外商品的运输通道，商品的进出库、库内商品的搬运，都通过这些运输线路。仓库的道路布局是根据商品流向的要求，结合仓库面积、货位来确定的道路走向和形式。仓库道路分为主干道、次干道、人行道和消防道。主干道采用双车道，宽度应在6米~7米；次干道是为3米~3.5米的单车道；消防道的宽度应不少于6米，布局在仓库外周边。铁路专用线应与库内道路相通，保证畅通。

装卸站台是供货车或汽车装卸商品的平台，有单独站台和库边站台两种，其高度和宽度应根据运输工具和作业方式而定。

（2）辅助生产区。辅助生产区是为商品储运保管工作服务的配套设施，包括车库、变电室、油库、维修车间等。这些设施的布置要严格遵循安全性原则，如油库的位置应远离容易出现明火的场所，周围需设置消防设施。

（3）行政生活区。行政生活区是仓库行政管理机构办公和员工生活的区域，一般设在仓库入库口附近，便于业务接洽和管理。行政生活区与生产作业区应分开，并保持一定距离，以保证仓库的安全及行政办公和居民生活的安静。行政生活区包括办公楼、警卫室、化验室、宿舍、食堂等。

3. 库房内的布置

仓库的内部布局要确定库区主要建筑物内各种功能场所的位置及面积，合理安排作业线路及货位等，使仓库空间得以合理利用、仓储作业效率得以提高（如图4-3所示）。仓库内部主要作业区域有以下几部分。

（1）收货区（接货区）：接货、卸货、清点、检验、分类、入库准备等区域。

（2）储存区：货物保管、养护的场所。

（3）理货备货区：分货、拣货、配货作业的场所。

（4）分放配装区：按客户需要将配好的货物暂存等待发货的区域。

（5）外运发货区：货物装车、办理发货手续的区域。

（6）加工区：根据客户要求设置的加工区域。

（7）管理指挥区：办公室、信息中心等。

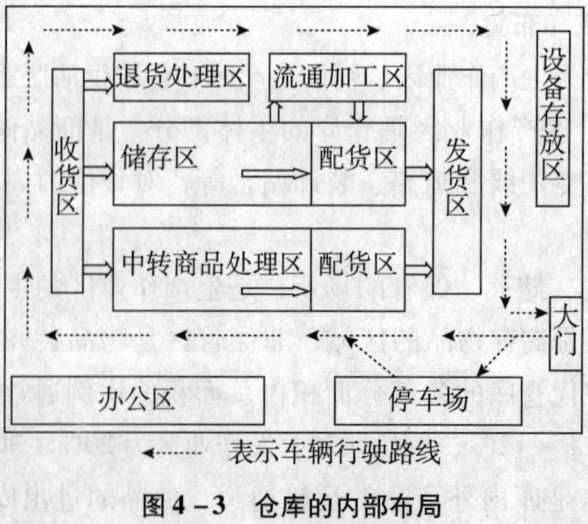

图4-3　仓库的内部布局

（8）退货处理区：存放残损、不合格、需要重新确认的货物场所。

（9）废弃物处理区：对废弃包装物、破碎货物、变质货物、加工残屑等进行清理或回收复用的场所。

二、仓储作业管理

仓储作业管理，按仓库作业阶段可分为三个内容，即入库作业管理、在库作业管理、出库作业管理。

（一）入库作业管理

入库作业管理是商品储存的准备工作。商品入库作业的整个过程包括商品接运、商品入库验收、办理入库交接手续等一系列业务活动。

1. 商品接运

商品接运是指仓库对于通过铁路、水运、公路、航空等方式运达的商品，进行接收和提取的工作。接运的主要任务是准确、齐备、安全地提取和接受商品，为入库验收和检查做准备。

接运的方式主要有：车站码头提货、铁路专用线接车和库内提货。

2. 商品入库验收

商品入库验收，要进行数量点收和质量检验。数量点收，主要是根据商品入库凭证清点商品数量，检查商品包装是否完整、数量是否与凭证相符。质量检验，主要是按照质量规定标准，检查商品的质量、规格和等级是否与标准符合，对于技术性强、需要用仪器测定分析的商品，须有专职技术人员进行检查。

3. 办理入库手续

入库手续主要是指交货单位与库管员之间所办理的交接工作，其中包括商品的检查核对、事故的分析与判定，双方认定后在交库单上签字。仓库一面给交货单位签发接收入库凭证，并将凭证交给会计统计入账、登记，一面安排仓位，提出保管要求。

（二）在库作业管理

在库作业是商品仓库作业的中心工作，它体现了储存对商品所有权和使用价值的保护职能。在库作业包括商品的保管、仓库的账务统计工作和商品的养护三个方面的内容。

1. 商品保管

（1）分区分类。储存商品时，一般根据商品的自然属性，考虑仓库的设备条件，按照商品的类别，把仓库和货场划分为若干货区，每个货区再分成若干货位，编成顺序号。在分区分类的基础上，按号储存商品，实行分类存放、对号入座、分区管理。

分区分类储存商品能保证商品储存的安全，减少商品耗损，有利于商品的合理堆码，便于熟悉商品的性能特点，做好商品的养护工作，便于查找，有利于检查、入库和出库。商品分类储存方法应根据不同的仓库类别确定。一般仓库按商品的自然属性和类别进行分区储存；公用仓库可按业务部门商品经营的分工进行储存；中转仓库和备货待运仓库可按商品发往地区进行分区分类储存。

（2）商品堆码。商品堆码是库存商品摆放的一种方法。它对维护商品质量、充分利用库房容积和提高装卸作业效率，以及对采用机械作业和保证商品安全等具有重大影响。商品堆码要遵守合理、牢固、定量、整齐、节约、先进先出等要求。

商品堆码方法有散堆法、货架堆码法、垛堆法，应根据商品的特点选择不同的堆码方法。堆码商品常用的技术方法有直码、压缝码、交叉码、连环码、梅花码等。要根据商品的品种、性质、包装、体积、重量等情况，同时还要依照仓库的具体储存要求和有利于商品库内管理的要求来确定商品的堆码形式，做到科学合理。

商品堆码要做到货堆之间，货垛与墙、柱之间保持一定距离，留有适宜的通道，以便商品的搬运、检查和养护。

要想把商品保管好，“五距”很重要。五距是指顶距、灯距、墙距、柱距和垛距。

①顶距是指货堆的顶部与仓库屋顶平面之间的距离。留顶距主要是为了通风，平顶楼房顶距应在50厘米以上为宜。

②灯距是指在仓库里的照明灯与商品之间的距离。留灯距主要是防止火灾，商品与灯的距离一般不应少于50厘米。

③墙距是指货垛与墙的距离。留墙距主要是防止渗水，便于通风散潮。

④柱距是指货垛与屋柱之间的距离。留柱距是防止商品受潮和保护柱脚，一般留10厘米~20厘米。

⑤垛距是指货垛与货垛之间的距离。留垛距是便于通风和检查商品，一般留10厘米即可。

2. 仓库的账务统计工作

保管账、货签和仓库档案是对商品实行控制和管理的有效措施，是库存商品的信息源。登账、挂签、建账是库存管理的重要内容。

（1）保管账。是对商品入库、发出和结存动态的详细记录。

（2）货签。是货位与库存商品的显示标志，便于检点作业和库存数量管理。

（3）仓库档案。每类商品必须建立商品档案，以集中该类商品的技术资料和各种单据，必要时以供查考之用。档案资料要齐全完整，要由专人管理。

3. 商品养护

养护，即保养和维护之意，指储存期间对商品所进行的保养和维护工作。商品为农副产品时，也称储藏保管。在储存期间，对商品进行养护，有利于维护好商品的质量，降低商品的损耗，有效地维护商品的使用价值，满足市场的需求。对仓储商品进行养护，就是根据各种商品不同的自然属性，分析其质量变化的不同形式，研究各种环境因素对商品质量变化的影响及其程度，掌握仓储商品质量变化的规律，以便创造和利用各种有利条件，控制不利因素的影响，以保证商品在储存期间的数量没有缺损和质量的完好。

（1）影响商品质量变化的因素。

影响库存商品质量的因素很多，主要有两个方面：一是商品内在的因素，二是商品外在的因素。外在因素通过内在因素起作用。

商品质量变化的内在因素有商品的组织结构、化学成分及理化性质等。在储存过程中，要充分考虑这些性质和特点，创造适宜的储存条件，减少或避免其内部因素发生作用而造成商品质量的变化。

商品质量变化的外在因素，可分为社会因素和自然条件因素两方面。社会因素包括国家的方针政策、生产经济形势、企业管理、人员素质以及规章制度等。这些因素影响商品的储存规模、储存水平及储存时间，对储存质量具有间接影响。自然因素包括：气温与湿度的影响、臭氧和氧的作用、日光照射、有害气体的影响、微生物及虫鼠害的侵害、机构损伤、卫生条件的影响等。所有这些都是直接作用因素，都会造成商品变质和损坏。因此，必须采取有效措施，防止有害因素的影响，保证商品的储存安全。

（2）防止商品质量变化的措施。

防止商品质量变化的措施，目前主要是对仓库的温湿度进行调节和控制。

对于仓库温度的调节和控制：当仓库温度过高时，通常采取自然通风和机械通风方法降温；当冬季储存防冻商品时，在北方常采用暖气设备来提高温度，在南方一般采用自然通风的办法来提高温度。

对于仓库湿度的调节控制：当需要降低相对湿度时，通常采用吸潮剂吸潮、生石灰吸潮、硅胶吸潮和吸潮机吸潮等方法；当需要加湿时，一般采用加湿器加湿等方法。

除了对仓库温湿度的控制外，还可采取密封储藏、涂敷防护层、防霉、防锈、防腐蚀、防虫害、搞好仓库清洁卫生等措施。

（3）商品的救治。

在储存过程中，商品一旦发生了损坏和变化，应立即采取措施救治，如破损商品的修复、霉变商品的晾晒等。

（三）出库作业管理

商品的出库作业，即要求对出库商品的数量、品种、规格进行一次核对，经复核与发货凭证所列项目无误后，当场与收货单位办妥交接手续，以明责任。为保证商品及时、准确、迅速出库，必须坚持按一定的程序进行。出库程序一般包括以下五个环节。

1. 核对领发凭证

商品出库，必须首先核对和审查领发凭证，准确掌握出库商品的名称、编号、型号、实发数量、印签及审批手续。

2. 集中备货

按照商品储存秩序，顺序取货，减少往复行走距离。

3. 复核

对所有出库商品实行检查核对制度，保证实发货物准确无误。

4. 办理交货手续

库管员与领货人办理交接手续，商品要当面验证，在移交单上签字认定。

5. 善后处理

库管员在办完交接手续后要整理现场，清理单据，登记账册，资料归档，并制订出库计划，妥善安排出库的人力和车辆。

三、库存管理

（一）库存

当物料或产品沿供应链运动时，供应链的各个环节会储存一些物料、半成品和成品，从而形成库存。库存，是指为了使生产正常而不间断地进行或者为了及时满足客户的订货需求，而在各个生产阶段或流通环节设置的必要的物资储备。

1. 库存产生的原因

对于企业来说，保持一定数量的库存，是为了在供给与需求之间起缓冲作用。库存有利于解决供给与需求之间的变化和未知的问题，还可以在生产过程出现问题的情况下保证生产顺利进行。具体来说，企业持有库存的主要原因有以下几个方面。

（1）客户的需求变化无法准确预测，企业需要有一定数量的库存来应付各种突发或突变的客户需求。

（2）客户要求的供货期与制造周期不一致，企业需要有一定数量的库存来及时满足客户的需求。

（3）供应商的供应成本和能力及供应的数量和质量是不确定的，而库存有助于降低这些因素带来的风险。

（4）物流服务的经营规模鼓励库存产生，如产品的成批生产和整车运输能够降低制造成本和运输成本。

（5）由于企业生产计划不周密，一些过剩物料和成品会形成不必要的库存。

2. 库存的分类

根据经营过程中的不同形态可将库存分为以下几种类型。

（1）经常库存。经常库存是指为了满足日常需求而建立的库存。这种库存随着每日的需求不断减少，当库存下降到某一水平时，就需要订货来补充。

（2）安全库存。安全库存是指为了防止不确定因素（如突发性大量订货）影响订货需求而准备的缓冲库存。

（3）生产加工和运输过程中的库存。生产加工过程中的库存是指处于加工状态以及为了生产的需要而暂时处于储存状态的零部件、半成品或成品；运输过程中的库存指处于运输状态或为了运输的目的而暂时处于储存状态的货物。

（4）季节性库存。季节性库存是指为了满足特定季节中出现的特定需求而建立的库存，或指对季节性生产的货物在产出的季节大量收储所建立的库存。

（5）投机库存。投机库存是指为了避免因货物价格上涨造成损失或为了从商品价格上涨中获利而建立的库存。

（6）沉淀库存（积压库存）。沉淀库存或积压库存是指因货物品质变坏不再有效用的库存，或因没有市场而滞销的货物库存，还包括超额储存的库存。

3. 库存的作用

现代物流理论认为“库存是一个必要的恶魔”。也就是说，库存的存在有利有弊。

（1）库存的积极作用。

①使企业能够实现规模经济，降低成本。企业通过设立库存，可以实现企业采购、运输方面的规模经济。

如在采购方面，大批量的采购可以获得价格折扣；在运输方面，如果采购的量较大，那么所采购的物料就可以采用更经济的运输方式运输，从而使物流运输成本降低。

②平衡供给与需求。

③预防因不确定的、随机的需求变动及订货周期的不确定造成的供应中断。制造商通过增加原材料库存，使原材料库存超出满足生产所必需的库存量，以防止未来原材料价格上涨或者发生市场短缺等原因可能造成的缺货。

④消除供需双方在地理位置上的差异。在途库存是根据产品从生产者到中间商及最终消费者手中所需要的时间及数量而确定的库存。由于生产者、中间商及最终消费者常常不在同一地理位置，因此需要有在途库存来消除生产者、中间商及最终消费者的位置上的差异。

（2）库存的消极作用。

库存也会给企业带来不利的影响，这些影响主要包括以下几个方面。

①占用大量流动资金。库存中的每一种物品根据其价值的高低都会或多或少地占用资金。库存的存在，使得资金的占用大量增加。库存中存放的物品越多，占用的资金也就越多。

②产生库存成本。库存成本是指企业为持有库存所需花费的成本。库存成本包括：占用资金的利息、保管费（仓库费用、搬运费用、管理人员工资等）、保险费、库存物

品价值损失费用（丢失或被盗、库存物品变旧或发生物理、化学变化导致价值的降低）等。

③掩盖了管理上存在的问题。库存的存在使得许多问题得不到及时暴露，从而使问题无法得到及时解决，这样会带来一些管理上的问题。例如，掩盖经常性发生的产品或零部件的制造质量问题。当废品率和返修率很高时，一种很自然的做法就是加大生产批量和在制品、产成品库存，掩盖供应商的供应质量问题、交货不及时问题、生产过程及销售过程中存在的问题等。

总之，持有库存会产生一定费用，还会带来其他一些管理上的问题，因此，库存的作用及其弊端之间有一个折中、平衡的问题，这正是库存管理需要研究和解决的问题。

（二）库存管理

1. 库存管理的含义

库存管理也叫库存控制，是对库存品种及数量进行管理和控制，以确保其合理性、经济性与最优性。即对制造业或服务业生产经营全过程的各种物品、产成品以及其他资源进行的管理和控制，使其储备保持在经济合理的水平上；是企业根据外界对货物的要求与订购的特点，预测、计划和执行的一种库存行为，并对这种行为进行控制。

库存管理的目标就是防止超储和缺货，在企业现有条件约束下，以合理的成本为用户提供相适应的服务，即在达到顾客期望的服务水平的前提下，尽量减少库存成本。

2. 库存管理的内容

（1）需求分析。

库存的直接目的是满足需求，需求分析是库存控制理论的基础和前提。物资需求由于各种条件和环境影响，其规律是不同的。有独立需求，也有相关需求；有连续性需求，也有离散性需求；有确定性需求，也有随机性需求。需求分析的重点是研究不同的需求规律，一般采用统计分析和预测理论对需求规律进行研究。

（2）库存补充。

库存由于客户的需求而不断输出、减少，因此必须对库存进行及时补充。补充相当于库存的输入，可以通过向供应商订货来补充，也可以由企业自己组织生产来补充。库存补充的过程具有时间性。采购物资从发出订单到货物入库，需要一段准备货物和运输货物的时间，称为提前期。提前期有长有短，可以是确定的，也可以是随机的。库存补充研究的重点是决定多长时间补充一次及每次补充的量。

（3）费用分析。

主要是运用优化理论，将总费用最小作为优化准则，找出各项费用在总费用最小时的平衡点，从而在优化的基础上确定最优的库存策略。

3. 库存管理的方法

库存管理就是在保证供应的前提下，使库存商品的数量最少，因此，在对库存进行管理的时候，有三个基础性问题需要解答。

（1）应该储存哪些产品？

（2）应该在什么时候对供货商下发订单？

（3）应该订多少货？

在寻求这三个问题的答案时有两种截然不同的情形，其库存管理的方法也不尽相同。

①独立需求：假定对一种产品的需求相比对其他产品的需求是相对独立的，不会受其影响，对这种产品的需求就称为独立需求。在独立需求的情形下，对该产品的需求就是来自不同客户的需求的叠加。在这种情况下，唯一比较合理的预测未来需求的方法是参照需求的历史趋势。于是，库存管理就是在预测需求、成本和其他变量的量化模型的基础上，寻求订单批量和时间点。经济订货法、定期订货法、定量订货法都是针对独立需求的库存管理方法。

②关联需求：对一种产品的需求会与对其他产品的需求相关联，就称这种需求为关联需求。譬如，在咖啡馆里，对咖啡的需求与对糖的需求相互关联；在工厂里，对产品的不同部件的需求与对产品的需求是紧密相关的。由此，我们可以找到对另一种产品需求进行预测的方法，并通过关联需求法进行计算。物料需求计划和准时制运作，就是关联需求法中较为成熟的方法。

此外，随着供应链的理念在库存管理中的普及和深入，出现了许多在供应链环境下的管理方法和理念，例如供应商库存管理、联合库存管理等。

本章小结

本章从仓储的概念入手，介绍了仓储的作用与功能以及仓储业的历史、现状与发展，进而分析了现代仓储管理的主要内容。

仓储是最为重要的物流环节之一，也是最为悠久的一种物流活动，只有将物流的理念与仓储结合起来才能构成现代仓储的雏形。传统仓储的目的是如何储存和保管养护货物、如何减少货物损失，而现代仓储的目的则更多偏向于如何更好地满足客户的需求、如何提高效率降低成本，因此在仓储概念、仓储的作用与功能以及仓储管理内容的学习中都应当注重这一点。

案例分析

赤湾港的仓储流通加工

赤湾港是中国重要的进口散装化肥灌包港口和集散地，每年处理进口化肥灌包量均在100万吨以上。赤湾港从国外进口化肥采用散装方式运输，到达港口以后，使用门式起重机抓斗，卸货到漏斗，使用漏斗输送到灌包房，灌包房设有45～51吨/小时的散货灌包机28套。利用灌包机将散装化肥灌成每包50千克的袋装化肥再进行销售。赤湾港涉及对化肥多品种、多形式的港口物流拓展业务，涵盖了散装灌包、进口保税、国际中转、水路铁路公路配送等多项服务。

同时，赤湾港也是大型粮食集散港，其散粮钢板筒仓采用美国齐富技术（容量52000立方米）和德国利浦技术（容量70000立方米）建造，两大系统功能互享，最大程度上对粮谷的装卸、输送、计量、储存、灌包、装船、装车、倒仓、通风、除尘、清仓、灭虫等进行科学有效控制，将进出仓的合理损坏控制在严格的范围内。

思考：

基于上述案例资料，结合仓储管理的相关知识，你能得到哪些启示？

教学资源包

在线答题

课后练习

一、判断题

1. 仓储就是静态的物品储存活动。（　）

2. 实物都可以成为仓储对象。（　）

3. 仓储的主要功能是调节供需在空间上的不一致。（　）

4. 在物流系统中，仓储和运输是并列的两大主要功能要素，被称为物流的两大支柱。（　）

5. 库存能保证供货需求，因此只会给企业生产运作带来好处。（　）

二、选择题

1. 自动化立体仓库出现于20世纪（　）。

A. 40年代　　B. 50年代　　C. 60年代　　D. 70年代

2. 仓库选址时应考虑（　）等影响因素。

A. 自然环境因素　B. 经济环境因素　C. 基础设施状况　D. 其他各相关因素

3. 仓库通常可以划分为（　）。

A. 生产作业区　B. 辅助生产区　C. 行政生活区　D. 流通加工区

4. 如下（　）不属于商品堆码中的“五距”。

A. 墙距　B. 行距　C. 垛距　D. 灯距

5. 为了满足日常需求而建立的库存是（　）。

A. 经常库存　B. 在途库存　C. 安全库存　D. 季节性库存

三、思考题

1. 什么是仓储？仓储有哪些作用？

2. 什么是增值服务？试列举三种仓储的增值服务功能。

3. 简述仓储的主要作业内容。

4. 什么是库存？库存有何作用？

5. 什么是库存管理？库存管理包含哪些内容？

第五章　物流配送中心与配送管理

本章导读

配送是现代物流的核心功能要素之一，不仅影响物流产业最重要成果的实现，而且很大程度上决定物流产业社会化服务水平。随着经济的发展，配送已被提升为一种新型的商业流通模式和特殊的物流形态。围绕着“配”与“送”两个基本职能，配送活动以配送中心这一主要设施为依托。配送中心实际上是将集货中心、分货中心和流通加工中心合为一体的现代化物流基地，也是能发挥各种功能作用的物流组织。

教学目标

对配送和配送中心概念的理解是把握现代配送思想及分析配送运作过程的关键。通过本章学习，明确配送的科学内涵和不断扩大的外延，对配送活动在物流领域和经济发展中的重要性有一定的认知。

学习任务

1. 理解配送的含义和特点。
2. 理解配送的基本活动。
3. 了解配送的种类。
4. 熟悉现代配送模式。
5. 熟悉配送中心的含义、产生基础与传统仓库的区别和作用。
6. 掌握配送中心的类型和基本功能。
7. 理解配送中心的运作流程。

知识导图

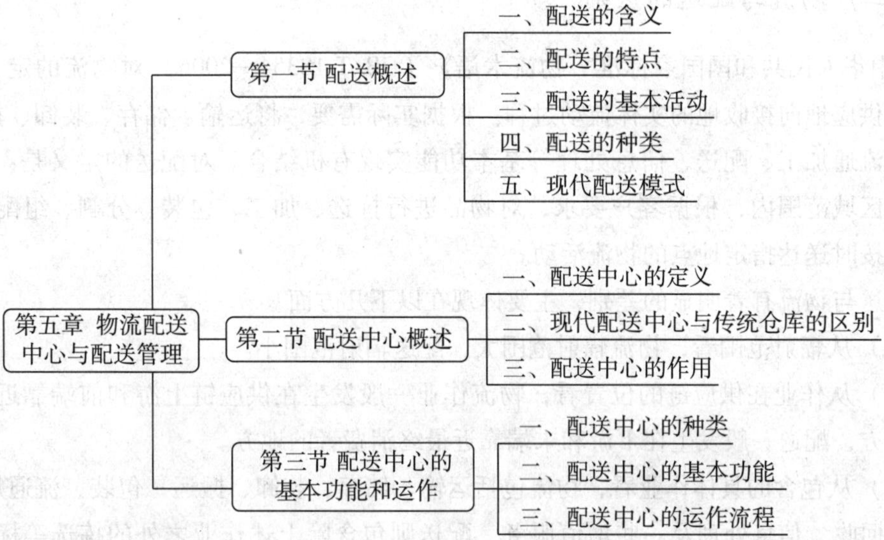

导入案例

沃尔玛之所以能取得成功，其中有一点是非常重要的，即先设置配送中心，围绕着配送中心一天车程的运输半径，再设计门店的选址。沃尔玛总是要求供应商先送货到沃尔玛的配送中心，再由配送中心派送到各门店，这是沃尔玛历来的开店策略。并且沃尔玛的物流配送中心是24小时不间断地工作，它们与供货厂商和门店两边都约好时间，按照运行的时间表来进行，货物即使晚上送到，也能立即卸货，这样可以很好地把控时间，进而节省时间、提高效率。由此可见，建立一个高效、合理、现代化的配送中心非常重要。

第一节　配送概述

一、配送的含义

（一）配送的含义

配送（distribution）是在经济合理区域范围内，根据客户要求，对物品进行拣选、加工、包装、分割、组配等作业，并按时送达指定地点的物流活动。配送将“配”和

“送”有机结合起来，是一种特殊的、综合的物流活动方式，是商流与物流相结合、包含物流若干功能要素的一种物流方式。

（二）物流与配送的区别

《中华人民共和国国家标准 物流术语》（GB/T 18354—2006）对物流的定义是：物品从供应地向接收地的实体流动过程。根据实际需要，将运输、储存、装卸、搬运、包装、流通加工、配送、信息处理等基本功能实现有机结合。对配送的定义是：在经济合理区域范围内，根据客户要求，对物品进行拣选、加工、包装、分割、组配等作业，并按时送达指定地点的物流活动。

配送与物流有着明显的差别，主要体现在以下几方面。

（1）从辐射范围看，物流辐射范围大，配送辐射范围小。

（2）从作业在供应链的位置看，物流作业一般发生在供应链上游和前端靠近制造商的地方，配送一般发生在下游和末端靠近最终消费者的地方。

（3）从包含的具体作业看，物流包括运输、储存、装卸、搬运、包装、流通加工、配送、回收、信息处理及一些增值服务，配送则包含除上述作业之外的拣选等标志性作业。

（4）从处理的流体特征看，物流处理的流体具有少品种、大批量、少批次、长距离等特点，配送则相反，具有多品种、少批量、多批次、短距离等特点。

当然，物流和配送的联系十分紧密，配送被认为是物流的缩影，物流包括的所有作业配送都有，另外，配送包含在物流之中。当一条供应链的物流渠道很短，比如，将商品从工厂直接送到销售门店时，物流和配送就合二为一，此时这种作业可以称作物流，也可以称作配送，物流和配送在这种场合下已经合并起来（如图 5 – 1 所示）。

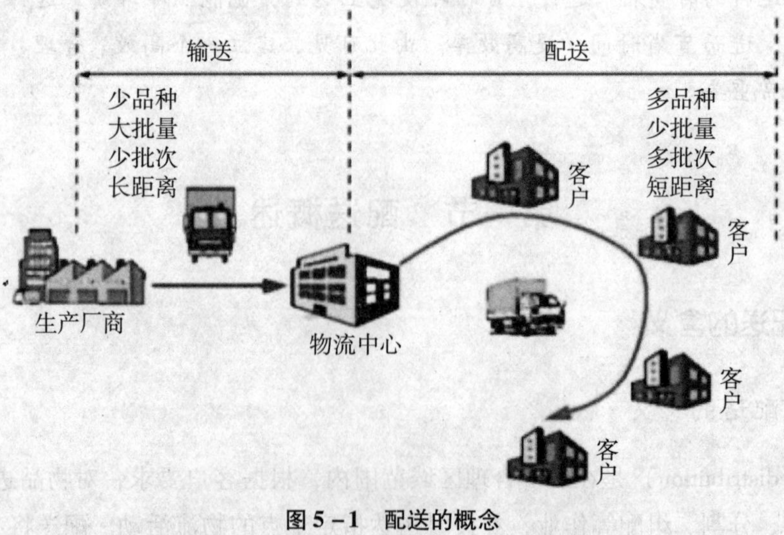

图 5 – 1 配送的概念

二、配送的特点

与传统配送相比较，现代配送具有以下几方面的特点。

（一）虚拟性

虚拟性是指在信息网络构筑的虚拟空间中同时进行的配送活动（配送的虚拟性源于网络的虚拟性），它通过对配送活动的现实模拟，生成各种虚拟的环境，作用于人的视觉和听觉等，人们不仅可以看到配送活动的图像，而且可以进行配送的操作演示，产生身临其境的感觉。虚拟现实（Virtual Reality）是种可创建和体验虚拟世界的计算机系统，企业利用虚拟现实系统有如下好处：一是可以建立配送中心的订货虚拟系统，科学合理地确定订购品种和规模；二是可以建立库存信息系统，虚拟反映库存状况，科学合理地确定库存品种和规模，规划库存的利用效率；三是可以建立虚拟配货装配系统，科学合理地配货与装配、分配人力资源、装卸和分配设备、选择合理的运输工具；四是可以建立虚拟送货系统，科学合理地确定运输线路和时间等。此外，网络经济的虚拟性特点可使企业有效地对配送活动进行实时监控，保证配送环节的合理衔接，提高配送效率。

（二）高效性

虚拟性的特点可使企业根据实际情况建立一套完整有效的信息自动处理系统，将一些程序化的活动通过信息自动传递来实现。企业可根据用户的需求情况，通过信息传递系统调整库存与订货的数量和结构，进而调整配送作业活动；而对于一些非程序的活动，可通过信息自动传递系统进行提示或预报，调节配送，提高信息的传输和配送效率。虚拟性的特点也可使企业建立一套有效的计算机辅助决策系统，将一些程序化的活动通过计算机辅助决策系统来完成，提高决策效率。此外，基于网络的信息系统也可迅速有效地完成信息的交流、单证的传输，并提高配送过程中的支付效率。

（三）低成本性

现代网络信息技术不仅使配送双方节约了成本，而且也降低了整个社会的配送成本。

（1）节约了配送双方的库存成本。现代配送可以有效地利用现代信息技术及交易等优势，减少配送双方的库存规模；同时对于社会来说，库存水平也得到降低，使库存管理的成本和费用相对下降。

（2）降低了配送双方的销售成本。提供配送的一方可实现促销成本及送货成本的降低，需要配送服务的一方可实现信息采集成本等的降低，节约自建配送系统的投资及相应管理的费用。

（3）降低了配送双方的结算成本及单证传输成本。

（4）降低了租金成本。一方面它可使企业合理确定配送场地的面积和地点，提高配送场所的利用率，降低配送场所的使用成本；另一方面它可使企业相应减小办公场地的面积，在电子技术高度发达的今天，企业可以充分地利用网络管理的方法与技术对配送活动进行管理，因此，需要的面积远远小于传统配送管理的面积。

（四）个性化

个性化特点是指现代配送能根据用户的不同需求提供一对一的配送服务，更好地满足不同用户的配送需求。个性化服务在配送中的应用、推广和发展，将开创配送服务的新时代。它不仅使普通的大宗配送业务得到发展，而且能够适应用户需求多样化的发展趋势和潮流。

个性化服务的实现主要是通过共同筛选技术和神经网络匹配技术来进行的。共同筛选技术可以把用户需求配送习惯、喜好的配送方式等与其他用户需求配送习惯、喜好的配送方式等加以比较，以确立用户下一次对配送的具体要求；神经网络匹配技术通过模仿人的大脑程序，识别复杂的隐含模式，使提供配送服务者能够迅速地与每一位用户通信和交流，从而满足用户提出的特殊配送要求。

三、配送的基本活动

配送过程是指配送的工作过程。在实际的运作过程中，由于产品形态、企业状况及顾客要求存在着差异，因而，配送过程也会有所不同，甚至会存在着较大的差异。但从一般意义上来考察，一个较为完整的配送工作流程包括集货、储存、拣选理货、配货、配装、配送运输和送达服务，以及按照客户的需要进行的配送加工（如图5－2所示）。

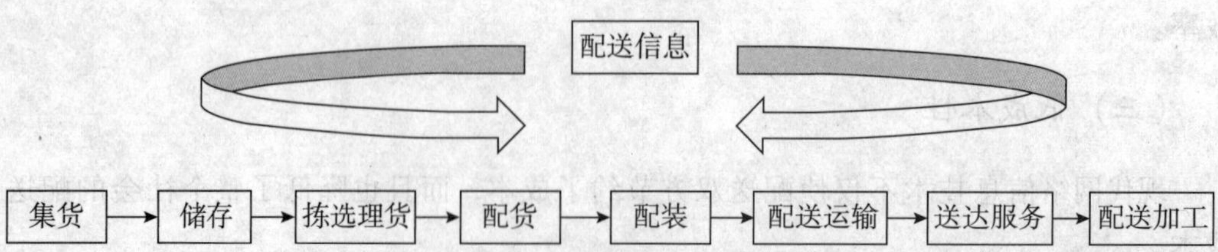

图5－2 配送工作流程

（一）集货

集货是将分散的或小批量的物品集中起来，以便进行运输。集货是配送的重要环节，为了满足特定客户的配送要求，有时需要集中几家甚至数十家供应商处预订的物品，并将要求的物品分配到指定容器或场所。集货是配送的准备工作或基础工作，配送的优势之一，就是可以集中客户的需求进行一定规模的集货。

（二）储存

储存是进行配送的第二个环节，也是进行配送的一个重要的必要环节。配送中的储存有储备及暂存两种形态。储备是按一定时期的配送规模要求合理地储存数量，它形成了配送的资源保证；暂存是在配送过程中，为方便作业，在理货场所进行的货物贮存。一般来说，储备的结构相对稳定，暂存的结构易于变化；储备的时间相对较长，暂存的时间较短。

（三）拣选理货

拣选是按订单或出库单的要求，从储存场所拣出物品的作业。理货是在货物储存、装卸过程中，对货物的分票、计数、清理残损、签证和交接的作业。

拣选和理货是配送不同于其他物流形式的功能要素，也是关乎配送成败的一项重要支持性工作。它是完善送货、支持送货的准备性工作，是不同配送企业在送货时进行竞争和提高自身经济效益的必然延伸。可见，分拣是送货向高级形式发展的必然要求，有了拣选，就会大大提高送货服务水平。

（四）配货

配货是使用各种拣选设备和传输装置，将存放的物品按客户要求分拣出来，配备齐全，送入指定发货地点的作业活动。

（五）配装

在单个客户配送数量不能达到车辆的有效载运负荷时，就存在如何集中不同客户的配送货物，进行搭配装载以充分利用运能、运力的问题，这就需要配装。配装与一般送货的不同之处在于，通过配装送货可以大大提高送货水平并降低送货成本，所以配装是配送系统中有现代特点的功能要素，也是现代配送与以往送货的重要区别之一。

（六）配送运输

配送运输往往是运输中的末端运输、支线运输。和一般运输形态的主要区别在于，配送运输是较短距离、较小规模、额度较高的运输形式，一般使用汽车作为运输工具。与干线运输的另一个区别是，配送运输的路线选择问题是一般干线运输所没有的。干线运输有唯一的运输线，而配送运输由于配送客户多，一般城市交通路线又较复杂，如何组合成最佳路线、如何使配装和路线有效搭配等问题，是配送运输的特点，也是难度较大的工作。

（七）送达服务

将配好的货物运至客户处还不算配送工作的结束，因为送达货和客户接货之间还会出现不协调的问题。因此，要圆满地实现运货的移交，并有效方便地处理相关手续和完成结算，还应讲究卸货地点、卸货方式，如到交运管理部门办理停车卸货证等。送达服务也是配送独具的特殊性功能要素。

（八）配送加工

配送加工是按照配送客户的要求所进行的流通加工。在配送中，配送加工这一功能要素不具有普遍性，但通常具有重要作用。这是因为通过配送加工，可以大大提高客户的满意度。配送加工是流通加工的一种，但配送加工有不同于一般流通加工的特点，即配送加工一般只取决于客户要求，其加工的目的较为单一。

四、配送的种类

配送种类的划分方法主要有以下几种。

（一）按配送商品的种类及数量划分

按配送商品的种类及数量划分，主要有以下几种。

1. 多品种、少批量配送

多品种、少批量配送是按照用户的需要，将所需的各种货物配备齐整后，由配送地送达目的地的一种配送方式。该配送方式符合现代消费者多样化的需求发展趋势，是许多国家推崇的一种主要方式。

在实际配送过程中，这种方式对配送的作业水平和管理水平有较高的要求，它不仅要求配送方的配送设备及作业程度要达到相当的规模和水平，而且要求配送方的管理水平也要达到一个较高的程度，保证各作业环节的协调性。而且，这种方式的配送成本一般较高。

多品种、少批量配送方式一般适合综合配送中心所进行的配送。从社会总产品的角度来看，一般适合消费资料及生产资料的二、三类产品。从库存角度来看，比较适合 B 类产品和 C 类产品。从距离上来看，一般适合短距离的配送。

信息技术的应用将会降低多品种、少批量配送方式的作业和管理难度。企业可充分利用电子商务技术进行虚拟管理和作业，合理地选择运输工具和线路进行货物的配装和运送，提高配送作业的效率。

2. 少品种、大批量配送

一般来说，当用户所需货物的品种较少、需求量较大且相对稳定时，可采取这种配送形式。这种配送形式因批量较大，一般不需要对货物进行配装，可直接进行配送。

在实际配送过程中，这种配送形式相对于多品种、少批量配送形式来说，配送作业的难度较小，配送成本也相对较低。一般适合 A 类产品的配送，配送距离也相对较长。这种配送适合专业性配送中心和对供应方进行的配送。

3. 成套配送

当用户尤其是装配型企业需要多种零配件和配套设备时，可采用成套配送形式，按其生产进程定时定量，将企业所需要的货物送到生产装配线。这种配送形式有利于生产企业实现库存的最小化，方便生产企业的生产作业。

（二）按配送时间及数量划分

按配送时间及数量划分，主要有以下几种。

1. 定时配送

定时配送是按规定的时间间隔进行的配送。这里的时间间隔是指用户所需求的时间间隔，一般相对固定。配送方在用户需求的时间间隔内，定时地向用户配送商品。在实际配送过程中，配送方可通过现代信息技术准确地安排配送作业计划，合理确定配送的设备和人员。即使在用户需求的时间及配送的品种和数量发生变化时，配送方仍能依据现代信息技术迅速地调节原作业计划，及时调配设备和人员，并通知作业层，调整作业过程。

2. 定量配送

定量配送是按规定的批量在一个指定的时间范围内进行的配送。由于配送的数量相对固定，时间范围相对宽松，配送方可以在有效的时间范围内，利用现代信息技术进行备货、装配和配送，合理使用配送设备，科学选择运输时间和线路，提高配送效率，节约运力和配送成本。

3. 定时定量配送

定时定量配送是按规定的时间、规定的货物品种和数量进行的配送。这种配送兼有定时配送和定量配送的特点，一般的作业难度较大、成本较高，信息技术的应用将使其作业难度和配送成本得到较大的降低。

4. 定时定量定点配送

这是在配送过程中用户普遍需求的配送形式，即将准确的货物数量在规定的时间送到规定的目的地。它不仅要求配送方有较高的管理能力，而且要有较强的配送能力。传统的解决办法是增加管理人员的数量，提高管理人员的工作强度，并且相应地增加配送设备的投资，以提高配送能力。而在现代配送中，通过现代信息技术的应用及对现实的虚拟，由计算机进行一定的分析和规划，不仅可减少管理人员的数量，而且也可降低管理人员的工作强度；同时，也可合理地利用现有设备，相对地减少为提高配送能力所进行的配送设备的投资，提高配送效率，降低配送成本，满足用户需求。

5. 即时配送

这是一种比较特殊的配送，是用户对配送提出的一些临时性突发需求，要求配送方完全按照其所要求的时间、品种和数量随机进行配送的一种方式。对于配送方来说，要么满足用户的要求，进行即时配送，要么拒绝客户的要求。前者会增加配送方的作业难度和成本，也会提高企业的服务水平和信誉；后者会使企业的声誉和形象不可避免地受到影响，甚至会失去客户。目前市场竞争日趋激烈，市场供求迅速变化，如何满足用户即时配送的要求，是摆在配送企业面前的一个棘手问题，也是现代配送需要研究的一个问题。

（三）按配送地点划分

按配送地点划分，主要有以下几种。

1. 配送中心配送

组织者是专职从事配送业务的配送中心，一般来说，其规模较大，功能齐备，配送能力较强，配送距离也较长，大都和用户有固定的配送关系。其不仅可以承担工业企业生产主要物资配送、大型工程项目需求的物资配送以及对商业企业实行的补充性配送等，而且可以承担对专职配送点的货物的补充性配送。配送中心要较好地完成上述职能，建立配送中心的信息系统，尤其是建立基于网络的信息系统是十分必要和有效的，通过其应用，不仅能更科学地进行管理、制订配送作业计划，而且可以更有效地处理好配送中心与用户的关系，搞好配送中心与各配送点的衔接和协调，提高配送效率，降低配送成本。

2. 配送点配送

配送点是在某一特定区域设置的专门从事该区域配送业务的网点。一般来说，配送点是配送中心的分支机构或下属机构，不独立对外进行商业活动，配送业务主要通过网络接受上级的指令，进行配送。业务来源的地理区域较小，距离较近，配送的品种、数量较少，一般为小件商品，配送设备主要为运输设备和必要的仓储设施。

3. 仓库配送

即以仓库为地点进行的配送。它是在保持仓库原有功能的前提下，增加配送功能。一般来说，规模较小，综合能力相对较弱，配送的专业化程度也较低。

4. 商店配送

组织者是通过企业的经营网点，一般与零售相结合，配送规模和半径都较小，大都是卖出即配送。

5. 生产企业配送

组织者是生产企业，一般来说，配送的产品往往都是一些适用性较强或企业自身生产的产品，同时需求方都是最终用户。

此外，按专业化程度划分，有综合配送和专业配送；按经营形式划分，有销售配送、供应配送、代存配送和销售供应一体化配送；按加工程度划分，有加工配送和非加工配送等。

五、现代配送模式

配送模式是企业对配送所采取的基本战略和方法。根据国内外的发展经验及我国配送理论与实践，目前，主要形成了以下几种配送模式。

（一）自营配送模式

自营配送模式是指企业物流配送的各个环节由企业自身筹建并组织管理，实现对企业内部及外部货物配送的模式。这种模式有利于企业供应、生产和销售的一体化作业，系统化程度相对较高。它既可满足企业内部原材料、半成品及成品的配送需要，又可满足企业对外进行市场拓展的需求。其不足之处表现在，企业为建立配送体系的投资规模将会大大增加，在企业配送规模较小时，配送的成本和费用也相对较高。

一般而言，采取自营配送模式的企业大都是规模较大的集团公司，如浙江省烟草公司杭州分公司自建自营的物流配送中心。有代表性的是连锁企业的配送。其基本上都是通过组建自己的配送系统来完成企业的配送业务，包括对内部各场、店的配送和对企业外部顾客的配送。

（二）共同配送模式

1. 共同配送模式的含义

共同配送（Joint Distribution）是由多个企业联合实施的配送活动。共同配送是物流配送企业之间为了提高配送效率、实现配送合理化所建立的一种功能互补的配送联合体。进行共同配送的核心在于充实和强化配送的功能，共同配送的优势在于实现配送资源的有效配置、弥补配送企业功能的不足、促使企业配送能力的提高和配送规模的扩大，更好地满足客户需求，提高配送效率，降低配送成本。

2. 共同配送模式的原则

共同配送的核心在于充实和强化配送的功能，提高配送效率，实现配送的合理化和系统化。因此，作为开展共同配送的联合体成员，要有共同的目标、理念和利益，这样，才能使联合体有凝聚力和竞争力，才能有利于共同目标和利益的实现。

开展共同配送、组建联合体的原则有以下几个方面：①坚持功能互补的原则；②坚持平等自愿的原则；③坚持互惠互利的原则；④坚持协调一致的原则。

3. 共同配送的运作方式

在实际运作过程中，由于共同配送联合体的合作形式、所处环境条件以及客户要求的服务存在的差异，共同配送的运作过程也存在着较大的差异。在网络信息支持下，共同配送的运作过程如图 5-3 所示。

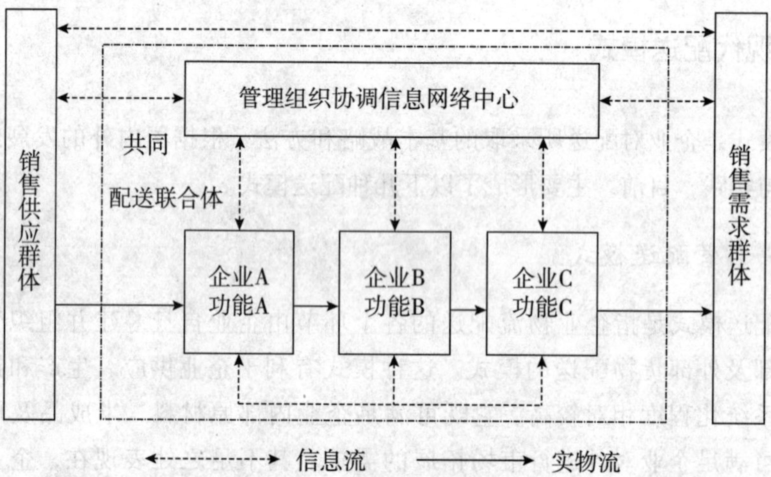

图 5-3 共同配送的运作过程

4. 共同配送的类型

在实际运行过程中，共同配送的种类是多种多样、互不相同的。按联合体组织的紧密程度划分，有紧密型、半紧密型和松散型；按所承担的任务划分，有资源型和管理型；按配送角色划分，有功能型、集货型、送货型和集送型等。

（三）互用配送模式

1. 互用配送模式的含义

互用配送模式是几个企业为了各自的利益，以契约方式达成某种协议，互用对方配送系统而进行的配送模式。其优点在于企业不需要投入较大的资金和人力，就可以扩大自身的配送规模和范围，但需要企业有较高的管理水平以及与相关企业的组织协调能力。互用配送模式比较适合电子商务 B2B（企业对企业）的交易方式。

2. 互用配送模式的形式

一般来说，互用配送模式的基本形式如图 5-4 所示。

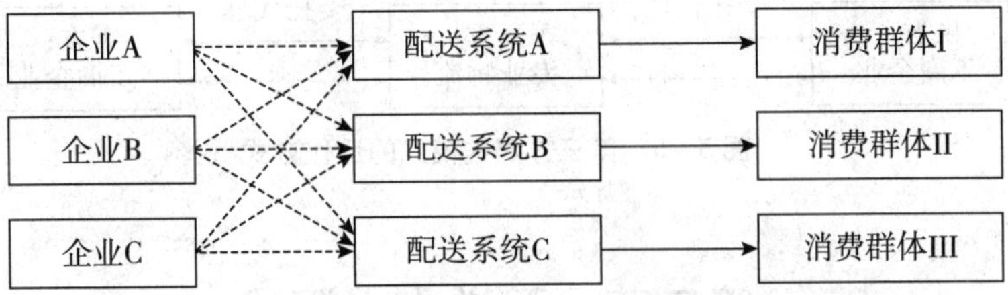

图5－4　互用配送模式的基本形式

在网络经济环境下，由于企业与消费者之间可直接通过网络进行信息交流与订货，此时互用配送模式的形式就转换成以网络控制为主的配送形式，如图5－5所示。

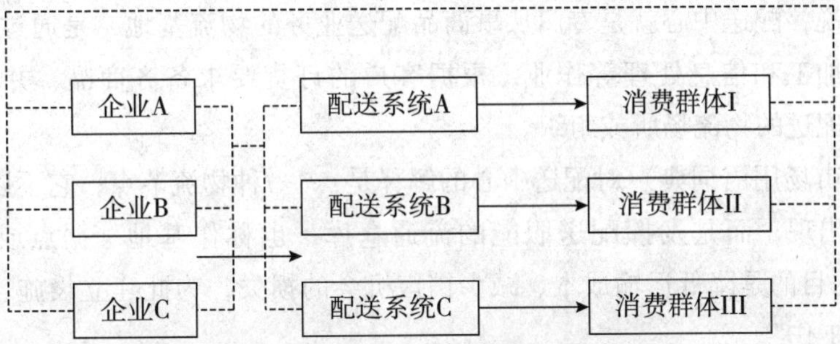

图5－5　电子商务互用配送模式的基本形式

3. 互用配送模式的特点

与共同配送模式相比较，互用配送模式主要有以下特点。

（1）共同配送模式旨在建立配送联合体，以强化配送功能为核心，为社会服务；互用配送模式旨在提高自己的配送功能，以企业自身服务为核心。

（2）共同配送模式旨在强调联合体的共同作用，而互用配送模式旨在强调企业自身的作用。

（3）共同配送模式的稳定性较强，而互用配送模式的稳定性较差。

（4）共同配送模式的合作对象为经营配送业务的企业；互用配送模式的合作对象既可以是经营配送业务的企业，又可以是非经营配送业务的企业。

（四）第三方配送模式

第三方就是为供需交易双方提供部分或全部配送服务的一方，第三方配送模式是指交易双方把自己需要完成的配送业务委托给第三方来完成的一种配送运作模式。随着物流产业的不断发展以及第三方配送体系的不断完善，第三方配送模式应成为工商企业和网络企业进行货物配送的一个首选模式和方向。第三方配送模式的运作方式如图5－6所示。

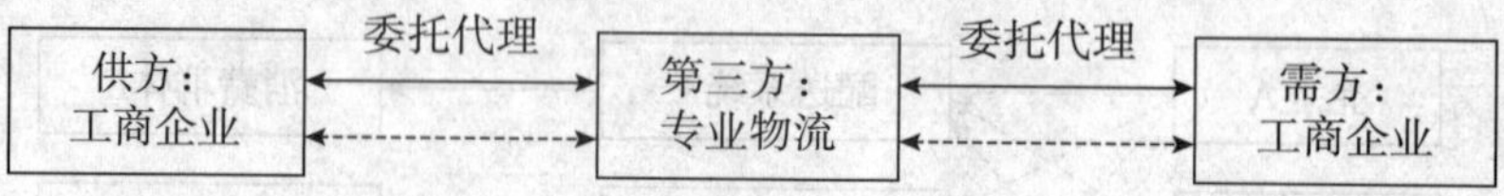

图 5－6　第三方配送模式的运作方式

第二节　配送中心概述

一、配送中心的定义

一般来说，配送中心就是专门从事商品配送业务的物流基地，是通过转运、分类、保管、流通加工和信息处理等作业，根据客户的订货要求备齐商品，并迅速、准确、廉价地进行配送的物流场所或组织。

日本《市场用语词典》对配送中心的解释是："一种物流节点，它不以储藏仓库这种单一形式出现，而是发挥配送职能的流通仓库，也称作基地、据点或流通中心"；"配送中心的目的是降低运输成本、减少销售机会的损失，为此建立设施、设备并开展经营、管理工作"。

日本 1991 年版《物流手册》对配送中心的定义是："从供应者手中接收多种大量的货物，进行倒装、分类、保管、流通加工和情报处理等作业，然后按照众多需要者的订货要求备齐货物，以令人满意的服务水平进行配送的设施。"

我国物流学者李京文等在《物流学及其应用》一书中给配送中心下的定义是："从事货物配备（集货、加工、分货、拣选、配货）和组织对客户的送货，以高水平实现销售或供应的现代流通设施。"这个定义的要点如下。

其一，"货物配备"工作是配送中心主要的、独特的工作。

其二，配送中心有的是完全承担送货，有的是利用社会运输企业完成送货。从我国国情来看，在开展配送的初期，客户自提的可能性很大，因此，对于送货而言，配送中心主要是组织者而不是承担者。

其三，强调配送、销售或供应等经营活动的结合，是经营的一种手段，以此排除了这是单纯的物流活动的看法。

其四，强调配送中心是"现代流通设施"，着眼于它和以前的商场、贸易中心、仓库等流通设施的区别。在这种流通设施中，以现代装备和工艺为基础，不仅处理商流，而且处理物流，是兼有商流、物流全功能的流通设施。

《中华人民共和国国家标准　物流术语》（GB/T 18354—2006）对配送中心的定义是："从事配送业务具有完善的信息网络的场所或组织，应基本符合下列要求：主要为特定的客户服务；配送功能健全；辐射范围小；多品种、小批量、多批次、短周期；

主要为末端客户提供配送服务。”

作为物流活动枢纽的配送中心，要发挥其集中供货的作用，首先必须采取各种方式（如零星集货、批量进货）去组织货源；其次必须按照客户的要求及时分拣（分装）和配备各种货物。为了更好地满足客户需要及提高配送水平，配送中心必须有较强的加工能力以开展各种形式的流通加工。从这个意义上讲，配送中心实际上是将集货中心、分货中心和流通加工中心合为一体的现代化物流基地，也是能发挥各种功能作用的物流组织（如图5－7所示）。

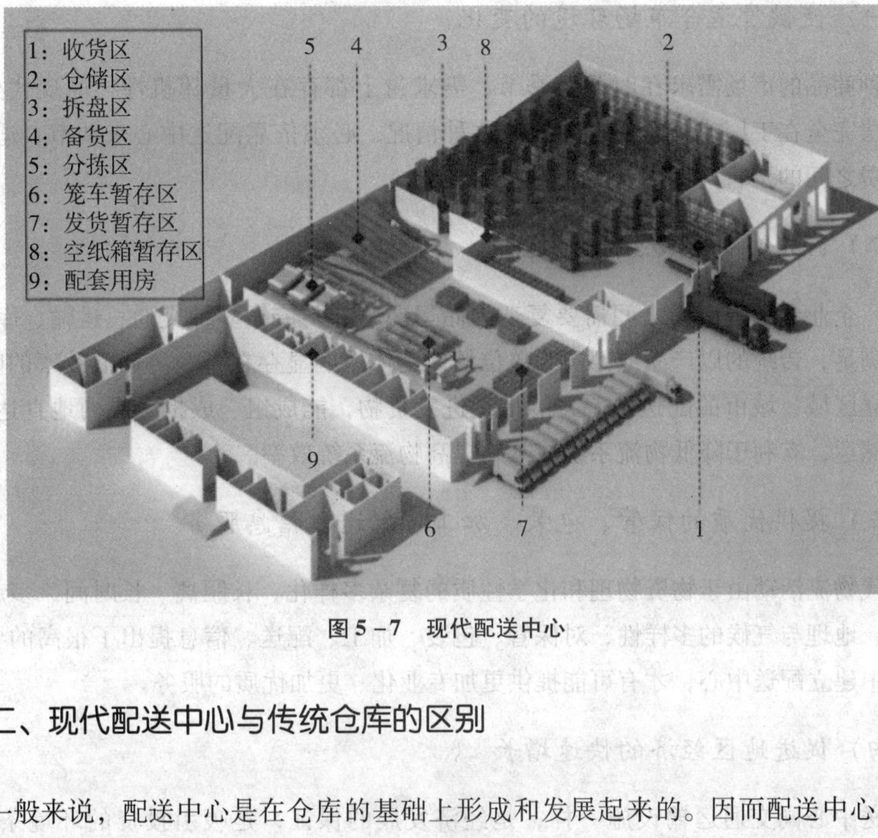

图5－7　现代配送中心

二、现代配送中心与传统仓库的区别

一般来说，配送中心是在仓库的基础上形成和发展起来的。因而配送中心与仓库在许多方面有相似之处，如储存与保管等。但就总体而言，配送中心与仓库却有着较大差异，这主要表现在以下几个方面。

（1）从功能上看，配送中心的功能相对齐全，不仅包括货物的接收、分拣、整理、保管、装卸和发运等功能，而且也包括货物的订购、组织、物流信息的交互与处理以及货物的加工、包装等功能，而仓库的主要功能是进行货物的保管。

（2）从作用上看，配送中心的核心在于提高物流效率，降低物流费用，而仓库的核心在于货物的储存保管，保证商品的使用价值不受损失。

（3）从规模上看，配送中心的规模一般较大，而仓库的规模一般较小。

（4）从运动过程来看，配送中心的动态性强于仓库。

(5) 从管理来看，配送中心的整体性和系统性比仓库更强，管理水平也较高。

(6) 从信息方面来看，配送中心是物流信息的集聚和发散中心，物流信息更全面更系统，流动性也更强。

三、配送中心的作用

在现代物流活动中，配送中心的作用是十分明显的，可以归纳为以下几个方面。

(一) 使供货适合市场环境的变化

各种商品的市场需求在时间、季节、需求量上都存在大量随机性，而现代生产、加工无法完全在工厂或车间实现并适应这种情况，必须依靠配送中心来调节、适应生产与消费之间的矛盾与变化。

(二) 经济、高效地组织储运

工厂企业到销售市场之间需要复杂的储运环节，要依靠多种交通、运输、库存手段才能满足，传统的以产品或部门为单位的储运体系明显存在不经济和低效率的问题。所以建立区域、城市的配送中心，能批量进发货物，能成组、成批、成列地直达运输和集中储运，有利于降低物流系统成本，提高物流系统效率。

(三) 提供优质的保管、包装、加工、配送、信息服务

现代物流活动由于物资物理和化学性质的复杂多样化、长距离、长时间、多起点、多终点、地理与气候的多样性，对保管、包装、加工、配送、信息提出了很高的要求，只有集中建立配送中心，才有可能提供更加专业化、更加优质的服务。

(四) 促进地区经济的快速增长

配送中心同交通运输设施一样，是经济发展的保证，是吸引投资的环境条件之一，也是拉动经济增长的内部因素，配送中心的建设可以从多方面带动经济的健康发展。

(五) 促进连锁店的经营活动

它可以帮助连锁店实现配送作业的经济规模，使流通费用降低；减少分店库存，加快商品周转，促进业务的发展和扩散。批发仓库通常需要零售商亲自上门采购，而配送中心解除了分店的后顾之忧，使其专心于店铺销售额和利润的增长，不断开发新的外部市场，拓展业务。此外，还加强了连锁店与供应方的关系。

第三节　配送中心的基本功能和运作

一、配送中心的种类

（一）按运营主体的不同划分

1. 以制造商为主体的配送中心

这种配送中心里的商品100%是由自己制造的，用以降低流通费用、提高售后服务质量和及时将预先配齐的成组元件运送到规定的加工和装配工位。从商品制造到生产出来后，条码和包装的配合等多方面都较难控制，所以按照现代化、自动化的配送中心设计比较容易，但不具备社会的要求。

2. 以批发商为主体的配送中心

商品从制造者到消费者之间的传统流通中有一个环节叫批发。一般是按部门或商品类别的不同，把每个制造厂的商品集中起来，然后以单一或搭配的品种向消费地的零售商进行配送。这种配送中心的商品来自各个制造商，它的一项重要活动是对商品进行汇总和再销售，而它的全部进货和出货都是社会配送的，社会化程度高。

3. 以零售业为主体的配送中心

零售商发展到一定规模后，就可以考虑建立自己的配送中心，为专业商品零售店、超级市场、百货商店、建材商场、粮油食品商店、宾馆饭店等服务。社会化程度介于前两者之间。

4. 以仓储运输业为主体的配送中心

以仓储运输业为主体的配送中心，有时也称为第三方配送中心。这种配送中心最强的是运输配送能力，地理位置优越，如建于港湾、铁路和公路枢纽，可迅速将到达的货物配送给用户。它提供仓储储位给制造商或供应商，而配送中心的货物仍属于制造商或供应商所有，配送中心只是提供仓储管理和运输服务。这种配送中心的现代化程度往往较高。

（二）按配送中心的经济功能划分

1. 供应型配送中心

供应型配送中心是专门向某些用户供应货物，充当供应商角色的配送中心。

在现实生活中，有很多从事货物配送活动的经济实体，其服务对象主要是生产企业和大型商业组织（超级市场或联营商店），它们所配送的货物以原料、元件和其他半成品为主，客观上起着供应商的作用。这些配送中心类似于用户的后勤部门，故属于供应商配送中心。在物流实践中，那些接受客户委托，专门为生产企业配送零部件以及专为大型商业组织供应商品的配送中心，均属于供应型配送中心，如我国上海地区6家造船厂共同组建的钢板配送中心、服务于汽车制造业的英国斯温登 HONDA 配件中心、美国洛杉矶 SUZUKI MOTOR 配件中心以及德国 MAZDA MOTOR 配件中心等物流组织，就是这种配送中心的典型代表。

2. 销售型配送中心

以销售商品为主要目的、以开展配送为手段而组建的配送中心，属于销售型配送中心。在竞争日趋激烈的市场环境下，许多生产者和商品经营者为了扩大自己的市场份额（即提高商品的市场占有率），采取了种种降低流通成本和完善其服务的措施，其中包括代替客户（或消费者）理货、加工和送货等，为用户提供系列化、一体化的后勤服务（包括售前和售后服务）。与此同时，改造和完善了物流设施（如改造老式仓库），组建了专门从事加工、分货、拣货、配货、送货等活动的配送组织——配送中心。很明显，上述的配送中心完全是围绕着市场营销（销售商品）而开展配送业务的。从本质上看，这种配送中心所从事的各种物流活动是服务（或从属）于商品销售活动的。

3. 储存型配送中心

这是一种有很强储存功能的配送中心。实践证明，储存一定数量的物资（包括原料和成品）乃是生产和流通得以正常进行的物质保障。从商品销售的角度来看，在买方市场条件下，由于在销售商品的过程中不可避免地会出现时滞现象，因此，客观上需要有储存环节予以支持。而从生产的角度看，在卖方市场条件下，生产企业常常需要储存一定数量的生产资料，以保证生产连续运转和应付急需。在这种情况下，同样需要设立储存环节予以支持。再从物流运动本身来看，大范围、远距离、高水平地开展配送活动，客观上也要求配送组织储存一定数量的商品。在实际生活中，有一些大型配送中心是在发挥储存作用的基础上组织、开展配送活动的，这样的配送中心多起源于传统的仓库。

（三）按功能划分

1. 集货中心

集货是将零星货物聚集成批量货物的一种经济活动，专门从事这种活动的配送中心一般称为集货中心。建立集货中心的目的是使原来分散的、小批量的、规格质量混杂的、不容易进行批量运输和销售的货物，经过集货中心处理，形成批量运输的起点，从而实现大批量、高效率、低成本和快速的物流运作。

一般来说，集货中心主要设置在生产区域。在该区域，生产的规模一般较大，但每一个生产点的产量都相对有限。在大多数情况下，集货中心所进的货物大都是包装程度较低，甚至可能是没有经过包装的小批量货物，由于进货距离较近，进货成本也相对较低。集货中心通过对这些货物进行加工、包装等处理，并按不同的需求和产品的性质组合成较大的包装，再进行储存和规模运输，以降低物流费用。

集货中心的物流处理程序如图 5－8 所示。

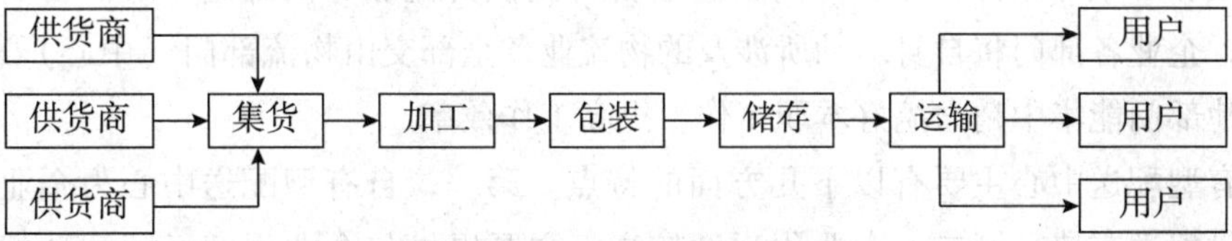

图 5－8　集货中心的物流处理程序

2. 配送中心

专门从事物流配送业务活动的物流中心称为配送中心。如果说集货中心的主要功能是实现货物的集中，那么，配送中心的主要功能则是实现货物的分散，通过进货、储存、分拣整理、配货和配装等一系列物流活动将货物送交给用户。配送中心是目前物流中心数量较多的一种。配送中心的物流处理过程如图 5－9 所示。

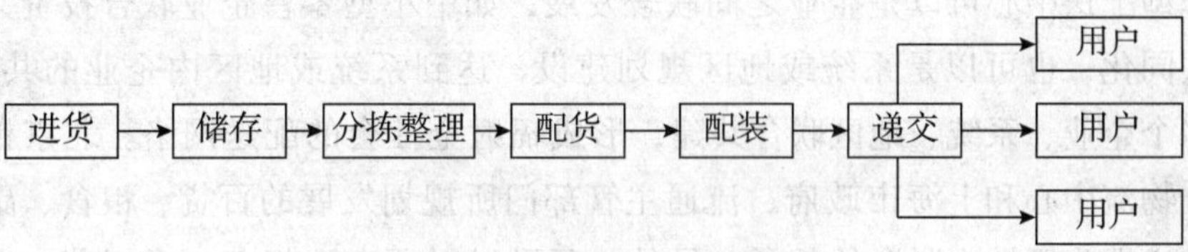

图 5－9　配送中心的物流处理过程

3. 集配中心

集配中心是以集货中心和配送中心为一体的物流中心。它既具有集货的功能，也具有配送的功能。

此外，还有以货物转运为主的转运中心、以储备为主的储备中心、以物流加工为主的加工中心等。

（四）按物流设施的归属划分

1. 公共型配送中心

公共型配送中心是从整个社会系统的要求出发，符合社会物流规模数量及交通通信状况等条件的专门从事物流活动的开放式经营型配送中心。

一般来说，公共型配送中心主要建立在中心城市。这是因为中心城市市场发达、物流规模量大、用户相对集中、信息集中以及具有地理位置、交通运输、通信设施等方面的优势。在具体的经营过程中，公共型配送中心主要是根据用户的委托，进行货物的接收、分拣、整理、储存及包装等一系列物流活动，同时也可按用户的需求进行配送活动。

2. 自有型配送中心

自有型配送中心是指企业从自身生产经营活动的需要出发，根据自身生产经营活动的规模和区域等条件，建立专门为企业自身提供物流服务的配选中心。在实际运作过程中，企业各部门将自身活动所涉及的物流业务全部交由物流部门（中心）来负责，以便其他部门能集中精力搞好本职工作，提高工作效率。

自有型配送中心主要有以下几方面的特点。第一，自有型配送中心为企业的营销活动提供配送支持；第二，专业化程度较高，主要提供与企业生产经营活动相关的专业化物流服务，比如某类商品的物流服务等；第三，区域半径相对较小，主要分布在用户相对集中的地区，而对于用户相对分散、需求规模较小的地区，大都委托公共型配送中心来完成相关的物流服务；第四，相对于公共型配送中心来说，规模一般都较小；第五，自主性相对较小，其业务大都为满足企业总体的需要以及各业务部门的需求。

3. 合作型配送中心

这种配送中心是由几家企业合作兴建、共同管理的物流设施，多为区域性配送中心。合作型配送中心可以是企业之间联合发展，如中小型零售企业联合投资兴建，实行配送共同化；也可以是系统或地区规划建设，达到系统或地区内企业的共同配送；或者由多个企业、系统、地区联合共建，形成辐射全社会的配送网络。北京粮食系统的八百佳物流中心和上海市政府、流通主管部门所规划发展的百货、粮食、副食等四大配送中心即为区域内联合的例子。另外，还可以对原有不规范、无规范、无效率的配送中心进行联合重组，使其向规模化发展，赋予其新的生命力。

（五）按综合程度划分

这里的综合程度主要包括两个方面：一是指配送中心在服务项目上的综合程度，包括物流的信息服务以及实物运作等；二是指配送中心在提供货物种类上的综合程度。

1. 综合配送中心

综合配送中心是指能提供多种货物物流服务项目的配送中心。一般来说，综合配送中心具有以下几方面的主要特点：规模大；服务的区域范围广；社会化程度较高；大都设置在交通和通信发达的中心城市及货物的集散地。

2. 专业配送中心

专业配送中心是指能提供一类或几类货物物流服务项目的配送中心。一般来说，专业配送中心相对于综合配送中心具有以下几方面的特点：规模相对较小；服务的区域范围较窄；专业化程度较高，专业性较强；既可设在交通和通信发达的中心城市及货物的集散地，也可设置在中小城市。

（六）按地理区域划分

1. 城市配送中心

城市配送中心是只能向城市范围内的众多用户提供配送服务的物流组织。由于在城市范围内货物的运距比较短，因此这类配送中心在送货时，一般都使用载货汽车。又由于使用汽车配送物资时机动性强、供应快、调度灵活，因此城市配送中心能够开展少批量、多批次、多用户的配送活动，也可以开展“门到门”式的送货业务。

因为城市配送中心的服务对象多为城市圈里的零售商、连锁店和生产企业，所以一般来说，它的辐射能力都不太强。在流通实践中，城市配送中心多是采取与区域配送中心联网的方式运作的。我国一些试点城市建立配送中心（如北京食品配送中心、无锡市各专业物资配送中心），其中绝大多数都属于城市配送中心。

2. 区域配送中心

这是一种辐射能力较强、活动范围较大，可以跨市、跨省进行配送活动的物流中心。美国沃尔玛公司下属的配送中心、荷兰渣华（Royal Nedlloyd）集团所属的“国际配送中心”以及欧洲其他国家批发公司所属的配送中心［如瑞典的（Dagab AB）公司所属的乔鲁德市布洛配送中心］就是这种性质的物流组织。区域配送中心有三个基本特征：其一，经营规模比较大，设施和设备齐全，并且数量较多、活动能力强。如美国沃尔玛公司的配送中心，建筑面积 12 万平方米，投资 7000 万美元，每天为分布在 6 个州的 100 家连锁店配送商品，经营的商品有 4 万种。而荷兰的“国际配送中心”业务活动范围更广，该中心在订单产生 24 小时之内即可将货物装好，仅用 3～4 天的时间就可以把货物运到欧洲共同体的客户手中。目前，该中心不仅在国内外建立了许多现代化仓库，而且装备了很多现代化物流设备。其二，配送中心的批量比较大而批次较少。例如，有的区域配送中心每周只为用户配送三次货物，但每次配送的货物都很多。其三，在配送实践中，区域配送中心虽然也从事零星的配送活动，但这不是其主要业务。很多区域配送中心常常向城市配送中心和大的工商企业配送商品，因而，这种配送中心是配送网络或配送体系的支柱结构。

二、配送中心的基本功能

配送中心是专门从事货物配送活动的经济组织。换个角度来说，配送中心又是集加工、存货、理货、送货等多种职能于一体的物流节点。正如物流专业人士所言，“配送中心实际上是集货中心、分货中心、加工中心功能之综合”。具体来说，配送中心具备以下几种功能。

（一）储存功能

配送中心的服务对象是为数众多的生产企业和商业网点，如超级市场和连锁店。配送中心的职能和作用是按照用户的要求及时将各种装配好的货物送交到用户手中，满足生产需要和消费需要。为了顺利而有序地完成向用户配送商品（货物）的任务和更好地发挥满足生产和消费需求的作用，通常配送中心都要兴建现代化的仓库，并配备一定数量的仓储设备，储存一定数量的商品。某些区域性大型配送中心和开展“代理交货”配送业务的配送中心，不但要在配送货物的过程中存储货物，而且存储货物的数量更大、品种更多。

配送中心所拥有的存储能力及储存货物的事实表明，存储功能乃是这种物流组织的重要功能之一。

（二）分拣功能

作为物流节点的配送中心，其服务对象（即客户）是为数众多的企业（一般而言，配送中心的服务对象少则数十家，多则数百家、数千家），这些为数众多的客户彼此之间存在着很多差别，不仅各自的性质不同，而且经营规模也不一样。在订货或进货的时候，不同的客户对于货物的种类、规格、数量等会提出不同的要求。面对这种情况，为了有效地进行配送，配送中心必须采取适当的方式对货物进行挑选，并且在此基础上，按照配送计划分装和配装货物，体现配送中心的货物分拣功能。

（三）集散功能

在物流实践中，配送中心凭借其特殊的地位与拥有的各种先进设施和设备，能够将分散在各个生产企业的产品（即货物）集中到一起，而后经过分拣、配装向多个客户发运。与此同时，配送中心也可以做到把各个客户所需要的多种货物有效地组合（或配装）在一起，形成经济、合理的载货批量。配送中心在流通实践中所表现出的这种功能即集散功能，也有人把它称之为“配货、分放”功能。

（四）衔接功能

通过开展货物配送活动，配送中心能把各种工业品和农产品直接运送到用户手中，可以起到生产和消费的媒介作用。此外，通过集货和存储货物，配送中心又有平衡供求的作用，能有效地解决季节性货物的产需衔接问题。这是配送中心衔接功能的两种表现。

（五）加工功能

为了扩大经营范围和提高配送水平，目前，国内外许多配送中心都配置了各种加工设备，具备了一定的加工能力。加工货物是某些配送中心的重要活动，这些配送组织能够按照用户提出的要求，根据合理配送商品的原则，将组织进来的货物加工成一定规格、尺寸和形状。

三、配送中心的运作流程

不同模式的配送中心作业内容有所不同，一般来说，配送中心执行如下的作业流程：进货—进货验收—入库—存放—标示包装—分类—出货检查—装货—送货。归纳而言，配送中心的作业管理主要有进货入库作业管理、在库保管作业管理、加工作业管理、理货作业管理和配送作业管理。

（一）进货入库作业管理

进货入库作业主要包括收货、检验和入库三个流程。

收货是指连锁店总部的进货指令向供货厂商发出后，配送中心对运送的货物进行接收。收货检验工作一定要慎之又慎，因为一旦商品入库，配送中心就要担负起商品完整的责任。一般来说，配送中心收货员应做好如下准备。及时掌握连锁总部（或客户）计划中或在途中的进货量、可用的库房存储仓位、装卸人力等情况，并及时与有关部门、人员进行沟通，做好以下接货计划：①使所有货物直线移动，避免出现反方向移动；②使所有货物移动距离尽可能短，动作尽可能减少；③使机器操作最大化、手工操作最小化；④将某些特定的重复动作标准化；⑤准备必要的辅助设备。

检验包括核对采购订单与供货商发货单是否相符，开包检查商品有无损坏，商品的分类、品质与数量比较等。检查有四种方式：①直接检查，将运输单据与供货商发货单对比；②盲查，直接列出所收到的商品种类与数量，待发货单到达后再做检查；③半盲查，事先收到列明商品种类的单据，待货物到达时再列出商品数量；④联合检查，将直接检查与盲查结合使用，如果发货单及时到达就采用直接检查法，未到达就采用盲查法。

经检查确认准确无误后方可在厂商发货单上签字，将商品入库，并及时登录有关入库信息，转达采购部，经采购部确认后开具收货单，从而使已入库的商品及时进入可配送状态。

（二）在库保管作业管理

商品在库保管的主要目的是加强商品养护，确保商品质量安全，同时还要做好储位合理化工作和储存商品的数量管理工作。商品储位可根据商品属性、周转率、理货单位等因素来确定。储存商品的数量管理则需依靠健全的商品账务制度和盘点制度。商品储位合理与否、商品数量管理精确与否将直接影响商品配送作业的效率。

（三）加工作业管理

加工作业主要是指按销售要求对即将配送的产品或半成品进行的再加工，包括：①分割加工，如按不同用途对大尺寸产品进行切割；②分装加工，如按零售要求将散装或大包装的产品进行重新包装；③分选加工，如按质量规格对农副产品进行分选，并分别包装；④促销包装，如促销赠品的搭配；⑤贴标加工，如粘贴价格标签、打制条码。加工作业完成后，商品即进入可配送状态。

（四）理货作业管理

理货作业是配货作业最主要的前置工作。即配送中心接到配送指示后，及时组织理货作业人员，按照出货优先顺序、储位区域类别、配送车辆次别、门店号、先进先出等，把配货商品整理出来，经复核人员确认无误后，放置到暂存区，准备装货上车。

理货作业主要有两种方式：一是播种方式，二是摘果方式。

所谓播种方式，是把所要配送的同一品种货物集中搬运到理货场所，然后按每一货位（按门店区分）所需的数量分别放置，直到配货完毕。在保管的货物较易移动、门店数量多且需要量较大时，可采用此种方法。

所谓摘果方式（又称挑选方式），是指搬运车辆巡回于保管场所，按理货要求取出货物，然后将配好的货物放置到理货场所指定的位置或直接发货。在保管的商品不易移动、门店数量较少且要货比较分散的情况下，常采用此种方法。

（五）配送作业管理

配送作业是指根据配送的要求，事先做好全局筹划并对有关职能部门的任务进行安排和布置。全局筹划主要包括制订配送中心计划、规划配送区域、规定配送服务水平等。制订具体的配送计划时应考虑以下几个要素：连锁企业各门店的远近及订货要求，如品种规格、数量及送货时间、地点等；配送的性质和特点以及由此决定的运输方式、车辆种类；现有库存的保证能力；现有的交通条件。然后决定配送时间，选定配送车辆，规定装车货物的比例和最佳配送路线、配送频率。

制订配送计划后，需要进一步组织落实具体任务并完成配送。

首先应做好准备工作。确定配送计划后，将到货时间、到货品种、规格、数量以及车辆型号通知各门店并让其做好接车准备；同时向各职能部门，如仓储、分货包装、运输及财务等部门下达配送任务，各部门做好配送准备。然后组织配送发运，理货部门按要求将各门店所需的各种货物进行分货及配货，然后进行适当的包装并详细标明门店名称、地址、送达时间以及货物明细，按计划将各门店货物组合、装车，运输部门按指定的路线将货物运达各门店，完成配送工作。如果门店有退货调货的要求，则应将退货调货随车带回，并完成有关单证手续。

本章小结

（1）配送（Distribution）是在经济合理区域范围内，根据客户要求，对物品进行拣选、加工、包装、分割、组配等作业，并按时送达指定地点的物流活动。

（2）配送具有虚拟性、高效性、低成本性、个性化的特点。

（3）配送的基本活动包括集货、储存、拣选理货、配货、配装、配送运输、送达服务、配送加工。

（4）配送有多个种类。按配送商品的种类及数量划分为多品种、少批量配送，少品种、大批量配送，成套配送；按配送时间及数量划分为定时配送、定量配送、定时定量配送、定时定量定点配送、即时配送；按配送地点划分为配送中心配送、配送点配送、仓库配送、商店配送、生产企业配送。

（5）现代配送模式有自营配送模式、共同配送模式、互用配送模式、第三方配送模式四种。

（6）配送中心的基本功能有储存功能、分拣功能、集散功能、衔接功能、加工功能。

案例分析

联华生鲜食品加工配送中心

联华生鲜食品加工配送中心是我国目前设备最先进、规模最大的生鲜食品加工配送中心，总投资6000万元，建筑面积35000平方米，年生产能力20000吨，其中肉制品15000吨，生鲜蔬菜、调理半成品3000吨，西式熟食制品2000吨，产品结构分为15大类，包含1200种生鲜食品。配送中心在生产加工的同时还从事水果、冷冻品以及南北货的配送任务。连锁经营的利润源重点在于物流，物流系统的评判标准主要有两点：物流服务水平和物流成本。生鲜商品按其称重包装属性可分为定量商品、称重商品和散装商品；按物流类型可分为储存型、中转型、加工型和直送型；按储存运输属性可分为常温品、低温品和冷冻品；按商品的用途可分为原料、辅料、半成品、产成品和通常商品。生鲜商品大部分需要冷藏，所以其物流流转周期必须很短，以节约成本；保质期很短，客户对其色泽等要求很高，所以在物流过程中需要快速流转。在生鲜配送中心，通俗地总结两个评判标准就是“快”和“准确”，下面分别从几个方面来说明联华生鲜配送中心是如何做的。

（一）订单管理

门店的要货订单通过联华数据通信平台，实时传输到生鲜配送中心，在订单上制订各商品的数量和相应的到货日期。生鲜配送中心接收到门店的要货数据后，立即在系统中生成门店要货订单，按不同的商品物流类型进行不同的处理。

（1）储存型商品：系统计算当前的有效库存，比对门店的要货需求、日均配货量和相应的供应商送货周期，自动生成各储存型商品的建议补货订单，采购人员根据此订单和实际情况做一些修改，即可形成正式的供应商订单。

（2）中转型商品：此种商品没有库存，直进直出，系统根据门店的需求进行汇总，按照到货日期直接生成供应商订单。

（3）直送型商品：根据到货日期，分配各门店直送经营的供应商，直接生成供应商直送订单，并通过 EDI 系统将其直接发送给供应商。

（4）加工型商品：系统按日期汇总门店要货，根据各产成品/半成品的物料清单（BOM 表）计算物料耗费，并比对当前有效的库存，系统将生成加工原料的建议订单，生产计划员根据实际需求做出调整，发送采购部以生成供应商原料订单。

通过系统中的供应商服务将生成或手工创建的各种不同的订单，自动发送给各供应商，时间间隔小于 10 分钟。

（二）储存型物流运作

商品进货时先要接受订单品种和数量的预检，预检通过方可验货，验货时须进行不同要求的品质检验，终端系统检验商品条码和记录数量。在商品进货数量上，定量商品的进货数量不允许大于订单的数量，不定量商品需提供一个超值范围。对于需要以重量计量的商品，系统和电子秤连接后对其进行自动去皮取值。

拣货采用播种方式，根据汇总取货，汇总单标记从各个仓位取货的数量，取货数量为本批配货的总量，取货完成后系统预扣库存，被取商品从仓库拉到待发区。在待发区，配货分配人员根据各路线、各门店的配货数量对各门店进行播种配货，并检查总量是否正确，如果不正确向上校核，如果商品的数量不足或因其他原因造成门店的实配量小于应配量，配货人员应通过手持终端调整实发数量，配货检验无误后使用手持终端确认配货数据。

在配货时，冷藏商品和常温商品被分置在不同的待发区。

（三）中转型物流运作

供应商送达中转型商品时同储存型物流一样先预检，预检通过后方可进行验货配货；供应商把中转型商品卸货到中转配货区，中转商品配货员使用中转配货系统将商品再按路线用播种方式放到指定的路线门店位置上，配货完成后统计商品的总数量/总重量，根据结果生成进货单。中转商品没有库存，多余的部分由供应商带回，如果不足则在门店间进行调剂。

以下是三种不同类型的中转商品的物流处理方式。

(1) 不定量须称重的商品。设定包装物皮重量；由供应商将单件商品上秤，配货人员负责系统分配及其他控制性的操作；电子秤称重，每箱商品上贴物流标签。

(2) 定量的大件商品。设定门店配货的总件数，汇总打印一张标签，贴于其中一件商品上。

(3) 定量的小件商品（通常需要冷藏）。在供应商送货之前先进行虚拟配货，将标签贴于周转箱上；供应商送货时，取出周转箱，按箱子标签上的数量装入相应的商品；如果发生缺货，将货物未配送到的门店送货标签取消。

（四）加工型物流运作

按原料和成品的对应关系可将生鲜加工分为两种类型：组合和分割，两种类型在BOM设置、原料计算及成本核算方面都存在很大的差异。在BOM中对每个产品设定一个唯一的加工车间，在产品上区分最终产品、半成品和配送产品。商品的包装分为定量和不定量的加工，对于称重的产品（半成品）需要设定加工产品的换算率（单位产品的标准重量）。原料按类型区分为最终原料和中间原料，需要设定各原料相对于单位成品的耗用量。

生产计划中需要对多级产品链计算嵌套的生产计划，并生成各种包装生产设备的加工指令。在计划完成后，系统按计划内容打印标准领料清单，指导生产人员从仓库领取原料以及生产时的投料。在生产计划中考虑产品链中前道与后道的衔接，将各种加工指令、商品资料、门店资料、成分资料等下发到各生产自动化设备。

加工车间人员根据加工批次进行加工调度，协调不同量的商品间的加工关系，满足配送要求。

（五）配送运作

商品分拣完成后，都堆放在待发库区，按正常的配送计划，这些商品将在晚上被送到各门店，第二天早上门店将新鲜商品上架。在装车时按计划、依路线顺序进行，同时抽样检查准确性。在货物装车的同时，系统能够自动算出包装物（笼车、周转箱）的各门店使用清单，装货人员也据此来核对差异。在发车之前，系统根据各车的配载情况打印各运输车辆的随车商品清单、各门店的交接签收单和发货单。

商品到门店后，由于数量的高度准确性，门店验货只要清点总的包装数量、退回上次配送所带来的包装物，完成交接手续即可，一般一个门店的配送商品交接只需要5分钟。

（资料来源：联华生鲜食品加工配送中心案例，锦程物流网，www.jctrans.com）

思考：

简述联华生鲜食品加工配送中心的运作流程。

教学资源包

在线答题

课后练习

一、判断题

1. 配送一般发生在上游和前端靠近制造商的地方。( )

2. 配送中心的功能比较齐全，仓库的主要功能是进行货物的保管。( )

3. 共同配送旨在强调企业自身的作用，而互用配送旨在强调联合体的共同作用。( )

二、选择题

1. 配送的基本活动有（ ）。

A. 拣货　B. 送达服务　C. 配装　D. 储存

2. 按照配送商品的种类及数量划分，配送可以分为（ ）。

A. 多品种、少批量配送　B. 少品种、大批量配送

C. 即时配送　D. 成套配送

3. 按照配送时间及数量划分，配送可以分为（ ）。

A. 定时定量配送　B. 配送点配送　C. 即时配送　D. 定量配送

4. 以下哪种配送方式是按照配送地点划分的（ ）。

A. 生产企业配送　B. 商店配送　C. 成套配送　D. 配送中心配送

5. 按照功能划分配送中心可以分为（ ）。

A. 集货中心　B. 配送中心　C. 集配中心　D. 专业配送中心

6. 按照配送中心的经济功能划分配送中心可以分为（ ）。

A. 供应型配送中心　B. 销售型配送中心

C. 储存型配送中心　D. 合作型配送中心

7. 配送中心的基本功能有（ ）。

A. 储存　　B. 分拣　　C. 加工　　D. 采购

三、思考题

1. 配送的含义是什么？配送和物流有着怎样的关系？
2. 配送有哪些基本活动？
3. 配送有哪些种类？
4. 什么是配送中心？现代配送中心和传统仓库有哪些区别和联系？
5. 配送中心有哪些种类？
6. 配送中心有哪些基本功能？

四、实践项目：配送业务调研

1. 技能目标

通过对不同类型配送企业的调研，对配送具有感性认识，了解配送的工作任务、配送工作的一般流程、配送组织结构、配送活动涉及的各岗位职责以及不同企业配送工作的共同特点和差异之处，并认识现代企业对配送工作人员的素质要求。

2. 项目任务

到一家第三方物流公司和一家生产企业调研，了解配送的工作任务、配送工作的一般流程、配送活动组织结构、配送活动涉及的各岗位职责以及对配送工作人员的素质要求的整体情况，比较其不同之处，并撰写调研报告。

3. 项目实施过程

（1）学生每 3 ~ 5 人为一小组，每小组任命一名组长，以小组为单位分别到第三方物流公司和生产企业调研；

（2）准备纸张、笔等工具；

（3）以小组为单位整理调研记录，总结上述两个企业配送工作的共同点和不同点；

（4）以小组为单位撰写调研报告。

第六章　物流包装、搬运与装卸和流通加工

本章导读

在社会再生产过程中，包装处于生产过程的末尾和分销物流过程的开头，既是生产的终点，又是分销物流的起点，包装作为物流系统功能之一，是物流系统活动中最基本的因素。在整个流通过程中，包装的结实程度、美观与否和标准化，决定着产品能否以完善的使用价值，使用户满意。

装卸搬运是物流每一项活动开始及结束时必然发生的活动，因而有时常被人忽视，有时被看作在进行其他操作时不可缺少的组成部分。

流通加工是现代物流系统的重要组成部分，通过流通加工，不仅可以提高物流系统对用户的服务水平，还可以提高物流效率并使物流活动增值。

教学目标

通过学习，掌握包装、装卸搬运及流通加工的概念、作用和特点，并了解各功能要素之间的有机联系，把握各功能要素所涵盖的内容以及在具体物流实践中的运用。

学习任务

1. 理解包装概念，了解包装分类及掌握包装技术管理方法。
2. 理解装卸搬运概念，掌握装卸搬运的特点。
3. 掌握装卸搬运在物流管理中的地位。
4. 理解流通加工概念，掌握流通加工与生产加工的区别。
5. 了解流通加工的形式，掌握流通加工合理化途径。

知识导图

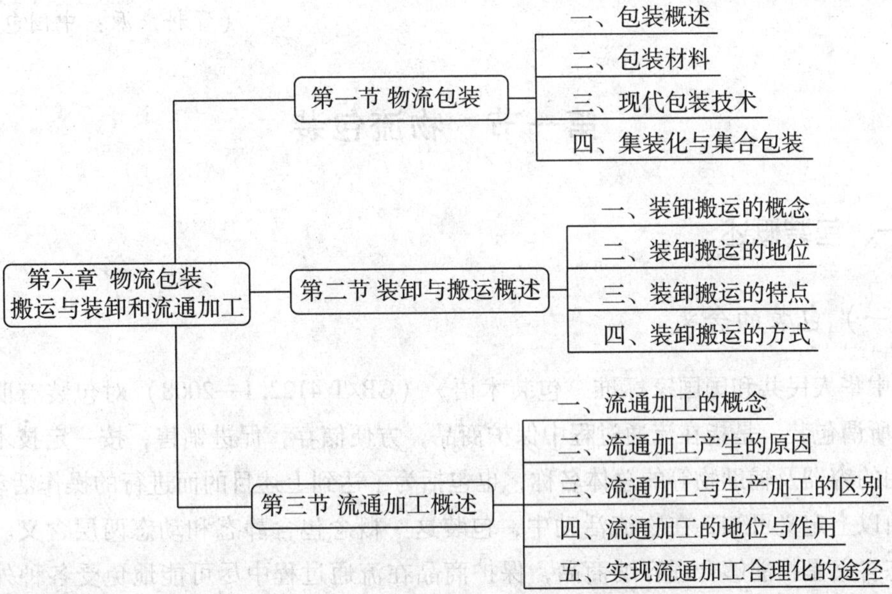

导入案例

美国苹果公司发布白皮书详解“纸和环保包装策略”

2017年10月苹果发布了一份关于iPhone（苹果）X的环境报告，在报告中提到了一个细节，iPhone X的包装纤维完全由苹果负责管理的森林、竹子、废弃甘蔗和再生纸制成。2017年11月苹果又发布了一份白皮书，详细地介绍了公司的“纸和环保包装策略”。

2017年夏天，苹果播出了一段视频，视频介绍苹果目前已经持有并管理超过100万英亩的森林，并且作为2020年“纸和环保包装策略”的一部分。

该策略共分为三个部分，首先是更有效的利用纸张，并且尽可能地使用再生纸；其次是严格管理纸张原始纤维的来源；最后是提供、保护和创造可持续的森林发展计划。而这次苹果的白皮书被分成了多个部分，涵盖了“来源追踪”“高效包装”“责任采购”和“创造和保护可持续的森林”等内容。并且白皮书对iPhone 6s和iPhone 7的环保包装细节进行了对比。同时白皮书还记录了苹果在美国和中国创建和保护可持续森林的多种措施。在美国，苹果选择了保护基金作为自己的合作伙伴，并且采用了一种创新的方法来减少森林木材的供应链风险，停止了最后一片大型完整私有森林的使用。

在中国，苹果则与世界自然基金会（WWF）合作，通过与中国政府及其他合作伙伴共同努力，完善苹果负责的森林区域的管理和使用，与 WWF 共同提出了适应中国市场长期发展的新目标。其他方面，还包括了努力实现使用 100% 可再生能源、制定停止矿产开采的长期目标和在产品流程中开发和使用更安全的材料等。

（资料来源：中国包装网）

第一节　物流包装

一、包装概述

（一）包装的含义

《中华人民共和国国家标准　包装术语》（GB/T 4122.1—2008）对包装有明确定义："所谓包装，是指在流通过程中保护商品，方便储存，促进销售，按一定技术方法而采用的容器及辅助物等的总体名称，也包括为了达到上述目的而进行的操作活动。"

由以上定义可知，在物流活动中，包装这一概念包含静态和动态两层含义。包装的静态含义是指能够合理容纳商品，保护商品在流通过程中尽可能地免受各种外在不良因素的影响，顺利实现商品价值和使用价值的包装，如用各种包装材料制成的包装容器；而包装的动态含义则是指将商品置于包装物保护之下的工艺操作过程，如对商品进行包裹、捆扎等。

在社会再生产过程中，包装是生产的终点，也是物流的起点。从生产的角度来看，包装是产品生产的最后一道工序，对产品的包装一旦完成，就意味着该产品可以从生产领域进入流通领域；从物流的角度来看，对产品的包装完成之后，该产品就具备了流通能力，可以经过装卸、搬运、储存、运输等一系列物流活动最终销售给消费者。

（二）包装的功能

1. 保护商品

保护商品是包装最基本和最主要的功能。在流通过程中，商品会不可避免地受到各种外界因素的影响，具体包括以下几种因素。

（1）外力的作用。例如，在商品运输过程中的震动、颠簸和冲击；在搬运与装卸过程中的意外跌落；在储存过程中，由于堆码摆放层数过多而导致底层商品承重过度等。

（2）外部自然环境的作用。例如，气温的升高或降低导致产品变质；阴雨天气或有害气体致使商品霉变、生锈等。

（3）有害生物的作用。例如鼠、虫对商品的啃咬和蛀蚀；霉菌等微生物对商品的侵害。

这些影响因素有可能损害商品的使用价值。因此，良好的包装可以防止商品在流通过程中受外力作用而破损变形、受环境影响而发生化学变化，防止商品由于异物的混入而受到污染，还可以防止商品的丢失、散失和被盗等。

2. 方便流通与消费

包装具有按需要将产品以某种单位集中，即单元化的功能。因此，可以根据商品本身的特性、物流的方式和条件以及消费的情况，较为灵活地决定商品的包装单位，并使包装形态、包装材料、包装标识、包装拆卸的难易程度等要素与之相适应，从而为装卸、运输、验收、储存、计量、销售等各个环节的作业以及消费者的购买和使用提供方便条件。例如，用桶罐等包装容器对液态商品进行封装，以便于运输；将零售的小件商品集装成较大的包装单位，以便于装卸搬运和储存，而拆除大包装后即可单件销售，以满足消费者的购买和使用要求；包装容器上的鲜明标记可方便物流过程中对商品的识别和清点；关于商品的说明可以指导消费者正确地使用商品。

3. 促进商品销售

在销售现场，消费者首先接触到的不是产品本身而是商品的包装。对产品包装的印象往往会成为消费者对商品的“第一印象”。包装的形态在一定意义上如同广告说明，发挥着宣传产品的作用。同时，精致、美观的商品包装可以增加产品的美感，吸引消费者的注意，唤起消费者的情感体验，诱发消费者的购买欲望与购买动机，最终产生购买行为。尤其在商品质量相同的条件下，商品包装在消费者做出购买决策的过程中发挥着重要的作用。商品包装的这一功能被形象地比喻为“无声的推销员”。

（三）包装的类型

生产和流通领域中的产品种类繁多、性质各异，这就决定了商品包装类型的多样性。因此，可以从不同角度对包装进行分类。

1. 按照包装在流通中的作用分类

（1）工业包装，又称运输包装，是以方便运输、储存和保护产品为目的的包装。工业包装的显著特点是：首先，包装的材料、尺寸和结构要具有一定的抵御外界不良因素侵害的能力，以确保产品在运输过程中的安全性；其次，包装物的外部必须有明确的包装标识，如“小心轻放”“请勿倒置”等储运标识以及易燃易爆等危险品标识；最后，还要标明产品的品名、重量体积、规格、件数、生产厂家、发运地、到达地等，以便于储运过程中对商品进行识别和正确操作，并确保商品能正确无误地被运至目的地。

（2）商业包装，又称销售包装，是以促进商品的销售为主要目的的包装。作为最接近消费者的包装，商业包装的特点是：首先，包装单位和大小要适合于顾客的购买要求和销售现场的陈列要求；其次，外形美观，能体现商品的形象和特点，以吸引消费者，促发购买行为；再次，突出商品的商标，一方面便于消费者识别商品，另一方面也有助于树立企业形象；最后，商业包装外部要有必要的文字说明，如产品的成分、功能和使用方法等，以方便消费者购买和使用。

2. 按照包装的层次分类

（1）个包装，又称小包装，是与商品直接接触的包装。在生产过程的结束阶段，个包装往往与商品装配成一个整体，随同商品一起销售给顾客，因此属于销售包装。个包装的主要作用是直接保护、美化、宣传商品，促进销售。

（2）中包装，又称内包装，是将若干个单体商品或包装组合成一个相对较小的整体包装。中包装通常介于个包装与外包装之间，在商品销售过程中，中包装一部分随商品出售，另一部分则在销售中被消耗掉。中包装的主要作用是进一步保护商品，方便商品的分拨和销售过程中的点数、计量，方便包装组合等。

（3）外包装，又称大包装，是商品的最外层包装。外包装的主要作用是保护商品，方便运输装卸和储存，因此属于运输包装。

3. 按照包装的使用次数分类

（1）一次用包装。一次用包装是仅使用一次、不再回收复用的包装。这种包装往往随同商品出售或在销售过程中被消耗。绝大多数销售包装属于一次用包装。

（2）多次用包装。多次用包装是指回收后经过一定的整理或加工，仍然可以重复使用的包装。大部分商品的运输包装和部分中包装可以多次使用。

（3）周转用包装。周转用包装是指生产企业和销售企业固定地用于周转、多次重复使用的包装，如装运啤酒的塑料箱。

4. 按照包装容器分类

（1）按照包装容器的结构不同，可将包装划分为固定式包装和可拆卸折叠式包装。固定式包装的形状、尺寸等固定不变；可拆卸折叠式包装在空置时可以通过拆卸、折叠缩小包装物本身的体积，从而便于对其进行返运和管理。

（2）按照包装容器的抗变形程度不同，可将包装划分为硬包装、半硬包装和软包装。硬包装也称刚性包装，这种包装的材质最为坚硬但缺乏弹性，因此包装容器不容易变形；软包装又称柔性包装或软性包装，这类包装的材质具有一定的韧性和弹性，包装容器的形状也可以发生一定的改变；半硬包装是介于硬包装和软包装之间的包装。

（3）根据产品的特性不同，可将包装划分为特种商品包装和普通商品包装。特种商品包装是指根据某些特殊商品的特殊性质或特殊的重要性对其进行针对性设计的包装。例如，工艺美术品、文物、军需用品等，这些物品的包装在抗压、抗震和抗冲击等方面有高于其他商品包装的要求。普通商品包装则是指除特殊商品以外的一般商品的包装。

二、包装材料

包装材料与包装功能有不可分割的联系。无论是包装材质的选择还是包装技术的实施，都是为了保证和实现包装的保护性、方便性等。包装材料在产品包装中占有重要的地位，是发展包装技术、提高包装质量、降低包装成本的重要基础。

包装材料是指构成包装实体的主要物质。由于包装材料的物理性能和化学性能的千差万别，所以正确选择包装材料对保护产品有着非常重要的作用。包装材料的性能，一方面取决于包装材料本身的性能，另一方面取决于各种材料的加工技术。随着科学技术的发展和新材料、新技术的不断出现，满足商品包装的包装材料性能会不断地完善。

（一）金属包装材料

金属包装材料主要指钢材和铝材，其形式为薄板、金属箔捆扎带、捆扎丝（绳）等。金属材料用于包装的优点有以下几个方面：材料牢固、不易破碎、不透气、防潮、防光，能有效地保护内装物；有良好的延伸性，容易加工成型；加工技术成熟；钢板镀上锌锡、铬等具有很好的防锈能力；表面有特殊的光泽，使金属包装容器具有良好的装潢效果；易于再生使用。但是，金属材料在包装上的应用受成本高、能耗大及在流通中易变形、生锈等因素的限制。

（二）玻璃包装材料

玻璃用于包装的优点有以下几个方面：保护性能良好，不透气、不透湿，有紫外线屏蔽性，化学稳定性高，耐风化、不变形、耐热、耐酸、耐磨、无毒无异味，有一定强度，能有效地保存内装物；透明性好，易于造型，具有特殊的真实传达商品的效果；易于加工，可制成各种样式，对商品的适应性强；随着玻璃的强化、轻量化技术及复合技术的发展，更加强了对产品包装的适应性，尤其是在一次性使用的包装材料中有较强的竞争力；玻璃包装容器易于复用、回收，便于洗刷、消毒、灭菌，能保持良好的清洁状态，一般不会造成公害；原材料资源丰富且便宜，价格较稳定。但是，玻璃包装材料存在着耐冲击强度低、碰撞时易破碎、自身重量大、运输成本高、能耗大等缺点，限制了玻璃包装的应用。

（三）木制包装材料

木材是一种天然材料，因树种、生长环境、树干部位不同而在性质上产生很大差异，因此使用时应进行合理的选择和处理。木材用于包装的主要优点有以下几个方面：木材具有优良的强度重量比，有一定的弹性，能承受冲击、震动、重压等作用；木材资源广泛，可以就地取材；木材加工方便，不需要复杂的加工机械设备；木材可加工成胶合板，外观好，可减轻包装重量，提高木材的均匀性，因此扩大了木材的应用范围。但是，木材又存在易于吸收水分、变形开裂，易腐朽，易受白蚁蛀蚀等缺点，加之受资源限制、价格高等因素的影响，限制了木材在包装中的应用。

（四）纸和纸板

纸和纸板在包装材料中的应用最为广泛。纸属于软性薄片材料，无法形成固定形状的容器，常用作包裹衬垫和口袋。纸板属于刚性材料，能形成固定形状的容器。纸和纸板用于包装的优点有以下几个方面：成型性和折叠性优良，便于加工并能高速连续生产；容易达到卫生要求；易于印刷，便于介绍和美化商品；价格较低，不论是单位面积价格还是单位容积价格，与其他材料相比都是经济的；本身重量轻，能降低运输费用；质地细腻、均匀、耐摩擦、耐冲击，容易黏合，不受温度影响，无毒、无味，易于加工，适用于不同包装的需要；废弃物容易处理，可回收复用和再生，不造成公害，节约资源。但是纸和纸板也有一些缺点，如受潮后强度下降，气密性、防潮性、透明性差等。

（五）塑料包装材料

塑料用于包装的主要优点有以下几个方面：具有优良的物理机械性能，如一定的强度、弹性、耐折叠、耐摩擦、抗震动、防潮、气体阻漏等性能；化学稳定性好，具有耐酸碱、耐化学试剂、耐油脂、防锈蚀、无毒等作用；塑料属于轻质材料，比重约为金属的1/5，玻璃的1/2；塑料加工成型简单，可以多样化，可制成薄膜、片材、管材、编织布、无纺布、发泡材料等；塑料成型技术有多种，如吹塑、挤压、铸塑、真空、热收缩、拉伸等；具有良好的透明性和光泽的表面，印刷和装饰性良好。塑料包装材料也有不少缺点，如强度不如钢铁，耐热性不及玻璃，在外界因素长期作用下易老化，有些塑料有异味，废弃物难处理，易产生公害等。

（六）复合包装材料

复合包装材料是将两种或两种以上具有不同特性的材料，通过各种方法复合在一起，以改进单一材料的性能，发挥更多材料的优点。复合包装材料在包装领域有广泛的应用。目前已开发研制出的复合材料有三四十种，使用较多的是塑料与玻璃复合材料、塑料与金属箔复合材料、塑料与塑料复合材料等，另外还有纸基复合材料、塑料基复合材料、金属基复合材料等。

（七）包装辅助材料

除了主要的包装材料以外，各种辅助材料在包装过程中也发挥着重要作用。

三、现代包装技术

(一) 包装技术的种类

1. 销售包装技术

销售包装技术也称为商品包装技术，其主要内容包括热封技术、明料封技术、外壳包装技术、收缩包装技术、真空减压及充填包装技术、灭菌包装技术、防霉包装技术以及印刷技术等。

2. 运输包装技术

运输包装技术主要包括外包装技术和内包装技术。在运输包装技术中，通常将外包装技术和内包装技术看作一个系统运用。外包装技术主要包括容器设计技术、印刷标记技术等；内包装技术主要包括防震包装技术、防潮包装技术、防锈包装技术、防鼠包装技术等。

3. 危险品及其他包装技术

(1) 危险品包装技术。危险品包装技术就是根据危险品的性质、特点，按照有关法令、标准和规定专门设计的包装技术与方法。危险品的运输包装上必须标明不同性质、类别的危险货物标志以及装卸与搬运的要求标志。

(2) 气体置换包装与真空包装技术。所谓气体置换包装，是指采用不活泼气体如氮气、二氧化碳气体等置换包装容器中的空气的一种包装技术方法。这种包装方法改变了密封包装容器中气体的组成成分，降低了氧气的浓度，能够抑制微生物的生理活动、酶的活性和鲜活物品的呼吸强度，达到防霉、防腐和保鲜的目的。真空包装是在容器封口之前将其抽成真空，使密封后的容器内基本没有空气的一种包装技术方法。一般的肉类、谷类加工物品以及另外一些容易氧化变质的物品，都可采用真空包装技术。它可以避免或减少脂肪氧化、抑制某些霉菌和细菌的生长。

4. 收缩包装技术与拉伸包装技术

收缩包装技术是用收缩薄膜将待包装物品包裹，然后对收缩薄膜进行相关处理（如适当加热处理，使薄膜收缩且紧贴于物品）的包装技术方法。收缩包装技术用于销售包装时，具有使内装物品形体突出、形象鲜明、质感好、有利于销售的作用；用于运输包装时，具有包装方便、提高装卸与搬运效率的作用。拉伸包装技术是机械装置在常温下将弹性薄膜拉伸后，将待包装物品裹紧的一种包装技术方法。拉伸包装技术也可以用于托盘物品之类的集合包装，可以提高物流效率，方便仓储与使用。

(二) 物流中常用的包装技术

1. 防震包装技术

在机械、电工、仪器和仪表等产品中，有的比较精密，有的比较脆弱，经受不了运输和装卸过程中产生的较大冲击和震动等外力的影响，必须采用防震包装来加以防护，才能保证这些产品的功能和形态。

防震包装方法一般分为全面防震、部分防震和悬浮式防震三种方法。在具体选择防震包装方法时，往往还需要根据产品的形状、质量、尺寸、大小等情况采用一些特殊的处理措施。

2. 防潮包装技术

防潮包装就是为防止因潮气影响包装件而影响内装物品质量而采取的一定防护措施的包装，即采用防潮材料对产品进行包封，以隔绝外部空气相对湿度变化对产品的影响，使得包装内的相对湿度符合产品的要求，从而保证产品质量。被包装的物品种类繁多、性能各异，有的商品对水十分敏感，少量的湿度变化就会影响商品的品质；而有的商品可以承受较大的湿度（含水量）变化范围，此时就可以降低防潮包装的要求，降低包装成本，减少不必要的费用。因此，在实施包装前，要预先对商品进行了解，确定其包装的等级，然后进行包装。

3. 防水包装技术

防水包装是为防止水浸入包装件影响内装物品质量而采取一定防护措施的包装。一些具有防护性的内包装，例如防潮包装、防锈包装、防震包装等，可以与防水包装相结合，但不能相互代替。一般来说，外包装采用防水结构，内包装采用防潮或者防锈、防霉等结构。防水包装结构不一定能起到防潮包装的作用，因为防水包装仅防止外界水（包括雪、箱、露、雨等）渗入包装内侵害内装物，防不了外界潮湿空气的侵蚀影响，除非采用气密性容器作为防水包装容器。防潮包装或者防锈包装所用的阻隔层材料，有时虽然与防水包装接近，甚至部分相同，但其包装的工艺措施却截然不同。因此，防水包装不能代替防潮包装；反之，防潮包装可防止雨水的浸入，但是，它不能防止储运过程中过分的机械力的作用，当遭到机械损伤后，将降低或破坏其防潮性能，失去防潮作用，故其外包装仍须采用防水包装。

4. 防锈包装技术

金属由于受到周围介质的化学作用或电化学作用而发生损坏的现象叫金属锈蚀。按腐蚀介质的不同，可分为大气锈蚀、海水锈蚀、地下锈蚀和细菌锈蚀等。锈蚀对金属材料和制品有严重的破坏作用。据试验，钢材如果锈蚀1%，它的强度就要降低5%～10%，薄钢板就更容易因锈蚀穿孔而失去使用价值。金属制品因锈蚀造成的损失远远超过所用材料的价值。用包装的方法来防锈，当包装件中的产品投入使用时，可以顺利地除去该防锈包装材料。

5. 防虫害包装技术

防虫害包装是以用包装容器将易遭虫害的产品密封起来为主要手段，以防虫、驱虫或杀虫为辅助手段，从而达到使产品免遭虫害的目的；不仅要用包装来达到防虫的目的，而且需要净化生产环境，尤其需要注意包装材料、包装容器加工以及包装操作等环节的防虫。防虫害包装技术是通过各种物理因素（光、热、电、冷冻等）或化学药剂作用于害虫的肌体，破坏害虫的生理机能和肌体结构，劣化害虫的生存条件，促使害虫死亡或抑制害虫繁殖，以达到防虫害的目的。

6. 防伪包装技术

防伪包装技术主要以商品为对象。它既是防伪技术的组成部分，又是包装技术的组成部分。因此防伪包装既具有防伪技术的一般功能特点，同时又具有商品包装自身的特点。通常最方便的做法，即借用防伪技术中的某些做法，加以变化与处理，使之适合商品流通的需要，这成为一种防伪包装方法。在实际应用中，防伪包装技术的选择是有一定难度的，一方面，防伪包装技术是动态的、发展的，理解和应用需要新技术的支持；另一方面，防伪包装技术受到成本的制约，若使成本增加太多，必然影响产品的市场竞争力。关键的问题就是如何做到既符合防伪包装技术要求，又简单实用。

7. 电子信息组合包装

电子信息组合包装将电子线路或微芯片与专门的包装组合，将会成为未来包装革新的主要标志。

四、集装化与集合包装

1. 集装化与集合包装的含义

集装化也称为组合化和单元化，是指将一定数量的散装或零星物资组合在一起，这样在装卸、保管、运输等物流环节，可作为一个整件进行技术上和业务上处理的包装方式。

2. 集装单元化的形式

集装单元化的作业形式多种多样，按照集装单元化所使用的工具进行分类，可以统一划分为集装箱化、托盘化、网袋化、货捆化、框架化、滑板化和半挂车化七种形式。

第二节　装卸与搬运概述

一、装卸搬运的概念

装卸（Loading and Unloading）是指物品在指定地点，以人力或机械装入或卸下运输设备，它一般是以改变货物与地面之间的垂直距离，即改变货物原来的存放、支承状态为目的的实物运动形式。

搬运（Handling - Carrying）是指在同一场所内，对物品进行以水平移动为主的物流作业。它一般是在小范围内（通常是指在某一物流节点，如仓库、车站或码头等）

发生的短距离水平位移。搬运的“运”与运输的“运”的区别在于，搬运是在同一地域的小范围内发生的，而运输则是在较大范围内发生的，两者是量变和质变的关系，中间并无一个绝对的界限。

严格地说，装卸和搬运是两个不同的概念，两者既有区别又有联系。因为货物在空间上发生绝对的、完全的垂直位移或水平位移的情况少有，多数情况下两者是伴随在一起发生的。有时以垂直位移为主（装卸），有时以水平位移为主（搬运），有时两者同时进行或交替进行，这些统称为装卸搬运。因此，在物流科学中并不过分强调两者的差别，而是作为一种活动来对待，那么装卸搬运就是指在某一物流节点范围内进行的、以改变物料的存放状态和空间位置为主要内容和目的的活动。

二、装卸搬运的地位

上文已提及，运输能产生空间上的效用，保管能产生时间上的效用，而装卸搬运本身不能创造出新的效用，但是在调节企业内物流、销售物流等整个供应链物流过程中，装卸搬运所占的比重较大。

1. 衔接物流各环节的桥梁

装卸搬运是物流系统的一个重要构成要素，分布在物流活动的各个环节、各个方面。装卸搬运是物流过程中的一个“节”，对运输、储存、配送、包装、流通加工等活动进行有效连接。从宏观物流考察，物资离开生产企业，进入再生产消费和生活消费，装卸搬运伴随物流活动的始终。装卸搬运在整个宏观物流中虽然只是“节”，然而从局部、微观的角度来研究时，它本身又是一个不容忽视的子系统。例如，以装卸搬运活动为中心的港口物流系统就是一个社会、区域或行业物流系统的子系统。

2. 影响物流成本的高低

在生产企业物流中，装卸搬运作业具体包括装卸货、搬运移送、堆垛拆垛、放置取出、分拣配货等。在这些环节中，装卸搬运因物化劳动和活劳动的消耗增加了商品的成本。同时，装卸搬运作业质量的好坏和效率的高低也影响物流成本，包括物品在装卸搬运过程中因损坏、污染等造成的损失成本及保护物品的包装成本。由于当前企业装卸搬运的效率不高，消耗的人力、物力也不少，所以，装卸费用在物流成本中所占的比重也较高。

3. 提高物流效率的关键

在物流过程中，装卸搬运是不断出现和反复进行的，且装卸搬运的合适与否将直接影响后续作业的顺利进行。因此，装卸搬运往往成为决定物流速度的关键，并与是否能及时地满足顾客的服务要求相关联。

4. 影响物流质量与环境保护

装卸搬运是各物流要素的连接点，操作时往往需要接触货物，容易引起货物破损、散失和混合而造成资源浪费，并影响物流服务质量。此外，一些泄漏废弃物还会对环境造成污染，如化学液体物品的泄漏易造成水质和土壤污染，煤或水泥在装卸搬运过程中产生的粉尘易造成大气污染等。

由此可见，装卸搬运是物流活动得以进行的必要条件，在全部物流活动中占有重要地位，发挥重要作用。改善装卸搬运作业能显著提高物流的经济效益和社会效益，后者还包括在获得装卸搬运系统本身效益的同时，为整个生产系统创造更大的经济效益。

三、装卸搬运的特点

与生产领域和流通领域的其他环节相比，装卸搬运具有以下特点。

1. 装卸搬运是作业量大、对象复杂的活动

传统的装卸搬运主要依靠人工体力劳动来完成，是一种劳动密集型的作业活动，而且在许多情况下，装卸搬运往往是一种重体力劳动。物流发展到今天，完全的人工装卸搬运几乎不复存在，现代装卸搬运表现为人与机械、货物和其他劳动工具相结合，以减轻劳动强度、提高装卸作业效率。但是，随着消费者需求个性化和多样化的发展，多品种、小批量、多批次、小数量的物流方式使得装卸搬运作业量大幅度提高。此外，运输方式的变更、仓库的中转、货物的集中或分散、物流的调整等都会使装卸搬运作业变得十分频繁。

通常认为货物装卸搬运改变物料存放状态和几何位置者居多，作业比较单纯，但由于它经常和运输、存储紧密衔接，除装卸搬运外，同时还要进行堆码、装载、加固、计量、取样、检验、分拣等作业，以保证充分利用载运工具以及仓库的载重能力与容量。因此，作业又是比较复杂的。这些作业也可看成是装卸搬运作业的分支或附属作业，它丰富了“改变货物存放状态和位置”这一基本概念的内涵，装卸搬运系统对这些分支作业应有较强的适应能力。

2. 装卸搬运是附属性和伴生性的活动

装卸搬运是伴随生产与流通的其他环节发生的，是介于物流各环节（如运输、储存等）之间起衔接作用的活动。它将物资运动的各个阶段连接成为连续的“流”，使物流的概念名副其实。无论是生产领域的原材料输送、加工、组装、检测，还是流通领域的包装、运输、储存，一般都以装卸搬运作为起始和终结。装卸搬运在物流活动中起到了承上启下的连接作用，所以说，无论在生产还是流通领域里，装卸搬运环节既不可缺少，又与其他环节密不可分。

3. 装卸搬运是支持性和保障性的活动

装卸搬运会影响其他物流活动的质量和速度，这个环节处理不好，会造成整个物流系统的瘫痪。在货物运输过程中，完成一次运输循环所需的时间中，在发运地的装车时间和在目的地的卸车时间占有不小的比重。特别是在短途运输中，装卸车时间所占比重更大，有时甚至超过运输工具运行时间。所以，缩短装卸搬运时间不但对加速车船和货物周转具有重要作用，而且有利于疏站疏港。在仓储活动中，装卸搬运效率对货物的收发速度和周转速度产生直接影响。同时，装卸搬运组织与技术对仓库利用率和劳动生产率也有一定影响。

4. 装卸搬运是服务性的活动

装卸搬运不产生有形的产品，没有提高作业对象的价值和使用价值的功能，而是提供劳动服务。因为它不改变作业对象的物理、化学、几何、生物等方面的性质，也不改变作业对象的相互关系（指零件组装成部件或机器、机械设备拆解为零部件等），装卸搬运过程也不消耗作业对象，不排放废弃物，不占用大量流动资金。因此，装卸搬运具有提供劳务的性质。

5. 装卸搬运是波动性较大的活动

装卸搬运大都是多环节、多机械联合作业的，要保持作业的连续性和均衡性，各环节的机械设备数量要按照各环节的作业内容和特点做到基本均衡，如生产领域的装卸搬运必须与生产活动的节拍一致，表现为与生产过程均衡性、连续性的一致性。然而，流通领域的装卸搬运虽力求均衡作业，但随着车船的到发和货物出、入库的不均衡，作业是突击的、波动的、间歇的。因此，流通领域的装卸搬运作业应具有适应波动性的能力。

6. 装卸搬运是安全性的活动

装卸搬运是使货物产生垂直和水平方向上的位移，货物在移动过程中会受到各种外力的作用，如振动、撞击、挤压等，容易使货物包装和货物本身受损，如损坏、变形、破损、散失、流溢等。装卸搬运，特别是在装卸作业中，货物要发生垂直位移，不安全因素比较多。物流活动中发生的各种货物损失事故、设备损坏事故、人身伤亡事故等，相当一部分是在装卸过程中发生的。特别是一些危险品，在装卸过程中如违反操作规程进行野蛮装卸，很容易造成燃烧、爆炸等重大事故。

四、装卸搬运的方式

装卸搬运作业是一个完整的系统，它由劳动力（装卸搬运人员）、装卸搬运设施和设备、货物、车船库等硬件系统和工艺（作业方法及流程）以及信息、管理等软件系统组成，同时还需要保障系统。因此，通常可根据作业场所、作业对象和作业特点对其进行分类。

1. 按作业场所分类

（1）仓库装卸搬运，指在厂矿或储运业的仓库、堆场、集散点等处，为配合出库、入库、维护保养等活动进行的以堆垛、上架、分拣、取货等操作为主的装卸搬运作业。

（2）铁路（站台）装卸搬运，指在铁路车站进行的装卸作业。它包括汽车在铁路和站台旁的装卸作业；铁路仓库和堆场的堆码、拆取、分拣、配货、中转作业；铁路车辆在货场及站台的装卸作业；服务于装卸搬运的辅助作业，如加固、清扫、揭盖篷布、移动车辆、计量等作业。铁路装卸是对火车车皮的装进及卸出，特点是一次作业就实现一车皮的装进或卸出，很少有像仓库装卸搬运时出现的整装零卸或零装整卸的情况。

（3）港口装卸搬运，指在港口进行的各种装卸作业，主要是码头、船舶的装卸搬运作业。港口装卸搬运包括码头前沿的装船和后方的支持性装卸搬运，有的港口装卸还采用小船在码头与大船之间“过驳”的办法，因而流程较为复杂，通常需要经过数次装卸及搬运作业才能实现船与陆地之间货物过渡的目的。

（4）车间装卸搬运，指在车间内部工序间进行的装卸搬运活动。以原材料、半成品、产成品等的取放、分拣、包装、堆码、输送为主。

2. 按作业对象分类

（1）单件作业方式。单件装卸搬运指的是进行非集装、按件计的货物逐个装卸操作的作业方法。装卸搬运单件货物通常是逐件由人力作业完成的，对于一些零散货物，如搬家货物等也常采用这种作业方法。长、大、笨重货物、不宜集装的危险货物以及行包等仍然采用单件作业法。单件作业对机械、装备、装卸条件要求不高，可采取人力、半机械及机械装卸，因而机动性较强，不受固定设施、设备的地域局限。但是，单件作业由于逐件处理，装卸速度慢，且装卸要逐件接触货物，容易出现货损及货差。

（2）集装作业方式。集装作业方式是用集装化工具将小件或散装物品集成一定质量或体积的组合件，利用机械进行作业的装卸方式。它和单件装卸的主要异同在于，都是按件处理，但集装作业“件”的单位大大高于单件作业每件的大小。

（3）散装作业方式。散装作业指对大批量粉状、粒状货物进行无包装散装、散卸的装卸方法。装卸可连续进行，也可用间断式，但是都需要机械化设施设备。在特定情况下，且批量不大时，也可采用人力装卸。

3. 按作业特点分类

（1）连续作业法。连续作业法主要是指同种大批量散装或小件杂货通过连续输送机械，连续不断地进行作业，并且货间无间隔的作业法。在装卸量较大、装卸对象固定、货物对象不易形成大包装的情况下适合采取这一方式。

（2）间歇作业法。间歇作业法指在装卸搬运过程中有重程和空程两个阶段，即在两次作业中存在一个空程准备过程的作业法。这种作业法有较强的机动性，装卸地点可在较大范围内变动，主要适用于货流不固定的各种货物，尤其适合于包装货物、大件货物，散粒货物也可以采取此种方式。

4. 其他装卸搬运方式

（1）人工作业：完全依靠人力和人工，使用无动力器械来完成装卸搬运的方法。

（2）机械作业：以各种装卸搬运机械、多种操作方法来完成物品装卸搬运的方式。

（3）综合作业：要求作业机械设备、作业设施、作业环境的理想配合，要求对装卸搬运系统进行全面的计划、组织、管理、协调，并采用自动化控制手段的装卸搬运方式。

第三节　流通加工概述

一、流通加工的概念

《中华人民共和国国家标准　物流术语》（GB/T 18354—2006）中规定，流通加工就是根据顾客的需要，在流通过程中对产品实施的简单加工作业活动（如包装、分割、计量、分拣、刷标志、拴标签、组装等）的总称。流通加工是商品在流通中的一种特殊加工形式，是为了提高物流速度和物品的利用率，在物品进入流通领域后，按客户的要求进行的加工活动。换言之，流通加工是在物品从生产者向消费者流动的过程中，为了促进销售、维护产品质量和提高物流效率，对商品进行的加工，使商品发生物理、化学或形状的变化，以满足消费者的多样化需求和提高商品的附加值。流通与加工的概念属于不同的范畴。

二、流通加工产生的原因

1. 弥补生产加工的不足

生产环节的各种加工活动并不能完全满足每一个消费者的要求。如某个生产企业需要钢铁厂的钢材，除了在钢号、规格、型号提出要求外，或许还希望能够在长度、宽度等方面满足需要，但是生产企业面对着成千上万的用户，很难做到这一要求。由于生产的高度社会化、专业化，生产环节的加工活动也不能恰如其分地满足消费需要，要想弥补生产环节加工活动的不足，流通加工是一种理想的方式。作为流通部门，往往最了解生产领域的物资供应情况和消费领域的物资需求情况，这便为从事流通加工创造了条件。

2. 方便用户

在流通加工未产生之前，物资满足生产或消费需要的加工活动一般由使用单位承担，这给使用部门带来了不便。因为使用者不得不安排额外的人力、设备、场所等来完成这些加工活动。这不仅会延长下一个生产过程的时间，而且会由于设备的利用率低、设备投资大、加工质量低等因素而影响企业的经济效益。把这种加工活动从生产和使用环节独立出来，通过流通环节来完成，这为物资的使用单位提供了极大的方便。

流通部门可以根据使用部门的要求，将物资加工成可直接供消费者使用的形式，这不仅缩短了使用部门与物资之间的距离，而且由流通部门统一进行，也正好符合消费者的需求，从而使流通加工节省费用并取得好的经济效益。

3. 为流通部门增加了收益

从事流通活动的部门所获得的利润一般只能从生产部门的利润中转移，它自身不可能创造出高于生产部门所创造的产品价值总和。那么，流通部门如何获得更多的收益？流通加工便是一项极为理想的创造价值的劳动。流通部门不仅能够获得从生产领域转移过来的一部分价值，而且能创造新的价值，从而获得更大的利润，这也是流通加工得以产生和发展的刺激因素。

4. 为配送创造了条件，是物流配送的组成部分

物流配送是流通加工、整理、拣选、分类、配货、末端运输等一系列活动的集合。物流配送活动的开展，依赖于流通加工，流通加工是配送的前沿。从开展配送活动的配送中心看，它们把加工设备的种类和加工能力看成对物流配送影响最大的因素。随着我国物流配送工作的广泛开展，流通加工也必然会得到深入的发展。

三、流通加工与生产加工的区别

流通加工是在流通领域从事的简单生产活动，具有生产制造活动的性质。流通加工与一般性的生产加工在加工方法、加工组织、生产管理等方面并无显著区别，但在加工对象、加工程度方面差别较大。流通加工与生产加工的区别主要表现在以下几个方面。

（1）从加工对象看，流通加工的对象是进入流通过程的商品，具有商品的属性；而生产加工的对象不是最终产品，而是原材料、零配件或半成品。

（2）从所处环节看，流通加工处于流通过程，生产加工处于生产过程。

（3）从加工程度看，流通加工大多是简单加工，而不是复杂加工。一般来讲，如果必须进行复杂加工才能形成人们所需的商品，那么这种复杂加工应该专设于生产加工过程。生产过程理应完成大部分加工活动，流通加工则是对生产加工的一种辅助及补充。流通加工绝不是对生产加工的取消或代替。

（4）从加工附加价值看，生产加工创造价值及使用价值，而流通加工则完善其使用价值，并在不进行大的改变的情况下提高价值。

（5）从加工单位看，流通加工的组织者是从事流通工作的人员，能密切结合流通的需要进行加工活动，一般由商业或物资流通企业完成；而生产加工则由生产企业完成。

（6）从加工目的看，生产加工是以交换、消费为目的的商品生产；而流通加工除了以消费为目的以外，有时候也以自身流通为目的进行加工，为流通创造条件。

流通加工与生产加工的区别如表6－1所示。

表6－1　流通加工与生产加工的区别

区别	生产加工	流通加工
加工对象	形成产品的原材料、零配件、半成品	进入流通过程的商品
所处环节	生产过程	流通过程
加工程度	复杂的、形成产品主体的加工	简单的、辅助性的补充加工
加工附加价值	创造价值和使用价值	完善其使用价值并提高附加价值
加工单位	生产企业	流通企业
加工目的	交换、消费	促进销售、维护产品质量、实现物流高效率

四、流通加工的地位与作用

1. 流通加工有效地完善了流通

（1）流通加工有效地完善了流通。流通加工在实现时间效用和场所效用这两个重要功能方面，确实不能与运输和保管相比。因此，流通加工不是物流的主要功能要素。另外，流通加工的普遍性也不能与运输、保管相比，流通加工不是对所有物流活动都是必需的。但这绝不是说流通加工不重要，实际上它也是不可或缺的功能要素，具有补充、完善、提高与增强的作用，能起到运输、保管等其他功能要素无法起到的作用。例如，由于现代社会生产的相对集中（少品种、大批量、专业化）和消费的相对分散（多品种、小批量、个性化），生产和消费需要往往不能密切衔接，而流通加工就可以较为有效地解决这个供需矛盾。所以，流通加工可以描述为是提高物流水平、促进流通向现代化发展的必经之路。

（2）流通加工是物流的重要利润来源。流通加工是一种低投入、高产出的加工方式，往往通过简单的加工作业就可获得丰厚的利润。例如，有的流通加工通过改变商品包装，使商品档次升级而充分实现其价值；有的流通加工可将产品利用率提高30%，甚至更多。采取一般方法提高生产率难以达到上述效果。实践证明，在物流领域中，流通加工为满足用户需要提高服务功能而成为高附加值的活动，其提供的利润并不亚于从运输和保管中挖掘的利润。因此，可以说流通加工是物流业的重要利润来源。

（3）流通加工在国民经济中也是重要的加工形式。随着经济增长，国民收入增加，消费者的需求出现多样化的形式，从而促使流通领域开展流通加工。在整个国民经济体系中，流通加工作为一种加工形式是必不可少的。它对于国民经济的健康发展、产业结构的优化升级以及社会分工的合理细化都具有十分重要的意义。目前，在世界许多国家和地区的物流中心或仓库经营中，大量存在流通加工业务，有的规模也很大，美国、日本等发达国家尤为普遍。

2. 流通加工的作用

（1）提高原材料利用率。通过流通加工进行集中加工代替各使用部门的分散加工，可以大幅度提高物资的利用率，具有明显的经济效益。例如，将钢板进行剪板、裁切，木材加工成各种长度及大小的板、方等。集中下料可以优材优用、小材大用、合理套裁，可以有效减少原材料的消耗数量，提高加工质量。同时，加工后的余料还可得到更合理的利用，可产生很好的技术经济效果。

（2）方便用户。用量小或满足临时需要的用户，不具备进行高效率初级加工的能力，流通加工可以省去用户进行初级加工的投资、设备、人力，方便了用户。目前，发展较快的初级加工有将水泥加工成混凝土，将原木或板、方材加工成门窗，钢板预处理、整形等。

（3）提高加工效率及设备利用率。在分散加工的情况下，加工设备由于生产周期和生产节奏的限制，加工设备开工率时高时低，加工过程不均衡，设备加工能力得不到充分发挥。而流通加工面向全社会，加工数量大、范围广、任务多，因此可以建立集中加工点，采用一些效率高、技术先进、加工量大的专门机械和设备，一方面提高了加工效率和加工质量，另一方面还提高了设备利用率。

（4）弥补了生产加工的不足。流通加工实际上是生产加工的延续和深化，它对于弥补生产加工的不足具有十分重要的意义。由于现实的生产系统中存在很多限制性因素，生产环节的各种加工活动往往不能完全满足消费者的要求，如生产资料产品的品种成千上万，规格型号极其复杂，要完全做到产品统一标准化极其困难。而流通企业往往对生产领域的物品供应情况和消费领域的商品需求情况最为了解，这为其从事流通加工创造了条件。因此，要弥补生产环节加工活动的不足，流通加工是一种理想的方式。

（5）为流通企业增加了利润。大多数生产企业的初级加工规模有限，也不愿投入更为专业化的技术装备，因此加工效率低下。流通加工企业可以通过集中加工的方法，以一家流通加工企业的初级加工工序代替若干家生产企业的初级加工工序，解决单个生产企业初级加工效率不高的问题。流通加工通过专业化设备提高劳动生产率、原材料利用率和加工设备利用率，可以获得丰厚的直接经济效益。同时它还可以通过规模化加工，有效地提高加工效益，缩短生产时间，减少全社会的加工费用，产生直接的社会经济效益。

（6）能充分发挥各种运输手段的最高效率。流通加工环节一般设置在消费地，流通过程中生产地的大批量、高效率、长距离的输送与消费地的多品种、少批量、多用户、短距离的输送之间存在着很大的供需矛盾。而流通加工就可以较为有效地解决这个矛盾。以流通加工为分界点，从生产地到流通加工点可以利用火车、船舶形成大量的、高效率的定点输送；而从流通加工点到消费者则可以利用汽车和其他小型车辆形成多品种、多用户的灵活输送，这样可以充分发挥各种输送手段的最高效率，加快输送速度，节省运力运费，使物流更加合理。

五、实现流通加工合理化的途径

要实现流通加工的合理化，主要应从以下几个方面考虑。

（1）加工和配送结合。二者结合就是将流通加工设置在配送点中。一方面可以按配送的需要进行加工，另一方面因加工是配送作业流程中分货、拣货、配货的重要一环，加工后的产品直接投入到配货作业中，这就无须再单独设置一个加工的中间环节，将加工与中转流通巧妙地结合在一起。同时由于配送之前有必要的加工，可以使配送服务水平大大提高，这是当前流通加工的重要形式，在煤炭、水泥等产品的流通中已经表现出较大的优势。

（2）加工和配套结合。配套是指对使用上有联系的用品集合成套地供应给用户使用。例如方便食品的配套。当然，配套的主体来自各个生产企业，如方便面，就是由其生产企业配套生产的。但是，有的配套不能由某个生产企业全部完成，如方便食品中的盘菜、汤料等。这种情况下在物流企业进行适当的流通加工，可以有效地促成配套，大大增强流通作为供需间桥梁与纽带的作用。

（3）加工和合理运输结合。流通加工能有效衔接干线运输和支线运输，促进两种运输形式的合理化。利用流通加工，可在支线运输转干线运输或干线运输转支线运输等这些必须停顿的环节，不进行一般的支转干或干转支，而是按干线或支线运输的合理要求进行适当加工，加工完成后再进行中转作业，从而大大提高运输及运输转载水平。

（4）加工和合理商流结合。流通加工也能起到促进销售的作用，提高商流的合理化程度，这也是流通加工合理化的方向之一。将加工和配送相结合，通过流通加工提高配送水平，促进销售，从而促使加工与商流合理结合。此外，通过简单加工改变包装形式变成用户方便购买的量，通过组装加工解除用户使用前进行组装、调试的难处，都是有效促进商流的很好例证。

（5）加工和节约结合。节约能源、节约设备、节约人力、减少耗费是流通加工合理化重要的考虑因素。对于流通加工合理化的最终判断，是看企业能否实现社会效益和本身经济效益的双重满意，而非其能否取得最优的经济效益。与一般生产企业不同，流通企业更应该树立社会效益第一的观念，以实现产品生产的最终利益为原则，只有在生产流通过程中不断补充、完善己任的前提下，才有生存的价值。如果为了追求企业的局部效益而从事不合理的流通加工业务，甚至与生产企业争利，这就有违于流通加工的初衷，或者其本身已不属于流通加工的范畴了。

本章小结

包装、装卸搬运和流通加工，通常给人“简单的、低级的、纯体力的”印象，所以往往容易被人忽视。而事实上，这些环节在复杂的物流运作系统中占有非常重要的地位。本章重点介绍了包装的分类、包装的作用、集合包装、装卸搬运的方式、装卸搬运的设备管理、流通加工的作用和流通加工同生产加工的区别。通过本章的学习，学生应该掌握现代装卸搬运的基本概念、作业方式及准则、作业组织工作及装卸搬运设备的选择和运用。了解物流包装的概念和种类以及流通加工的含义及流通加工与生产加工的区别。

案例分析

案例一　装卸搬运

日本推出可行走物流机器人可轻松装卸货物

据日媒报道，日本一家知名厂商目前开发出一种新型机器人，可在物流仓库内移动并自动装卸和搬运货物。它利用灵活运动的2条机械臂，可从货架上抓取各种尺寸、形状和重量的货物，然后进行搬运。

相比传统机器人很难应对各种各样的货物，这款新型机器人却可轻松处理。随着电子商务的发展，多种货物的少量搬运需求正在扩大，该厂商争取在2~3年后将其正式投入使用。

目前，在物流仓库实际投入使用的搬运机器人能连续搬运同一形状的纸箱等货物。但是，从货架上的箱子中取出特定货物或搬运多种形状的物品在技术上仍有困难。而该新型机器人的构造是，在移动平板车上安装2个升降台，然后分别装上操作臂型的机器人，一条机械臂的顶端装有吸附装置，另一条则装有2根机械手指。移动到指定货架之后，调整升降台高度，利用机械臂上安装的摄像头确认货物，然后以符合其形状和重量的方法拿起来。

由于整体构造包括1台平板车、2个升降台和2条机械臂，总共5个装置，因此能实现多样化动作。但要实现相互协同工作，各个装置之间还需要通信联动。操作时，平板车一边利用传感器测量与货架之间的距离一边行驶，在距离还剩1米、需要共同作业时才会向机械臂发出信号。通过减少通信量，提高了动作速度。从在货架前停止到取出箱中物品，只需3秒即可完成。

日媒指出，随着电子商务的普及，多种货物的少量搬运需求正在扩大，作业能力强的机械臂型机器人需求量巨大。该厂商将建立在实际仓库内能稳定运行的系统，首先在本公司的物流仓库中使用，之后再考虑向其他公司出售。

（资料来源：中国智能制造网新品速递）

案例二 流通加工

来自厄瓜多尔的玫瑰花

一、案例背景

南美洲厄瓜多尔中部科托帕希（Cotopaxi）火山地区常年气候温暖，雨水充足，虽然山高林密，地势险要，却是玫瑰花和其他珍贵花卉的盛产之地。美国迈阿密州的布里恩花卉物流公司向北美各大城市配送的玫瑰花就是在这个地区的三家大型农场定点采购的。当人们在花店中看到玫瑰花的娇艳欲滴、感到其花香袭人时，必会为之一动。但是不可否认的是，玫瑰花娇嫩易损，一旦残败凋零，其价值则丧失殆尽。根据鲜花种植专家测定，玫瑰花从农场收割后，通常可以在正常情况下保鲜14天。这是在整个运输过程中，确保万无一失的情况下才能够做到的，而且玫瑰花不能受到挤压，一旦花枝变形也会大大降低玫瑰花的品质。那么，如何让人们看到最高贵的玫瑰花呢?

二、玫瑰花的旅途

在Cotopaxi地区，新的一天又开始了。昨夜一场大雨过后，空气格外清新，罗丝(Rose）走向农场，准备开始一天的劳作。这些玫瑰含苞待放，露珠在枝叶上微微颤抖，惹人怜爱，然而它们实在太娇嫩了，经不起日晒雨淋。所以Rose将园中的玫瑰花枝剪下来之后立即将其包装起来。为了防止花枝受到挤压，这些盒子都非常结实，盒子装满鲜花后即使一个人站上去都不会变形，而且这种良好的包装使得运输过程中避免了重复包装。每次，Rose都将150枝玫瑰花包成一盒，然后将盒子装入2℃的冷藏集装箱内。在农场，所有人都这么做。等集装箱装满之后就被送到厄瓜多尔的首都基多国际机场，再从这里连夜被直接送往美国迈阿密机场。

三、旅途多舛

当然，并不是所有的玫瑰花都能够如此顺利地到达人们手中。在玫瑰花从不远千里的厄瓜多尔农场来到北美各大城市的过程中，任何一个环节发生意外或处理不当都有可能导致玫瑰花枯萎凋谢。比如飞机晚点、脱班或飞机货舱容量不够大，抑或冷藏集装箱的温控设备失灵等都会影响玫瑰花的品质。此外，还有一些人为的因素，例如，有些货主为了降低运费，不采用具有温控设备的运输工具来运送玫瑰花等。

总而言之，鲜花物流的标准是非常苛刻的。因此，布里恩花卉物流公司必须将新鲜花卉运输途中可能遇到的各种障碍和意外风险都降到最低。为此，布里恩花卉物流公司牵头，美国赫尔曼国际货运代理公司主持，成立了迈阿密赫尔曼保鲜物流集团，从事花卉的进出口运输工作。该公司还与联邦快递（FedEx）和美国UPS（联合包裹）快递公司签订了一体化快递服务合同，把鲜花直接运送到美国各地。

四、中国云南斗南玫瑰花物流系统

“在中国云南斗南市场的周围有很多民房，全国各地的花商们就在这里每月花400～500元的租金，租个约30平方米的房子，雇几个小时工把收到的鲜花粗略地挑选、整理、包装、装箱。玫瑰的包装实际上非常简单，标准的货运箱子是50厘米×50厘米规格的纸箱子，每个箱子里放45～50扎，每扎20枝玫瑰。但如果没有标准箱子，长一点、大一点也无所谓……箱子的不规范和质量的低标准，直接导致鲜花在运输过程中破箱而出。

“娇嫩的玫瑰在冬天容易受冻，夏天容易腐烂，它需要用高标准保鲜、保温设备贮运。然而在我国，贮运物品只是塑料布、泡沫板和装着冰的可乐瓶子。在斗南花卉市场，装满水后冷冻起来的可乐瓶子被称为‘冰瓶’，一个冰瓶5毛钱，一个鲜花货箱里装4～5个冰瓶。国航货运提货场里，装满鲜花的纸箱子摆了一地，10个箱子中有5个已经破损或者变形。有意思的是，有的方形货箱已经被超载的鲜花挤成了球形……按规定，每个货箱不能超过50千克，但实际上，大部分箱子都装着70千克甚至更多的玫瑰。”

教学资源包

在线答题

课后练习

一、判断题

1. 保护商品是包装最基本和最主要的功能。(　)

2. 装卸搬运组织与技术对仓库利用率和劳动生产率没有任何影响。(　)

3. 流通加工是对生产加工的代替。(　)

二、选择题

1. 工业包装，又称（　　）包装。

A. 第一产业　　B. 产品　　C. 运输　　D. 商品

2. 防伪包装技术主要以（　　）为对象。

A. 商品　　B. 化妆品　　C. 食品　　D. 日用品

3. 装卸搬运作业（　）的好坏和（　）的高低也影响物流成本。

A. 质量　　B. 效率　　C. 工作　　D. 薪资

4. 为了满足用户对产品多样化的需要，同时又要保证高效率的大生产，可将生产出来的（　）的产品进行多样化的改制加工。

A. 单一化　　B. 多样化　　C. 标准化

D. 集中化　　E. 差异化

5. 实现流通加工合理化的途径有（　）。

A. 加工和配送结合　　B. 加工和配套结合

C. 加工和合理运输结合　　D. 加工和合理商流结合

E. 加工和节约结合

6. 装卸搬运的方式按作业对象分为（　）。

A. 集体作业方式　　B. 单件作业方式

C. 集装作业方式　　D. 散装作业方式

7. 流通加工产生的原因有（　）。

A. 弥补生产加工的不足　　B. 方便用户

C. 为流通部门增加了收益　　D. 为配送创造了条件

三、思考题

1. 简述物流包装发展中的问题及发展趋势。

2. 结合国内外物流包装废弃物的综合治理，从自己的理解出发，总结从哪些角度对包装废弃物进行综合治理。

3. 简述装卸搬运的特点及基本原则。

4. 简述流通加工的地位及作用。

5. 简述流通加工与生产加工的区别。

6. 试述如何判断流通加工的合理性并结合实例分析。

第七章　物流信息管理

本章导读

现代物流产业作为现代经济的重要组成部分，在国民经济建设与社会发展中发挥着越来越重要的作用，而信息化是现代物流的灵魂，没有物流的信息化，就没有物流的现代化。

在物流信息化过程中，物流信息技术和物流信息系统的开发与应用，大大地促进了现代物流的发展。一方面，物流信息技术最基础的应用，是确保物流运作过程中信息的质量以及信息的及时性和准确性；另一方面，物流运作过程往往涉及大量繁杂的操作，对于一个拥有数十万个 SKU（库存量单位）、每天处理数万个订单的配送中心，简单直接的操作已无法满足要求。因此，经常需要 WMS（仓库管理系统）来管理叉车、工人、货位等资源，高效率地完成所需要的操作。这样的信息系统不仅仅是对物流信息的简单记录和物流操作过程的简单管理，更重要的是对整个系统的指挥和控制。

教学目标

通过对本章的学习，要求熟悉掌握物流信息、物流信息技术和物流信息系统的概念；了解物流信息的特点；理解物流现代化与物流信息技术之间的关系，掌握物流信息技术在物流领域的应用；培养现代物流信息技术、信息系统的操作和管理能力；了解物流信息系统在现代物流中的地位和作用；了解物流信息技术的主要种类和特点。

学习任务

1. 了解物流信息和物流信息技术的定义及主要特点、物流信息系统的地位和作用。

2. 理解物流现代化与物流信息技术之间的关系、物流信息功能对现代物流的作用。

3. 熟悉物流信息的基本特征、条码的码制、无线射频识别技术、全球定位系统的组成、物流信息系统的组成及基本功能。

4. 掌握物流信息技术硬软件识别和简单操作、物流信息系统在物流中的应用。
5. 掌握几类典型物流信息系统在物流中的应用实例。

知识导图

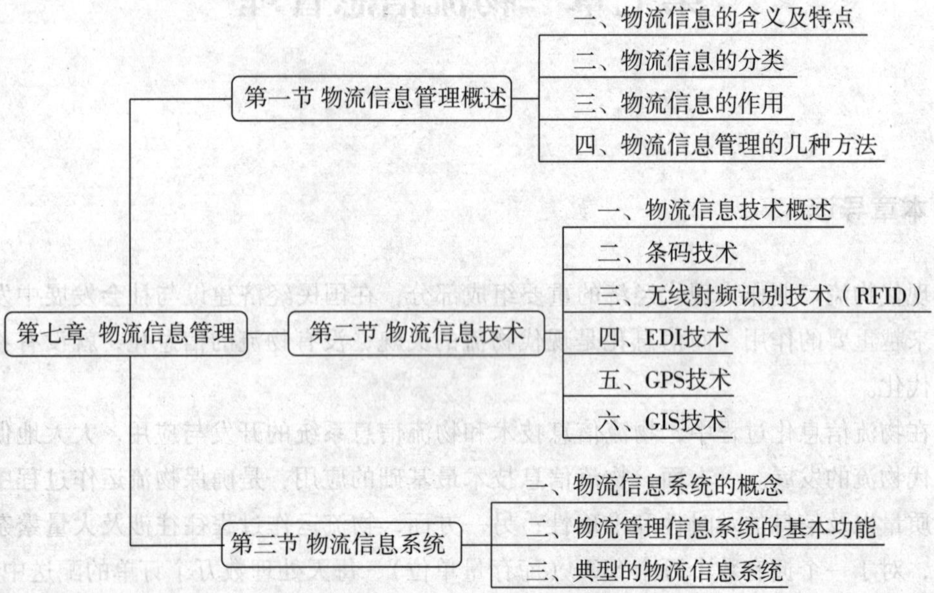

导入案例

沃尔玛的成功基石——物流信息化管理

20 世纪 70 年代，沃尔玛率先使用了卫星通信系统；21 世纪初，沃尔玛又投资上亿美元开始实施“互联网统一标准平台”的建设。

沃尔玛领先于竞争对手，先行对零售信息系统进行了非常积极的投资：最早使用计算机跟踪存货（1969 年），使用计算机订货系统（1973 年），安装了用于顾客分析的收款机（1978 年），最早使用条码（1980 年），最早采用电子数据交换（EDI）技术（1985 年），最早使用无线扫描枪（1988 年），最早与宝洁公司（Procter & Gamble）等大供应商实现 VMI-ECR（供应商管理库存 - 有效客户反应）产销合作（1989 年）。

沃尔玛的数据中心已与上万家供应商建立了协同工作关系，从而实现了快速反应的供应商管理库存（VMI）。厂商通过这套系统可以进入沃尔玛的计算机配销系统和数据中心，直接从 POS（销售终端）得到其供应的商品流通动态状况，如不同店铺不同商品的销售统计数据、沃尔玛各仓库的存货和调配状况、销售预测、电子邮件与付款通知等，以此作为安排生产、供货和送货的依据。生产厂商和供应商都可通过这个系统查阅沃尔玛产销计划。这套信息系统为生产商和沃尔玛都带来了巨大的利益。

沃尔玛不同时期信息技术的应用如表7-11所示。

表7-1 沃尔玛不同时期信息技术的应用

时间（年）	措施	影响
1969	使用计算机跟踪存货	使库存最小化并可跟踪购买趋势
1973	使用计算机订货系统	订货周期缩短、成本降低
1978	安装了用于顾客分析的收款机	在商品跟踪、添置货物、控制库存等方面更有效率
1980	使用条码	使信息输入快、精、准，并降低成本
1985	采用EDI技术	使得贸易双方能够更迅速、有效且低成本地进行贸易
1988	使用无线扫描枪	提高扫描效率，降低成本

沃尔玛的信息化管理贯穿于整个价值链，以先进的信息化技术为手段，以信息流为中心，带动物流和资金流的运动，通过整合全球供应链资源和全球用户资源，实现零库存、零营运成本和与用户零距离的目标。一方面，沃尔玛通过供应链信息化系统实现了全球统一采购及供货商自己管理上架商品，使得产品进价比竞争对手降低10%；另一方面，沃尔玛还通过卫星监控全国各地的销售网络，对商品进行及时的进货管理和库存分配。当凯玛特（美国第三大折扣零售连锁公司）也意识到信息化的重要性并效仿前者开始起步时，沃尔玛早已在全球4000个零售店配备了包括卫星监测系统、客户信息管理系统、配送中心管理系统、财务管理系统、人事管理系统等多种技术手段在内的信息化系统。

第一节 物流信息管理概述

一、物流信息的含义及特点

《中华人民共和国国家标准 物流术语》（GB/T 18354—2006）把物流信息（Logistics Information）定义为“反映物流各种活动内容的知识、资料、图像、数据、文件的总称”，包括物流活动中各个环节生成的信息，一般是随着生产消费的物流活动的产生而产生的信息流，与物流过程中的运输、仓储、装卸搬运、包装、配送等各种职能的有机结合。

（一）物流信息的含义

物流信息的概念可以分为广义物流信息和狭义物流信息两种。

广义物流信息，是指既包含狭义物流信息，又包含其他与流通活动有关的信息，如商品交易信息、供货商信息、顾客信息、订货合同信息、交通运输信息、政策信息和市场信息等，还有来自企业内生产、财务等部门的与物流有关的信息。

狭义物流信息，是指与物流活动（如运输、仓储、包装、装卸、流通加工、配送等）有关的信息。它是伴随物流活动发生的。在物流的管理与决策中，如运输工具的选择、运输路线的确定、运送批量的确定、在途货物的追踪、仓库的有效利用、最佳库存数量的确定、库存时间的确定、订单管理、顾客服务水平的提高等，都需要详细和准确的物流信息，因为物流信息对运输管理、库存管理、订单管理、仓库管理等物流活动具有支持、保证的功能。

拓展知识

商品交易信息与市场信息的含义

商品交易信息是指与买卖双方交易过程有关的信息，如销售和购买信息、订货和接受订货信息、发出货款和收到货款信息等。市场信息是指与市场活动有关的信息，如消费者的需求信息、竞争对手或竞争性商品的信息、促销信息、交通通信等基础设施信息等。在现代经营管理活动中，物流信息与商品交易信息、市场信息相互交叉、融合，密切联系。

（二）物流信息的特点

物流信息除了具有信息的一般属性外，还具有自己的一些特点。

1. 广泛性

由于物流是一个大范围内的活动，物流信息源也分布于一个大范围内，信息源点多、信息量大，涉及从生产到消费、从国民经济到财政信贷各个方面。物流信息来源的广泛性决定了它的影响也是广泛的，涉及国民经济各个部门的生产经营和物流活动的各环节等。

2. 联系性

物流活动是多环节、多因素、多角色共同参与的活动，目的是实现产品从产地到消费地的顺利快速移动，因此在该活动中产生的各种物流信息必然存在十分密切的联系，如生产信息、运输信息、储存信息、装卸信息间都是相互关联、相互影响的。这种相互联系的特性是保证物流各子系统、供应链各环节以及物流内部系统与物流外部系统相互协调运作的重要因素。

3. 多样性

物流信息种类繁多，从其作用的范围来看，物流系统内部各个环节有不同种类的信息，如流转信息、作业信息、控制信息、管理信息等，系统外部也存在不同种类的信息，如市场信息、政策信息、区域信息等；从其稳定程度来看，有固定信息、流动信息与偶然信息等；从其加工程度看，有原始信息与加工信息等；从其发生时间来看，有滞后信息和预测信息等。在进行物流系统的研究时，应根据不同种类的信息进行分类收集和整理。

4. 动态性

多品种、小批量、多频度的配送技术、销售终端（POS）、电子订货系统（EOS）与 EDI 数据收集技术的不断应用，使各种物流作业频繁发生，加快了物流信息的价值衰减速度，要求物流信息不断更新。物流信息的及时收集、快速响应、动态处理已成为主宰现代物流经营活动成败的关键。

拓展知识

信息与数据

在管理信息系统中信息的定义为："信息是经过加工后的数据，它对接收者的行为能产生影响，对接收者的决策具有价值。"

所谓数据，就是用来反映客观事物的性质、属性以及相互关系的任何字符、文字、图形。

数据和信息是密切相关的，但是数据不等同于信息。数据与信息的关系可以看作原料和成品之间的关系，信息技术能将不可利用的数据形式加工成可利用的数据形式，成为信息。数据是原材料，信息是将数据经过加工获得的产品。

信息与数据既有联系，又有区别。从信息与数据的定义可以看出，数据是符号，是物理性的，是对客观事物的抽象表示、对客观事物的真实记录。信息是在客观事物抽象表示成数据之后，对数据进行分析的基础上产生的，它依赖于反映客观事物的数据，是逻辑性（观念性）的，但高于数据。数据是信息的表现形式，是信息的原始基础。信息是数据有意义的表示，也是数据的加工提炼。

二、物流信息的分类

根据对物流信息研究的需要，物流信息有多种分类方法，从不同的角度可分为以下几种。

（一）按物流信息的来源分类

按物流信息的来源，可分为物流系统内部信息和物流系统外部信息。

物流系统内部信息指的是来自物流企业内部的信息，是企业的业务人员、管理人员进行业务处理、管理控制、规划决策等行为时所产生的信息，包括企业的物料流转信息、成本信息、库存信息、设备状况信息、物流作业信息、物流控制层信息和物流管理层信息。

物流系统的外部信息是来自物流活动以外的其他经济领域、工业领域所产生的影响物流活动的信息，包括供应、客户、订单、运输配送、市场及政策等信息，还有来自企业内生产、财务等部门与物流有关的环境信息。

（二）按物流信息的稳定性分类

按物流信息的稳定性可分为静态信息、动态信息和周期性信息。

静态信息是指在物流活动中基本保持稳定的信息，如客户、国家、储位等名称信息，因反复使用，所以在系统设计时应对这些信息进行编码，以便管理。

动态信息是指随着物流活动而变化的信息，是物流状态在某一时刻的真实反映，如货物在途状态。

周期性信息是指在一段时间内基本保持稳定或随着物流活动有规律地变化并被用户使用的信息，一旦周期结束，该信息就不再被使用抑或很少被使用。如某一票货物在流转结束后，其信息即被储存起来供查询使用。

（三）按物流信息的功能分类

按物流信息功能不同可分为计划信息、控制及作业信息、统计信息和支持信息。

计划信息是指尚未实现但已当作目标确认的信息，如物流量计划、仓库吞吐计划、车皮计划、与物流活动有关的基础设施建设计划等信息。只要尚未进入具体业务操作的都可归入计划信息之中。

控制及作业信息是指物流活动过程中产生的信息，具有很强的动态性，是掌握物流现实活动状况必不可少的信息，如库存种类、库存量、在运量、运输工具状况、物价、运费设施投资在建情况、货物发运情况等。这种信息更新速度很快、时效性很强，是掌握物流活动实时运动情况的重要信息。

统计信息是指物流活动结束后，对整个物流活动的一种总结归纳性信息，如上年度发生的物流量、物流种类、运输方式、运输工具使用量、装卸量以及与物流相关的工农业产品产量、国内外贸易数量等。

支持信息是指能对物流计划、业务、操作产生影响的有关文化、科技、产品、法律、教育、民俗等方面的信息，如物流技术的革新、物流人才需求等。这些信息不仅对物流战略发展有价值，而且对控制及作业信息起到指导和启发作用。

三、物流信息的作用

物流信息在物流活动中具有十分重要的作用，如物流信息的收集、传送、存储、处理与研究分析等，都为物流管理决策提供依据，对整个物流活动起着指挥、协调支持和保障的作用。

（一）引导和协调作用

物流信息贯穿于物流活动的全过程，物流过程中各个环节依靠物流信息及其反馈来协调物流活动，既协调供需之间的平衡，又协调物流过程中人、财、物等物流资源的配置，促进物流资源的合理使用。

（二）沟通联系的作用

物流信息是沟通物流活动各个环节之间的纽带。物流系统是由各个子系统组成的一个大系统，物流系统与社会经济运行中许多行业、部门以及众多的企业群体之间有着十分密切的关系，无论是物流系统内部，还是其他各个方面，都依靠物流信息建立纵向和横向的联系，沟通生产企业、批发商、零售商、消费者，满足各方面的需要。

（三）支持决策分析的作用

物流信息通过通信技术、网络技术、电子数据交换和全球定位系统等先进技术实现物流活动的电子化，做到货物的实时跟踪、车辆的实时跟踪、库存的自动补货，实现物流作业、服务质量和成本费用等方面的管理控制，并为制订决策方案提供重要基础和依据。物流管理的决策过程本身就是对物流信息分析处理和研究加工的过程，是对物流活动发展变化规律的认识过程。因此，物流管理人员只有在科学分析物流信息的基础上，才能做出正确的决策。

（四）价值增值的作用

物流信息本身是有一定价值的，而在物流活动中，物流信息在实现使用价值的同时，自身的价值也随之增长，这就说明了物流信息本身具有增值的特征。物流信息将物流中的各个环节有机地连接起来，企业通过有效地利用物流信息，组织和协调物流活动，创造经济效益。

四、物流信息管理的几种方法

一般而言，物流信息的管理分为三种方法，即手工管理方法、计算机管理方法和资源管理方法。

（一）手工管理方法

手工管理方法是物流初级发展阶段的产物，其核心为准确把握物流信息的源头。

手工管理方法是以单据和卡片作为信息传递的基础。例如，手工填报，通常采用信件等一般通信方式进行物流信息的传递及交换，定期举行分析会议，用手工分类及整理有关单据、卡片，以手绘表格等形式反映最终整理结果，并用文件夹等装订形式汇总并进行信息储存。这种方法是物流管理方法的初级形式，虽简单易行，但工作效率低、管理效益差，无法满足现代化物流业发展的需要。

（二）计算机管理方法

利用计算机采集、处理、传递、储存信息是现代化物流的一个显著标志。这种方法以物流信息的流程为核心，利用计算机存量大、处理速度快等特点。采用计算机管理可以有效处理手工管理难以解决的复杂问题。

（三）资源管理方法

与以上两种方法相比，资源管理方法有着显著的特点。物流信息资源管理的突出理念，即从经济角度进行管理，将技术和人文两大因素相结合，进行综合性分析管理，在战略和规划的层次上强化信息管理。可以说资源管理是物流信息管理的最高阶段。

值得注意的是，由于物流管理具有地域性、金融性及规模性的特点，在物流信息管理中，这三个方法应根据具体情况交替使用。

第二节　物流信息技术

当今时代是知识经济时代，即信息时代。信息时代的主要特征之一是谁能获取信息技术的优势，谁就能在全球性的激烈竞争中占据主动；与此相反，则会被远远地抛在后面。

一、物流信息技术概述

信息技术泛指能拓展人的信息处理能力的技术，具体指能够完成信息的获取、传递、加工处理、再生和利用等功能的技术。通过信息技术的运用，可以替代或辅助人们完成对信息的检测、识别、变换、存储、计算、提取、控制和利用。它由计算机技术、通信技术、信息处理技术和控制技术等构成，是目前各种高新技术的基础和核心。

物流信息技术是指运用物流领域的信息技术。根据物流的功能及特点，物流信息技术主要包括条码及射频技术、计算机网络技术、多媒体技术、地理信息技术、全球卫星定位技术、自动化仓库管理技术、智能标签技术、信息交换技术、电子数据交换、数据库技术、数据仓库技术、数据挖掘技术、Web 技术等，主要应用于物流信息的采集、处理、传输、动态跟踪和控制。

物流信息技术是物流现代化的重要标志，也是物流技术中发展最快的领域。通过“点、线、面”立体式综合管理，物流信息技术实现了物流企业内部一体化和外部供应链的统一管理，有效地帮助物流企业增强服务素质，提升整体效益。成功的企业通过应用信息技术优化经营业务手段，实施经营战略。从而使供应链活动的效率得以提高，整个企业供应链的经营决策能力得以增强。

拓展知识

我国第三方物流信息化应用水平低

近几年，我国的第三方物流市场以每年10%左右的速度增长。虽然我国物流行业发展很快，但目前我国第三方物流信息化应用的水平还比较低。据统计，大量第三方物流企业的信息化水平还停留于GPS、RFID等初级阶段。我国物流业振兴与发展规划的主要任务——加强物流新技术的开发和应用，主要包括：完善并推广物品编码体系，广泛应用条码、智能标签、无线射频识别（Radio Frequency Identification，RFID）等自动识别、标识技术以及电子数据交换（Electronic Data Interchange，EDI）技术，发展可视化技术、货物跟踪技术和货物快速分拣技术，加大对RFID和移动物流信息服务技术的研发和应用的投入，积极开发与利用全球定位系统（GPS）、地理信息系统（Geographical Information System，GIS）、道路交通信息通信系统（VICS）、不停车自动缴费系统（ETC）和智能交通系统（ITS）等运输领域新技术，加强物流信息系统安全体系研究。

二、条码技术

条码技术是20世纪在计算机应用过程中产生和发展起来的一种自动识别技术，是集条码理论、光电技术、计算机技术、通信技术、条码印制技术于一体的综合性技术。

（一）条码的概念

条码（Barcode）是由一组规则排列的条、空及其对应字符组成的标记，用以表示一定的信息（GB/T 18354—2006）。常见的条码是由反射率相差很大的黑条（简称条）和白条（简称空）排成的平行线图案。可以用专用的光电扫描读码装置将条码转换为一定的脉冲信号，并解读为一定的数字或字母，标示出物品的生产国、制造厂家、商品名称、生产日期、图书分类号、邮件起止地点、类别、日期等许多信息。条码结构如图7-1所示。在商品流通、图书管理、邮政管理、银行系统等许多领域都得到广泛的应用。

图7－1　条码结构

条码最早产生于1949年，此后的半个多世纪里在多数行业得到了广泛应用。在各种读码设备的配合下，它成为现代物流信息系统的重要信息采集手段。1991年，我国正式加入国际物品编码协会。

（二）条码的类型

目前国际上通用的条码编码有如下几种。

1. 商品条码

商品条码主要用于零售商品、非零售商品及物流单元的条码标识。

零售商品是指在零售端通过POS扫描结算的商品。非零售商品是指不通过POS扫描结算的用于配送、仓储或批发等操作的商品。非零售商品的条码符号主要采用ITF－14条码或EAN/UCC－128条码，也可使用EAN/UPC条码。

EAN商品条码是国际上通用的、企业最常用的商品代码，通常情况下不选用UPC商品条码，当产品出口到北美地区并且由客户指定时才申请使用UPC商品条码。

EAN商品条码主要由13位数字及相应的条码符号组成，在较小的商品上也采用8位数字及其相应的条码符号。13位EAN商品条码结构如下。

（1）前缀码。由2～3位数字组成，是国际物品编码协会（EAN）分配给国家（或地区）编码组织的代码。例如，EAN分配给中国（除港澳台外）使用的前缀码为690～695。

（2）厂商识别代码。由7～9位数字组成，用作厂商的唯一标识。

（3）商品项目代码。由3～5位数字组成，由厂商自己编码。

（4）校验码。该码为1位数字，用来校验厂商识别代码和商品项目代码的正确性。

拓展知识

EAN 商品条码校验码的计算

（1）将13位数字（包括检验字符）自右向左顺序编号。

（2）将所有序号为偶数的位置上的数值相加。

（3）用数值3乘第二步的结果。

（4）从序号3开始，将所有序号为奇数的位置上的数值相加。

（5）将第三步的结果与第四步的结果相加。

（6）用一个大于第五步的结果且为10的最小整数倍的数减去第五步的结果，其差即为所求的校验码的值。

2. 物流条码

物流条码是供应链中用以标识物流领域中具体实物的一种特殊代码，是整个供应链过程，包括厂家、运输业、零售业、消费者等环节的共享数据。它贯穿于整个贸易过程，并通过物流条码数据的采集、反馈，提高整个物流系统的质量与效率。

物流条码是由 EAN 和统一代码委员会（UCC）制定的用于商品单元标识的条码。商品单元由消费单元、储运单元和货运单元组成。物流条码包含商品条码（EAN/UPC）、储运单元条码（ITF－14）和货运单元128码（EAN/UCC－128码）等。物流条码如图7－2所示。

图7－2　物流条码

在物流领域，除了可以采用通用商品条码外，还可以使用的物流条码有25码、39码、交叉25码、库德巴（Codabar）等。

3. 二维条码

20世纪90年代，一种新型条码逐渐引起人们的重视，这种条码除具有一维条码的优点外，同时还具有信息量大、可靠性高、保密、防伪性强等优点，这就是二维条码，也称二维码，如图7－3所示。

图 7－3　二维条码

二维条码（two-dimensional barcode）是一种在水平方向和垂直方向上均带有信息的条码，二维条码除了有一维条码的优点外，同时还有储存信息量大、耐损性强、可靠性高、保密性强、防伪性强等优点。常用的二维码主要有 PDF417 二维条码、Maxicode 二维条码和 QR Code 码。

二维条码依靠其庞大的信息携带量，能够把过去使用一维条码时存储于后台数据库中的信息包含在条码中，可以直接通过阅读条码得到相应的信息，并且还有错误修正技术及防伪功能，增加了数据的安全性（见表 7－2）。

表 7－2　　一维条码与二维条码的比较

属性	一维条码	二维条码
信息容量	密度低、容量小	密度高、容量大
纠错能力	可通过校验字符检验错误，但不能纠错	具有错误校验和纠错能力，可根据需求设置不同的纠错级别
主要用途	主要用于标志物品	用于描述物品
数据库及网络信赖	大部分应用依赖数据库网络的支持	可不依赖数据库与网络支持而单独使用
识别设备	多用线性扫描器，也可用二维条码的识别设备	行排式可用线性扫描器多次扫描或用图像式扫描器，矩阵式只能用图像式扫描器

（三）条码技术在物流中的应用

由于条码技术的优越性，近年来条码的应用范围越来越广，主要包括以下几个方面。

1. 条码技术在物流配送中的应用

配送是产品流通的重要环节。以美国最大的百货公司 Wal－Mart（沃尔玛）为例，该公司在全美有 25 个规模很大的配送中心，一个配送中心要为 100 多家零售店服务，日处理量约为 20 万个纸箱。每个配送中心分为三个区域：收货区、拣货区、发货区。在收货区，一般用叉车卸货。先把货堆放到暂存区，工人用手持式扫描器分别识别运单和货物上的条码，确认匹配无误再进行下一步处理。有的货物要入库，有的货物要直接送到发货区，这称作直通作业，以节省时间和空间。在拣货区，计算机在夜班打印出隔天需要向零售店发运的纸箱的条码标签，白天，拣货员拿出一沓标签，打开一只只空箱，在空箱上贴上条码标签，然后用手持式扫描仪识读。根据标签上的信息，计算机随时发出拣货命令。在货架的每个货位都有指示灯，表示拣货的方位和数量。拣货员完成该货位的拣货作业后，按一下"完成"按钮，计算机就可以更新数据库。装满货品的纸箱在封箱后被运送到自动分拣机，在全方位扫描器识别条码后，计算机指令拨叉机构把纸箱拨入相应的装车线，集中装车运往指定的零售点。

2. 条码技术在国际贸易、国际物流诸多环节中的应用

条码在国际贸易、国际物流中的应用与在国内生产、流通中的应用相比，前者要复杂得多。这是由国际贸易的商品交易、商品流通的难度导致的。结合条码技术的优势，其在国际贸易、国际物流中的应用范围将更广阔，也更复杂，包括以下内容。

（1）进出口货物的订货业务。出口商品进入仓库的检查验收处理以及外发商品在库中的保管等，均采用条码技术进行识别、标签、定位等。

（2）大型国际配送加工中心的货物分拣。采用条码技术进行识别分拣、贴签、存放、再出库。

（3）外贸商品检验。采用条码技术对货单进行扫描，再检验。

（4）海关、银行均可运用条码技术。

（5）国际出口单证业务处理采用条码和 EDI 技术处理，更加高速化、准确化。

三、无线射频识别技术

无线射频识别技术是一种非接触式的自动识别技术，它通过射频信号自动识别目标对象，具有全自动快速识别、应用面广、环境适应性强、安全性高等特点。

（一）RFID 技术的定义

RFID 技术又称电子标签或无线射频识别技术，是指可发射传播的电磁波（RF），是一种非接触式的自动识别技术。RFID 技术通过射频信号自动识别目标对象并获取相关数据，无须人工干预，可在各种恶劣环境下工作。它可识别高速运动物体，可同时识别多个标签，操作快捷方便。短距离射频产品不怕油渍、灰尘污染等恶劣环境，因此可在这样的环境中替代条码，例如用于在工厂流水线上跟踪物体。长距离射频产品多用于交通上，识别距离可达几十米，如自动收费或识别车辆身份等。

从使用上来讲，RFID 技术类似于条码扫描，对于条码技术而言，它是将已编码的条码附着于目标物，并使用专用的扫描器利用光信号将条码信息传送到扫描器；而

RFID 技术则使用专用的 RFID 阅读器及专门的可附着于目标物的电子标签，利用射频信号将信息由电子标签传送至 RFID 阅读器。

（二）RFID 技术原理

RFTD 技术的基本工作原理并不复杂，标签进入磁场后，接收解读器发出的射频信号，凭借感应电流所获得的能量发送出存储在芯片中的产品信息［这种标签被称为无源标签或被动标签（Passive Tag）］，或者由标签主动发送某一频率的信号［这种标签被称为有源标签或主动标签（Active Tag）］，解读器读取信息并解码后发送至中央信息系统进行有关数据处理。

最基本的 RFID 系统由三部分组成。

1. 标签（Tag）

它由耦合元件及芯片组成，每个标签具有唯一的电子编码，附着在物体上标记目标对象。

2. 阅读器（Reader）

它是用来读取（有时还可以写入）标签信息的设备，可设计为手持式或固定式。

3. 天线（Antenna）

它在标签和读取器间传递射频信号。

其工作原理是阅读器发射特定频率的无线电波能量给应答器［应答器是 RFID 系统的信息载体，目前大多是由耦合原件（如线圈、微带天线等）和微芯片组成的无源单元］，用以驱动应答器电路将内部的数据送出，此时阅读器便依序接收解读数据，传送给应用程序做相应的处理。RFID 系统架构如图 7－4 所示。

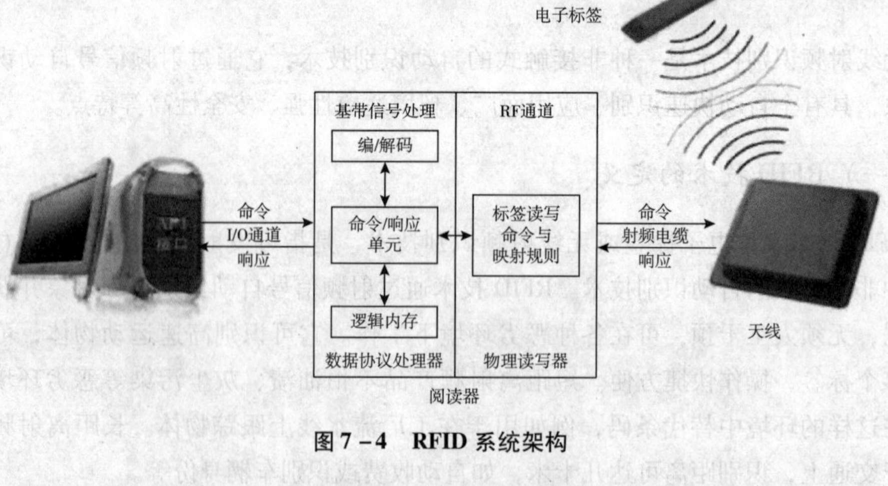

图 7－4　RFID 系统架构

在实际物流管理操作中，可进一步通过以太网（Ethernet）或无线局域网（WLAN）等实现对物体识别信息的采集、处理及远程传送等管理功能。

（三）RFID 技术在物流中的应用

RFID 技术发展异常迅速（如图 7－5 所示），已经深入应用到很多领域。例如，铁路车辆的自动识别、生产线的自动化及过程控制、货物的跟踪及管理等。在物流领域主要用于对物品的跟踪、运载工具和货架的识别等，以下是一些典型的应用。

图 7－5　RFID

1. 智能托盘系统

在每个托盘上都安装射频标签，把射频识读器安装在托盘进出仓库必经的通道口上方。当叉车装载着托盘货物通过时，识读器获取标签内的信息，并传递给计算机，记录托盘的通过情况；当托盘装满货物时，自动称重系统会自动比较装载货物的总重量与存储在计算机中的单个托盘重量，获取差异，了解货物的实时信息。

2. 通道控制系统

通道控制系统为仓库中可重复使用的各个包装箱都安装上作为唯一标志的射频标签，在包装箱进出仓库的通道口处安装射频识读器，识读器天线固定在上方。当包装箱通过天线所在处，计算机把从标签里获得的信息与主数据库信息进行比较，如果正确，则绿色信号亮，包装箱可通过；如果不正确，则红色信号灯亮，同时将时间和日期记录在数据库中。

3. 配送过程中贵重物品的保护

在保税仓库中可能会存储着价值昂贵的货物，为了防止货物被盗和装着这些货物的托盘位置出错而导致交货延迟或货物丢失，可以采用无线射频识别技术，保证叉车按正确设置的路线移动托盘，降低在非监控道路货物被盗的风险。在仓库内配备悬浮在上方的识读器，给叉车装备射频标签。通过射频连接将沿途经过的详细资料从中央数据库下载到叉车，这些信息包括正确的装货位置，沿途安装的识读器将提供经由路径。如果标签发现错误，叉车会被停止，管理者会重新设置交通路径。

4. 货物防盗系统

在需要重点防盗的商品上安装射频标签。当承载商品的车辆通过装有射频识读器的出口时，识读器可实时识别每件商品上的标签信息，如有不被授权出去的商品，可被限制运出。运用射频识别系统可识别高速移动物体，并可同时识别多个标签，实现多件商品运输过程中的实时监控及防盗。

5. 高速公路的自动收费系统

高速公路上的人工收费站由于效率低而成为交通瓶颈。RFID 技术应用在高速公路自动收费上，能够充分体现它非接触识别的优势，让车辆在高速通过收费站的同时自动完成收费。据测试，采用这种自动收费方式，车辆通过自动收费卡口时车速可保持在 40 千米/小时，与停车领卡缴费相比，可节省行车时间 30% ~70%。

四、EDI 技术

（一）EDI 的概念

国际标准化组织（ISO）对 EDI 的定义为："将商业或行政事务处理按照一个公认的标准，形成结构化的事务处理或消息报文格式，从计算机到计算机的数据传输方法。"

国际标准化组织电工委员会在 ISO/IEC 14662 中对 EDI 的定义为："电子数据交换：在两个或两个以上的信息系统之间，为实现业务目的而进行的预定义和结构化的数据的自动交换。"

EDI 的内容是商业贸易伙伴之间，将按标准、协议规范化和格式化的经济信息通过电子数据网络，在单位的计算机系统之间进行自动交换和处理。

从定义看出，EDI 包含了三个方面的内容，即三要素：EDI 软件和硬件、通信网络和数据标准化。其中 EDI 软件和硬件是 EDI 的条件，通信网络是 EDI 应用的基础，数据标准化是 EDI 的特征。

（二）EDI 的分类

根据功能，EDI 可分为四类。

（1）订货信息系统，这是最基本、最知名的 EDI 系统，也可以称作贸易数据互换系统（Trade Data Interchange，TDI），它用电子数据文件来传输订单、发货票和各类通知。

（2）电子金融汇兑（Electronic Fund Transfer，EFT）系统，即在银行和其他组织之间实行电子费用汇兑。

（3）交互式应答（Interactive Query Response，IQR）系统，它可以应用于旅行社或航空公司作为机票预订系统。

（4）带有图形资料自动传输的 EDI 系统。最常见的是计算机辅助设计（Computer Aided Design，CAD）图形的自动传输。

（三）EDI在物流中的应用

EDI最大的特点是网络化自动传输和自动处理，将其应用于物流供应链管理，可以利用它的网络化优势来建立和强化物流伙伴关系，并有助于提高整个物流供应链的效率。

1. 进一步整合物流供应链的各个环节

由于EDI利用网络来传输数据，而网络互联可以将原材料组织、生产、销售、运输装卸以及库存控制等物流供应链的各个环节紧密地衔接起来，在总体上形成一个动态的、实时的物流供应链信息网络化调控体系。因此，使用EDI可以实现产品的采购、生产、销售的集成化，使得供需双方建立一种以市场利益驱动为主导的战略伙伴关系。

2. 进一步巩固物流供应链协作伙伴关系

实施EDI涉及大量的投资和工作方式的改变，并且可形成链条上下较强的相互依赖关系，进一步促进了物流供应链协作关系的稳定性和持久性，增进了物流服务者与最终用户之间的凝聚力，强化了供给双方的实时互动性。因此，利用EDI可以进一步巩固和完善物流供应链供需双方已建立的伙伴关系，提高物流供应链系统的稳定性和可靠性，从而使协作双方的合作更加紧密，并大大提高物流服务供需双方在市场中的地位和作用。

3. 可实现物流伙伴群体集成化资源管理

在物流活动中存在着大量的数据单证，需要进行数据传递任务，而且物流企业的群体化特征使得物流企业的信息输出构成“输入—输出”链环。也就是说，一个物流企业的输入信息一大部分是其他企业的输出。在物流供应链管理中引入EDI技术，可以实现物流伙伴的群体集成化信息资源管理，EDI利用通信网络将物流企业的“输入—输出”链环自动进行连接和交换，从而保证信息的及时传递。

五、GPS技术

（一）GPS的概念

GPS（Global Positioning System）即全球定位系统，是利用分布在约2万千米高空的多颗卫星对地面目标的状况进行精确测定以进行定位、导航的系统。该系统由美国政府于20世纪70年代开始研制，于1994年全面建成。使用者只需拥有GPS接收机，无须另外付费。GPS可以为地球表面绝大部分地区（98%）提供准确的定位、测速和高精度的时间标准。它主要用于车辆、船舶和飞机的导航，地面目标的精确定时和精密定位，地面及空中交通管制，空间和地面灾害监测等。

GPS的基本原理是：卫星不间断地发送自身的星历参数和时间信息，用户接收到这些信息后，经过计算求出接收机的三维位置、三维方向以及运动速度和时间信息。

（二）GPS 的组成部分

完整的 GPS 包括三部分，分别为空间部分、地面监控系统以及用户接收系统（如图 7－6 所示）。

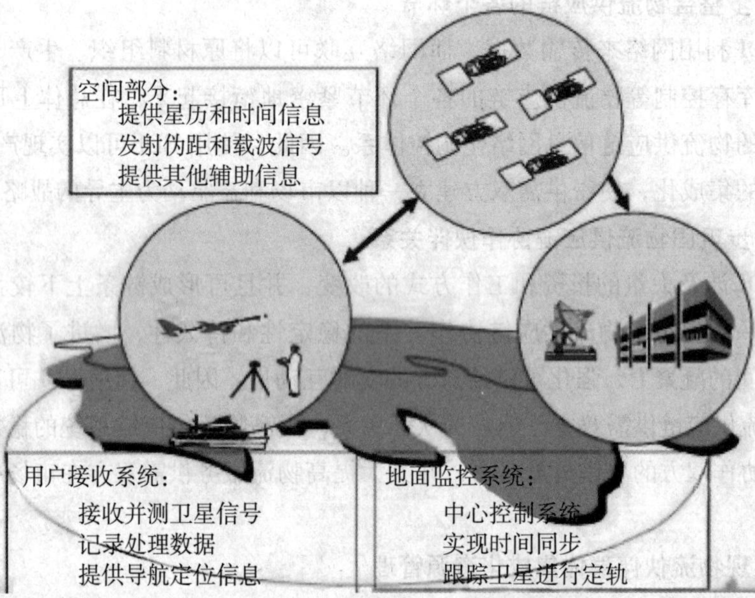

图 7－6　GPS 的组成部分

1. 空间部分

由 24 颗卫星均匀分布在 6 条轨道面上组成空间卫星网，其中有 3 颗备用工作卫星，每条轨道面与地球赤道面的交角是 55°，轨道高度为 20183 千米左右。全球各地用户随时可见 4 颗以上的卫星，捕获卫星上发出的距离码，并计算出自己的位置。卫星上有准确的时钟，可同时用于定时和时间同步。

2. 地面监控系统

地面监控系统由主控站、监测站、地面跟踪站组成。监测站负责接收卫星发出的信号，并将数据传送到主控站；主控站通过大型数据处理计算机，计算出每颗卫星的轨道、卫星改正值、卫星星历和钟差等；经过处理的数据由主控站传到地面跟踪站，每天给卫星发送一次。

3. 用户接收系统

用户接收机的功能是当能够同时接收到来自 3 颗以上卫星的 GPS 信号时，GPS 接收机就可以确定经纬度坐标，结合电子地图，就可以知道自己身处何方；如果能接收到 4 颗以上卫星的 GPS 信号，GPS 接收机可以测算出海拔高度；GPS 定位信息一般每秒钟更新一次，通过计算单位时间内 GPS 定位坐标的变化，还可以计算出运动速度。

（三）GPS 在物流中的应用

1. 用于汽车自定位

三维导航是 GPS 的重要功能，也是它的最基本功能，其他功能都要在导航功能的基础上才能发挥作用。物流系统中的各种运输工具（飞机、船舶、地面车辆等）以及步行者都可利用 GPS 导航接收器进行导航，车辆导航是 GPS 应用的主要领域之一。它由 GPS 导航、自律导航、微处理器、车速传感器、陀螺传感器、CD－ROM（只读光盘）驱动器、LCD（液晶显示）显示器组成。

车载 GPS 接收机接收 GPS 卫星信号（三颗以上），可求出该点的经纬度坐标、速度、时间等信息。通常采用差分 GPS 技术，可以提高汽车导航定位精度。通过 GPS 导航系统、地理信息系统、无线电通信网络以及车辆计算机管理信息系统的结合，可以实现车辆跟踪和交通管理等许多功能。例如，车辆跟踪、出行路线规划和导航、信息查询、语音指挥以及紧急援助等。

2. 车辆跟踪功能

目前，把 GPS、GIS、GSM 三者结合起来对车辆进行实时定位、跟踪、测速、通信等的技术已开发出来，它利用 GPS 和电子地图实时显示出车辆的实际位置，可以随着目标移动，还可以实现多窗口、多车辆、多屏幕同时跟踪，利用此功能可对重要车辆和货物进行跟踪运输。这能够满足掌握车辆基本信息、对车辆进行远程管理的需要，有效避免车辆的空载现象，同时客户也能通过互联网技术，了解自己的货物在运输过程中的动态和细节情况。

3. 用于铁路运输管理

基于 GPS 的铁路计算机管理信息系统，可以通过 GPS 和计算机网络实时收集全路列车、机车、车辆、集装箱及其所运货物的动态信息，实现对列车、货物的追踪管理。只要在计算机管理信息系统中输入货车的车种、车型、车号等，就可以立即从流动于近 10 万千米的铁路网上的几十万辆货车中找到该车，还能获知该车在何时、何处运行或停靠，以及所有车载货物的信息。运用这项技术后，铁路部门可以大大提高其路网及运营的透明度，为货主及其合作伙伴提供更高质量的物流服务。

4. 货物配送路线规划功能

货物配送路线规划是 GPS 导航系统的一项重要的辅助功能，包括以下几个方面。

（1）自动线路规划。驾驶人员确定起点和终点，计算机软件按照要求自动设计最佳行驶路线，包括最快的路线、最简单的路线、最经济的路线等。

（2）人工线路设计。由驾驶人员根据自己的目的地设计起点、终点和途经点等，自动建立线路库。线路规划完毕后，显示器能够在电子地图上显示设计线路，并同时显示汽车运行路径和运行方法。

（3）话务指挥。指挥中心可以监测区域内车辆的运行状况，对被监控车辆进行合理调度。指挥中心也可以随时与被跟踪目标通话，实行管理。

（4）紧急援助。通过 GPS 定位和监控管理系统可以对遇有险情或发生事故的车辆进行紧急援助，监控台的电子地图可显示求助信息和报警目标，规划出最优的援助方案，帮助人们对事故进行应急、有效的处理。

六、GIS 技术

（一）GIS 的内涵

GIS（地理信息系统）这一术语是由罗杰・汤姆林森（Roger Tomlinson）在 1963 年提出的，20 世纪 80 年代开始走向成熟，但至今对它仍没有统一的定义。不同领域、不同研究方向的 GIS 专家对它的理解不尽一致，有人认为 GIS 是以计算机为工具，具有地理图形和空间定位功能的空间型数据管理系统；有人认为 GIS 是在计算机硬件和软件支持下，运用系统工程和信息科学理论，科学管理和综合分析具有空间内涵的地理数据，以提供规划、管理、决策和研究所需信息的空间信息系统。中国地质大学的吴信才教授认为 GIS 是处理地理数据的输入、输出、管理、查询、分析和辅助决策的计算机系统。

GIS 的主要特征是存储、管理、分析与位置有关的信息。因此，我们可以这样来定义：GIS 是以地理空间数据为基础，采用地理模型分析方法，适时地提供多种空间的和动态的地理信息，是一种为地理研究和地理决策服务的计算机技术系统。

（二）GIS 的组成

一个完整的地理信息系统主要由四个部分组成，即计算机硬件系统、计算机软件系统、地理空间数据、应用人员及组织机构。计算机系统包括硬件和软件两个部分，地理空间数据反映系统的地理内容，而应用人员及组织机构则决定系统的工作方式和信息表示方式。

1. 计算机硬件系统

计算机硬件系统是地理信息系统的实际物理外壳，对物流地理信息系统的规模、精度、速度、功能及使用方法都有极大的支持或制约作用。它的基本组件包括中央处理器、用于保存数据的存储设备、用来输入与输出及显示的外围设备等。这些硬件组件协同工作，向计算机系统提供必要的信息，使其完成各种任务。

2. 计算机软件系统

计算机软件系统是指地理信息系统运行所必需的各种程序。地理信息系统的软件系统分为计算机系统软件、地理信息系统核心软件和地理信息系统应用软件三部分。

（1）计算机系统软件。在地理信息系统中，计算机系统软件主要包括操作系统、数据库管理系统软件（DBMS）以及编译解释程序等。

（2）地理信息系统核心软件。一般应包括 4 个基本模块：数据输入子系统、数据存储与检索子系统、数据处理和分析子系统与数据输出子系统。

（3）地理信息系统应用软件。地理信息系统应用软件是指地理信息系统的开发人员或用户根据某个专题或模型编制的用以完成特定任务的程序，它与地理信息系统的核心软件紧密相连，是核心软件的扩充和延伸。

3. 应用人员和物流组织机构

人是地理信息系统的重要构成因素。仅有系统软件、硬件和空间数据并不能构成完整的地理信息系统，还需要有人来进行系统的组织、管理、维护、更新以及应用程序的开发。专业人员特别是复合型人才（既懂业务又熟悉地理信息系统）是地理信息系统成功应用的关键，而强有力的组织是系统运行的保障。所以，对于地理信息系统，无论是需求分析、总体设计，还是专业功能的开发和应用，都离不开专业人员的参与。

（三）GIS 在物流中的应用

GIS 应用于物流分析，主要是指利用 GIS 强大的地理数据功能来完善物流分析技术，目前已经开发出利用 GIS 为物流提供专门分析的工具软件。GIS 的应用如图 7－7 所示。完整的 GIS 物流分析软件集合了车辆路线模型、网络物流模型、分配集合模型和设施定位模型等。

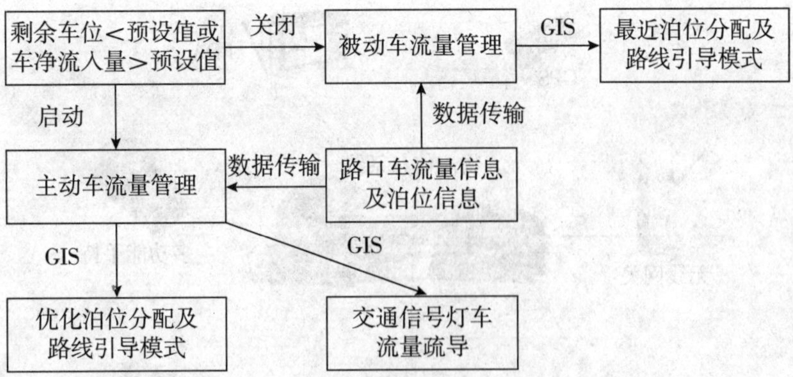

图 7－7　GIS 的应用

1. 车辆路线模型

用于解决一个起始点、多个终点的货物运输中如何降低物流作业费用、保证服务质量的问题，包括决定使用多少辆车、每辆车的路线等。

2. 网络物流模型

用于解决寻求最有效的分配货物路径问题，也就是物流网点布局问题。如将货物从 N 个仓库运往 M 个商店，每个商店都有固定的需求量，因此需要确定由哪个仓库提货送给哪个商店，所消耗的代价最小、效率最高。

3. 分配集合模型

可以根据各要素的相似点把同一层次上的所有或部分要素分为几个组，用以解决服务范围和销售市场范围等问题。如某一公司要设立 x 个分销点，要求这些分销点要覆盖某一地区，而且要使每个分销点的客户数目大致相等，即可采用分配集合模型。

4. 设施定位模型

用于确定一个或多个设施的位置。在物流系统中，仓库和运输线共同组成了物流网络，仓库处于网络的节点上，节点决定着线路，根据供求的实际需要并结合经济效益等原则，运用此模型能很容易地解决在既定区域内设立多少个仓库、每个仓库的位置、每个仓库的规模以及仓库之间的物流关系等问题。

第三节　物流信息系统

一、物流信息系统的概念

物流信息系统（Logistics Information System，LIS）是指由人员、设备和程序组成的，为物流管理者执行计划、实施、控制等提供信息的交互系统，它与物流作业系统一样都是物流系统的子系统。物流信息系统如图 7－8 所示。

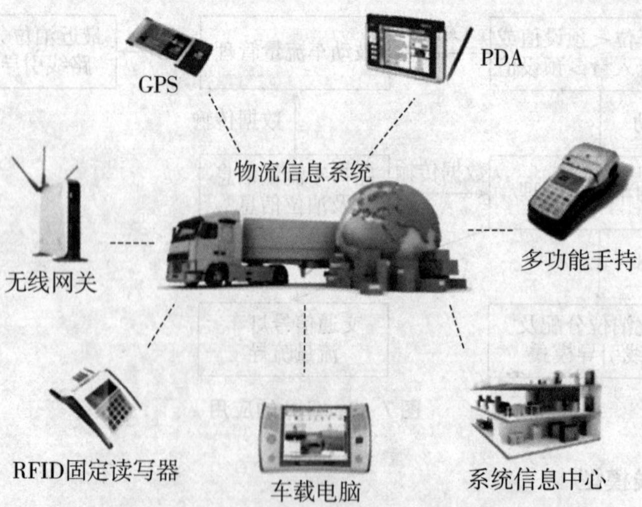

图 7－8　物流信息系统

物流信息系统是建立在物流信息的基础上的，只有具备了大量的物流信息，系统才能发挥作用。在物流管理中，人们要寻找最经济、最有效的方法来缩短生产和消费之间的时间距离和空间距离，就必须传递和处理各种与物流相关的情报，这种情报就是物流信息。它与物流过程中的订货、收货、库存管理、发货、配送及回收等职能有机地联系在一起，使整个物流活动顺利进行。

二、物流管理信息系统的基本功能

（一）数据的收集与录入

收集数据是数据处理的第一步，它的正确与否直接影响数据处理，决定着数据处理结果的质量，是做好后期一切工作的基础和依据。

物流管理信息系统首先要通过条码技术、RFID 技术、EDI 技术以及数据库技术采集与物流系统内外有关的数据，集中整理后转化为物流信息系统所能接收的形式，再录入系统中去。

（二）物流信息的存储

物流数据进入系统之后，在处理之前，必须将其在系统中存储下来。在系统中数据经加工处理，成为支持物流系统运行的物流信息，这些信息需暂时存储或永久保存，以供使用。物流信息系统的存储功能就是保证已得到的信息能够不丢失、不走样、不外泄，并整理得当，以便随时可以供系统使用。

物流信息系统的不同层次对信息存储的要求是不同的。作业层需要存储的信息通常格式比较简单，存储时间较短，但是数量很大。控制层与管理层的信息格式比较复杂，存储要求比较灵活，存储的时间也较长。

（三）物流信息的传播

在物流系统中，物流数据和信息必须及时、准确传输到各个职能环节，才能发挥其功效，这就需要物流信息系统具有克服空间障碍的功能。

物流信息系统必须要充分考虑所要传递信息的种类、数量、频率、可靠性要求等因素。现代化的信息传输以计算机为中心，通过通信线路与近程或远程终端相连，形成联机系统，或者通过通信线路将中型、小型、微型计算机联网，形成封闭式系统。衡量数据传输的指标是传输速度和误码率。

（四）物流信息的处理

物流信息系统的最基本目标，就是将输入数据加工处理成物流信息。物流信息的处理工作，是对收集到的数据、信息进行筛选、分类、加工及分析存储等活动。信息处理的手段既可以是简单的查询、统计，也可以通过数据挖掘。信息处理的能力对于决策支持的强弱程度是衡量物流信息系统优劣的一项重要指标。

（五）物流信息的输出

物流信息的发布与输出是物流信息系统的一项基本功能，通过输出信息，用户可以及时了解物流系统的运行状况。

当前物流信息系统正在向数据采集的在线化、数据存储的大型化、信息传输的网络化、信息处理的智能化以及信息输出的多媒体化方向发展。信息输出必须采用便于人或计算机理解的形式，在输出形式上力求简明易懂、直观醒目。这是评价物流信息系统的主要标准之一。

三、典型的物流信息系统

（一）电子订货系统

1. 电子订货系统的含义

EOS（Electronic Ordering System）即电子订货系统，是指不同组织间利用通信和终端设备以在线连接方式进行订货作业与订货信息交换的体系。

EOS 将批发、零售商场所发生的订货数据输入计算机，即可通过计算机通信网络连接的方式将资料传送至总公司、批发商、商品供货商或制造商处。EOS 涵盖订货、生产、物流、结算等整个商流的全过程，如图 7－9 所示。

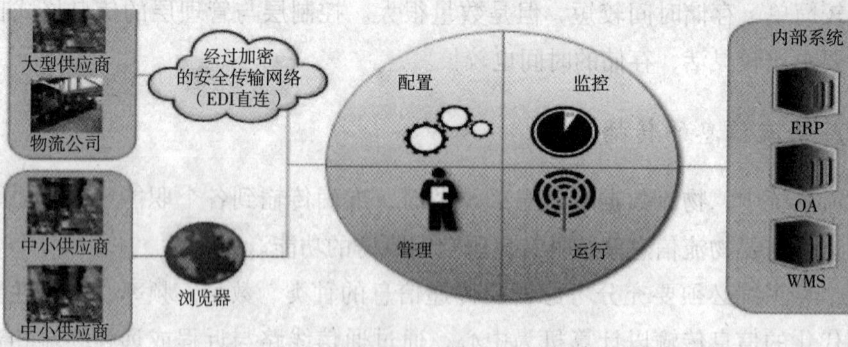

图 7－9　电子订货系统的应用

2. EOS 在物流中的作用

EOS 在物流中的作用可以概括为以下几点。

（1）对于传统的订货方式，如上门订货、邮寄订货、电话和传真订货等，EOS 可以缩短从接单到发出商品这一阶段的时间，缩短订货商品的交货期，减少商品订单的出错率，节省人工成本和时间成本。

（2）有利于减少企业的库存水平，提高企业的库存管理效率，也能防止商品尤其是畅销商品缺货现象的发生。

（3）对于生产厂家和批发商来说，通过分析零售商的商品订货信息，能准确判断畅销商品和滞销商品，有利于企业调整商品生产和销售计划。

（4）有利于提高企业物流信息系统的效率，使各个业务信息子系统之间的数据交换更加便利和迅速，丰富企业的经营信息。

（二）销售时点信息系统

1. 销售时点信息系统的含义

销售时点信息（Point of Sale）系统也称 POS 系统，是销售商品时用自动读取设备（如收银机）直接读取商品销售信息（如商品名、单价、销售数量、销售时间、销售店铺、购买顾客等），并通过通信网络和计算机系统传达至有关部门进行分析加工以提高经营效率的系统，如图 7－10 所示。POS 系统最早应用于零售业，以后逐渐扩展至其他行业，如金融、旅馆等服务行业。POS 系统的利用范围也从行业内部扩展至整个供应链。

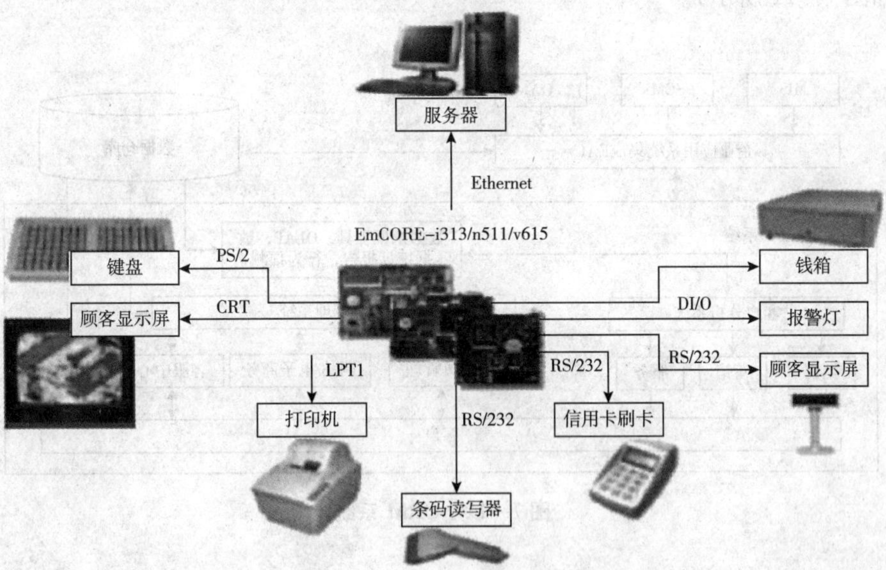

图 7－10　POS 系统

2. POS 系统的工作流程

（1）读取信息。在顾客进行商品结账时，收银员使用扫描仪读取商品条码上的信息，通过店内计算机确认商品的单价，计算顾客购买的总金额，同时返回给收银机，打印出顾客的购买清单和付款金额。

（2）数据传输。各个店铺的销售时点信息将及时传送给总部及物流中心。

（3）数据分析。在总部，物流中心和店铺利用销售时点信息来进行库存调整、配送管理、商品订货等，对销售时点信息进行加工分析来掌握消费者的购买动向，找出畅销商品和滞销商品。

（4）上游企业的分析决策。在零售商与供应链的上游企业结成合作伙伴关系的情况下，零售商将销售时点信息传递给上游企业，这样上游企业可以利用销售现场最及时准确的销售信息制订经营计划。

（三）客户关系管理系统

1. 客户关系管理系统的含义

客户关系管理（Customer Relationship Management，CRM）是指选择管理有价值客户及其关系的一种商业策略。CRM 要求以客户为中心的商业哲学和企业文化来支持有效的市场营销、销售与服务流程，CRM 能为企业实现有效的客户关系管理。CRM 是辨识、获取、保持和增加“可获利客户”的理论、实践和技术手段的总称，它既是一种国际领先的、以“客户价值”为中心的企业管理理论、商业策略和企业运作实践，也是一种以信息技术为手段，能有效提高企业收益、客户满意度和雇员生产力的管理软件（如图 7－11 所示）。

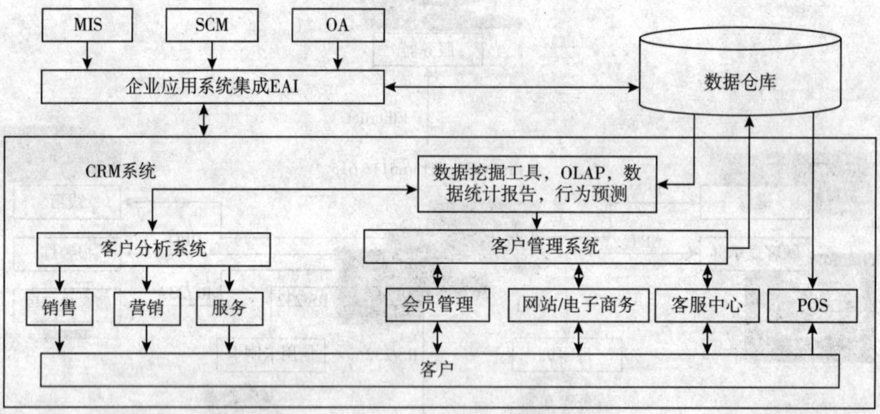

图 7－11 CRM 系统

2. CRM 的组成和功能特点

（1）市场营销管理模块。市场营销管理模块可请市场营销专家全面分析客户和市场信息，策划市场营销活动和行动步骤，更加有效地拓展市场。

（2）销售管理模块。销售管理模块承担管理商业机会、用户信息及销售渠道等方面的任务，支持多种销售方式，确保销售队伍把握最新的销售信息。

（3）服务管理模块。服务管理模块可以使客户服务代表有效地提高服务质量、增强服务能力，从而更好地捕捉和跟踪服务中出现的问题，迅速准确地根据客户需求分解调研各个步骤，延长客户的生命周期。服务专家通过分解客户服务的需求，并向客户建议其他的产品和服务，增进和完善每个专门的客户解决方案。

（4）现场服务管理模块。现场服务管理模块提供了一个移动的销售和服务解决方案，允许企业有效地管理其领域内各个方面，现场服务组织依赖系统来管理可预防维护计划、中断/安排服务事件，确保提供客户问题第一次在线访问时就能得到解决所需的工具、零件、技能相关的信息等。

（5）呼叫中心模块。呼叫中心模块作为 CRM 的重要应用系统模块之一，它将销售与服务合成一个单独的应用模块，使一般的业务代表能够向客户提供实时的销售和服务支持。业务代表除了能处理账户、产品、历史订单、当前机会、服务记录、服务级别许可之外，还能够动态推荐产品和服务，也可以遵循自动化的工作流程解决服务咨询问题，进而向客户提供其他产品和服务。

3. CRM 在物流管理中的作用

（1）可以充分利用客户资源。客户关系管理能将企业客户的所有信息、企业销售、人员状况等统一纳入管理，并及时整理，准确地获得客户信息，可以为企业各级管理人员和业务人员提供分析和工作支持，实现横纵向之间的客户信息沟通。

（2）有利于市场细分和客户定位，提高差异化服务能力。实施客户关系管理系统有助于企业分析客户详细的交易数据，从而区分企业的赢利客户、成长性客户、低利润客户，进而制定出相应的服务策略。

（3）有利于提高客户满意度，培养客户忠诚度。物流行业是典型的客户关系维护型行业，企业运营主要依靠老客户。客户关系管理系统为企业提供多种与客户沟通的渠道，通过沟通，及时了解客户的个性化需求，并对客户的要求做出快速正确反应，从而提高客户满意度，培养客户忠诚度。

本章小结

信息化是现代物流的灵魂，是物流现代化的重要标志。随着信息技术的迅猛发展，其在物流领域的应用也越来越广泛。物流信息技术是在计算机和网络的应用实践中产生和发展起来的，使企业拓展了物流服务范围，提高了物流运作效率和对市场的反应速度，从而能更好地满足客户的各种服务要求，为物流企业打造核心竞争力奠定了良好的基础。

本章阐述了数据与信息、物流信息、物流信息技术、物流信息系统的概念，重点介绍了物流信息技术在物流中的应用，最后介绍了几种典型的物流信息系统。

案例分析

湖南白沙物流的信息管理系统

以管理信息化促进管理现代化、科学化，构建一个纵向贯穿企业管理层次、横向连接全面业务流程的现代烟草物流管理信息系统，使湖南白沙物流有限公司（以下简称白沙物流）在物流信息化建设方面走在了行业前列。

自2006年起，白沙物流全面实施信息化管理战略，围绕服务、成本、效率、安全这四个重点，构建以现代烟草物流管理信息平台为核心的管理体系，包括服务考评、成本管理、绩效考核、生产管理、安全管理、需求牵引、线路优化七大子系统。并通过系统应用，对整个经营活动，包括作业层、管理层和决策层进行现代化的管理和监控。

信息系统通过控制物流运行中的各个环节来达到控制总成本的目的。白沙物流在原有配送系统的基础上，以满足自身需求为目的，通过自主创新，研发出集线路优化、GPS/GIS导航监控和配送业务分析于一体的需求牵引系统。该系统基于线路优化技术，根据当日订单需求量，按照配送区域内的客户、订单结构及货物量，以配送线路最优、装载率最高、费用最省为原则，确定每日送货线路，安排配送车辆、配送人员，合理分配卷烟销售淡季和旺季的出车量。通过在淡旺季对送货车辆进行调配，每年可减少送货成本近100万元。

白沙物流的信息化建设经验告诉我们：信息化建设不是上一套信息系统、购置几台服务器、搭建一个网络就可以完成的，它是一个稳步推进、逐步完善的过程；信息化管理不是简单的文件电子化、单纯把手工记录变成电脑记录，而是一种管理方式的变革。

教学资源包

在线答题

课后练习

一、判断题

1. 无线射频识别技术具有全自动快速识别、安全性高等特点。（　）

2. 计算机管理方法是物流信息管理的最高阶段。(　)

3. 物流信息是指物流活动中各个环节生成的信息，是固定不变的。(　)

二、选择题

1. 物流信息系统是建立在（　）的基础上，在物流管理过程中发挥重大的作用。

A. 运输　　B. 仓储　　C. 配送　　D. 物流信息

2. 完整的（　）系统可用于车辆路线模型、最短路径模型、网络物流模型、分配集合模型等。

A. RFID　　B. GIS　　C. GPS　　D. EDI

3. EOS 即（　）系统。

A. 客户关系管理　　B. 运输管理　　C. 仓储管理　　D. 电子订货

4. 条码可分为（　）。

A. 一维条码　　B. 二维条码　　C. 商品条码　　D. 物流条码

5. RFID 系统由（　）组成。

A. 标签　　B. 无线局域网　　C. 阅读器　　D. 天线

6. 典型的物流信息系统有（　）。

A. GPS　　B. EOS　　C. POS　　D. CRM

7. 物流信息种类繁多，按信息功能不同可分为（　）。

A. 计划信息　　B. 控制及作业信息

C. 统计信息　　D. 支持信息

三、思考题

1. 物流信息的功能是什么？

2. 物流信息管理的常见方法有哪些？

3. 什么是条码？条码有哪几类？

4. RFID、EDI、GPS、GIS 在物流中的应用主要有哪些方面？

5. 什么是物流信息系统？

6. 典型的物流信息系统有哪些？

四、实践项目

1. 训练目的

熟悉并掌握现代物流信息技术、物流信息系统在企业中的应用。

2. 训练内容及活动安排

将全班学生分成小组，3～5 人一组，按小组完成实践任务并评价成绩。

(1) 参观调研一个企业的物流作业，分析其使用的物流信息技术。

(2) 参观调研一个企业的物流作业，分析其使用的物流信息系统。

3. 交流讨论

每个小组完成一份调研报告，分组讨论以下问题，并制作 PPT 课件进行交流。

（1）通过实地考察、收集资料，分析你所参观调研企业所采用的物流信息技术和信息系统有哪些。

（2）这些物流信息技术、物流信息系统在企业中是如何使用的？

（3）这些物流信息技术、物流信息系统对企业的经营管理有哪些作用？

（4）该企业的物流信息技术、物流信息系统是否合理，有哪些需要改进的地方？

第八章　物流成本管理

本章导读

在企业体系中有如下利润之说：第一利润来源为销售部门增加的营业额，第二利润来源为生产部门降低的制造成本，物流则被誉为第三利润来源。一般来说，若以降低成本的效果来看，“物流成本之降低”远优于前两者之利润提升的效果。

中国银行国际金融研究所研究员高玉伟表示，当前，我国现代物流体系正在形成，物流成本在国内生产总值（GDP）中的比重从2000年的20%以上降至15%以下，在降低物流成本方面取得了显著进步。但是，这一比重仍明显高于美国、日本8%左右的水平，也高于印度、巴西12%左右的水平。物流成本之所以居高不下，主因在于流通环节较多，层层加价严重，乱收费、高收费、乱设卡现象依然存在。进一步降低物流成本，关键在于抓好政策落地，推动形成统一的物流市场，提高物流效率。

教学目标

通过本章的学习，能够让学生掌握物流成本的概念和特点；掌握物流成本的核算方法；能运用物流作业成本法的基本理论，分析和解决实际问题；掌握物流中运输、仓储、包装等主要功能的成本控制方法，以及供应、生产、销售、物流的成本控制途径。

学习任务

1. 理解物流成本的概念和特点。
2. 了解物流成本管理的作用和意义。
3. 了解物流成本核算分类，理解核算的步骤。
4. 掌握作业成本法的核算过程。
5. 了解物流成本控制的内容。

6. 掌握以功能为对象的成本控制方法。
7. 理解以成本活动范围为对象的成本控制方法。

知识导图

- 第八章 物流成本管理
  - 第一节 物流成本概述
    - 一、物流成本的概念与特点
    - 二、物流成本的构成与分类
    - 三、物流成本管理的内容与意义
  - 第二节 物流成本核算
    - 一、企业物流成本核算的作用
    - 二、企业物流成本的核算方法
    - 三、企业物流成本的核算步骤
  - 第三节 作业成本法
    - 一、作业成本法的基本思路
    - 二、物流作业成本核算分析
    - 三、作业成本法示例
  - 第四节 物流成本控制
    - 一、物流成本控制概述
    - 二、以物流功能为对象的物流成本控制
    - 三、以物流成本活动范围为对象的物流成本控制

导入案例

在竞争激烈的饮料市场中，可口可乐勇立潮头，靠的已不只是口味和神秘的配方，成功的物流成本控制也是其长期把控饮料市场隐秘而重要的一记重拳。

每瓶可乐的成本构成主要有三部分：生产成本、销售广告成本和物流成本。物流运输成本作为第三大成本存在，依然不容忽视。根据可口可乐原高层员工估算，物流成本能占到一瓶可乐成本的20% ~30%，如果按此推算，目前每瓶2.25升可乐利润在几毛钱，而销售价格接近6元，粗算物流成本超过1元，成本之高，相当惊人。

以嘉里集团山东可口可乐灌装厂为例，在推行物流成本管理措施之前，仓储部管仓库，运输部管车辆运输，采购部只管原材料物料采购，生产部只管生产计划，几大部门都是相互独立的，而且各自部门经理都是平级，没有一个在中间进行协调，包括销售部和市场部都是各做各的。彼此的交流沟通不足、内部信息流不通畅的弊病不断暴露。饮料行业的淡、旺季差异明显，夏季销量非常大，冬季的销量就非常小，在这种情况下，往往导致在需求旺季供不应求，损失订单。

2000年，嘉里集团开始建设物流系统，在原有的基础上，增加了存货管理（后扩展为仓储管理），此外还加入了运输和配送系统。通过整个物流信息系统的建立，嘉里集团下属可口可乐灌装厂存货规模明显减少；存货覆盖天数、存货周转率大幅度提高；营运周期大幅度缩短；市场上的平均货龄大大下降；运输过程中，车辆的空载率也大幅度下降。可口可乐公司实施物流成本管理后，不仅降低了成本，还大大提高了市场

反应能力，巩固了其在饮料市场的领头地位。

（资料来源：搜狐科技）

第一节　物流成本概述

一、物流成本的概念与特点

（一）物流成本的概念

物流成本的概念有狭义与广义之分。

1. 狭义的物流成本

狭义的物流成本指在物流过程中，企业为了提供有关的物流服务，要占用和耗费一定的活劳动和物化劳动中必要劳动价值的货币表现，是物流服务价值的重要组成部分。

本书主要对狭义的物流成本展开论述，从人们进行成本管理和控制的不同角度，把物流成本分成社会物流成本、货主企业（包括制造企业和商品流通企业）物流成本以及物流企业物流成本三个方面。

（1）社会物流成本。根据《中华人民共和国国家标准　社会物流统计指标体系》（GB/T 24361—2009），我国社会物流成本是指我国全部常驻单位因社会物流经济活动而发生的总费用。

人们往往用物流成本占国民生产总值的比重来衡量一个国家物流管理水平的高低，这种物流成本就是指社会物流成本。国家和地方政府可以通过制定物流相关政策、进行区域物流规划、建设物流园区等措施来推动物流及相关产业的发展，从而降低宏观物流成本。

（2）货主企业物流成本。包括生产企业物流成本和商品流通企业物流成本，本书主要指生产企业物流成本。

（3）物流企业物流成本。物流企业在物流过程中发生的各项费用，都可以作为其物流成本。

2. 广义的物流成本

广义的物流成本包括狭义的物流成本和客户服务成本。物流活动是企业追求客户满意度、提高客户服务水平的关键因素和重要保障。客户服务是连接和统一所有物流管理活动的重要方面。

（二）物流成本的特点

物流成本与其他成本相比，有许多不同之处，其具体特征表现在以下几个方面。

1. 物流成本的隐含性

物流成本的隐含性又称为物流成本的冰山理论。该理论是由日本早稻田大学的西泽修教授提出的。他指出，传统会计所计算的外付运费和外付储存费，不过是冰山一角。而在企业内部占较大比例的物流成本则混入其他费用中，如不把这些费用核算清楚，则很难看出物流费用的全貌。反过来，一旦物流能够发挥的巨大作用被企业开发出来，它将给企业带来丰厚利润。

2. 物流成本效益背反现象

物流成本具有效益背反的特征。所谓效益背反，是指物流的若干功能要素之间存在效益的矛盾，即某一功能要素的优化和利益发生的同时，必然会存在另一个或几个功能要素的利益损失。

3. 物流成本削减的乘数效应

物流成本削减的乘数效应是指物流成本下降后会引起销售额成倍增长。假定销售额为100亿元，物流成本为10亿元，物流成本占销售额的10%。如物流成本下降1亿元，销售额将增加10亿元，物流成本的下降会产生极大的效益。这个理论类似于物理中的杠杆原理，通过一定的支点，物流成本的下降可以使销售额获得成倍增长（物流成本削减的乘数效应如图8－1所示）。

图8－1　物流成本削减的乘数效应

二、物流成本的构成与分类

（一）社会物流成本的构成与分类

1. 运输费用

运输费用是指社会物流经济活动中，国民经济各部门由于物品运输而支付的全部费用，包括：支付给物品承运方的运费；支付给装卸搬运保管代理等辅助服务提供方的费用；支付给运输管理与投资部门的、由货主方承担的各种交通建设基金、过路费、过桥费、过闸费等运输附加费用。其计算公式为：

运输费用＝运费＋装卸搬运等辅助费用＋运输附加费用

2. 保管费用

保管费用是指在社会物流经济活动中，物品从最初的资源供应地（生产环节、海关）向最终消费地流动过程中所发生的除运输费用和管理费用之外的全部费用，包括：物流过程中因流动资金的占用而须承担的利息费用；仓储保管方面的费用；流通中配送、加工、包装、信息及相关服务方面的费用；物流过程中发生的保险费用和物品损耗费用等。其计算公式为：

保管费用 = 利息费用 + 仓储费用 + 保险费用 + 货物损耗费用 + 信息及相关服务费用 + 配送费用 + 流通加工费用 + 包装费用 + 其他保管费用

3. 管理费用

管理费用是指在社会物流经济活动中，物品供需双方的管理部门，因组织和管理各项物流活动所发生的费用，主要包括管理人员报酬和福利、办公费用、教育培训、劳动保险、车船使用等各种属于管理费用科目的费用。其计算公式为：

管理费用 = 社会物流总额 × 社会物流平均管理费用率

社会物流平均管理费用率是指在报告期内，各物品最初供给部门完成全部物品从供给地流向最终需求地的社会物流活动时，管理费用额占各部门物流总额比例的综合平均数。

（二）企业物流成本的构成与分类

1. 企业物流成本的构成

企业物流成本，主要指货主企业的物流成本，包括生产企业和流通企业。货主企业物流成本包括自营物流成本和外付物流成本（称为委托物流成本，就是第三方物流企业的营业收入）。不同企业物流成本的构成和管理方式是大致相同的。物流企业为客户提供专业物流服务，其全部运营成本都可称为物流成本。物流成本全貌如图 8－2 所示。

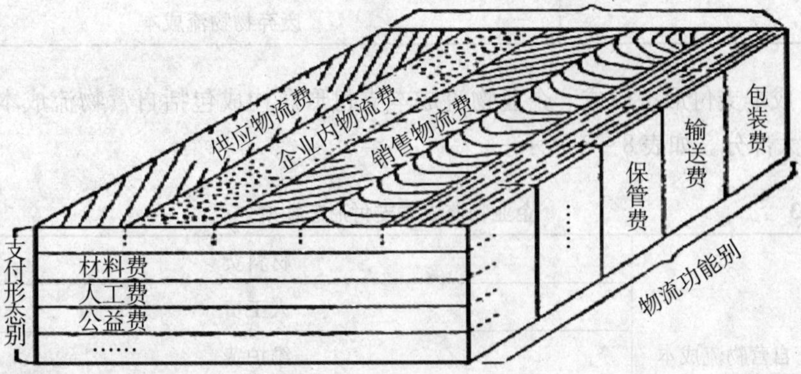

图 8－2　物流成本全貌

根据《中华人民共和国国家标准　企业物流成本构成与计算》（GB/T 20523—2006），企业物流成本构成包括企业物流成本项目构成、企业物流成本范围构成、企业物流成本支付形态构成三种类型。企业类型不同，其物流成本构成内容会有所不同。但从物流功能角度来谈物流成本的基本构成，不同类型的企业基本是趋同的。

（1）成本项目构成。企业物流成本项目构成包括企业物流功能成本和存货相关成本两大类。如表 8－1 所示。

表 8－1　企业物流成本项目构成

<table>
<tr><td rowspan="7">企业物流功能成本</td><td rowspan="5">物流运作成本</td><td>运输成本</td></tr>
<tr><td>仓储成本</td></tr>
<tr><td>包装成本</td></tr>
<tr><td>装卸搬运成本</td></tr>
<tr><td>流通加工成本</td></tr>
<tr><td colspan="1"></td><td>物流信息成本</td></tr>
<tr><td></td><td>物流管理成本</td></tr>
<tr><td rowspan="3">存货相关成本</td><td colspan="2">资金占用成本</td></tr>
<tr><td colspan="2">物品损耗成本</td></tr>
<tr><td colspan="2">保险和税收成本</td></tr>
</table>

（2）成本范围构成。企业物流成本范围构成包括供应物流成本、企业内物流成本、销售物流成本、回收物流成本和废弃物物流成本。如表 8－2 所示。

表 8－2　企业物流成本范围构成

<table>
<tr><td rowspan="5">企业物流成本范围构成</td><td>供应物流成本</td></tr>
<tr><td>企业内物流成本</td></tr>
<tr><td>销售物流成本</td></tr>
<tr><td>回收物流成本</td></tr>
<tr><td>废弃物物流成本</td></tr>
</table>

（3）成本支付形态构成。企业物流成本支付形态构成包括自营物流成本和委托物流成本两大部分。如表 8－3 所示。

表 8－3　企业物流成本支付形态构成

<table>
<tr><td rowspan="6">企业物流成本支付形态</td><td rowspan="5">自营物流成本</td><td>材料费</td></tr>
<tr><td>人工费</td></tr>
<tr><td>维护费</td></tr>
<tr><td>一般经营</td></tr>
<tr><td>特别经营</td></tr>
<tr><td colspan="2">委托物流成本</td></tr>
</table>

2. 企业物流成本的分类

企业在物流成本管理时，通常只考虑狭义的物流成本，而对客户服务成本关注甚少。因此，目前企业物流成本的分类主要针对狭义物流成本。

由于企业物流成本的特性，对于企业物流成本构成的认识和分析都缺乏一定的标准，而且并不全面，不同的管理者常常根据不同的需要分析企业物流成本的构成，从而形成不同的分类。

（1）按经济内容分为：固定资产折旧及大修费、材料费、燃料动力费、人工费、利息支出、税金、其他支出。

（2）按经济用途分为：运输成本、仓储成本、包装成本、装卸搬运成本、流通加工成本、物流信息成本、物流管理成本、配送成本。

（3）按物流成本计入成本对象的方式不同分为：直接成本、间接成本。

（4）按照物流成本是否具有可控性分为：可控物流成本、不可控物流成本。

（5）按照物流成本与业务量的依存关系不同分为：固定成本、变动成本、混合成本。

三、物流成本管理的内容与意义

物流成本管理是指对企业生产经营过程中产生的各项物流成本进行核算、分析、决策和控制等一系列科学管理行为的总称。物流成本管理是企业成本管理的一个重要组成部分，它对于促进企业增产节支、加强经济核算、改进企业管理、提高企业整体成本管理水平具有重大意义。

第二节　物流成本核算

一、企业物流成本核算的作用

企业物流成本核算是指根据物流成本的概念，对分散于成本费用类会计科目的显性物流成本进行整理与分析，对隐性物流成本进行计算，为企业成本管理提供依据，为完善社会物流统计制度奠定基础。企业物流成本核算主要具有以下作用。

（1）为企业物流运作模式的选择提供依据。

（2）为物流企业制定物流服务价格提供依据。

（3）有助于完善宏观社会物流统计制度。

费用与成本的关系如图 8－3 所示，有助于对企业物流成本进行深入的了解。

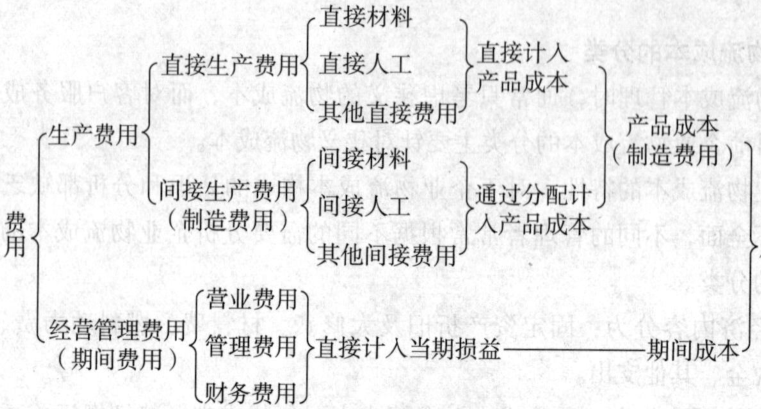

图 8-3　费用与成本的关系

二、企业物流成本的核算方法

企业物流成本的基本核算方法包括会计方式、统计方式以及会计和统计相结合的方式。

（一）会计方式的物流成本核算方法

会计方式核算企业物流成本，是指通过凭证、账户、报表对物流成本进行连续、系统、全面的记录和计算。具体包括两种形式：一是将物流成本核算与现有的会计核算体系分开，建立完全独立的物流成本核算体系，在物流成本账户和现有的会计核算体系将每项物流耗费分开。这种形式提供的物流成本信息较为全面与准确，但是财务人员的工作量较大。二是将物流成本核算与现有的会计核算体系结合，增设物流成本账户，当各项费用发生时，与物流成本相关的部分直接计入物流成本账户，而与物流成本无关的部分直接计入相关的成本费用类账户。会计期末，再将各个物流成本账户归集的物流成本余额按照一定的标准分摊到相应的成本费用类账户中，以保证成本费用类账户的完整性和真实性。这种形式带给财务人员的工作量比第一种方式要少，提供的成本信息也较为准确、全面，但是需要对现有的成本核算体系做较大的调整，因而给这种方式的实施带来了较大的难度。

（二）统计方式的物流成本核算方法

统计方式核算物流成本，是在不改变现有的会计核算体系的基础上，通过对企业现行成本核算资料的整理与分析，分离出物流成本部分，按不同的物流成本计算对象重新归类、分配和汇总，获得物流成本管理所需的成本信息。

与会计方式的物流成本核算相比较，由于统计方式的物流成本核算没有对物流耗费进行连续、全面、系统的跟踪，据此得来的信息精确程度不高；但由于它不需要对物流耗费做出连续、全面、系统的反映，所以运用起来比较简单、方便。

（三）会计方式与统计方式相结合的物流成本核算方法

会计方式与统计方式相结合核算物流成本，即物流耗费的一部分内容通过会计方式予以核算，另一部分内容通过统计方式予以核算。运用这种方法，也需要设置一些物流成本账户，但不像第一种方法那么全面、系统；而且这些物流成本账户不纳入现行成本核算的账户体系，不需要调整现有的成本核算体系。对现行成本核算体系来说，它是一种账外核算，具有辅助账户记录的性质。

三、企业物流成本的核算步骤

（一）显性物流成本核算步骤

1. 设置物流成本辅助账户

显性物流成本往往需要设置物流成本辅助账户，究竟需要设置哪些物流成本账户，应根据物流成本计算对象的选取和物流成本管理的要求确定。基本的物流成本计算对象主要包括三个维度，即以物流成本功能、物流活动发生的范围和物流成本支付形态作为成本计算对象。根据这三个维度，以物流成本作为一级账户，以物流成本功能所包括的具体成本作为二级账户，以各物流范围成本作为三级账户，以各物流支付形态成本作为四级账户，按照以上思路，设置物流成本辅助账户。例如，物流成本中自营运输成本的核算可以设置下列明细账户：

（1）“物流成本—运输成本—供应物流成本”账户；

（2）“物流成本—运输成本—企业内物流成本”账户；

（3）“物流成本—运输成本—销售物流成本”账户；

（4）“物流成本—运输成本—回收物流成本”账户；

（5）“物流成本—运输成本—废弃物物流成本”账户。

根据需要在每个第三级明细科目下可分别设置第四级明细科目：人工费用、设备相关费用、其他费用。

仓储成本、包装成本、流通加工成本等物流成本明细账户的设置可参照“物流成本—运输成本”账户的设置，不再一一列举。总之，物流成本明细账户的设置只是开辟了一条核算物流成本的通道或者说一种方法，明细账户设置本身不是目的，目的是通过这样一种方式来核算物流成本。

设置物流成本辅助账户，应注意以下几个问题。

（1）物流成本二级、三级、四级账户的设置顺序可以根据企业的实际情况来确定，一旦确定下来应保持相对稳定，以保证物流成本具有可比性。

（2）物流成本辅助账户可以按物流成本功能、物流活动发生的范围和物流成本支付形态设置，也可以按客户、营业网点、部门设置，企业可以根据实际情况来定。

（3）物流企业基本的成本核算对象是物流功能成本、物流成本支付形态，物流成本账户也按物流功能成本和物流成本支付形态设置即可。

2. 分析成本费用科目，确认物流成本的内容

应对企业会计核算的成本费用科目，包括“管理费用”“销售费用”“财务费用”“生产成本”“制造费用”“其他业务成本”“营业外支出”以及“材料采购”等科目及明细项目逐一进行分析，确认物流成本的内容。

3. 登记物流成本辅助账户

对于应计入物流成本的内容，企业可根据实际情况，选择在期中与会计核算同步登记物流成本辅助账户或在期末（月末、季末、年末）归集物流成本，从而分别反映出以物流功能、物流范围和物流成本支付形态作为归集动因的物流成本数额。

（二）隐性物流成本核算步骤

1. 统计存货账面余额

期末（月末、季末、年末）按采购在途、在库和销售在途三种形态对存货分别统计出账面余额。无论按在途或在库哪种状态统计，均以存货正在占用自有资金为统计标准。对于存货已购在途或在库但企业尚未支付货款，以及企业已收到销售货款但存货仍在库或在途的，不计入统计范围。

2. 计算机会成本

存货占用自有资金所产生的机会成本的计算公式为：

存货资金占用成本 = 存货账面余额（存货占用自有资金） × 行业基准收益率

第三节　作业成本法

一、作业成本法的基本思路

以“作业”为核心的作业成本法（ABC 成本法）是现代成本核算和管理的重大变革之一。作业成本法的基本思想最早是由美国会计学家埃里克·科勒教授在 20 世纪 40 年代提出的，20 世纪 70—80 年代，作业成本法被全面研究并应用到企业中（如图 8 –4 所示）。

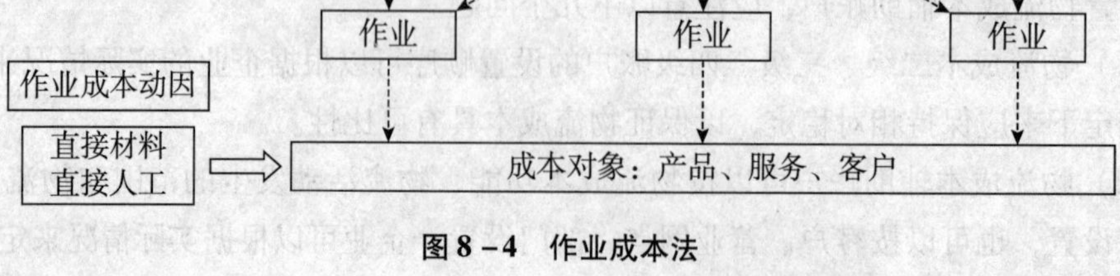

图 8 –4　作业成本法

（一）作业成本法的基本概念

1. 资源

资源是成本的源泉，是支持作业的成本和费用的来源，属于企业生产耗费的最原始范畴。企业作为一个投入产出系统，所有进入该系统的人力、物力、财力等都属于资源范畴。

企业的资源耗费包括原材料、辅助材料、燃料及动力费用，工资及福利费，折旧费，修理费，运输费等。

2. 作业

（1）作业的含义。

作业是企业为了提供一定产量的产品或劳务所消耗的人力、技术、原材料、方法和环境的集合体。通俗地说，作业就是企业为了提供一定产量的产品或劳务而消耗资源的各种活动或行为。

企业的生产经营过程是一系列资源投入和结果产出的过程，作业就是沟通企业资源和产出的桥梁，它贯穿企业生产经营的全过程。

（2）作业的种类。

①单位作业，即每生产一单位产品要发生的作业。此类作业是重复性的。每生产一单位产品就需要作业一次，而且各单位产品所消耗的资源数量基本相同，这种作业的成本一般与产品的产量成正比。例如，产品的直接人工、直接材料、机器工时等。

②批别作业，即每生产一批产品要发生的作业。此类作业的发生同产品的生产批次成正比，而与每一批产品的产量无关。如每批产品的原材料检验、订单处理、生产准备、货物发运等。

③产品别作业，也称品种别作业，它是使某种产品的每个单位都受益的作业。此类作业的成本与产品的产量和批次无关，但与产品的种类数量成正比，如产品设计、市场开发等。

④维持性作业，即为了支持和管理生产经营活动而进行的作业。它与产量、批次、品种数无关，而取决于企业规模与结构。该类作业在某种水平上有益于整个企业，并不针对任何具体产品，如工厂管理、工人培训等。

3. 作业中心和作业成本库

作业中心是成本归集和分析的基本单位，它由一项或一组性质相似、相互联系、能够实现某种特定功能的作业组成。例如，原材料采购作业中，材料采购、材料检验、材料入库、材料仓储保管等都是相互联系的，并且都可以归类于材料处理中心。

把一系列相关的作业消耗的资源费用归集到作业中心，就构成了该作业中心的作业成本库，作业成本库即作业中心的货币表现形式。

4. 成本动因

成本动因又称为成本驱动因素，是引起成本发生的重要业务活动或事件的特征。

成本动因可以是一个事件、一项活动或作业。它支配成本行为，决定成本的产生，是成本分配的标准。所以要把间接成本分配到各产品中去，就要了解成本行为，识别恰当的成本动因。根据成本动因在资源的流动中所处的位置，将其分为资源动因和作业动因两类。

（1）资源动因。作业量的多少是由资源耗用量的多少决定的，资源耗用量与作业量的这种关系称为资源动因。资源动因作为衡量资源耗用量与作业量关系的计量标准，是指资源被各种作业消耗的方式和原因，反映了消耗资源的起因和作业中资源的耗费情况，是资源耗用的成本被分配到作业的依据。资源和资源动因的关系如表 8－4 所示。

表 8－4　资源和资源动因的关系

资源	资源动因
工资	作业中所消耗人工工时的百分比或作业中耗用的小时数
租金	作业使用设施占用的面积
设备折旧费	作业消耗的机器工时
公共事业费——电费	作业消耗的千瓦时数或作业使用设施占用的面积

（2）作业动因。作业动因是作业发生的原因，即各项作业成本被分配到最终产品或劳务的方式和原因。例如，订单处理被定义为一个作业时，处理次数就可成为一个作业动因。如果某产品的订单处理次数占到所有产品总次数的 30%，则“订单处理”成本中有 30% 就应归集到该产品。作业和作业动因的对比关系如表 8－5 所示。

表 8－5　作业和作业动因的对比关系

作业	作业动因
产品质量检验	产品数量或产品批次数
人工操作	直接工时
机器运行	机器工时
调整准备	准备次数
材料整理	卸货次数
材料采购	采购次数
零部件管理	零部件种类
产品设计	产品种类
公共事业管理	公共事业的范围

5. 作业的层次和成本动因的关系

作业成本计算中的作业可以看作企业生产经营中的一种业务活动，而成本动因，则为一种驱动业务活动成本的因素。

作业成本计算中的作业在企业生产经营中可分为“单位”“批”“产品”“综合能力维持”四个层次。

资源动因连接着资源和作业，作业动因连接着作业和产品。把资源成本分配到作业用的动因是资源动因，把作业成本分配到产品用的动因是作业动因。例如，工资是企业的一项资源，把工资分配到质量检验作业的依据是质量检验部门的员工工作时间，这个工作时间就是资源动因；而把质量检验作业的全部成本按产品检验的次数分配到产品，则检验次数就是作业动因。

（二）作业成本法的基本程序

作业成本法将直接成本费用归入产品或劳务，把间接成本费用按成本动因的不同，分为数量驱动的间接成本费用和作业量驱动的间接成本费用两类。对于数量驱动的间接成本费用，按数量基础分配到产品中去；对于作业量驱动的间接成本费用，则根据“作业消耗资源、产品消耗作业”的基本思想，进行两次分配。其基本程序主要有四步。

1. 在作业分析的基础上，确认作业及主要作业，划分作业中心

作业的确认十分简单，国外成功运行的作业成本系统的作业主要有采购、客户订单处理、质量控制、生产控制、生产准备、加工制造、材料处理、维修等。由于作业成本法同样需要成本与效益的对比，所以在众多作业中确认主要作业是至关重要的，主要作业的确认主要根据企业管理对成本分析精确度的要求。

2. 以作业中心为成本库归集资源成本费用

可以通过直接分配或估计的方法将资源成本分配给作业中心的成本库。例如，可以通过查电表将机器运转所耗用的电费直接分配到机器运转作业中；搬运作业的人工成本可以参照公认的劳动时间加以分配。

在缺乏或很难获取直接分配标准的情况下，往往采用调查和询问的方式来估计作业所消耗的资源成本。

3. 将各作业成本库归集的成本分配计入最终产品或劳务上

以作业动因为基础将作业成本库的成本分配到最终产品，其中作业动因是各项作业成本被最终产品消耗的方式和原因。明确了作业动因，就可以将归集到各个作业成本库中的间接成本费用按最终产品消耗的作业动因的比例进行分配，计算出各项产品的作业成本。

4. 计算出产品或劳务的成本

作业成本法的最终目的仍然是计算出产品或劳务的成本，将分配给某产品或劳务的各作业成本所分担的间接成本和直接成本合并汇总，计算出产品或劳务的总成本，再将总成本与产品或劳务数量相比，计算出单位产品或劳务的成本。

（三）作业成本法的基本原理

作业成本法的理论基础是成本驱动因素论。这种理论提出分配间接成本费用应着眼于成本的来源，把间接成本费用的产生和分配与发生这些成本费用的原因联系起来。比如动力成本的产生可以追溯到产品耗用的机器工时，因为机器工时驱动了动力消耗，所以用机器工时去分配动力成本。

作业成本法的基本原理是根据“作业耗用资源，产品耗用作业，生产导致作业的产生，作业导致成本的发生”的基本思想，以作业为成本计算对象，依据资源动因将资源成本追踪到作业，形成作业成本；再依据作业动因将作业成本追踪到产品，最终形成产品成本。

二、物流作业成本核算分析

物流作业成本核算是以作业成本计算为指导，将物流间接成本更为准确地分配到物流作业运作过程，分配到产品、服务及顾客中的一种物流成本计算方法。它立足于成本对象与物流作业耗费的因果关系，是一种更为准确也更有发展前途的物流成本计算方法。

（一）确定物流作业的种类

（1）原材料或劳务的接收、储存、分配。如材料搬运、车辆调度等。
（2）生产物流活动。如材料准备、设备测试、产品集中储存和销售等。
（3）储运活动。如库存管理、送货车辆管理、订单处理等。
（4）产品或服务营销。如报价、定价等。
（5）企业其他物流投入活动。如企业物流管理、物流会计等。

（二）分析和确定物流资源

物流资源是物流作业得以进行的基础，是成本消耗的源泉。物流作业成本计算首先要分析各项物流活动消耗了哪些资源。物流资源主要包括材料、工资和福利费、燃料和动力费、固定资产折旧费等。

（三）分析和确定物流作业的构成

物流活动由一系列基本作业构成，它们是易于理解的操作环节。可以用业务分析法、作业流程法、价值链分析法等来确定物流作业。

常见的物流作业如下。

（1）物资采购部门：采购信息的收集、采购合同的签订、采购交易的完成。

（2）储运部门：收货、验货、存储、发货、运输。

（3）生产部门：材料准备、设备调试、包装。

（4）销售部门：报价定价、订单处理。

（5）质量控制部门：检验。

（6）企业管理部门：物流管理、物流会计。

（四）建立物流作业成本库

确认了物流作业的构成后，对其进行合并整合。将同质的物流作业合并，就可以建立物流作业成本库了。

建立物流成本库时，需要从以下几个方面进行考虑。

1. 核算目的

若为获得相对准确的物流成本信息，则应对质相似、量相关的物流作业进行高度合并；若为加强物流作业管理，则应以利于部门管理为目的，在作业质相似的前提下，将次要的物流作业合并到主要的物流作业。

2. 作业的重要性

从成本管理的角度，分析每项作业的重要性，以便评价其是否适合列为一个独立的作业中心。对于非重要的作业，可与其他作业合并为一个作业中心。

3. 作业的相关性

从成本动因的角度，分析和确认作业的相关性，以便评价各项作业的成本性质是否相同，从而考虑某些作业是否可能合并为一个作业中心。

在确认作业中心之后，应在每个作业中心设置相应的作业成本库，以便归集各作业中心的作业成本。

（五）分析和确认物流成本动因

进行物流作业成本计算时，物流成本动因的确认是最关键的步骤，也是难度最大的步骤。物流成本动因的正确确认，是物流作业成本计算正确性的有力保证（见表8－6）。

表8－6　　常见的物流成本动因

作业中心	资源动因	作业动因
物资采购部门	职工人数、业务处理时间	购货合同数量
仓储部门	存货的多少、职工人数、仓储面积	货物储存数量
生产部门	生产工时	生产准备次数
企业管理部门	职工人数、业务经营范围	管理范围的大小
会计部门	职工人数、业务处理时间	收付款次数

物流成本动因数量的确定，需要考虑以下因素。

（1）物流成本计算的精确度：物流成本计算的精确度越高，要求的物流成本动因数量就越多。

（2）物流成本计算的对象数目：物流成本计算的对象越多，要求的物流成本动因数量就越多。

（3）物流作业计算的相关性：物流作业计算的相关性越高，要求的物流成本动因数量就越少。

（4）物流作业批别的差异性：物流作业批别的差异性越大，要求的物流成本动因数量就越多。

三、作业成本法示例

ART公司生产三种电子产品，分别是产品X、产品Y、产品Z。产品X是三种产品中工艺最简单的一种，公司每年销售10000件；产品Y工艺相对复杂一些，公司每年销售20000件，在三种产品中销量最大；产品Z工艺最复杂，公司每年销售4000件。公司设有一个生产车间，主要工序包括零部件排序准备、自动插件、手工插件、压焊、技术冲洗及烘干、质量检测和包装。原材料和零部件均通过外购而来。ART公司一直采用传统成本计算法计算产品成本。

（一）传统成本计算法

（1）ART公司有关的成本资料如表8－7所示。

表8－7　　ART公司有关的成本资料

	产品X	产品Y	产品Z	合计
产量（件）	10000	20000	4000	34000
直接材料（元）	500000	1800000	80000	2380000
直接人工（元）	580000	1600000	160000	2340000
制造费用（元）	—	—	—	3894000
直接人工工时（小时）	30000	80000	8000	118000

（2）在传统成本计算法中，ART公司以直接人工工时为基础分配制造费用如表8－8所示。

表8－8　　以直接人工工时为基础分配制造费用

	产品X	产品Y	产品Z	合计
年直接人工工时（小时）	30000	80000	8000	118000

续　表

	产品 X	产品 Y	产品 Z	合计
分配率（%）	3894000/118000 = 33			
制造费用（元）	990000	2640000	264000	3894000

（3）采用传统成本计算法计算的产品成本资料如表 8 – 9 所示。

表 8 – 9　　　　**产品成本资料**　　　　单位：元

	产品 X	产品 Y	产品 Z
直接材料	500000	1800000	80000
直接人工	580000	1600000	160000
制造费用	990000	2640000	264000
合计	2070000	6040000	504000
产量（件）	10000	20000	4000
单位产品成本	207	302	126

（二）公司的定价策略及产品销售方面的困境

1. 公司的定价策略

公司采用成本加成定价法作为定价策略，按照产品成本的 125% 设定目标售价，如表 8 – 10 所示。

表 8 – 10　　　　**目标售价**　　　　单位：元

	产品 X	产品 Y	产品 Z
产品成本	207.00	302.00	126.00
目标售价（产品成本 × 125%）	258.75	377.50	157.50
实际售价	258.75	328.00	250.00

2. 产品销售方面的困境

近几年，公司在产品销售方面出现了一些问题。产品 X 按照目标售价正常出售；但由于外国公司的竞争，迫使公司将产品 Y 的实际售价降低到 328 元，远远低于目标售价 377.5 元；产品 Z 的售价定为 157.5 元时，公司收到的订单数量非常多，超过其生产能力，因此公司将产品 Z 的售价提高到 250 元，即使在 250 元这一价格下，公司收到的订单依然很多，其他公司在产品 Z 的市场上无力与该公司竞争。上述情况表明，产品 X 的销售及赢利状况正常，产品 Z 是一种高赢利低产量的优势产品，而产品 Y 是公司的主要产品，年销售量最高，现在却面临困境，因此产品 Y 成为公司管理人员关注的焦点。在分析过程中，管理人员对传统成本计算法提供的成本资料的正确性产生了怀疑。他们决定使用作业成本计算法重新计算产品成本。

（三）作业成本计算法

（1）管理人员经过分析，认定了公司发生的主要作业，并将其划分为几个同质作业成本库，然后将间接成本费用归集到各作业成本库中。间接成本费用归集结果如表8－11所示。

表8－11　　间接成本费用归集结果　　单位：元

制造费用	金额
装配	1212600
材料采购	200000
物料处理	600000
起动准备	3000
质量控制	421000
产品包装	250000
工程处理	700000
管理	507400
合计	3894000

（2）管理人员认定各作业成本库的成本动因，并计算单位作业成本如表8－12、8－13所示。

表8－12　　成本动因

制造费用	成本动因	作业量			
		产品X	产品Y	产品Z	合计
装配	机器小时（小时）	10000	25000	8000	43000
材料采购	订单数量（张）	1200	4800	14000	20000
物料处理	材料移动（次数）	700	3000	6300	10000
起动准备	准备次数（次数）	1000	4000	10000	15000
质量控制	检验小时（小时）	4000	8000	8000	20000
产品包装	包装次数（次）	400	3000	6600	10000
工程处理	工程处理时间（小时）	10000	18000	12000	40000
管理	直接人工（小时）	30000	80000	8000	118000

表 8－13　　单位作业成本

制造费用	成本动因	年制造费用（元）	年作业量	单位作业成本（元）
装配	机器小时（小时）	1212600	43000	28.2
材料采购	订单数量（张）	200000	20000	10
物料处理	材料移动（次数）	600000	10000	60
起动准备	准备次数（次数）	3000	15000	0.2
质量控制	检验小时（小时）	421000	20000	21.05
产品包装	包装次数（次）	250000	10000	25
工程处理	工程处理时间（小时）	700000	40000	17.5
管理	直接人工（小时）	507400	118000	4.3

（3）将作业成本库的制造费用按单位作业成本分摊到各产品，如表 8－14 所示。

表 8－14　　制造费用分摊

	单位作业成本（元）	X 产品		Y 产品		Z 产品	
		作业量	作业成本（元）	作业量	作业成本（元）	作业量	作业成本（元）
装配	28.2	10000	282000	25000	705000	8000	225600
材料采购	10	1200	12000	4800	48000	14000	140000
物料处理	60	700	42000	3000	180000	6300	378000
起动准备	0.2	1000	200	4000	800	10000	2000
质量控制	21.05	4000	84200	8000	168400	8000	168400
产品包装	25	400	10000	3000	75000	6600	165000
工程处理	17.5	10000	175000	18000	315000	12000	210000
管理	4.3	30000	129000	80000	344000	8000	34400
合计	—	—	734400	—	1836200	—	1323400

（4）经过重新计算，产品成本资料如表 8－15 所示。

表 8－15　　产品成本资料（新）　　单位：元

	产品 X	产品 Y	产品 Z
直接材料	500000	1800000	80000
直接人工	580000	1600000	160000
装配	282000	705000	225600
材料采购	12000	48000	140000

续 表

	产品 X	产品 Y	产品 Z
物料处理	42000	180000	378000
起动准备	200	800	2000
质量控制	84200	168400	168400
产品包装	10000	75000	165000
工程处理	175000	315000	210000
管理	129000	344000	34400
合计	1814400	5236200	1563400
产量（件）	10000	20000	4000
单位产品成本	181.44	261.81	390.85

（四）问题的解决

采用作业成本计算法，获得的产品成本资料令人吃惊。产品 X 和产品 Y 在作业成本计算法下的产品成本，都远远低于传统成本计算法下的产品成本。这为公司目前在产品 Y 方面遇到的困境提供了很好的解释。如表 8－16 所示，根据作业成本法计算的产品成本，产品 Y 的目标售价应是 327.26 元，公司原定 377.5 元的目标售价显然是不合理的，现有的 328 元的实际售价与目标售价基本吻合；产品 X 的实际售价为 258.75 元，高于重新确定的目标售价 229.30 元，是一种高赢利的产品；产品 Z 在传统成本法下的产品成本显然被低估了，公司制订的目标售价过低，导致实际售价为 250 元，远低于作业成本计算法得到的产品成本 390.85 元。如果售价不能提高或成本不能降低，公司应考虑放弃生产产品 Z。

表 8－16　产品成本与目标售价、实际售价对比　　单位：元

	产品 X	产品 Y	产品 Z
产品成本（传统成本计算法）	209.00	302.00	126.00
产品成本（作业成本计算法）	181.44	261.81	390.85
目标售价（传统成本计算法下产品成本 ×125%）	258.75	377.50	157.50
目标售价（作业成本计算法下产品成本 ×125%）	226.80	327.26	488.56
实际售价	258.75	328.00	250.00

ART 公司的管理人员利用作业成本计算法取得较传统成本计算法更为准确的产品信息，对公司的定价策略进行了及时调整，并进一步利用作业成本计算法提供的相对

准确的信息，对公司的其他决策进行分析调整。

第四节　物流成本控制

一、物流成本控制概述

（一）物流成本控制的含义

“控制”一词起源于希腊语“掌能术”，意指领航者把偏离航线的船拉回到正常的航线上。这也说明所谓控制从传统意义上讲就是纠正偏差。

物流成本控制是根据预定的物流成本目标，对企业物流活动中形成的各种耗费进行约束与调节，发现并纠正偏差，不断降低物流成本。

（二）物流成本控制的原则

为了有效地进行物流成本控制，必须遵循以下原则。

1. 经济原则

这里所说的“经济”是指节约，即对人力、物力、财力的节省，是提高经济效益的核心。因此，经济原则是物流成本控制的基本原则。

2. 全面原则

在物流成本控制中实行全面原则，具体说来有以下几个方面的含义。

（1）全过程控制。物流成本控制不限于生产过程，而是从生产向前延伸到投资、设计，向后延伸到用户服务的全过程。

（2）全方位控制。物流成本控制不仅对各项费用发生的数额进行控制，而且对费用发生的时间和用途加以控制，讲究物流成本开支的经济性、合理性和合法性。

（3）全员控制。物流成本控制不仅要有专职物流成本管理机构和人员参与，而且要发挥全体员工在物流成本控制中的重要作用，使物流成本控制更加深入和有效。

3. 责、权、利相结合原则

只有切实贯彻责、权、利相结合的原则，物流成本控制才能真正发挥其效益。

4. 目标控制原则

目标控制原则是指企业管理者以既定的目标作为管理人力、物力、财力和完成各项重要经济指标的基础，即以目标物流成本为依据，对企业经济活动进行约束和指导，力求以最小的物流成本，获取最大的赢利。

5. 重点控制原则

重点控制原则是对超出常规的关键性差异进行控制。旨在保证管理人员将精力集中于偏离标准的一些重要事项上。

（三）物流成本控制的内容

按控制的时间不同可将物流成本控制划分为物流成本事前控制、物流成本事中控制和物流成本事后控制三个环节。

1. 物流成本事前控制

物流成本事前控制是指在物流活动发生前或物流作业进行前，对影响物流成本的经济活动进行事前规划、审核，确定目标物流成本。它是物流成本的前馈控制。

2. 物流成本事中控制

物流成本事中控制指在物流成本形成过程中，随时对实际发生的物流成本与目标物流成本进行对比，及时发现差异并采取相应的措施予以纠正，以保证物流成本目标的实现。它是物流成本的过程控制。

3. 物流成本事后控制

物流成本事后控制是指在物流成本形成之后，对实际物流成本进行核算、分析和考核，并提出改进措施。它是物流成本的反馈控制。

二、以物流功能为对象的物流成本控制

（一）运输成本的控制

影响运输成本的因素有很多，主要包括运输时间、运输距离、运输费用、运输工具和运输环节，运输成本的控制也应从以下几个方面入手。

1. 加快推进综合交通运输服务体系建设

（1）充分发挥各种运输方式的比较优势，宜水则水、宜陆则陆、宜空则空。各种运输方式均有自身的优点与不足，应根据货物的特性和客户对时间的要求，选择相应的运输方式，降低运输成本。

（2）实行专业分工，构建社会化的运输体系。在社会化运输体系构建中，应大力发展多式联运。多式联运是指联运经营者为委托人运用两种或两种以上运输方式完成全程运输，以及提供相关物流辅助服务的过程。多式联运充分利用面向社会的各种运输系统，通过协议进行一票到底的运输，该方式受到了普遍欢迎。

2. 提高运输工具实载率

实载率有两个含义：一是单车实际载重与运距之乘积和标定载重与行驶里程之乘积的比率，这在安排单车、单船运输时，可作为判断装载合理与否的重要指标；二是车船的统计指标，即一定时期内车船实际完成的货物周转量（以吨计）占车船载重吨位与行驶千米之乘积的百分比。计算车船行驶的千米数，不仅包括载货行驶，也包括空驶。引入空载的意义在于：充分利用运输工具的额定能力，减少车船空驶和不满载行驶的时间，减少浪费，从而求得运输的合理化。

3. 直达与中转的合理选择

直达运输是追求运输合理化的重要形式，其对合理化的追求要点是减少中转换载，提高运输速度，省去装卸费用，降低中转货损。直达的优势，在一次运输批量和用户一次需求量达到了一整车时表现最为突出。此外，在生产资料、生活资料运输中，通过直达，建立稳定的产销关系和运输系统，也有利于提高运输的计划水平。从用户需求量来看，批量大到一定程度，直达是合理的，批量较小，可选择中转。

4. 发展先进的运输技术和运输工具

科技进步是运输合理化的重要途径。例如，专用散装车及罐车，解决了粉状物、液状物运输损耗大、安全性差等问题；滚装船解决了车载的运输问题；集装箱船比一般船能容纳更多的箱体；集装箱高速直达车船加快了运输速度等。积极开展甩挂运输，提高运输效率。全面实行甩挂运输，企业可减少50%以上的牵引车购置成本或租赁费用，车辆平均运输生产力将提高30%～50%，运输成本降低30%～40%，油耗下降20%～30%。也就是说，与传统的定挂运输相比，甩挂运输具备单位成本低、运行效率高、周转快等多种优势，经济和环境效益明显，有利于降低运输成本。

5. 通过流通加工，实现运输合理化

不少产品由于本身形态及特性问题，很难实现运输的合理化，如果进行适当加工，就能够有效解决合理运输问题。例如，一些材料通过加工成更小体积的半成品或预先包装成规定尺寸，能提高装车效率和装载量，降低运输损耗。

（二）仓储成本的控制

1. 从实际出发选择租赁或自建仓库，控制仓储成本

企业在决定采用哪一类仓库时，需考虑周转量、需求的稳定性、市场密度等因素，可采用净现值法、现值指数法等方法选择方案。

2. 控制流动资金占用成本

（1）采用现代化库存计划技术来控制合理库存量。例如，采用物料需求计划、制造资源计划以及准时制生产和供应系统等，来合理地确定原材料、产品、半成品和产成品等每个物流环节最佳的库存量，运用现代物流理念指导物流系统的运行，使存货水平最低、浪费最小、空间占用最小。

（2）选择恰当的订货方式控制库存成本。企业应根据实际需要，选择恰当的订货方式。因为订货方式的不同将直接影响企业库存成本的多少。订货方式主要有定量订货方式、定期订货方式及定期定量混合订货方式。

3. 在库存管理中采用ABC法

ABC法符合“抓住关键少数”“突出重点”的原则，是库存成本控制中一种比较经济合理的常用方法。应将品种少但占用资金多的A类货物作为重点控制对象，必须严格逐项控制；B类货物作为一般控制对象，可分不同情况采取不同的措施；对于C

类货物，则不作为控制的主要对象，一般只需要采取一些简单的控制方法即可。

（三）包装成本的控制

据统计，包装成本一般约占物流成本的10%，但有些产品（特别是生活消费品）包装成本却高达50%左右。包装成本包括材料费用、设备相关费用、人工费用和其他费用四个部分。

1. 优化包装设计，降低包装成本

根据包装要达到的既定目标（保护和营销）对包装的设计进行仔细分析与研究，杜绝过剩功能的出现，是降低包装成本的主要方法之一。

2. 提高包装机械化程度，控制包装成本

提高包装机械化程度可以提高包装作业效率，从而降低包装成本；也可以减少工作人员，从而降低劳动工资成本。

3. 组织散装运输，降低包装成本

散装运输是现代物流中备受推崇的技术，也被称为无包装运输。散装是指针对水泥、谷物等颗粒状或粉末状的产品，在不进行包装的情况下，运用专门的散装设备（车或船）来实现产品的运输。从某种角度上说，这种专用的散装设备，实际上是一种扩大了的包装。显然，从理论上讲无包装运输可使包装成本降为零，因此，散装运输应引起经营者的高度重视，并加以推广。

4. 包装物的回收和旧包装利用

产品包装回收是将使用过的产品包装和其他辅助包装材料，通过各种渠道和方式进行回收，然后由有关部门进行修复、净化、改造以供再次使用。包装物的回收使用可以相对节省包装材料，节省加工劳动，节省因包装造成的能源、电力的消耗等。

5. 实现包装规格的标准化

实现包装规格的标准化，可以保证包装质量，并使包装的外部尺寸与运输工具、装卸机械设备相配合，从而降低运输作业的成本。标准化包装还可提高堆垛效率，降低仓库的拥挤程度，节约仓储空间和仓储成本。

6. 集装化和集合包装

集装化和集合包装在现代物流系统中发挥着越来越大的作用，并日益显示出它的优越性。主要表现在可以降低物流成本，提高物流运作效率，保证产品的储运安全，促进包装标准化、规格化、系列化的实现。

三、以物流成本活动范围为对象的物流成本控制

（一）供应物流成本控制

供应阶段是物流成本发生的直接阶段，也是物流成本控制的重要环节。供应物流

成本是指经过采购活动，将企业所需原材料（生产资料）从供给者仓库运回企业仓库的物流过程中所发生的物流费用。

1. 合理选择供应商

企业要综合考虑产品质量、供货能力、价格、交货时间、信誉、供应商实力、售后服务等因素，合理选择供应商，建立相对稳定的供求关系，这样能有效地降低企业的物流成本，确保企业利益的最大化。

2. 运用现代化的采购管理方式

及时制（Just in Time，JIT）采购和供应是一种有效降低物流成本的物流管理方式。它可以减少供应库存量、降低库存成本，而库存成本是供应物流成本的一个重要组成部分。

3. 控制采购批量和再订货点

企业在采购管理中，对订货批量的控制是很重要的。企业可以通过分析相关数据，估算其主要采购物资最经济的订货批量和再订货点，从而使得订货成本与库存成本之和最小。

4. 提高运输及仓储作业的效率

企业应优化运输及仓储方案，合理选择运输工具，提高仓储、装卸搬运的机械化水平，提高作业效率，降低物流成本。此外，企业信息化水平的提高，也将有助于各项作业效率的提高、物流成本水平的降低。

5. 减少采购途中损耗

供应采购过程中往往会发生一些途中损耗，运输损耗也是企业供应物流成本的组成部分。运输中应采取严格的预防保护措施以减少损耗，避免损失、浪费，降低物流成本。

（二）生产过程的物流成本控制

生产过程的物流成本控制是与企业的生产管理方式不可分割的。在生产过程中，有效控制物流成本的方法主要包括优化工艺流程、采用看板管理等。

1. 优化生产工艺流程

生产车间和生产工艺流程的合理布局对生产物流会产生重要影响。通过合理布局，可以减少物料和半成品迂回运输，提高生产效率和生产过程中的物流运转效率，降低生产物流成本。

2. 采用看板管理，降低库存成本

看板管理是生产模式中的重要概念，看板指为了达到准时生产方式（JIT）而控制现场生产流程的工具。准时生产方式中的拉动式生产系统可以使信息的流程缩短，并配合定量、固定装货容器等方式，使生产过程中的物料流动顺畅。准时生产方式的看板旨在传达信息："何物、何时生产多少数量，以何种方式生产、搬运。"

（三）销售物流成本控制

控制销售物流成本除了需要采取降低干线运输成本、仓储成本等措施外，还需要控制配送成本。

1. 建立共同配送体系

共同配送是指多个客户联合起来共同由一个第三方物流服务公司提供配送服务。它是在配送中心的统一计划、统一调度下展开的。共同配送是由多个企业联合组织实施的配送活动。共同配送的本质是通过作业活动的规模化降低作业成本，提高物流资源的利用效率。

2. 合理规划城市内物流运输

合理规划物流路线、尽量提高配送车辆的配送效率是降低物流成本的一项重要措施。运输规划主要是对配送线路、配送人员和车辆、城市自提点进行规划，在保证顾客服务水平的前提下，尽可能降低货物在配送过程中的配送成本。

（1）城市自提点的规划。以便利店或配送网点为配送对象，既可以实现集中配货来降低配送成本，也可以给予顾客极大的自由度。当然，这种模式是以覆盖全面的配送网络为前提的。企业可以协议邀请遍布各地的连锁店、便利店、花店等门店有偿加盟配送系统的构建，通过加盟或特许经营等方式，广泛与便利店开展合作，使得自提点的网点布局数量能够形成网络优势，同时做好自提点的营销宣传工作，在承揽业务的同时，提升物流配送的品牌效益。

（2）合理规划运输线路。城市内的配送运输面对的是众多的客户，配送路线有多种选择，在配送订单量一定的前提下，保证运费最省、消耗时间最短、空载率最低是线路规划的首要内容，合理规划配送路线对节省成本的影响很大，因此必须在全面规划的基础上，制定高效率的运输路线。

（3）正确选择配送人员和车辆。合理选择配送人员和车辆，也是配送网络优化的关键内容。正确选择配送人员和车辆对于降低物流配送成本有至关重要的影响。由于配送时间是车辆高峰期，存在城市内大型车辆限行的问题，所以选择小型车辆来配送。

（4）企业采用合理配送技术。企业采用合理配送技术，减少收货时间，提高验货频率；合理利用自由经营场所的实施设备，充分利用夜间和凌晨的道路空闲时间，提高配送效率。为达到配送的及时性要求，需要充分利用现代信息技术和网络技术，提高配送的准确率。

3. 加强配送信息化平台建设

在物流配送体系中，信息平台的建设至关重要，它决定着配送信息的及时处理、及时送达，并且能够提高配送效率。

本章小结

物流成本管理是以物流成本信息的产生和利用为基础，按照降低物流成本的要求进行计划、组织、分析和控制等一系列活动的过程。我国的社会物流成本由运输成本、保管费用和管理费用三部分所构成。企业物流成本又称货主企业物流成本，其构成包括企业物流成本项目构成、企业物流成本范围构成、企业物流成本支付形态构成三种类型。

企业物流成本的核算方法包括会计方式、统计方式以及会计和统计相结合的方式。企业通常采用会计与统计相结合的方式核算物流成本。作业成本法是将间接成本更准确地分配到作业、产品、顾客、服务以及其他成本计算对象的一种成本计算方法，计算需要以下几个步骤：分析和确定资源，建立资源库；分析和确认企业物流作业，建立物流作业成本库；确定资源动因，分配资源耗费至作业成本库；确定作业动因，分配作业成本至成本计算对象。

物流成本控制有广义和狭义之分。广义的物流成本控制包括事前、事中和事后控制，狭义的物流成本控制只包括事中控制。以物流功能为对象的物流成本控制的基本内容包括运输成本的控制、仓储成本的控制、配送成本的控制、装卸搬运成本的控制、包装成本的控制、流通加工成本的控制。以物流活动发生的范围为对象的物流成本控制主要是供应物流成本、企业内物流成本、销售物流成本、回收物流成本和废弃物物流成本的控制。

案例分析

2019 年 2 月 28 日，京东集团发布 2018 年全年及第四季度财报，值得关注的是：2018 年，以开放物流业务为代表的物流及其他服务收入同比大幅增长 142%，远超预期。由此，带动了 2018 年京东集团全年净服务收入达到 459 亿元人民币，占整体净收入近 10% 的比例，收入结构更加均衡。业内人士分析指出，在通路网络与智能平台的双轮驱动下，京东物流已全面驶入开放的快车道，实现了从企业物流向物流企业的全面转型，降本增效日益显现。

京东物流 CEO 王振辉说，在“创新引领，All in（全部）开放”的发展思路下，2018 年京东物流实现从企业物流向物流企业的全面转型，推出了京东供应链、京东快递、京东快运、京东冷链、京东跨境、京东云仓六大产品体系，并将无人科技全面开放，为客户、行业和社会提供全面的智能物流解决方案。

京东在物流效率方面的优势已经开始通过开放服务为社会创造价值。从 2007 年开始自建物流到 2017 年独立经营并面向社会全面开放，京东物流不断通过业务模式创新、技术创新驱动成本降低、效率提升。京东物流设计的核心在于减少商品搬运次数，以更短、更智能化的供应链，实现与产业企业、行业内企业及整个社会的共生，其首创的仓配一体化模式，最大限度地减少了搬运，降低了运营成本，提升了交付时效。

同时，京东物流始终不遗余力地坚持技术创新，进行前瞻性布局，并将技术全面开放对外输出，带动整个物流行业的创新性、高效率发展。截至目前，京东物流“亚洲一号”已投入使用超过20座，全国规模最大的机器人仓群已投入使用，无人机在全国9省市实现常态化运营，配送机器人在全国20多个城市落地。智能物流技术输出海外，无人机实现在印度尼西亚首次飞行，联手日本乐天开展无人配送合作等。依托于在大数据和人工智能领域积累的技术优势，京东物流还创造性地提出了京东云仓、价值供应链等创新模式，借助技术手段完成商品库存的最优部署、最佳定价、最短运距、最低成本、最高效率，解决商品从品牌产品设计到最终送到消费者手中的全流程的难题。

教学资源包

在线答题

课后练习

一、判断题

1. 在国家标准《中华人民共和国国家标准　企业物流成本构成与计算》中，物流功能成本包括配送成本。(　)

2. 会计科目是开设账户的依据，账户的名称就是会计科目。(　)

3. 成本动因是为了生产产品或提供服务而发生的各类成本、费用项目。(　)

二、选择题

1. 我国的社会物流成本划分为（　）分别进行核算。

A. 运输费用、保管费用、管理费用三大部分

B. 运输费用、保管费用两大部分

C. 运输费用、保管费用、配送费用三大部分

D. 运输费用、装卸费用、配送费用三大部分

2. 在实践中，通常采用（　）核算物流成本。

A. 会计方法　　B. 统计方法　　C. 会计与统计相结合的方法

D. 独立的物流成本核算体系

3. 物流成本基本计算对象分为（　）。

A. 一维　　B. 二维　　C. 三维　　D. 四维

4. 物流作业成本法是（　）中更准确的分配方法。

A. 直接成本费用　B. 间接成本费用　C. 原材料费　　D. 燃料费

5. 作业成本法适用于（　）。

A. 间接费用在成本结构中的比重大的企业

B. 间接费用在成本结构中的比重小的企业

C. 直接费用在成本结构中的比重大的企业

D. 直接费用在成本结构中的比重小的企业

6. 库存控制管理的定量订货法中，关键的决策变量是（　）。

A. 需求速率　B. 订货提前期　C. 订货周期　D. 订货点和订货量

7. 在供应链机制下，采购不是由采购者操作，而是由供应商操作，这种采购模式称为（　）。

A. 定期订货法采购　　B. 定量订货法采购

C. MRP 采购模式　　D. VMI 采购模式

三、思考题

1. 物流成本的概念是什么，有哪些特点？

2. 作业成本法的基本程序有哪些？

3. 以物流功能为对象的成本控制方法主要包括哪几部分？

4. 控制运输与仓储成本的措施主要有哪些？

5. 销售物流成本的主要控制策略有哪些？

第九章　物流质量管理与标准化

本章导读

近年来，有关质量问题的新闻层出不穷，质量面临着越来越严峻的挑战。质量问题已经成为现代工业社会和各国经济建设中受到普遍关注的突出问题，各个国家和企业都在积极努力地寻找提高产品质量的有效途径和方法。在物流领域，质量、成本、效率同样也制约着物流业的发展。通过本章对物流质量管理的学习，我们可以学会识别物流中低效的环节和顾客不满的原因，找到提高物流企业整体效率的方法。

教学目标

对物流质量管理方法的掌握是提高物流效率、实现精益管理的关键。通过本章学习，明确质量管理的重要性并掌握物流质量管理与改进的方法，熟练使用适当的方法进行相应的质量管理和改进案例分析。

学习任务

1. 熟悉质量管理的发展历程。
2. 理解质量管理主要代表人物及其理论。
3. 了解物流质量管理的相关概念和内容。
4. 掌握物流质量管理方法。

知识导图

- 第九章 物流质量管理与标准化
  - 第一节 物流质量管理概述
    - 一、物流质量管理相关概念
    - 二、质量管理的发展历程
    - 三、质量管理的主要代表人物及理论
    - 四、物流质量管理的内容
  - 第二节 物流质量管理方法
    - 一、质量数据的采集
    - 二、物流质量管理方法
    - 三、物流中的六西格玛管理
  - 第三节 物流标准化
    - 一、标准与标准化
    - 二、物流标准
    - 三、新技术应用下的物流标准

导入案例

苏宁物流全国布局八大冷链仓生鲜最短半小时内送达

随着“智慧零售”不断深入，生鲜电商被誉为电商细分行业的最后一片“蓝海”，面对巨大的市场需求以及用户对品质生活的追求，苏宁物流将继续深化仓配一体化网络，今年还将在全国不断扩大冷链仓规模。苏宁将用生鲜业务 + 场景业态进入生鲜市场，并突出强调发展供应链 + 仓储物流。

苏宁物流冷链仓进行标准化分区模式，包含冷藏、冷冻以及常温三大温区，满足不同生鲜产品的贮藏需求。在传统冷链仓基础上，苏宁物流还会将机器人、穿戴辅助装置以及其他自动化技术应用到整个冷链仓仓储、运输、配送等环节，解决生鲜电商最头疼的“最后一公里”问题。

苏宁物流目前已在北京、上海、广州、南京、武汉、成都、沈阳、西安 8 个城市完成冷链仓布局。新开的 8 座冷链仓均采用 B2B 店配和 B2C 客户包装发货模式，超过 80% 的订单能在 24 小时内送达，苏鲜生生鲜超市周围可实现 3 千米范围内半小时完成配送，极大提高了苏宁在仓储、物流、终端消费者等方面的物流质量。（资料来源：联商网）

第一节　物流质量管理概述

一、物流质量管理相关概念

（一）质量与质量管理

1. 质量

人们越来越关注产品和服务的质量，但到底什么是质量，在日常生活中人们认为

“质量”是产品或服务的优劣，国际标准化组织（ISO）在 ISO 9001：2015 标准中，将质量定义为“实体的若干固有特性满足要求的程度”。

实体可以是具体的产品、过程、个人、资源等物质形态，也可以是活动、文化、过程等非物质形态。特性指可以区分的特征，不同的实体具有不同的固有特性，如性能、寿命、安全性、可靠性、经济性、美观等。质量要求是动态的，随着时间、技术、生活水平的变化，质量要求具有动态性、相对性和发展性的特点。

2. 质量管理

ISO 9000 质量管理体系对术语“质量管理”的定义为：在质量方面指挥和控制组织的协调活动，通常包括制定质量方针与质量目标，以及质量策划、质量控制、质量保证和质量改进。

质量管理研究的对象是质量，是一门研究质量从产生到实现全过程规律的科学。质量管理的内容包括微观和宏观两个方面。在微观层面上，质量管理主要针对企业和部门内部产品和服务的质量，介绍质量管理原理和方法在制造与物流等过程中的具体运用，质量管理体系在企业内部的构建和运作，以及产品和物流质量的产生、形成和实现的全过程等；在宏观层面上，质量管理研究政策、国民经济、居民消费偏好等外部环境对企业产品和服务质量的影响。质量管理是企业围绕使产品质量满足不断更新的质量要求而展开的质量策划、质量控制、质量保证和质量改进。

（二）物流质量管理

对于以准时、准确和快速为服务目的的物流企业，质量管理更是企业管理的重要内容之一。

1. 物流质量

物流是由运输、仓储、包装、搬运、流通加工和信息等要素构成的综合系统，贯穿于供应、生产、分配、流通和消费的全过程，为顾客提供有时间、空间效应的物流服务。物流质量反映了在物流活动过程中涉及物流的相关商品、各工艺环节、各种资源、技术、设备等满足顾客要求的能力。物流质量是一种全面的质量观，是物流商品质量、服务质量、工作质量和工程质量的总称。

物流质量主要从时间、成本和效率三方面来衡量，即衡量企业商品交付的及时性、物流成本的降低和在一定服务水平下物流系统满足客户需求的能力。

对点案例

菜鸟网络

菜鸟网络科技有限公司成立于2013年5月28日，由阿里巴巴集团、银泰集团联合复星集团、富春控股、三通一达（申通、圆通、中通、韵达）等共同组建。菜鸟是一家互联网科技公司，专注于物流网络的平台服务。通过大数据、智能技术和高效协同，菜鸟与合作伙伴一起搭建全球性物流网络，提高物流效率，加快商家库存周转，降低社会物流成本，提升消费者的物流体验。

以历年天猫“双 11”为例，菜鸟网络成立以来，智慧物流水平大大提升，虽然单日物流订单量从 1.52 亿攀升到 8.12 亿，但是配送 1 亿个包裹的时间却从 9 天下降到了 2.8 天，创造了世界物流业的奇迹。

2022 年前，阿里巴巴和菜鸟网络还将投入 1000 亿元升级全球智慧物流网络，加快实现“全国 24 小时、全球 72 小时必达”。菜鸟的愿景是极致的消费者物流体验、高效的智慧供应链服务与技术创新驱动的社会化协同平台。

2. 物流质量管理

物流质量管理（Logistics Quality Management），是以全面质量管理的思想，科学运用先进的质量管理方法、手段，以质量为中心，通过制定科学合理的基本标准，对物流活动实施的全对象、全过程、全员参与的质量控制过程。物流质量管理包括为保证和提高物流产品质量和工作质量而进行的计划、组织、实施、检查、监督、审核和控制等。物流质量管理的过程就是为客户提供时间、空间效应的服务过程，既要满足生产者的要求，保证生产者的产品运输质量；又要满足用户的要求，保证用户的需求与期望得到满足。

随着物流的规模化、国际化和精细化运营，在质量管理理论不断发展和丰富的基础上，质量管理专家和企业开始关注并尝试企业质量管理的改革，质量管理向精益物流质量管理发展。精益物流质量管理是关注流程速度与效率的方法，主要偏向于对企业流程速度的改善，它衡量的是为满足客户要求而进行操作的迅速性。因此，精益物流质量管理成为近年来质量管理的新趋势。

二、质量管理的发展历程

随着顾客对质量要求的提高、企业竞争加剧，质量管理理论得到不断的发展与完善。回顾质量管理理论发展的历程，主要分为四个阶段：传统质量管理阶段、质量检验管理阶段、统计质量管理阶段与全面质量管理阶段。

（一）传统质量管理阶段

19 世纪末以前，由于小规模和手工作坊式的生产经营占主流，产品质量的检验和管理由操作者本人凭借经验和技能来完成，因此也被称为“操作者的质量管理”。不同经营者的产品质量标准不同，在本阶段尚未形成大范围的、统一可行的质量标准。

（二）质量检验管理阶段

20 世纪初，机器工业生产取代了小规模和手工作坊式生产，批量生产环节集中在工厂的范围进行，生产规模扩大，生产人员增多，企业内部出现了专业分工，检验从生产中分离出来，计划、执行、管理等职能分开，分别由专门的部门和人员负责。

质量检验管理阶段通过严格检验来控制和保证工序间和出厂的产品质量，依赖质量检验事后把关，因此本阶段的质量管理工作重点在于如何使用各种设备、仪表、标准和方法对已经制造的产品进行检验，是一种被动的管理。

（三）统计质量管理阶段

统计学家和质量管理专家们于20 世纪20 年代开始尝试运用统计学的原理进行质量检验和质量管理。美国的休哈特创造了“控制图”并提出抽样检验方法，在质量管理中引入了数理统计。第二次世界大战后，军需品废品损失巨大，武器、药品等质量问题严重，美国军政部门用数理统计方法制定了战时质量控制方法，制定并公布了《质量管理指南》《数据分析用控制图》《生产过程中的质量管理控制图》，战时军需品质量管理效果显著。

战后统计质量管理方法得以广泛推广，成为质量管理的主要内容。统计质量管理是指利用数理统计原理在生产制造过程中进行质量控制，重视质量的预防性控制与事后检验相结合，通过统计方法的应用，提高了质量管理的效率，保证其效果。

（四）全面质量管理阶段

随着产品多样化、结构复杂化和生产技术的现代化，对质量的可靠性和安全性要求越来越高，统计方法难以保证和提高质量。对设计、准备、制造、销售和使用等全过程的质量管理成为新的管理目标。20 世纪 60 年代，美国通用电气公司提出了全面质量管理概念。此后全面质量管理的思想被世界各国广泛应用，并且结合各国的实际情况得到了发展和补充。全面质量管理是一种全过程、全员参与的管理系统，其目的是以持续降低的成本，保证和提高产品的质量，持续增加顾客满意度。

三、质量管理的主要代表人物及理论

在质量管理活动过程中，涌现出许多质量管理专家，如戴明、朱兰、石川馨、费根堡姆、克劳斯比、田口玄一等，他们的研究与理论推动了质量管理的发展，贡献了科学的质量管理方法与理念。

（一）戴明与戴明环

戴明是美国著名的质量管理专家之一，在日本指导质量管理获得巨大成功。他把休哈特博士提出的 PDCA 循环发扬光大，并总结出被称为“西方管理的转变”的“质量管理十四条建议”，全称为《领导职责的十四条管理原则》，成为日本全面质量管理、全公司质量管理的基础。PDCA 循环（戴明环）是产品质量改进的基本过程，是全面质量管理的基本工作法。PDCA 指计划（Plan）、执行（Do）、检查（Check）和处理（Act）四个工作阶段：计划制订阶段通过分析现状，明确质量问题和影响因素；计划执行阶段按照预定的计划去实际执行；执行结果检查阶段对实际执行情况进行检查；处理阶段对存在的问题进行剖析和总结。这四个阶段不断循环，是一项有效进行的工作程序。戴明环的特点是周而复始的循环，相互衔接、相互促进。四个过程不是运行一次就结束，PDCA 循环每运行一次，解决一部分问题，实现预定目标，对于没解决完的问题或出现的新问题，转入下一个新的 PDCA 循环，依此类推，反复循环。循环的过程又是阶梯式上升的过程，因为不断解决问题意味着工作水平也逐步提高。PDCA 循环如图 9－1 所示。

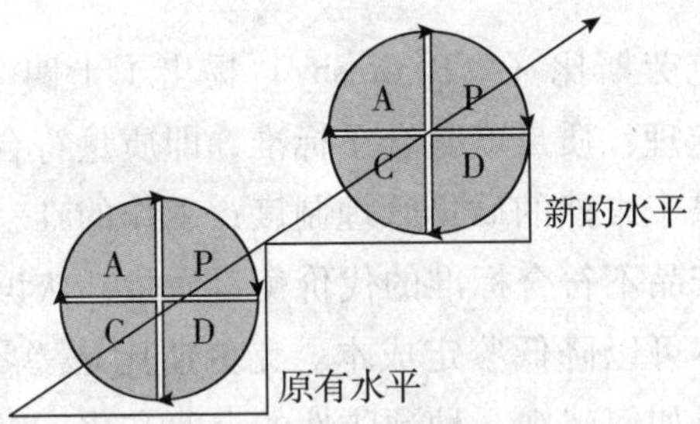

图 9－1　PDCA 循环

（二）朱兰与质量三部曲

朱兰是日本质量管理理论的另一位推动者，称质量形成过程是螺旋状的（“质量螺旋”），其特点是：质量螺旋由一系列环节组成，这些环节环环相扣、有序排列、相互依存、相互促进、不断循环、周而复始。在质量的产生、形成和实现过程中，质量螺旋每经过一次循环，产品质量水平就得到一次提升，质量螺旋不间断，不断上升，产品质量也就不断提高。此外，朱兰还将帕累托定律（“80∶20 法则”）引入质量管理领域，认为 80% 的质量缺陷是由少数的原因造成，可以通过质量管理、控制来改善。因此帕累托分析成为质量管理的一项重要工具。

1987 年朱兰提出了质量管理三部曲，即质量管理由计划、控制和改进三个过程组成，每个过程通过一套固定的执行程序来实现，三个过程相互关联。质量三部曲为企业的质量问题提供了解决方向。

（三）石川馨与质量圈

20世纪60年代初期，石川馨在日本积极推行“质量圈”，他认为质量反映顾客的满意程度，由于顾客的需求是变化的，因此质量的定义也是不断变化的，高质量就是满足顾客不断变化的期望。石川馨提出强调质量改进应该是全员参与，在公司内部由非监督人员和领导人员组成团组，自发地去研究如何改进他们工作的有效性。同时，石川馨强调有效的数据收集和演示。他发明了用于解决问题和优化质量改进的因果图（也称作鱼骨图），逐步分析影响质量的主要因素并设定改进目标，帮助企业进行质量改进。

（四）费根堡姆与全面质量管理

美国通用电气前质量总监费根堡姆是全面质量控制的创始人，他发展了“全面质量控制”的观点，主张整个组织全员都应参与到质量改进过程中，用系统或者全面的方法管理质量，对产品进行全过程的质量管理。

（五）克劳斯比与零缺陷

美国质量管理学者克劳斯比（P. B. Crosby）提出了十四个步骤的质量改进计划，并提出了四大质量管理定理：质量就是合乎标准，即质量符合要求的标准；质量来自预防而不是检验，即防患于未然的质量管理制度；工作的唯一标准就是零缺陷，强调第一次就把事做对；以产品不符合标准的代价衡量质量，认识到不合要求的质量成本是巨大的，提高预防成本可以降低鉴定成本。克劳斯比是“零缺陷”理论的创立者，其质量管理哲学的关键是如何建立一种预防性的企业文化，以达到第一次就把事情做对的目的。“零缺陷”理论强调预防系统控制和过程控制，强调第一次把事情做对。

（六）田口玄一与三次设计

田口玄一提出的质量概念不同于传统的质量概念，他以否定的方式来定义质量，认为理想质量是产品或服务达到预期目标且没有不良影响的一个参考点，因此根据服务未得到如期满足所造成的损失来定义质量，即“产品从装运之日起，直到使用寿命完结为止，给社会带来的损失的程度”。

四、物流质量管理的内容

现代物流作为现代经济的重要组成部分，正在全球范围内迅速扩展，而我国传统物流的弊端却逐步显露，并越来越成为市场经济发展的障碍。从我国物流发展的现状来看，物流规模、物流质量与经济发展水平并不是很相称，一些大型的仓储、运输企业，无法提供高质量、多元化、快速、准确的物流服务。

物流质量管理通常包括以下几个方面。

（一）物流商品质量管理

物流运输、仓储、流通加工、装卸搬运、配送等活动的对象都是具体的实物，物流管理的对象是具有一定质量的商品。商品在生产过程中生成价值和形成质量，物流的过程在于转移、保护甚至改善、增加其价值和质量，以实现对用户质量保证的承诺。因此，对于实体商品而言，质量既依赖于生产又依赖于物流。现代物流既实现了实体物流过程中商品质量的转移和保护，又提供了多样化的流通加工增值服务，提高商品质量。因此物流也是商品质量形成过程，物流质量管理包含物流商品质量管理的过程。

对点案例

顺丰优选 CEO 李东起：生鲜最大挑战是质量管控

顺丰投入巨资打造的华东仓和华南仓近日启用，顺丰优选开通的常温商品配送城市从9个扩展到37个、生鲜商品配送城市从2个扩展到11个。顺丰优选主要瞄准的是生鲜冷链领域，食品尤其生鲜是非标准产品，对品质监控和控制有严格要求，且客户感知、客户体验非常重要，一旦处理不好容易失控，可能对企业引发灾难性影响。顺丰优选涉足冷链领域必须慎重。

相对其他行业，做生鲜冷链有一定的门槛。顺丰新仓库与北京仓一样分为5个库区，包括常温区0～30℃、冷藏区0～8℃、冷藏区8～10℃、冷冻区－18℃、恒温恒湿区15～18℃，并配有－60℃冷冻柜。跨度达90℃的温控区间，可满足全品类食品的存储要求。

顺丰优选 CEO 李东起认为最大挑战是商品质量管控。食品尤其生鲜是非标准产品，它的品质的监控和控制，无论是商家还是消费者都有差异，怎样做好管控是个难题。对于生鲜，尤其是冷冻商品服务比较难，因为它有温度的要求。为什么很多人做起来非常困难，这个不是商品质量，而是服务质量，这很重要。因为这个东西过去没有大规模推给客户，客户感知、客户体验非常重要。做起来以后会看到，食品商品本身有三种特性，冷藏、冷冻和常温。未来在真正服务方面，这三种温度的商品物流的处理方法不同。

（资料来源：联商网）

（二）物流服务质量管理

属于第三产业的物流业，具有较强的服务性质，这使得物流服务质量成为物流质量管理的一项十分重要的内容。顾客是决定质量的唯一因素。物流服务质量管理是对物流所提供的运输服务、储存服务、装卸搬运服务、包装服务、流通加工服务、信息处理服务以及增值服务进行的管理。具体体现为：在这些环节中，通过质量管理确保商品质量完好与改善，保证商品的品种、数量和物流时间准确无误，维持合理的物流费用水平。物流服务与物流成本存在背反关系，物流服务质量提高会相应导致物流成本的提升。因此企业应通过物流服务质量管理在成本与服务中寻找一种平衡。

企业与顾客对物流服务质量的需求具有多样性，随着技术和社会的发展，物流服务的内容不断扩大，对冷链物流、智慧物流、柔性物流等新的物流服务也提出了新的服务质量要求。国际化物流市场的竞争，推动企业为获得顾客满意度和忠诚度不断提高物流服务质量。

对点案例

用户体验再提升，极速送货、退货京东都实现了精准上门

为了解决人们在退换货时遇到的售后难题，京东物流在全国上百个大中城市开通“京准取”服务，该服务将一天中9：00—19：00的10个小时分为5个波次，每个波次2小时，用户可以根据自身的空闲时间，精准选择让快递小哥在哪一个2小时波次内上门取件。无论是工作日还是周末，早、中、午、晚都有快递小哥上门服务。用户如选择退换货服务，在申请售后服务页面即会出现“京准取”选项，用户只需根据自己的时间选择配送员上门取件的时间段，提交确认后，配送员将会按约准时上门取件。“京准取”是京东物流推出的一项全新的时效服务产品，不仅缩短了售后取件的时间，也带给用户更为精确的时效体验。

近日，国家邮政局通报了2018年5月邮政业消费者申诉情况。在主要快递企业有效申诉率（有效申诉件数/百万件快件）这一指标中，京东物流一如既往保持领先。这一点也体现在“京准取”的服务中。在前期试运营阶段，“京准取”的有效履约率在98%以上，得到用户的广泛好评。

“京准取”服务的规划化、常态化运营，也意味着京东物流的“时效服务全家桶”再次完善。目前，京东物流已经囊括了包含211限时达、次日达、京准达、京尊达、闪电送、极速达、长约达等在内的多元化时效产品，形成了一个用户可根据需求任意选择的全场景的物流“全家桶”的服务体系。

（资料来源：京东物流网站，http：//www.jdwl.com/news/5b3dbeca2d 2efecd 1f19850a）

（三）物流工作质量管理

物流工作质量管理分为物流活动决策支持、物流调度管理控制和物流业务工作质量管理三个部分，涉及物流企业的全组织和全员，主要针对企业内部的质量控制，是

物流各环节、各岗位上具体的工作的质量。因此，要明确各岗位的具体的工作要求与工作标准，并以其为工作质量目标，分解成各个工作岗位可以具体实现的质量，对具体工作质量进行计划、控制、改善和评价。

这是对运输工作质量、仓储工作质量、包装工作质量、配送工作质量、流通加工工作质量以及信息工作质量等的管理。由于物流系统的庞杂，每一项工作都能细分为更具体的工作内容，因此工作质量管理的内容众多，是物流质量管理的主要内容及工作重点。例如配送工作质量管理包含以下内容：配送时效性、订单的准确性、配送的路径规划、商品的数量和质量管理、客户服务态度等。

（四）物流工程质量管理

物流工程质量管理是指用系统论的观点，对物流过程中影响质量的人员因素、体制因素、设备因素、工艺方法因素以及环境因素等各个因素进行计划、分析、控制、调整和优化。物流工程质量的提高，能提升物流活动中工程设施、技术装备或者系统运作的效率，从根本上提高物流整体质量。例如，采用大型集装箱联运系统后，由于成组化作业提高了装卸搬运的效率，集装箱单元保护了商品的质量，同时还规避了单件货物丢失的风险，从速度、质量和数量等方面提高了物流系统的质量。

第二节 物流质量管理方法

美国零售商杰西潘尼（J. C. Penney，JCP）是一家大型连锁零售百货，在全美范围内有近千家门店，营业项目覆盖服装、玩具、休闲用品、珠宝等多个品类。JCP 公司的配送中心能实现连续 24 小时为全国 90% 的地区提供服务，其管理部门认为公司的竞争优势在于优质服务，这主要归功于质量管理方面的三项创新活动：一是质量循环，即小改革解决大问题；二是精确至上，不断消除物流过程的浪费，提高物流质量；三是引入激光扫描技术，以 99. 9% 的精确性来跟踪 230000 个存货单位的存货，极大提高了配送中心的效率，增强质量管理能力。

随着线上线下大融合趋势的发展，JCP 公司再次进行质量管理创新，重组库存结构，优化基于数据分析的位置服务，并通过分析不同区域的人口密集程度，利用库存分配工具分配合适数量的库存和物流配送。此外，JCP 公司还高效结合电商业务与线下百货业务，打通线上线下的库存及商品分类。

一、质量数据的采集

统计是通过收集、整理、分析数据，对客观事物得出定量与定性相结合的深刻结论，并进行推断的工具。

质量数据具有分散性、变异性和规律性的特点，对大量质量数据进行分析，发现它们存在波动的同时，也存在一定的规律，因此可以通过判断数据是否超出合理波动范围，来确定质量是否存在缺陷和异常。

在实际生产或经营活动中，质量数据经抽样、普查等方式获取，其来源可以是来自一线的直接数据，也可以是经初步整理的间接数据。根据质量数据的特点，将其分为连续数据和离散数据两大类。

二、物流质量管理方法

日本质量管理专家在企业质量管理经验中，开发了新、老各七种质量管理方法。老七种工具起源于20世纪60年代末的日本，有调查表、分层法、直方图、散点图、帕累托图、因果图、控制图，这些可便于企业梳理流程、收集数据、分析数据、分析并判定问题的原因，被广泛运用于企业的生产、施工、服务环节，解决质量问题和改进质量。

此后日本质量管理专家不断优化、改进质量管理方法，日本质量控制技术开发协会提出了质量管理的新七种工具，包括系统图、关联图、KJ[①]法、矩阵图、矩阵数据分析法、过程决策程序图（Process Decision Program Chart，PDPC）法及网络图，便于企业在收集数据、明确问题的基础上，聚焦核心问题与关键问题，评价方案并做出决策。

（一）老七种工具

1. 调查表

调查表是用于收集、整理客观事物、产品和工作原始数据的一种表格形式，依据调查目的、调查对象等不同而设计不同的结构，能够获取数量和质量数据，分层记录质量问题，条理分明，能使问题迅速醒目地暴露出来，方便对比分析和积累。常用的调查表有不合格品项目调查表、工序质量调查表、缺陷统计分析表等。

2. 分层法

分层法又称为分组法。由于影响质量的因素众多，调查得到的一手数据在加工整理前难以凸显问题和原因。根据现象的内在特点，选择适当的分层标志对数据进行分层，使各层之间呈现出差异性，同层内部保持同质性，将收集的数据分层整理，找出关键原因。常用的分层标志选择人、机、料、环、法或时间，如按不同操作者分为不同的技术等级、按不同设备分为不同型号、按不同原材料所在地进行分层等。

基于分层法，调查人员可以绘制频数分布表，并可以在此基础上应用直方图、帕

① KJ是该方法提出者川喜田二郎（Kawarita Jiro）日文罗马拼音的字头。

累托图等其他统计方法。

举例：某网络购物公司近期收到多起客户投诉，质量管理人员想明确投诉产生的主要原因并进行改进，因此针对一周的投诉内容进行整理和分类，根据不同的投诉环节绘制了分布表，见表9－1。

表9－1　　　　某物流公司客户投诉环节分布

投诉环节	内容描述	投诉件数（件）	百分比（%）
订单确认	无回复、无响应	50	23
包装	包装受损	60	27
拣货	商品出错	30	14
装卸	装卸异常	20	9
配送	时间过长	40	18
售后	处理流程复杂	20	9

3. 直方图

直方图又称为频数分布图、质量分布图，对数据范围进行分组，并用一系列宽度相同的长方形表示数据，长方形的高度为不同区间的数据分布频数。直方图适用于对大量数据进行整理加工，利用正态分布原理，找出其统计规律，直观地反映质量的分布状态，揭示不同操作者、设备、物料等因素对质量的影响，有利于质量管理者分析质量问题的原因并采取相应措施。图9－2所示是直方图的应用举例。

直方图的作图步骤如下。

（1）收集数据。样本容量越大越好，但较大的样本量会耗费大量时间、人力和费用，所以一般随机抽取50个或以上质量特性数据。

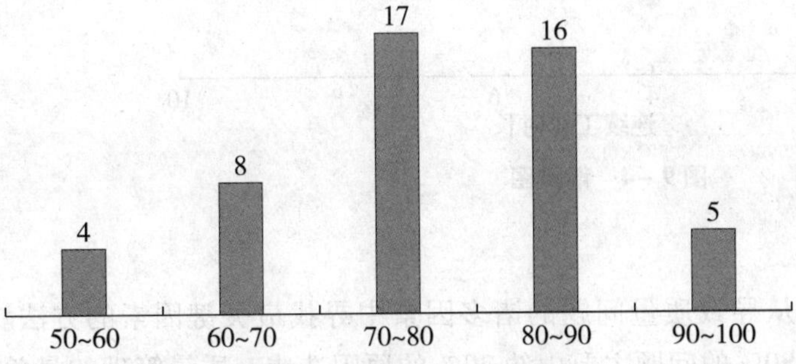

图9－2　直方图的应用举例

（2）确定全距。将数列里的数据按大小排序，找出数据中的最大值 x_{max} 和最小值 x_{min}，求出全距 $R=x_{max}-x_{min}$。

（3）确定组数与组距。组数的多少通常依据所研究问题的性质和研究者的知识经验来判断，组数直接关系到组距的大小，组数少，组距就大；组数多，组距就小。

（4）统计各组频数，以组距为宽、频数为高绘制一系列矩形，得到直方图。

4. 散点图

散点图又称为相关图，常用于分析两组变量之间的相关关系，对两种变量关系的可靠程度进行统计检验，并分析不同因素对质量的影响程度，比如配送时长与客户满意度之间的关系、生鲜加工与生鲜损耗率之间的关系等。两变量间的散点图一般分为以下三种情况（如图 9－3 所示）。

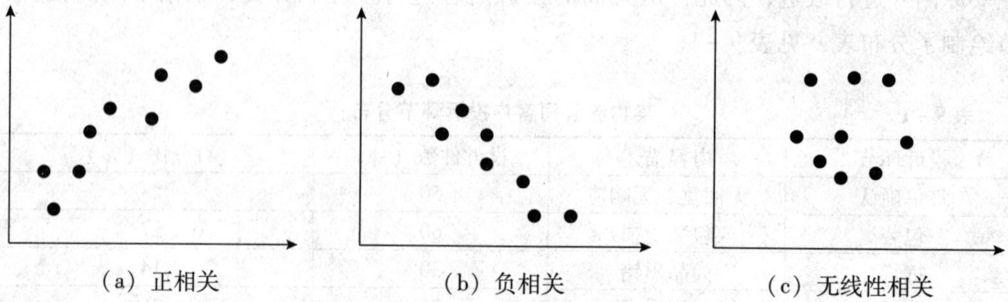

图 9－3　散点图的三种情况

（1）正相关。X 轴变量值增大，Y 轴变量值随之增大。

（2）负相关。X 轴变量值增大，Y 轴变量值随之减小。

（3）无线性相关。X 轴变量值的变化不影响 Y 轴变量值的变化。

图 9－4 所示的例子可用来判断一个订单处理人员的连续工作时长和处理单笔订单的时间是否有关系。图中数据点呈现出向上的趋势，表明连续工作时长越长，订单处理相应时间越久。

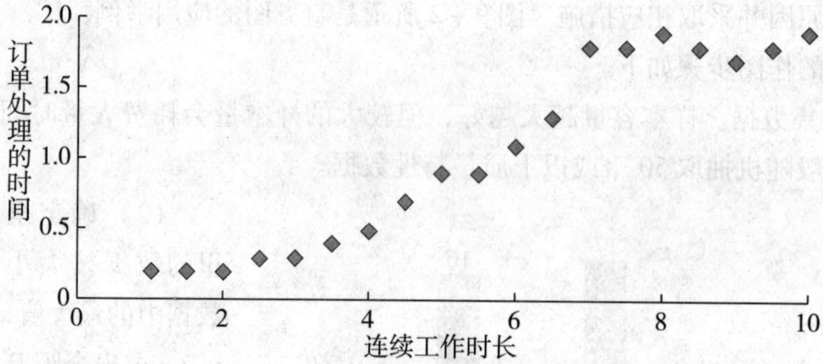

图 9－4　散点图

5. 帕累托图

帕累托图又称排列图，是从导致质量问题的诸多因素中寻找最关键因素的方法。此方法依据 80/20 原则，认为 80% 的问题主要由约 20% 的原因造成，质量管理的最关键影响因素只有少数几项，即大部分的质量问题是由少数的主要原因造成的。因此要找到、控制并优化关键的少数因素，即可解决质量问题。

帕累托图的制作步骤如下。

（1）确定分析对象与质量问题分类项目，如例 1 中依据投诉环节的不同进行分类，如图 9－5 所示。

（2）收集和整理数据，汇总每项发生的次数即频数，并对问题频次从高到低进行排列，计算累计频数和累计频率。

（3）绘制帕累托图。图 9－5 中左边主纵坐标表示频数，如该环节被投诉次数；右边次纵坐标表示累计频率。折线称作帕累托曲线，为各个因素的累计频率，表示累计影响作用大小。

帕累托图能够按重要性顺序显示出每个因素对质量问题的影响作用，识别主次，从而改进。

前面的举例中客户投诉环节的频数图和帕累托曲线如图 9－5 所示，分析表明，"包装"环节质量问题导致的投诉最多，其次是订单确认和配送的投诉次数，因此包装、订单确认、配送成为客户投诉的主要原因。

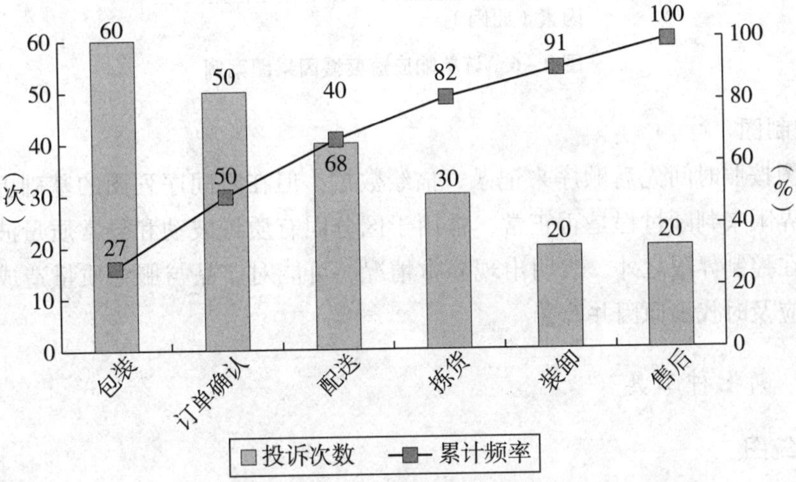

图 9－5　投诉环节的帕累托图

6. 因果图

日本质量管理专家石川馨发明了因果图，用于解决问题和实施质量循环，由于图形形似鱼刺，因此也叫石川馨图或鱼骨图，它能够全面、系统、有条理地辨别与归纳因果关系。一个问题的发生往往由多种因素造成，因果图从人员、设备、材料、方法和环节五个维度（即人、机、料、法、环）层层分析影响质量的潜在原因，作为可能的"鱼骨"，也是第一层原因；逐步对每一个主要原因进行细化和丰富，继续追问"为什么"，形成第二层原因，作为"鱼刺"；逐步把影响质量的主要原因找出并设定改进目标。

此处对举例中订单响应速度慢这一问题进行分析，整理订单响应环节出现问题的潜在原因。因果图虽然并未明确指出导致问题出现的关键因素，但可以帮助企业整理和清晰思路，找出需要进一步研究的原因以及最终待验证的原因。图 9－6 中企业使用因果图找出了订单未能得到及时响应的所有可能潜在原因，企业可以选择最有可能的原因，收集数据来验证自己的判断。

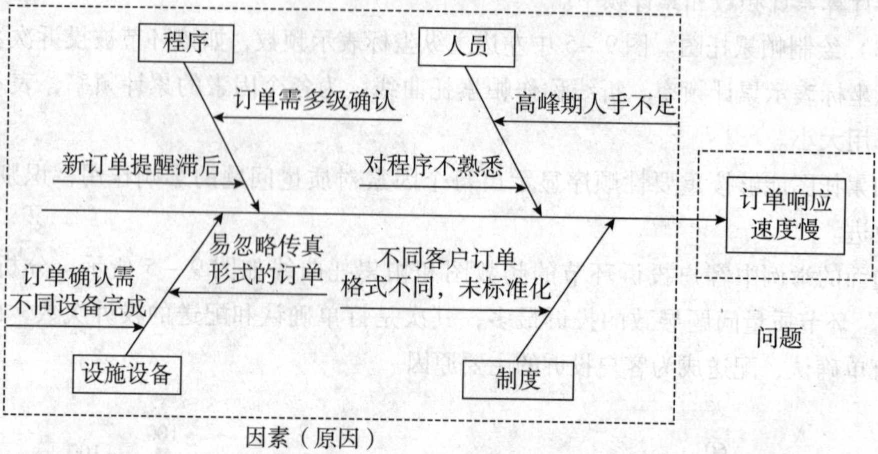

图 9-6　订单响应速度慢因果图案例

7. 控制图

控制图按照时间先后顺序来记录、描绘数据，但在时间序列图的基础上，增加了几条上下界限来判断过程是否正常，常用于区分固有质量波动和异常质量波动。如果数据点落在控制界限之外，表明出现异常情况，可能对产品与服务质量造成较大的变异影响，应及时找出原因并改善。

（二）新七种工具

1. 系统图

系统图又称树图或树形图，是指为了实现目的或解决某个质量问题，列出所需要的措施或手段；为了实施这一措施或手段，又需要考虑下一层次的目的或问题，逐级深入。系统图可以系统地明确问题重点，寻找实现目的的最佳措施与手段。常用于质量管理因果图的分析、质量问题解决措施的开展、质量保证项目的实施等方面。

系统图的绘制步骤如下。

（1）明确目的或目标。用简明的语句记录下所要达到的目标，从中选择最重要的议题。

（2）提出手段和措施。思考"为达到这一目标应该采取哪些手段和措施"，集思广益，收集多种手段和措施。

（3）评价并记录手段和措施。对头脑风暴或其他方式得到的多种手段和措施进行评价与优化，并绘制在卡片上。

（4）依次继续向下推进，直到无法推进为止。

（5）根据上述方案，逐项确定具体实施计划。

2. 关联图

关联图是分析问题、解决问题的一种工具，通过把与问题有关系的各种复杂因素用箭头连接起来，层层展开分析逻辑关系，从中找出内在的因果关系，便于系统和全面分析，找出重点问题并寻求解决对策。

关联图的绘制步骤如下。

（1）提出认为与问题有关的全部主要因素并用简明语言分别表述。

（2）把因素间的因果关系用箭头标明，绘制具有逻辑的图形。

（3）检查全图，复核有无遗漏或不够确切之处。

（4）整体分析图形，找出重点，明确解决问题的手段和措施。

3. KJ 法

KJ 法又称亲和图法或 A 型图解法，适用于时间较长、不易解决的重要问题。KJ 法通过大量收集某一特定问题的文字、语言等相关资料并记录在卡片上，根据资料间的亲和性进行整理归类，并将归集好的资料卡片的相互位置进行排列与勾画，整理出思路并制成图解，据此写出调查报告。

对点案例

日本某网络购物公司经理注意到一些顾客的抱怨和投诉，他决定采用 KJ 法找到原因。因此经理首先把过去一周的投诉信息整理记录在卡片上，每个卡片记录一条，比如“包装盒上商品图案和里面的实物不一样”“已经申请退款四天了，请尽快处理”“订单下了两天一直没有被确认”等。其次，经理将同类内容的卡片分类归为一组。例如“电话无人接听”“传真下订单时无人回复”“订单确认时间太长”等都与订单相关。然后，将各组卡片整理出的原因、出现频次进行归纳与分析，进一步找到关键性的问题，是传真订单的确认工作落实不及时。最后针对关键问题，拟定改进措施，设计高效确认传真订单的方法，以消除与传真订单有关的顾客投诉。

（资料来源：真木和俊《图解精益六西格玛》）

4. 矩阵图法

矩阵图法是通过多因素思考而明确问题、解决问题的一种方法。从多因素中找出相关成对的质量因素排列成矩阵，即把 A 因素和 B 因素的若干要素分别排成行和列，其焦点就是相互关联的程度。通过矩阵图确定关键点，比如找到质量管理中产品改进的方法、不合格品产生的原因等。矩阵图可用于二维、三维或四维。

举例中该物流公司继续分析配送时间过长这一现象产生的原因，制作了矩阵图（见图 9－7）。评价分数高的项目对配送时间有较大的影响。经分析，造成配送时间过长的主要原因是商品出库时排队时间过长。

5. 矩阵数据分析法

矩阵数据分析法是对矩阵图中的元素进行量化打分并使用主成分分析法，将多个变量转化为少数综合变量的统计方法。本方法通过确定出第一主成分、第二主成分等，

管理现状 \ 原因		商品信息差	拣货方式复杂	出库排队时间长	配送信息更新不及时	最后一公里配送不便	评价得分
信息管理	信息系统不完善	◎	◎	◎	◎		20
	信息网络不流畅	◎		◎	◎	○	18
库存管理	商品储存不合理			◎			5
	拣货设备不适用		◎				5
运输管理	运输能力不足	△		◎			6
	忽略运输路径规划			○		△	4
服务管理	服务工作认识不够				△	◎	6
	人员培训不足		○			◎	8
评价得分		11	13	23	11	14	72

评分标准：◎5 分，○3 分，△1 分

图 9－7　产品配送时长分析矩阵图

将众多的相关因素转化成关键的少数线性无关因素，并判断最重要的因素。

6. 过程决策程序图法（PDPC 法）

过程决策程序图法是为了完成某个任务或实现某个目标，在制订行动计划或进行方案设计时，预测可能出现的意外障碍和结果，通过采取预防手段并提出多种应变计划，从而实现最优结果的一种方法。利用 PDPC 法讨论实施过程中可能出现的各种问题并一一记录，针对每个问题提出相应的解决对策，以便在出现不利情况时，仍能及时调整达到预定计划目标。过程决策程序图法注意过程的跟踪、监控与修正，可用于规避重大事故的发生。

7. 网络图法

网络图又称关键路径图或网络计划技术，由工程管理过程引到质量管理、质量控制、质量改进等过程中。网络图法通过确认作业、事件和路线三大因素，将各项工作按时间顺序和从属关系用网络形式表示出来。作业过程使用箭线表示；事件是某项作业的开始或结束；路线是从起始点开始沿着箭头经过一系列作业和时间直至终点的通道。网络图法就是找到最佳线路，使用最高效率完成项目进度的分析方法，可用于质量改进计划、工程进度管理等方面。

三、物流中的六西格玛管理

（一）六西格玛管理的含义

六西格玛（6σ）是来自统计学的概念，“σ”在统计学中表示标准差，被用来描述总体单位偏离均值的程度，度量离中趋势。20世纪80年代全面质量管理将其引入质量管理与质量改进中，用以描述质量和速度会导致缺陷和波动。

图9-8为某产品或服务过程中产生的方差，左图的波动或分散性较大，右图的波动小得多。当波动超出客户可接受范围就会产生缺陷。例如配送服务，客户可接受的配送时间为14：00—17：00，如果配送时间超出客户可接受的范围上下限，早于14：00或晚于17：00送达将不满足客户需求，降低配送服务质量。

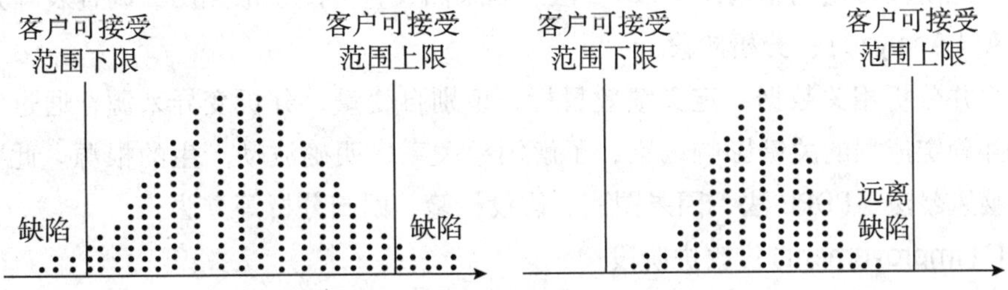

图9-8　某产品或服务波动

当σ值越大，企业的质量控制能力越强，缺陷或错误就越少；当σ值越小，企业的质量控制能力越弱，出现缺陷或错误的概率就越大。6σ是一个目标，意味着产品或服务已经达到一个较高的质量水平，缺陷率仅为万分之3.4。

以正态分布为例，从一个具体分布的平均值向两侧各移动一个σ的距离，落入该区间的概率是68.26%，落入左右各两个σ区间的概率是95.46%，落入左右各三个σ区间的概率是99.73%，落入左右各六个σ区间的概率是99.99966%。当用σ数值大小表示合格率或满意率时，提高西格玛水平，合格率或满意率也将提高。当西格玛水平越来越大时，合格率或满意率的变化越来越小。当从σ水平到2σ水平，合格率或满意率有超过30%的提升；当从3σ水平到6σ水平，合格率或满意率都在99%以上变化。

（二）六西格玛实施过程

传统的六西格玛被广泛地运用于产品或服务的质量改进，发展至今，六西格玛已经成为企业提高客户满意度和增强竞争力的系统管理方法，通过对企业现有流程的界定、测量、分析、改进、控制，消除过程缺陷和无价值作业，从而提高质量和服务、降低成本、缩短生产周期，达到较高的客户满意度，增强企业竞争力，实现质量经营的内涵。

通用电气公司总结了众多公司实施六西格玛的经验，提出了实施六西格玛的DMAIC模式。六西格玛DMAIC流程改进包括以下五个阶段。

1. D（Define）：界定阶段

界定、选择项目，明确项目目标以及内外部客户需求。通过对客户需求的收集、整理和分析，将待满足的客户核心需求转化为企业内部的要求，通过项目评价、分析与定义明确质量管理的主要因素，明确须改进的关键内部工作流程。此阶段常用头脑风暴法、亲和图法、因果图法、PDPC 法、平衡记分卡等方法。

2. M（Measure）：测量阶段

本阶段对当前流程与结果进行测量，确定关键的产品质量特性和过程质量特性并收集数据，确认执行标准并确定问题的最小单位，对结果进行重复性、再现性和可靠性分析。此阶段常使用排列图、PDPC 法、因果图、直方图、散点图、调查表等方法。

3. A（Analyze）：分析阶段

收集并分析相关数据，定义绩效目标，识别自变量，分析变异来源，通过统计检验分析并确定流程的关键影响因素，了解因果关系，明确波动产生的根源。此阶段常使用头脑风暴法、PDPC 法、因果图法、假设检验、回归分析等方法。

4. I（Improvement）：改进阶段

研究已识别出的变量，判断其是否影响显著，可否消除缺陷和改进过程。针对上述分析，寻找优化过程，制定可行的改进方案，减少缺陷或波动。本阶段常使用的工具有测量系统分析、质量功能展开、田口方法等。

5. C（Control）：控制阶段

本阶段对已改进和完善后的流程进行监督、控制，对改进后的成果进行巩固，以确保改进工程流程处于受控阶段，并且将经验整理为一种制度标准，为后续进一步优化和改进提供参考。本阶段常使用的工具有控制图、统计过程统计、过程文件控制等。

第三节　物流标准化

一、标准与标准化

（一）概念

2009 年发布的 GB/T 1.1—2009 将标准定义为：“为了在一定的范围内获得最佳秩序，经协商一致制定并由公认机构批准，共同使用的和重复使用的一种规范性文件。”

《中华人民共和国标准化法》将我国标准划分为国家标准、行业标准、地方标准、企业标准四级，分别由不同的机构制定：国家标准由国务院标准化行政主管部门制定；行业标准由国务院有关行政主管部门制定；地方标准由省、自治区、直辖市人民政府标准化行政主管部门制定；企业标准由企业制定。

标准化是指为在一定的范围内获得最佳秩序，对实际的或潜在的问题制定共同的和重复使用的规则的活动。标准是标准化活动的结果之一。

物流标准化是指以物流为一个大系统，制定系统内部运输、仓储、配送、流通加工、包装、装卸搬运与信息管理等分系统、分领域的工作、技术标准，并形成全国、国际范围的标准化体系，实现物流系统与其他相关系统的配合。

（二）物流标准化的特点

与其他标准相比较，物流标准化具有以下特点。

1. 涉及面更为广泛

与其他标准体系相比，物流系统的标准化涉及面更广，涉及的对象包括了机械、建筑、安全、环保等许多种类。

2. 物流标准化系统属于二次系统

组成物流系统的各个分系统，都有着成熟的、专门的标准，在推行物流标准化时，要在这些标准的基础上，按物流系统所提出的要求重建新的标准化体系。

3. 科学性、民主性和经济性

标准的制定要遵循科学、民主和经济的原则，科学性是指标准的制定要与物流的现代化技术和成果相适应；民主性是指标准的制定应采用协商一致的办法，提出标准草案并广泛征求意见稿；经济性强调物流的标准化应注重标准涉及的物流作业的经济性和合理性，避免引起物流成本的不合理增加。

4. 国际性

频繁的国际贸易与交流加速了物流业的发展，实现高效的国际物流依赖于物流标准的国际性。本国物流标准与国际物流标准的一致性有利于货物运输的衔接，有利于促进国际经济技术交流与合作，提高物流服务的质量和效益。

5. 贯彻安全与保险的原则

近年来，物流安全问题非常突出，得到了国家与企业的重点关注。如油轮失事、仓库危险品爆炸往往会带来巨大的经济损失、人身伤害以及环境破坏。物流标准化强调物流过程的安全性、可靠性，对技术标准、工作标准的安全可靠进行了规定。物流的相关保险内容对手续、申报、文件、费用都做出了标准化的规定。

二、物流标准

2005 年国家标准化管理委员会、国家发展和改革委员会等八部委联合印发了《全国物流标准 2005 年—2010 年发展规划》，确立了以“物流技术、物流信息、物流管理、物流服务”为主体结构的物流标准体系。截至 2018 年 6 月 30 日，我国已颁布的现行物流国家标准、行业标准和地方标准达 1093 项。中国物流与采购联合会标准工作部、全国物流标准化技术委员会秘书处更新的 2018 版《物流标准目录手册》中收集了物流标准目录，按其内容分为基础性标准、公用类标准、专业类标准和标准化指导性文件四大部分，每部分又按基础性标准、物流装备、物流技术、物流服务及管理、物流信息等进行细分。

在《全国物流标准2005年—2010年发展规划》的基础上，根据《物流业调整和振兴规划》，国家标准委员会同国家发展和改革委员会等10部门联合印发了《全国物流标准专项规划》，确立了以基础通用类、公共类和专业类物流标准为主体结构的物流标准体系总体框架。《物流标准化中长期发展规划（2015—2020年）》中指出，到2020年，我国物流标准化工作旨在实现以下目标：物流标准体系进一步优化，物流标准化机制更加完善，物流标准水平明显提高，物流标准实施效果显著增强。

（一）基础通用类物流标准

主要包括物流的相关术语、导则、图形符号与标志的标准。我国将重点开展物流术语、物流标志等标准的修订，逐步探索物流模数标准的制定（见表9－2）。

表9－2　基础通用类物流标准

序号	标准编号	标准名称
1	GB/T 1992—2006	集装箱术语
2	GB/T 3716—2000	托盘术语
3	GB/T 18354—2006	物流术语
4	GB/T 19000—2016	质量管理体系　基础和术语
5	GB 190—2009	危险货物包装标志
6	GB/T 191—2008	包装储运图示标志

（二）公共类物流标准

主要包括综合类标准，物流设施设备标准，物流技术、作业与管理标准以及物流信息标准四类（见表9－3）。

综合类标准主要为管理类标准，涉及物流活动有关的管理准则、指标体系、企业、园区、服务质量等方面；物流设施设备标准涉及技术、产品、管理、基础等类别，涵盖了货架、仓库、货运场站、托盘、叉车、集装箱袋、装卸搬运设备、包装设备、运输设备等方面的标准；物流技术、作业与管理标准则对仓储、装卸搬运、包装、运输等环节进行了技术、作业和管理方面的规范；物流信息标准规定了物流环节所涉及的相关单证的样式、编制原则和要求，规范了信息的编码方式和代码，并对相关信息系统、报文、信息交换规则进行了规范和统一。

表 9－3　　　　　　　　公共类物流标准

序号	标准编号	标准名称
1	GB/T 22126—2008	物流中心作业通用规范
2	GB/T 30337—2013	物流园区统计指标体系
3	GB/T 33454—2016	仓储货架使用规范
4	GB/T 2934—2007	联运通用平托盘　主要尺寸及公差
5	GB/T 1836—2017	集装箱　代码、识别和标记
6	JB/T 7016—2017	巷道堆垛起重机
7	GB/T 36076—2018	自动作业仓储配送包装箱信息标识通用规范
8	GB/T 35782—2017	道路甩挂运输车辆技术条件
9	GB/T 33449—2016	物流单证基本要求
10	GB/T 15421—2008	国际贸易方式代码
11	GB/T 26934—2011	集装箱电子标签技术规范

（三）专业类物流标准

根据不同的对象，专业类物流标准包括农副产品物流、食品冷链物流、汽车物流、医药物流、家电物流、煤炭物流、电子商务物流、烟草物流、木材物流、酒类物流、应急物流等标准。每个专业类物流标准又分为基础标准，设施设备标准，技术、作业与管理标准以及信息标准等（见表 9－4）。

表 9－4　　　　　　　　专业类物流标准

序号	标准编号	标准名称
1	GB/T 31078—2014	低温仓储作业规范
2	GB/T 34393—2017	汽车整车出口物流标识规范
3	GB/T 34399—2017	医药产品冷链物流温控设施设备验证　性能确认技术规范
4	GB/T 33446—2016	家电物流服务通用要求
5	SB/T 11163—2016	配送自助提货柜服务规范
6	GB/T 32851—2016	国际货运代理包舱、包航空集装器（集装箱、集装板）运输服务质量要求
7	GB/T 10478—2017	液化气体铁路罐车

此外，还有些标准涉及标准化工作的指导内容，如标准化工作指南、术语、标准体系构建原则和要求等。

三、新技术应用下的物流标准

（一）无人驾驶航空器系统标准体系

随着信息化发展，高技术含量的无人驾驶航空器系统目前处于快速发展时期，在我国军用、民用等领域得到广泛应用。我国的无人驾驶航空器系统技术水平位于世界前列，该技术在物流行业的应用能大幅度降低通用航空成本，在物流运输尤其是应急物流中发挥巨大作用。

由于无人驾驶航空器技术构型差异较大、分类和分级复杂，标准体系尚未建立，所以产品质量缺乏保证。为了规范行业发展和市场秩序、统一技术要求、确保国家和公共安全，国家标准化管理委员会、工业和信息化部、科技部、公安部、农业部（现农业农村部）、国家体育总局、国家能源局、中国民用航空局共同组织制定了《无人驾驶航空器系统标准体系建设指南（2017—2018 年版）》，计划分阶段完成科学、有效、协调的无人驾驶航空器系统标准体系的建立。

国家标准化管理委员会拟成立全国航空器标准化技术委员会无人驾驶航空器系统分技术委员会，负责无人驾驶航空器系统（不含飞行机器人）设计、制造、交付、运行、维护、管理，与国际标准化组织航空航天器技术委员会无人驾驶航空器系统分技术委员会（ISO/TC20/SC16）对口。

（二）冷链物流相关标准

冷链物流（Cold Chain Logistics）泛指为了保证商品质量、降低损耗，冷藏冷冻类食品在生产、加工、储藏、运输、销售等消费前的各环节中，始终处于合理低温环境下的一项系统工程。

冷链物流的对象一般包括生鲜（如蔬果、肉类、速冻食品等）和特殊商品（如医药用品）。随着冷冻、冷藏食品市场需求的扩大，以及制冷技术、冷冻工程的进步，冷链物流这一新兴的物流形式快速发展，冷链物流的制度、法律法规越来越完善。

冷链物流深受国家和行业关注和重视，与其有关的政策、标准频繁出台。2018 年 3 月我国发布了《冷链物流信息管理要求》与《条码技术在农产品冷链物流过程中的应用规范》等国家标准，2018 年 7 月发布了《药品冷链保温箱通用规范》《冷库用货架》《活体海产品冷链物流作业规范》等行业标准。《冷藏、冷冻食品物流包装、标志、运输和储存》国家标准和《食品冷链末端配送作业规范》行业标准已通过审查。我国冷链物流标准化体系更加完善（见表 9－5）。

表9－5　　冷链物流相关标准

序号	标准编号	标准名称	标准内容
1	GB/T 8559—2008	苹果冷藏技术	规定了鲜食苹果冷藏用果的入贮果质量要求和贮藏前准备、预冷、入库要求、贮期管理等内容
2	GB/T 16862—2008	鲜食葡萄冷藏技术	规定了各品种鲜食葡萄冷藏的采前要求、采收要求、质量要求、包装与运输要求、防腐保鲜剂处理、贮藏前准备、入库堆码和冷藏管理等内容
3	GB/T 22918—2008	易腐食品控温运输技术要求	规定了易腐食品控温运输的相关术语和定义、运输基本要求、装载要求、运输途中要求、卸货要求和转运接驳要求
4	GB/T 26904—2011	桃贮藏技术规程	规定了桃的采收与质量要求、贮藏前准备、采购处理与入库、贮藏方式与贮藏条件、贮藏管理、贮藏期限、出库、包装与运输等技术要求

本章小结

对于质量管理方面的许多不同观点和理论，本章介绍了质量管理的发展和物流质量管理的内容方法等基本内容，强调了物流质量管理的老七种与新七种工具。

物流质量管理是以全面质量管理的思想，科学运用先进的质量管理方法、手段，以质量为中心，通过制定科学合理的基本标准，对物流活动实施的全对象、全过程、全员参与的质量控制过程，包括物流商品质量管理、物流服务质量管理、物流工作质量管理、物流工程质量管理四个方面的内容，是一种全面的质量观。

ISO 9000质量体系通过一系列文件规范质量管理流程，同时我国物流标准体系包含多个国家标准、行业标准和地方标准。

案例分析

追求质量卓越的海洋王照明

日本戴明质量奖是国际公认的高级别的质量管理奖项之一。戴明质量奖分为戴明奖、戴明应用奖和戴明控制奖三类。戴明奖颁发给在以下三个领域做出贡献的个人或组织：对全面质量管理的研究取得杰出成绩；对用于全面质量管理的统计方法的研究取得杰出成绩；对传播全面质量管理做出杰出贡献。戴明应用奖颁发给在规定的年限内，通过运用全面质量管理，获得与众不同的改进的组织。戴明控制奖颁发给通过使用全面质量管理中的质量控制方法，在规定的年限内获得了与众不同的改进效果的部门。

2018 年 11 月 14 日，2018 年度日本戴明质量奖颁奖大会在日本首都东京举行。获得本届戴明奖的有日本丰田住宅股份有限公司、印度 JSW 钢铁有限公司（JSW Steel Ltd）、中国深圳市海洋王照明科技股份有限公司（以下简称“海洋王照明”）等分别来自日本、中国、印度、印度尼西亚的 10 家企业。海洋王照明荣获“2018 日本戴明质量奖”，这是戴明奖自 1951 年设立以来，第一次有来自中国的企业获奖。

中国深圳市海洋王照明科技股份有限公司于 1995 年成立于深圳，是一家自主研发、生产、销售各种专业照明设备，承揽各类照明工程项目的民营股份制高新技术企业。在海洋王照明的管理与文化中，始终将质量作为立身之本，坚持质量经营，追求质量卓越。

走进海洋王照明的生产一线，令人印象深刻的是无处不在的质量元素。内容包含日常的质量改进、质量心得等，“生产过程质量控制 12 大手法”“不接受不良品，不制造不良品，不传递不良品”“质量问题零容忍，质量保证我践行”等带有质量理念的宣传标语以非常醒目的方式出现在生产车间、走廊墙壁上、质量管理看板上。这些随处可见的质量元素，无不表明海洋王照明正在大力实施全员全过程全链条的质量管理模式——全面质量管理（Total Quality Management，TQM）。

公司通过了挪威船级社（DNV）ISO 9001 质量管理体系和 ISO 14001 环境管理体系认证。2004 年，公司开始构筑“实施以目标（质量）为导向的持续改进系统”的生产体制，为客户提供满意的产品与服务，不断追求质量卓越。2007 年，公司引入卓越绩效管理模式，导入 QC（质量控制）小组活动，并成立管理学院，开展第一批 MBA（工商管理硕士）管理干部培训。2009 年公司荣获全国质量奖。2011 年公司全面推行 QC 小组活动。2012 年公司全面导入 TQM，开展管理改善活动，增强了员工的质量意识、目标意识。随着全面质量管理在海洋王照明的逐步落地生根，海洋王照明逐步理解了 TQM 的内涵，从日常管理、方针管理、新产品开发到人才育成等，建立起 TQM 八大管理体系，持续不断地探索并解决运营中存在的问题，强化全员质量意识，确保不断满足客户的个性化需求。2017 年公司全员争创日本戴明质量奖，并于 2018 年荣获日本戴明质量奖，成为中国第一家获奖的企业。不积小流，无以成江海，一点一滴的质量改善提升，造就了海洋王照明荣获戴明奖的实力。

（资料来源：整理自海洋王照明与中国质量协会网站）

思考：

1. 结合戴明质量奖的评价标准，分析海洋王照明获得该奖的主要原因。
2. 在追求卓越质量过程中，海洋王照明做了哪些努力？

教学资源包

在线答题

课后练习

一、判断题

1. 6σ 管理模式是一种通过减少缺陷和差错、降低成本、提高客户满意度、增加利润的管理思想和管理模式。(　)

2. 质量检验阶段是一种事后把关型的质量管理，因此不是一种积极的质量管理方式。(　)

3. 企业自行制定的企业标准属于强制性标准。(　)

4. 排列图的目的是找出“关键的多数，次要的少数”。(　)

二、选择题

1. 质量检验的作用包括（　）。

A. 监督　　B. 保证　　C. 预防　　D. 以上都是

2. 物流质量管理是企业全面质量管理的重要一环，其核心是（　）。

A. 物流效率管理　　B. 物流服务质量管理

C. 物流工作质量管理　　D. 产品质量管理

3. 质量三部曲是由（　）提出的。

A. 休哈特　　B. 戴明　　C. 朱兰　　D. 石川馨

4. 纠正措施即消除不合格产生的原因，以防止其再发生。ISO 9001 标准对其整个过程的执行规定有以下几个步骤，请按顺序选择正确的步骤：(　)。

①识别不合格并确定不合格原因。②记录采取措施的结果。③评定确保不合格不再发生所需采取的措施。④确定和实施必须采取的措施。⑤评审所采取的纠正措施。

A. ①—②—③—④—⑤　　B. ①—③—④—②—⑤

C. ①—④—⑤—②—③　　D. ①—⑤—②—④—③

5. PDCA 循环（戴明环）是产品质量改进的基本过程，是全面质量管理的基本工作法。PDCA 包括以下（　）工作阶段。

A. 计划　　B. 执行　　C. 检查　　D. 处理

6. 以下质量管理的主要代表人物与其理论对应正确的是（　）。

A. 戴明与戴明环　　B. 费根堡姆与零缺陷

C. 石川馨与质量圈　　D. 田口玄一与三次设计

三、思考题

1. 什么是物流质量？它主要包括哪些内容？

2. 简述 PDCA 循环的主要步骤。

3. 试分析戴明、朱兰、石川馨、费根堡姆、克劳斯比和田口玄一质量管理理念的异同。

四、实践项目：物流质量管理认知实验

1. 实验目的

熟悉企业的工作流程、物流服务水平和物流质量管理水平。

2. 实验内容及活动安排

将全班学生分为 6 ~ 8 人一组，按小组完成实验任务。

选定一个制造企业，完成以下实验任务。

（1）了解企业经营的产品类型、行业地位和物流状况。

（2）调研企业供应物流的运作过程和采购管理的措施。

（3）调研企业生产物流的运作环节和生产控制的措施。

（4）调研企业销售物流的运作过程和企业现有的物流服务水平。

（5）调研企业现存的投诉与质量问题以及质量管理现状。

3. 交流讨论

每个小组分组讨论以下问题，完成调研报告，并制作 PPT 进行交流。

（1）通过实地调研和搜集资料，说出你所调研企业的运营特点与物流管理现状。

（2）该企业的供应物流、生产物流与销售物流环节是否合理，请针对不合理处选择合适的质量管理方法进行分析并给出改进措施，请利用 Minitab 或 Excel 工具绘制相应图表。

第十章　国际物流

本章导读

随着经济全球化的发展，越来越多的企业通过在全球最有利于创造价值的地方组织供应、生产和销售而成为跨国公司，中小企业通过加入跨国公司的供应链而分享经济全球化的好处。计算机和通信技术的进步，使得跨国公司找到供应商、代工厂和客户。这样的发展，从微观层面来看，是一个企业面临着如何有效地在全球的供应商、生产设施及客户之间筹集原材料、调动中间产品、组织生产和配送最终商品的问题；从宏观层面来看，这样发展的结果促进了全球货物贸易量的增长，使得物流活动的范围进一步扩大，促进了国际物流（International Logistics，IL）的产生和发展。而国家之间的经济、政治、文化差异以及贸易壁垒等问题，使得物流活动的运作比在本国范围内复杂很多。因此，如何提高国际化物流管理的能力、降低国际物流成本、提高国际物流效率和服务水平，成为企业乃至国家经济建设普遍关注的问题。为提高我国经济的竞争能力和物流成本优势，加强对国际物流的了解和研究，具有十分重要的意义。

教学目标

通过本章内容的学习，学生应全面了解国际物流的产生及发展过程，理解国际物流的概念和特点；了解国际物流与国际贸易之间的关系；熟悉国际物流各环节业务；掌握在国际物流发展中有着重要作用的保税制度、保税仓库、保税区等相关内容。

学习任务

1. 了解国际物流的产生及发展过程。
2. 理解国际物流的概念及特点。
3. 掌握国际物流主要业务环节的运作。
4. 掌握国际物流保税制度、保税仓库、保税区、自贸区的功能和政策。

知识导图

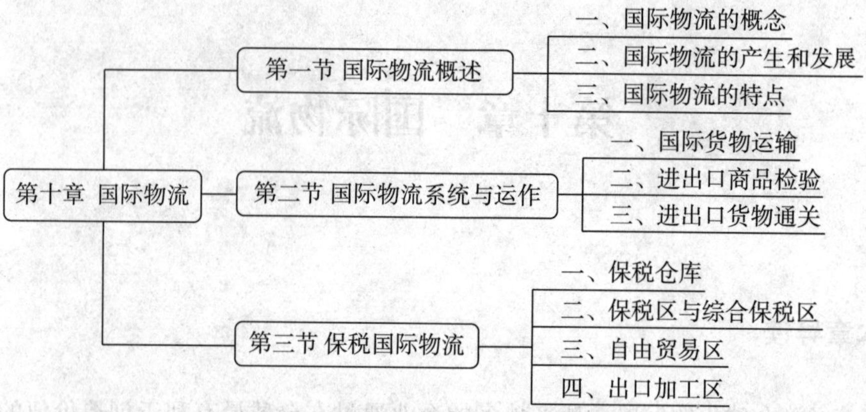

导入案例

苹果公司的跨国经营与物流

苹果公司作为全球第一大手机生产商，是典型的品牌输出企业，负责创意设计，产品制造由供应商提供。苹果公司的供应商遍布全球，分布在中国台湾、美国、韩国等地，最后主要由富士康组装成机。

如 iPhone 零配件产地为韩国、美国、法国、德国和日本，负责 iPhone 组装的主要为山东烟台和广东深圳的富士康企业。欧洲物流（出口至欧洲）被马士基所承接，美洲物流（出口至美洲）被美国总统轮船（APL）所掌控，而亚洲物流分给了台湾的阳明海运，中国（除港澳台外）部分交由中国中远集团负责。

由三星公司提供的原产地为韩国的部件一律由中远集团转包。韩国国内运输公司负责运至釜山港，转中运集团的远洋班轮（AK5）运抵烟台，再转中远班轮（IC10）运抵深圳蛇口，而烟台的运输被中远集团转包给山东朗越物流，深圳蛇口的运输是富士康自己的物流承办。

日本 AKM（旭化成微电子株式会社）生产的 Compass（电子罗盘）无疑是 iPhone 最显而易见的改进，而 Compass 的运输并非交由中远集团负责，而是 APL 掌控经营。当然日本国内的陆路运输和中国国内的陆路运输由 APL 转包给各地物流商。APL 班轮由美国起航，经 Yokohama（横滨）装载货物，APL 并不负责将货物运抵深圳，而只在上海短暂停留再前往新加坡，所以货物由上海卸下后，只能经由国内物流送达深圳。

美国是 iPhone 的主要零件产地国和整机出口国，也是 APL 的注册国。作为世界上唯一的超级大国，不管是生产还是运输，都具备良好的整体素质和服务理念。美国是世界上最大的电子消费国，是 iPhone 的主要市场，零件和成品的运输部分采用班轮、部分采用航空，远洋班轮这一块由 APL 班轮负责，航空则由 APL 协调航空公司。航空可以直达，而班轮只能在盐田港卸货，再转由富士康自行负责。

第一节　国际物流概述

一、国际物流的概念

随着世界经济的一体化，国际贸易和信息技术迅速发展，为物流的国际化发展奠定了基础。国际物流（IL）是随着国际贸易的发展而发展起来的，已经成为国际贸易的一种实现方式和必要手段，同时也对物流的质量、效益、安全性和经济性提出了更高的要求。国际物流是“跨越不同国家（地区）之间的物流活动”（GB/T 18354—2006），已成为世界各国经济建设普遍关注的问题之一，也成为当今经济竞争的一个焦点。与其他类型的物流活动相比，国际物流具有明显的特殊性，它包含以下三层含义。

（1）国际物流是相对国内物流而言的，是不同国家（地区）之间的物流，也就是物流业务流程跨越国界，在全球范围内运作。

（2）国际物流是国内物流的延伸和进一步扩展，也称为国际大流通或国际大物流。

（3）国际物流是伴随着国家（地区）之间经济往来、贸易活动和其他交流活动而发生的物流活动，是国际贸易的一个必然组成部分，国际贸易的最终实现要靠国际物流来完成。

国际物流有广义和狭义之分。

广义的国际物流包括国际贸易物流、非国际贸易物流。国际贸易物流是与国际贸易活动相关的物流活动，如贸易公司为实现进出口商品交易、跨国公司为组织全球范围内的产品生产而必需的货物集运、分拨、包装、运输、仓储、装卸搬运、流通加工、报关、保险、单证处理等活动。非国际贸易物流是指由非对等交易活动引起的国际间物流活动，如跨越国界的国际邮件、国际展品、国际军火，个人、家庭或组织间的实物赠予，国际间公益活动以及逆向物流等引起的物流活动。

狭义的国际物流主要是指贸易性国际物流，即当商品的生产和消费分别在两个或两个以上的国家（地区）独立进行时，为了缩短生产与消费之间的空间距离和时间间隔，对商品进行物理性移动的一项国际商品贸易或交流活动，从而完成国际商品交易的最终目的，即卖方交付货物和单证、收取货款，买方支付货款、接受单证和收取货物。

二、国际物流的产生和发展

早在 2000 年前，从中国到西亚、印度的东西交通动脉就依托汉王朝丝绸的大量出口而繁荣起来，并因此得名“丝绸之路”；而在更早些时候的地中海沿岸，除战争原因外，各古代国度之间的物流活动史就是腓尼基人周旋于地中海沿岸国家的贸易史。无论古今，可以说国际贸易与商务活动是国际物流发展的首要推动力。

一直到第二次世界大战前，国家间已有不少的经济交往，但那时一方面国家间经济、政治地位极度不平等，表现为工业化的宗主国从殖民地掠夺原材料，生产加工成的成品再倾销到殖民市场，宗主国和殖民地之间的国际物流无论是内容还是流向都相对简单；另一方面，国际物流的广泛程度相对有限，仅在欧洲、北美和少部分亚洲、非洲和拉美国家与地区间存在。即使在同为工业化国家的欧美等国之间，各国国内经济个体的参与程度和广度都较低。

第二次世界大战后，殖民时代宣告结束。新兴的民族独立国家，主要是发展中国家迅速崛起，改变了世界经济版图。这些新兴国家希望在政治和经济上完全拥有自己的主权，它们有的坚持本国生产，不断提高本国的工业化程度，增强本国制成品在国际市场上的份额；有的强调“国货国轮”的运输政策，倾向于通过立法保护本国国际运输服务业和相关的保险业、金融业的发展。发展中国家对国际物流的参与程度逐渐加强。同时，第二次世界大战后各国普遍兴起的建设热潮和以关税贸易总协定（现为世界贸易组织）为代表的国际组织不断促成贸易壁垒降低、市场开放的努力，也直接推动了20世纪60年代国际大规模物流活动的展开。尤其在70年代的石油危机以后，国际间贸易从数量来讲已达到了非常巨大的数字，交易水平和质量要求也越来越高。在这种新情况下，原有的满足运送货物的运输观念已不能适应新的要求，系统物流就是在这个时期进入国际领域。国际物流的概念正式提出，并越来越受到人们的重视。总体来说，国际物流活动是伴随着国际贸易和跨国经营的发展而发展的，国际物流的发展主要经历了以下几个阶段。

（一）第一阶段：初步兴起阶段（20世纪50年代至70年代）

20世纪50年代到60年代，国际物流业务量激增，开始形成了国际间的大规模物流，在物流技术上出现了大型物流工具，如二十万吨的油轮、十万吨的矿石船等。进入70年代，受石油危机的影响，国际物流不仅在数量上进一步发展，船舶大型化趋势进一步加强，而且出现了提高国际物流服务水平的要求，大数量、高服务型物流从石油、矿石等物流领域向物流难度最大的中、小件杂货领域深入，其标志是国际集装箱及国际集装箱船的发展，国际间各主要航线的定期班轮都投入了集装箱船，飞快提高散杂货的物流水平和整体物流服务水平。70年代中后期，国际物流的质量要求和速度要求进一步提高，出现了航空物流大幅度增加的新形势，同时出现了更高水平的国际联运。

（二）第二阶段：物流效率和质量迅速提升阶段（20世纪70年代末期至90年代）

20世纪80年代前、中期国际物流的突出特点，是在物流量基本不继续扩大情况下出现了“精细物流”，物流的机械化、自动化水平提高。同时，伴随新时代人们需求观念的变化，国际物流着力于解决“小批量、高频度、多品种”的物流，出现了不少新技术和新方法，这就使现代物流不仅覆盖了大量货物、集装杂货，而且也覆盖了多品种的货物，基本覆盖了所有物流对象，解决了所有物流对象的现代物流问题。

20 世纪 80 年代在国际物流领域的另一大发展，是伴随国际物流尤其是国际联运式物流出现的物流信息和首先在国防物流领域出现的电子数据交换（EDI）系统。信息的作用，使物流向更低成本、更高服务、更大量化、更精细化方向发展，许多重要的物流技术都是依靠信息才得以实现。这个问题在国际物流中比国内物流表现得更为突出，几乎物流每一活动都有信息支撑，物流质量取决于信息，物流服务依靠信息。所以说，20 世纪 90 年代国际物流已进入了物流信息时代。

（三）第三阶段：物流精细化与信息化阶段（20 世纪 90 年代至今）

这一阶段，国际物流的概念及重要性已为各国政府和外贸部门普遍接受。贸易伙伴遍布全球，必然要求物流国际化，具体表现为物流设施国际化、物流技术国际化、物流服务国际化、货物运输国际化、包装国际化和流通加工国际化等。世界各国广泛开展国际物流理论和实践的大胆探索。人们已经达成共识，只有广泛开展国际物流合作，才能促进世界经济繁荣。“物流无国界”的理念被人们广泛接受。

进入 21 世纪，国际物流达到了新的高度。2017 年，全球经济继续增长，增幅 3.7%，在中国的带动下，发展中国家增幅 6.8%。同时，全球经济的发展带来进出口贸易量持续增长。在此推动下，2017 年全球前 20 的集装箱港口完成集装箱吞吐量 3.35 亿标准箱（Twenty-feet Equivalent Unit，TEU），同比增速为 5.6%，远高于 2016 年 1.7% 的增速。在地区分布上，根据世界贸易组织（WTO）公布的 2017 年全球贸易总额排行榜，排名前 10 的国家和地区是：中国（除港澳台外）贸易总额 4.1052 万亿美元，位于全球第一，占全球的比重为 11.48%；美国贸易总额 3.9562 万亿美元，排名第二，占全球比重为 11.06%；德国贸易总额 2.6153 万亿美元，排名第三，占全球比重为 7.31%；日本贸易总额 1.3700 万亿美元，排名第四，占全球比重为 3.83%；荷兰贸易总额 1.2263 万亿美元，排名第五，占全球比重为 3.43%；法国贸易总额 1.1599 万亿美元，排名第六，占全球比重为 3.24%；中国香港贸易总额 1.1401 万亿美元，排名第七，占全球比重为 3.19%；韩国贸易总额 1.0521 万亿美元，排名第九，占全球比重为 2.94%；意大利贸易总额 0.9588 万亿美元，排名第十，占全球比重为 2.68%。由此看出，亚洲、美洲和欧洲仍然是全球贸易货物的集散地。与此同时，跨境电商的发展、新的贸易保护主义的出现不时会对全球国际物流发展方向产生深远的影响。但正如中国加入 WTO 的行动所预示的那样，虽然国际物流的规则、国际物流的模式在不断调整，总的发展趋势却不容质疑，国际物流必将在更广阔的范围内展开。

三、国际物流的特点

（一）物流环境差异

国际物流一个非常重要的特点是各国物流环境的差异，尤其是物流软环境的差异。不同国家的不同物流适用法律，使国际物流的复杂性远高于任何一国的国内物流，甚至会阻断国际物流；不同国家不同经济和科技发展水平，会造成国际物流处于不同科技条件的支撑下，甚至有些地区根本无法应用某些技术而迫使国际物流全系统水平下降；不同国家不同标准，也造成国际间“接轨”的困难，因而使国际物流系统难以建立；不同国家的风俗人文也使国际物流发展受到很大局限。

物流环境的差异迫使一个国际物流系统需要在几个不同法律、人文、习俗、语言、科技、设施的环境下运行，无疑大大增加了物流的难度和系统的复杂性。

（二）物流系统范围广

国际物流活动通常跨越多个国家和地区，地理范围广，物流渠道长。此外，还需要经过报关、商检等业务环节，物流作业环节多，参与者多，物流作业复杂。这就需要在物流运营过程中合理选择运输方式和运输线路，尽量缩短运输距离，缩短货物在途时间，合理组织物流过程中的各个业务环节，加速货物的周转并降低物流成本。

国际环境的复杂也导致国际物流过程具有高风险性，主要包括政治风险、经济风险和自然风险。政治风险主要指由于国际物流活动所经过国家的政局动荡（如罢工、战争等）可能会造成货物受损或灭失；经济风险主要指汇率风险和利率风险；自然风险主要指在国际物流过程中，可能因自然因素，如台风、潮汐、暴雨等因素引起运送延迟以及货物破损等风险。

（三）标准化要求较高

要使国际间物流畅通起来，统一标准是非常重要的，可以说，如果没有统一的标准，国际物流水平便无法提高。美国、欧洲基本实现了物流工具、设施标准的统一，如托盘采用1000毫米×1200毫米、集装箱的统一规格及条码技术等，大大降低了物流费用，降低了转运的难度。而不向这一标准靠拢的国家，必然在转运、换车底等许多方面要多耗费时间和费用，从而降低其国际竞争能力。

在物流信息传递技术方面，欧洲各国不仅实现企业内部的标准化，而且实现了企业之间及欧洲统一市场的标准化，这就使欧洲国家间交流比与亚洲、非洲等国家交流更简单有效。

（四）国际化物流信息系统支持

国际化物流信息系统是国际物流尤其是国际联运非常重要的支持手段。国际化信息系统的建立很难，一是因为管理困难，二是因为投资巨大，再加上世界各地区物流信息水平高低不同，因此会出现信息水平不均衡的情况而使信息系统的建立更为困难。

当前一个较好的建立国际化物流信息系统的办法，是和各国海关的公共信息系统联机，以便及时掌握有关各个港口、机场和联运线路、站场的实际状况，为供应或销售物流决策提供支持。国际物流是最早发展电子数据交换（EDI）的领域，以EDI为基础的国际物流将会对物流的国际化产生重大影响。

（五）以海洋运输为主，多种运输方式相结合

国际物流以海洋运输为主，并由多种运输方式组合。国际物流运输方式有海洋运输、铁路运输、航空运输、公路运输以及由这些运输手段结合而成的国际复合运输方式。运输方式选择和组合的多样性是国际物流的一个显著特征。海运由于成本低，能进行长距离、大批量货运，是国际物流运输中最普遍的方式，远洋运输更是国际物流的重要运输手段。如果能够提高远洋运输效率，降低远洋运输成本，就能在国际物流竞争中占有优势地位。目前，在国际物流活动中，为了提高整个物流系统的运作效率和缩短运输时间，“门到门”的运输方式越来越受到货主的欢迎。由于国际复合运输能够满足这种需要，因此得到了快速发展，逐渐成为国际物流运输中的主流。

第二节　国际物流系统与运作

国际物流是国内物流的跨国延伸和扩展，是不同国家（地区）之间的物流，其狭义的理解是当供应和需求分别处在不同的国家（地区）时，为了克服供需在时间和空间上的矛盾而发生商品物质实体在不同国家（地区）之间的流动。国际物流伴随着国际贸易的产生发展而产生发展，并成为国际贸易的重要物质基础，是国际贸易的一个必然组成部分，各国之间的相互贸易最终通过国际物流来实现。国际物流是跨国物流活动，主要包括发货、出口国国内运输、出口国报检报关、国际间运输、进口国报检报关、进口国国内运输等业务环节。其中，国际间运输是国际物流的关键和核心业务。通过开展国际物流活动，实现商品的国际间移动，创造时间价值、空间价值以及加工附加价值，满足国际贸易活动和跨国公司经营的需要。

典型的国际物流运作流程如图10－1所示，整个运作过程可以委托给一家国际物流服务商完成，也可以分别由各地的仓储企业、运输企业和货代企业来完成。

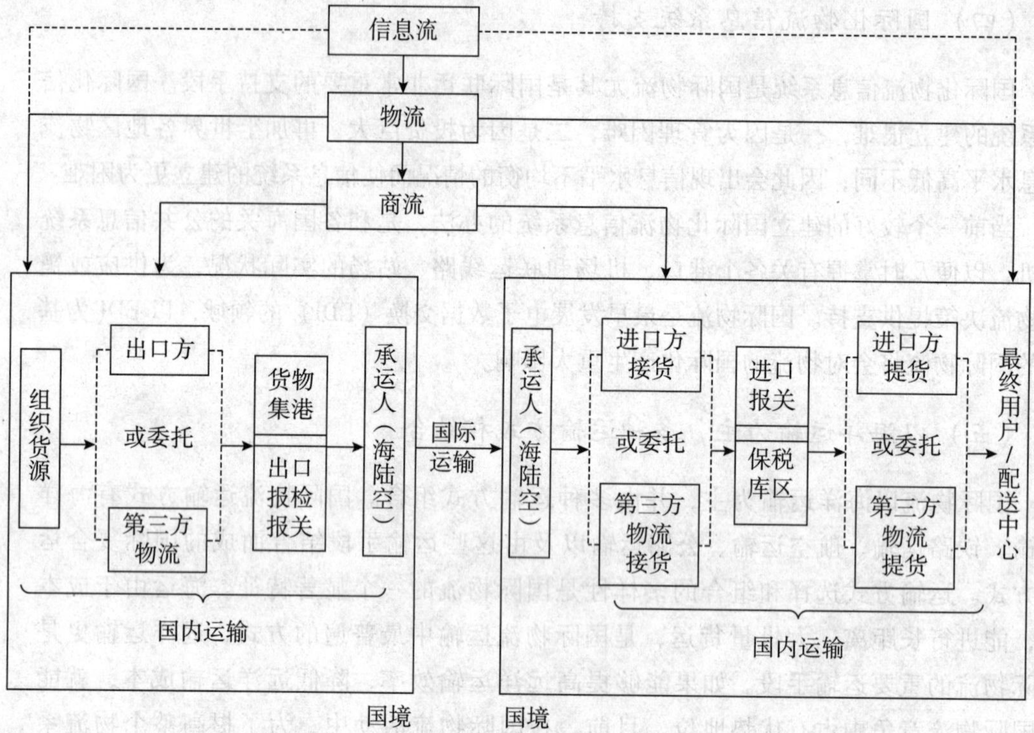

图 10－1　国际物流运作流程

一、国际货物运输

（一）国际海洋运输

国际海洋运输，是国际物流中最主要的运输方式。它是使用船舶通过海上航道在不同国家和地区的港口之间运送货物的一种方式，在国际货物运输中使用最广泛。目前，国际贸易总运量中的2/3以上，中国进出口货运总量约有90%都是利用海洋运输。海洋运输对世界的改变是巨大的。

（1）班轮运输。

班轮运输最早出现于19世纪初，美国首先采用。1818年美国黑球轮船公司开辟了纽约—利物浦的定期航线，用帆船进行运输，用以运送海外移民、邮件和货物。1824年，英国跟随美国之后，开辟了伦敦、汉堡、鹿特丹之间以蒸汽机船经营的班轮航线，19世纪40年代又扩展到中东、远东和澳大利亚。此后，日本、德国、法国等轮船公司均经营班轮运输，设有横渡大西洋、太平洋的环球运输航线。中国于19世纪70年代开始进行沿海和长江的班轮运输；20世纪初在长江和其他内河开展班轮运输；中华人民共和国成立后，开辟了大连—上海定期定港班轮货运航线；1961年中国远洋运输总公司成立，开始建立中国远洋运输船队和国际班轮航线。

班轮运输（liner transport），是指托运人将一定数量的货物交由作为承运人的轮船公司，轮船公司按固定航线，沿线停靠固定的港口，按固定船期、固定运费所进行的国际海上货物运输。班轮运输多用于运输量少、货价高、交接港分散的货物，是国际海洋运输中使用最为广泛的一种方式。轮船公司或代理人在接受交付托运的货物后签发提单，提单是班轮运输合同的形式和证据。

班轮运输的特点有以下几点。

①具有“四固定”的特点，即是固定航线、固定港口、固定船期和相对固定的费率。这是班轮运输的最基本特征。

②班轮运价内包括装卸费用，即货物由承运人负责配载和装卸，承托双方不计滞期费和速遣费，也不规定装卸时间。

③承运人对货物负责的时段是从货物装上船起到货物卸下船止，即“船舷至船舷”（Rail to Rail）或“钩至钩”（Tackle to Tackle）。

④承运双方的权利义务和责任豁免以签发的提单为依据，并受统一的国际公约的制约。

⑤班轮运输面向大量的货主，单个货主所托运的货物数量不多，但通过班轮运输的货物与租船运输的货物相比往往价值较高。

班轮运输的作用包括以下几个方面。

①有利于一般杂货和不足整船的小额贸易货物的运输。班轮只要有舱位，不论数量大小、挂港多少、直运或转运都可接受承运。

②由于“四固定”的特点，时间有保证，运价固定，为贸易双方洽谈价格和装运条件提供了方便，有利于开展国际贸易。

③班轮运输长期在固定航线上航行，有固定设备和人员，能够提供专门的、优质的服务。

④由于事先公布船期、运价费率，有利于贸易双方达成交易，减少磋商内容。

⑤手续简单，货主方便。由于承运人负责装卸和理舱，托运人只要把货物交给承运人即可，省心省力。

2017 年世界著名轮船公司运力排行如表 10 – 1 所示。

表 10 – 1　　　　2017 年世界著名轮船公司运力排行

排名	航运公司	运力（TEU）	运力份额（%）	英文标志
1	马士基集团	3 605 781	16.79	MAERSK
2	地中海航运	3 133 211	14.59	MSC
3	法国达飞	2 488 229	11.59	CMA-CGM

续 表

排名	航运公司	运力（TEU）	运力份额（%）	英文标志
4	中远集运	1 817 391	8.46	COSCO
5	赫伯罗特	1 509 763	7.03	Hapag-Lloyd
6	长荣海运	1 055 825	4.02	Evergreen
7	东方海外	680 247	3.21	OOCL
8	阳明海运	590 780	2.73	YANG MING
9	商船三井	587 156	2.64	MOL
10	汉堡南美	557 790	2.60	HAMBURG SUD

（2）租船运输。

租船运输又称不定期船运输（Tramp Shipping），与班轮运输相比，租船运输没有固定航期、航线、停靠港口和运费。它是根据国际租船市场行情和承租人（Charterer，也叫船东）的实际需要，船舶所有人（Owner）出租整船或部分舱位给承租人（租方）使用，以完成特定的货物运输任务，承租人按约定的运价或租金支付运费的商业行为。

租船运输基本特点如下。

①租船运输是根据租船合同组织运输的，租船合同条款由船东和租方双方共同商定。

②一般由船东与租方通过各自或共同的租船经纪人洽谈成交租船业务。

③不定航线，不定船期。船东对于船舶的航线、航行时间和货载种类等按照租方的要求来确定，提供相应的船舶，经租船人同意进行调度安排。

④租金率或运费率根据租船市场行情决定。

⑤船舶营运中有关费用的支出，取决于不同的租船方式，由船东和租方分担，并在合同条款中订明。例如，装卸费用条款 FIO（Free In and Out）表示租船人负责装卸费，若写明班轮条件 FOB Liner Term，则表示船东负责装卸费。

⑥租船运输适宜大宗货物运输。

⑦各种租船合同均有相应的标准合同格式。

（二）国际航空货物运输

世界上第一架飞机是美国的威尔伯·莱特（Wilbur Wright）和奥维尔·莱特（Orville Wright）兄弟于 1903 年发明的。1918 年 5 月 5 日，飞机运输首次出现，航线为纽约—华盛顿—芝加哥。同年 6 月 8 日，伦敦与巴黎之间开始出现定期邮政航班。20 世纪 30 年代有了民用运输机，各种技术性能不断改进，航空工业的发展促进航空运输的发展。第二次世界大战结束后，在世界范围内逐渐建立了航线网，以各国主要城市为起讫点的世界航线网遍及各大洲。2002 年，世界定期航班完成总周转量达 3918 亿吨公里。其中货运量增长最快的航线是亚洲到北美、欧洲的出口航线。从货运量预计，今后10年的航空货运量将以每年6%的增长率增长，而货机的需求量也将是目前的3倍，达到4500架。

虽然我国的航空运输业起步较晚，但是20世纪80年代后，我国的航空运输业快速发展。据国际航空运输协会（IATA）估计，中国国际航空货物运输在1999—2003年的年平均增长率为8.2%；2013年全球机场国际货邮吞吐量排名前五位的机场中，中国上海和中国香港分别位于第一、第四名。中国作为现在的全球第二大航空市场，未来20年将成为全球第一大的航空市场。据美国波音公司预测，2020年中国将成为仅次于美国的全球第二大民用航空市场。

（1）班机运输。

班机运输（Scheduled Airline）是指在固定航线上定期航行的航班。班机运输一般有固定的始发站、到达站和经停站。

按照业务的对象不同，班机运输可分为客运航班和货运航班。顾名思义，后者只承揽货物运输，大多使用全货机。但由于目前国际贸易中经由航空运输所承运的货量有限，所以货运航班只是由某些规模较大的专门航空货运公司或一些业务范围较广的综合性航空公司在货运量较为集中的航线开辟。对于前者，一般航空公司通常采用客货混合型飞机，在搭乘旅客的同时也承揽小批量货物的运输。

一方面，由于班机运输有固定的航线、经停站、固定的航期，并在一定时间内有相对固定的收费标准，对进出口商来讲，可以在贸易合同签署之前预期货物的起运和到达时间，核算运费成本，合同的履行也较有保障，因此班机运输成为多数进出口商的首选。

另一方面，班机运输由于多采用客货混合机型，航班以客运服务为主，货物舱位有限，不能满足大批量货物及时出运的要求，往往只能分批运输。再有，不同季节同一航线客运量的变化也会直接影响货物装载的数量，使得班机运输在货物运输方面存在很大的局限性。

（2）包机运输。

由于班机运输的货物舱位常常有限，因此当货物批量较大时，包机运输（Chartered Carrier）就成为首选方式。包机运输通常可分为整机包机和部分包机。

所谓整机包机是指航空公司或包机代理公司按照合同中双方事先约定的条件和运价将整架飞机租给租机人，从一个或几个航空港装运货物至指定目的地的运输方式。部分包机则是指有几家航空货运代理公司或托运人联合包租一架飞机，或者是由包机代理公司把一架飞机的舱位分别卖给几家航空货运代理公司的货物运输形式。相对而言，部分包机适合运送1吨以上但质量不足整机的货物，部分包机的运费较班机运输低，但由于需要等待其他货主备妥货物，因此运送时间要长。

包机运输满足了大批量货物进出口运输的需要，同时包机运输的运费比班机运输的运费低，且随国际市场供需情况的变化而变化，给包机人带来了潜在的利益。

比起班机运输，包机运输可以由承租飞机的双方议定航程的起止点和中途停靠的空港，虽然更具灵活性，但由于各国政府出于安全的考虑，也为了维护本国航空公司的利益，对他国航空公司的飞机通过本国领空或降落本国领土往往大加限制，复杂烦琐的审批手续大大增加了包机运输的营运成本，因此目前使用包机业务的地区并不多。

(3) 集中托运。

集中托运（Consolidation）指集中托运人（consolidator）将若干批单独发运的货物组成一整批，向航空公司办理托运，采用一份航空总运单集中发到同一目的地，由集中托运人在目的地指定的代理收货，再根据集中托运人签发的航空分运单分拨给各实际收货人的运输方式，也是航空货物运输中开展最为普遍的一种运输方式，是航空货运代理的主要业务之一。图 10－2 是集中托运示意。

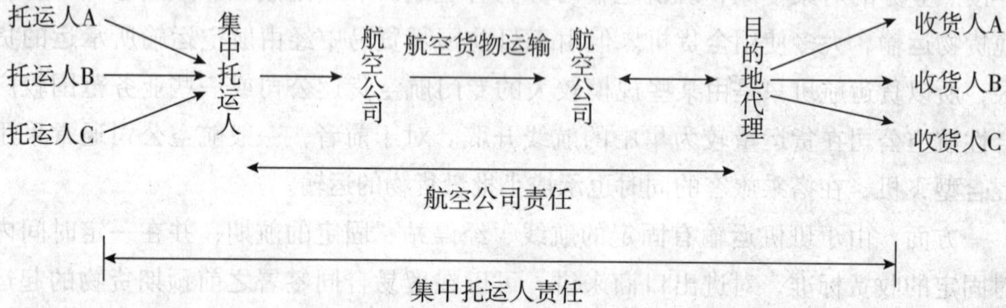

图 10－2 集中托运示意

与货运代理人不同，集中托运人的地位类似多式联运中的多式联运经营人。他承担的责任不仅仅是在始发地将货物交给航空公司和在目的地提取货物并转交给不同的收货人，还需要承担货物的全程运输责任，而且在运输中具有双重角色。他对各个托运人承担货物运输责任，角色相当于承运人；而在与航空公司的关系中，他又被视为集中托运一整批货物的托运人。

(4) 包舱包板运输。

包舱包板运输是当前航空货物运输中经常采取的一种业务形式，货舱或集装箱/集装箱板的包用人一般为具有一定规模的航空货运代理企业。利用这种方式，航空公司提高了销售量，减少了运营风险。而航空货运代理企业则可以获得稳定的运力、低廉的运输成本。

①包舱运输。包舱运输指包用人根据自身业务需要与航空公司签订协议，在一定时间内包用飞机内的全部或部分货舱。包舱运输主要有两种形式：固定包舱和非固定包舱。固定包舱指托运人在承运人的航线上，通过包舱包板的方式运输时，托运人无论是否向航空公司交付货物，都必须支付协议上规定的运费；非固定包舱指托运人在

承运人的航线上，通过包舱的方式运输时，托运人在航班起飞前72小时，如果没有确定舱位，承运人则可以自由销售舱位，托运人向航空公司支付已经确定舱位的运费，没有确定舱位部分，则无须向航空公司支付运费。

②包板运输。

包板运输指包用人在一定时间内，包用承运人一定航线的航班上一定数量的集装箱或集装箱板来运输货物的方式。包板运输形式下，一般由包用人负责集装箱/集装箱板货物的包装和分解作业。包板运输通常只用于直达航班。

（5）航空快递。

航空快递（Air Express）是指具有独立法人资格的企业将进出境的货物或物品从发件人所在地，通过自身或代理的航空网络运至收件人的一种快速运输方式。

全球首家航空快递公司诞生于1969年，专门为商业用户传递银行、航运等方面的商业文件，后来业务范围逐渐扩大到递送商业用途的样品、礼品、体积小价值高的小件货物等。由于强调快速、准确的服务，航空快递业从开始出现就深受从事跨国经营企业的热烈欢迎，行业发展非常迅速。我国第一家航空快递公司是1980年由DHL（敦豪航空货运公司）和中国对外贸易运输公司（简称中外运）成立的中外运－敦豪国际航空快件有限公司，由于适应了当时国际贸易迅速发展的要求，快递业务在全国迅速铺开。随后，联邦快递、UPS、TNT这些全球最大的快递公司纷纷涌向中国。同时，在中国本土也出现了一批提供全国、地区乃至同城快递服务的公司，如中通、顺丰、申通、圆通、邮政系统等，中国快递市场呈现激烈竞争的局面。

（三）国际多式联运

随着国际贸易和运输技术的发展，传统的海、陆、空等互不连贯的单一运输方式已不能适应形势发展，在国际集装箱运输发展和集装箱国际标准化的基础上，出现了新型的运输方式，即国际多式联运，于20世纪60年代始于美国。

1. 国际货物多式联运定义

《联合国国际货物多式联运公约》对国际多式联运所下的定义是："按照多式联运合同，以至少两种不同的运输方式，由多式联运经营人将货物从一国境内接管货物的地点运到另一国境内指定交付货物的地点。"

2. 国际多式联运特点

（1）只有一份多式联运合同。

（2）使用一份多式联运单据。

（3）至少两种不同的运输方式连贯运输。

（4）国际间的货物联运。

（5）由一个多式联运经营人对全程负责。

（6）按全程单一运费率，以包干形式一次收取。

3. 国际多式联运的组织形式

（1）海陆联运。海陆联运是国际多式联运的主要组织形式，以航运公司为主体（如马士基、台湾长荣、中远），签发联运提单，与航线两端的内陆运输部门开展联运业务，与大陆桥展开竞争。如海铁联运、公海联运等。海铁联运流程如图 10－3 所示。

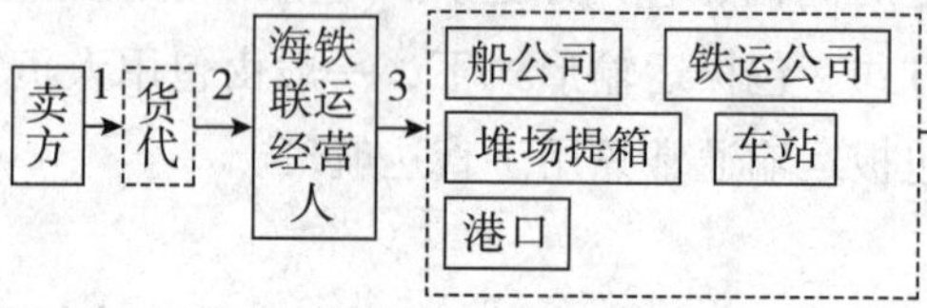

图 10－3 海铁联运流程

公海联运与海铁联运的业务流程基本相同，主要差别表现在以下五个方面。一是公路汽车运输公司成为多式联运经营人的分承包商，发挥着与海铁联运当中铁路运输公司同样的作用。二是联运经营人签发的是公路海运联运提单，用于买卖双方进行结汇和提货。三是公路汽车运输公司使用“公路运单”作为运输合同，用以约束公海联运经营人与汽车运输公司间的权利和义务。四是通常情况下，公路汽车运输公司不拥有货运站，而是多式由联运经营人直接指示公路汽车运输公司将货主的货物运输到指定的场站或仓库，这个场站或仓库可以是船舶公司的，也可以是多式联运经营人自己拥有或租赁的。五是公路运输同铁路运输相比具有灵活性，但对于长距离内陆运输，铁路运输具有价格优势；在安全性方面，受气候、道路条件、车况等因素的影响，公路运输常常会出现不确定性，影响交货时间和整个联运安排。

陆桥运输是指利用大陆桥开展海陆联运，缩短运输历程的一种多式联运。其中大陆桥（Land Bridge）是指连接两个海洋之间的陆上通道，是横贯大陆、以铁路为骨干、避开海上绕道运输的便捷运输大通道。这比全程海运运程短，但需增加装卸次数。在某一区域大陆桥运输能否存在和发展，主要取决于它与全程海运相比，在运输费用和运输时间等方面的综合竞争力。

（2）海空联运。海空联运是指把空运货物先经由船舶运至拟中转的国际机场所在港口，然后安排拖车将货物拖至拟中转的国际机场进行分拨、装板、配载后，再空运至目的地的国际多式联运形式。如远东至美国内陆，先海运至美国西海岸，再空运至美国内陆。

目前，国际海空联运线主要有以下几条。

①远东—欧洲。

②远东—中南美。

③远东—中近东、非洲、澳洲。

（3）陆空联运。陆空联运是指先采用陆运，后采用空运，将货物从起运地运到目的地的联运方式，也是国际多式联运的一种。中国香港至欧美的包机运费低，到货迅速。而中国（除港澳台外）至欧洲的空运需在北京中转，中转时间长，我国陆空联运大多通过铁路或公路将出口货物运至我国香港，再由我国香港转装空运至欧美各国。

二、进出口商品检验

进出口商品检验是国际物流系统中的一个重要子系统。进出口商品的检验，就是对卖方交付商品的品质和数量进行鉴定，以确定交货的品质、数量和包装等是否与合同的规定一致。如发现问题，可分清责任，向有关方索赔。在国际贸易合同中，一般都订有商品检验条款，其主要内容是检验时间与地点、检验机构与检验证明、检验标准与检验方法等。

（一）进出口商品检验的重要性

凡未经检验合格的进口商品，不准销售、使用；凡未经检验合格的出口商品，不准出口。这反映出商品检验在对外贸易中的地位及重要性。有的国家把买方检验货物的权利以立法的形式予以支持和保护。《联合国国际货物销售合同公约》规定："买方必须在按情况实际可行的最短时间内检验货物或由他人检验货物。""如果合同涉及货物的运输，检验可推迟到货物到达目的地后进行。"

由此可见，商品检验及合同中的检验条款，对于促进商品买卖业务的顺利进行，是不可缺少的。

（二）实施进出口商品检验的范围

《中华人民共和国进出口商品检验法》规定，进出口商品实施检验的内容，包括商品的质量、规格、数量、重量、包装以及是否符合安全、卫生要求。检验的依据主要以买卖合同（包括信用证）中所规定的有关条款为准。主要内容有以下几项。

（1）列入《出入境检验检疫机构实施检验检疫的进出境商品目录》的进出口商品（简称《商品目录》，详见现行《商品目录》）。

（2）《中华人民共和国食品安全法》规定，应对进出口食品实施卫生检验检疫。

（3）危险货物的包装容器、危险货物运输设备和工具的安全技术条件的性能和使用鉴定。

（4）装运易腐烂变质食品的船舱、货仓、车厢和集装箱。

（5）国家其他有关法律、法规规定须经出入境检验检疫机构检验的进出口商品、物品、动植物等。

（三）检验时间与地点

根据国际贸易惯例，对进出口商品检验的时间与地点有以下三种规定。

1. 在出口国检验

这是指出口国装运港的商品检验机构在商品装运前对商品品质、数量及包装进行检验，并出具检验合格证书作为交货的最后依据。具体而言，商品以离岸品质、重量为准，商品到达目的港后，买方无权向卖方提出异议。有时，商品的检验也可以在出口方的工厂进行，卖方只承担商品离厂前的责任，对运输中商品品质、数量变化概不负责。

2. 在进口国检验

这是指商品到达目的港后，商品的数量、品质和包装由目的港的商品检验机构检验，并出具检验证书作为商品的交接依据。这种方式是以商品到岸品质、重量为准。有时，商品的检验也可以在买方营业处所或最后用户所在地进行，在这种条件下，卖方应承担运输过程中品质、重量变化的风险。

3. 出口国检验，进口国复验

商品在装船前进行检验，以装运港的检验证书作为交付货款的依据；在商品到达目的港之后，允许买方公证机构对商品进行复验，并出具检验证书作为商品交接的最后依据。如复验结果和合同规定不符，买方有权向卖方索赔，但必须出具卖方同意的公证机构的检验证明。这种检验办法对买卖双方都有好处，且比较公平合理，因而在国际贸易中应用很广泛。

商品检验的时间和地点不仅与贸易术语、商品包装性质、检验手段的具备与否有关，而且还与国家的立法、规章制度等有密切关系。为使商检工作顺利进行，预防产生争议，买卖双方应将检验时间与地点在合同的检验条款中具体说明。

（四）进出口商品检验工作程序

我国进出口商品检验工作，主要有四个环节。

（1）接受报验：报验是指对外贸易关系人向商检机构报请检验。报验时需填写“报验申请单”，填明申请检验、鉴定的工作项目和要求，同时提交对外所签买卖合同、成交小样及其他必要的资料。

（2）抽样：商检机构接受报验之后，及时派员赴货物堆存地点进行现场检验、鉴定。抽样时，要按照规定的方法和一定的比例，在货物的不同部位抽取一定数量的、能代表全批货物质量的样品（标本）供检验之用。

（3）检验：商检机构接受报验之后，认真研究申报的检验项目，确定检验内容，仔细审核合同（信用证）对品质、规格、包装的规定，弄清检验的依据，确定检验标准、方法，然后进行抽样检验、仪器分析检验、物理检验、感官检验和微生物检验等。

（4）签发证书：在出口方面，凡列入《商检机构实施检验的进出口商品种类表》（简称《种类表》）内的出口商品，经商检检验合格后签发放行单（或在“出口货物报关单”上加盖放行章，以代替放行单）。凡合同、信用证规定由商检机构检验出证的，或国外要求签检证书的，根据规定签发所需封面证书；不向国外提供证书的，只签发放行单。《种类表》以外的出口商品，应由商检机构检验的，经检验合格发给证书或放行单后，方可出运。在进口方面，进口商品经检验后，分别签发“检验情况通知单”或“检验证书”，供对外结算或索赔用。凡由收、用货单位自行验收的进口商品，如发现问题，供对外索赔用。对于验收合格的，收、用货单位应在索赔有效期内把验收报告送往商检机构销案。

三、进出口货物通关

通关指进出境运输工具的负责人、货物的收发货人及其代理人、进出境物品的所有人向海关申请办理进出口手续，海关对其呈交的单证和申请进出境的货物、运输工具和物品依法进行审核、查验、征缴税费、批准进口或者出口的全过程。

（一）海关概述

根据《中华人民共和国海关法》（以下简称《海关法》）第二条，“中华人民共和国海关是国家的进出关境（以下简称进出境）监督管理机关”。海关具有以下三个性质：一是海关是国家行政机关，二是海关是国家进出境监督管理机关，三是海关的监督管理是国家行政执法活动。中国海关总署为国务院的直属机构，统一管理全国海关，负责拟定海关方针、政策、法令、规章。国家在对外开放口岸和海关监管业务集中的地点设立海关。中国海关按照《海关法》和其他法律、法规的规定履行海关职责。

根据《海关法》，海关有四项职责。

（1）监管。指海关运用国家赋予的权力，通过一系列管理制度与管理程序，依法对运输工具、货物、物品及人员的进出境活动所实施的一种行政管理。

（2）征税。依据《海关法》《中华人民共和国进出口关税条例》（以下简称《关税条例》）等，在进出口环节对货物等征收关税、增值税、消费税、船舶吨税等。

（3）缉私。查缉走私是海关为保证顺利完成监管和征税等任务而采取的保障措施。法律规定，海关是查缉走私的主管部门。中国海关总署为维护国民经济安全和对外贸易秩序，对走私犯罪行为给予坚决打击。中国实行“联合缉私、统一处理、综合治理”的缉私体制，海关在公安、工商等其他执法部门的配合下，负责组织、协调和管理缉私工作，对查获的走私案件统一处理。

（4）统计。根据《海关法》规定，编制海关统计是中国海关总署的一项重要业务。海关统计是国家进出口货物贸易统计，海关负责对进出中国关境的货物进行统计调查和分析，科学、准确地反映对外贸易的运行态势，实施有效的统计监督。中国海关总署按月向社会发布中国对外贸易基本统计数据，定期向联合国统计局、国际货币基金组织、世界贸易组织及其他有关国际机构报送中国对外贸易的月度和年度统计数据，数据发布的及时性居世界领先地位。中国海关总署定期编辑出版《海关统计》月刊和《中国海关统计年鉴》，积极为社会各界提供统计信息资料和咨询服务。

（二）进出口货物通关程序

（1）申报。进出口货物的收、发货人或受委托的报关企业，依据《海关法》以及有关法律、行政法规的要求，在规定的期限和地点，采用电子数据报关单和纸质报关单的形式，向海关报告实际出口货物的情况，并接受海关审核的行为。进口货物应自装载货物的运输工具申报进境起14日内向进境地海关申报入境，出口货物应在货物运抵海关监管区后、装货的24小时内向出境地海关申报出境。

（2）海关查验。海关查验是指海关为确定进出口货物收发货人向海关申报的内容是否与进出口货物真实情况相符，或者为确定商品的归类、价格、原产地等，依法对进出口货物进行实际核查的执法行为。海关可以通过实际的查验发现申报审单环节所不能发现的有无瞒报、伪报和申报不实等走私违规问题，还可以验证申报审单环节提出的疑点，为征税、统计和后续管理提供可靠的监管依据等。

（3）海关征税。为了调节国内外商品税收负担的差异，使进口商品与国内商品同等纳税，平衡国内外商品的税负，为国内外商品创造一个公平竞争的环境，也为了抑制盲目进口，节约使用外汇，保护国内生产，海关在进出境的环节对货物征收关税和其他税费，如增值税和消费税。如属应纳税商品，由海关计算税费，填发税款缴纳单，供报关单位缴清税款。

（4）海关放行。海关放行是指海关接受进出口货物的申报、审核电子数据报关单和纸质报关单及随附单证、查验货物、征收税费或接受担保以后，对进出口货物做出结束海关进出境现场监管的决定，允许进出口货物离开海关监管现场的工作环节。

第三节　保税国际物流

保税国际物流是一种特殊的国际物流形式，是建立在保税制度基础上的国际物流形式。保税制度（Bonded System）是一种国际通行的海关制度，是指经海关批准的境内企业所进口的货物，在海关监管下在境内指定的场所储存、加工、装配，并暂缓缴纳各种进口税费的一种海关监管业务制度。上述货物则称为保税货物，保税就是保留征税权。

一、保税仓库

保税仓库是指经海关批准设立的专门存放保税货物及其他未办结海关手续货物的仓库。进入保税仓库的进境存入货物可以暂时免征进口税款，免领进口许可证或其他进口批件，在海关规定的存储期内复运出境或办理正式进口手续。

（一）保税仓库的类型

从经营形式上来看，保税仓库主要有三种类型。

1. 公用型保税仓库

具有法人资格的经济实体，可向海关申请建立公用型保税仓库，专营仓储业务。其本身不经营进出口业务。仓库内可供各类进口单位共同存放货物，如转口贸易货物、外商暂存货物。

2. 自用型保税仓库

由外贸型企业自营，一般只储存本企业经营的保税货物，例如加工贸易企业自营的保税仓库，专门用来存放本企业进口的原料，加工后复运出口。

3. 专用型保税仓库

保税仓库中专门用来存储具有特定用途或特殊种类商品的称为专用型保税仓库。专用型保税仓库是公用型和自用型之外的一种专业性较强的仓库类型。专用型保税仓库包括液体危险品保税仓库、备料保税仓库、寄售维修保税仓库和其他专用型保税仓库。专用型保税仓库既可以是公用型的，也可以是自用型的。

（二）允许存放的货物类型

根据我国的实际情况，海关允许存放保税仓库的货物有以下三类。

（1）供加工贸易（进、来料加工）的进口料件。

（2）外经贸主管部门批准开展外国商品寄售业务、外国产品维修业务、外汇免税商品业务及保税生产资料市场的进口货物。

（3）转口贸易货物、外商寄存货物以及国际航行船舶所需的燃料、物资和零配件等。

二、保税区与综合保税区

保税区与经济特区、经济技术开发区等特殊区域一样，也是国家批准设立的实行特殊政策的区域。保税区又称为保税仓库区或加工贸易保税区，即一个国家划出一定范围，在海关监管之下，对为制造出口货物而进口的原材料、零部件以及在区内存储、加工、装配后复出境的货物，准予暂缓办理纳税手续。货物进入保税区后，在享受保税权期间，可以进行诸如储存、加工、装配、展览、分类、重装等作业，完成这些作业后，视货物的最终流向决定是否征税。如果复运出境则不征税，如果进入国内市场，则要办理报关手续，缴纳进口税。

综合保税区和保税港区一样，是我国开放层次最高、优惠政策最多、功能最齐全、手续最简化的特殊开放区域。与保税区一词之差，却功能更为齐全，它整合了保税区、保税物流园区、出口加工区等多种外向型功能区特点，是更为开放的一种形态，也更符合国际惯例。

综合保税区是设立在内陆地区的具有保税港区功能的海关特殊监管区域，由海关参照有关规定对综合保税区进行管理，执行保税港区的税收和外汇政策，集保税区、出口加工区、保税物流园区、港口的功能于一身，可以发展国际中转、配送、采购、转口贸易和出口加工等业务。

根据现行有关政策，海关对保税区实行封闭管理，境外货物进入保税区，实行保税管理；境内其他地区货物进入保税区，视同出境；同时，对外经贸、外汇管理部门也对保税区实行相对优惠的政策。企业在综合保税区开展口岸作业业务，海关、商检等部门在园区内查验货物后，可在任何口岸（海港或空港）转关出口，无须再开箱查验。

（一）保税区的税收政策

（1）国外货物入区保税；若货物出区，按货物进口的有关规定办理报关，并按货物实际状态征税。

（2）国内货物入区视同出口，实行退税。

（3）区内企业间的货物交易不征收增值税和消费税。

（二）保税区的发展

从1990年国家设立第一个保税区——上海外高桥保税区开始，20多年来，全国保税国际物流有了很大的发展。有依托港口的，如上海外高桥、天津港、广州、青岛、宁波、汕头保税区；有依托开发区的，如大连、厦门、福州保税区；有既不在开发区又不临港口的，如福田保税区；还有唯一依托内河港口的张家港保税区。截至2016年9月，经国务院批准设立的综合保税区有52家，其中，郑州新郑综合保税区、合肥综合保税区、苏州工业园综合保税区、泰州综合保税区、天津滨海新区综合保税区、北京天竺综合保税区、重庆西永综合保税区、广西凭祥综合保税区、昆山综合保税区、苏州高新区综合保税区、沈阳综合保税区、武汉东湖综合保税区、阿拉山口综合保税区等已封关运行。

近几年批复的综合保税区有：泰州综合保税区于2015年5月正式获得国务院批准；岳阳城陵矶综合保税区于2014年7月正式获得国务院批准；石家庄综合保税区于2014年10月正式获得国务院批准；2015年1月12日，国务院正式批准设立贵安综合保税区；2015年2月25日，国务院下发文件，批复同意江苏常州出口加工区、武进出口加工区优化为综合保税区；2015年5月，国务院正式批复同意设立东营综合保税区；芜湖综合保税区于2015年9月1日正式获得国务院批准；2015年11月2日，经国务院批准，由南宁高新区托管的南宁保税物流中心正式转型升级为南宁综合保税区；2016年

1月，国务院批复同意设立江阴综合保税区，标志着江阴临港开发区申报国家综合保税区正式获批；2016年8月26日，马鞍山综合保税区正式获得国务院批复；2017年12月21日，营口综合保税区正式获得国务院批复；2017年12月28日，徐州综合保税区正式获得国务院批复；2018年6月12日，国务院正式批复连云港出口加工区整合优化为连云港综合保税区。

三、自由贸易区

自由贸易区（Free Trade Zone）也称自由区、工商业自由贸易区（简称“自贸区”），划在关境以外，对进出口商品全部或大部分免征关税，并且准许在区内或港内开展商品自由储存、展览、拆散、改装、重新包装、整理、加工和制造等业务，以便于本地区的经济和对外贸易的发展，增加财政收入和外汇收入。

（一）自贸区的分类

（1）港口或设区的所在城市都划为自由港或自由贸易区。如香港，绝大多数商品可以自由进出，免征关税，甚至允许外国商人在区内兴办工厂或企业。

（2）港口或设区的所在城市的一部分。如汉堡自由贸易区，由汉堡的两部分组成：划在卡尔勃兰特航道以东的自由港、划在卡尔勃兰特航道以西的几个码头和邻近地区。汉堡自由贸易区位于港区的中心，占地14.5平方千米（5.6平方英里）。外国商品只有运入这个区内才能享有免税等优惠待遇，不受海关监督。

（二）自贸区的政策

1. 关税方面的规定

对于允许自由进出港口或自由贸易区的外国商品，不必办理报关手续，免征关税。少数已征收进口税的商品如烟、酒等的再出口，可退还进口税。但这些商品如果进入所在国国内市场销售，则必须办理报关手续，缴纳进口税。有些国家对在港内或区内进行加工的外国商品往往有特定的征税规定。如美国规定，用美国的零配件和外国的原材料装配或加工的产品进入美国市场时，只对该产品所包含的外国原材料的数量或金额征收关税。

2. 业务活动的规定

对于允许进入自由港或自由贸易区的外国商品，可以储存、展览、拆散、分类、分级、修理、改装、重新包装、重新贴标签、揭洗、整理、加工和制造、销毁、与外国或所在国原材料混合再出口或向所在国国内市场出售。

全世界各类自由贸易区有700多个，遍及5大洲100多个国家与地区。

（三）自贸区的发展

自2013年上海自贸区开始，全国一共设立了三批自贸区，第一批自贸区为上海自贸区，涵盖上海外高桥保税区、外高桥保税物流园区、洋山保税港区和上海浦东机场综合保税区四个海关特殊监管区域。2014年，福建海西自贸区、广东粤港澳自贸区、天津自贸区等第二批自贸区进行试点。2017年，辽宁、浙江、河南、湖北、重庆、四川、陕西等第三批7个自贸试验区正式挂牌。

四、出口加工区

出口加工区是一个国家或地区在其港口或者机场附近，划出一定的区域范围，建造码头、道路、车站、厂房、仓库等基础设施，并提供免税等一系列优惠政策，鼓励外国企业在区内投资生产以出口为主的工业品的加工区。出口加工区是20世纪60年代后期，首先在一些发展中国家建立和发展起来的。其目的在于吸引外国资本，引进先进技术和装备，促进工业和外贸的发展，带动该地区经济发展，提高生产技术水平。

出口加工区起源于自由港或自贸区，但两者又有所不同。自由港或自贸区以转口贸易为主，侧重于贸易；而出口加工区以出口加工为主，侧重于工业。

（一）出口加工区的类型

出口加工区一般分为两类，即综合型出口加工区和专业型出口加工区。综合型出口加工区是指在区内可以生产经营多种出口加工产品，目前世界上绝大多数出口加工区属于这种类型。专业型出口加工区是指区内只准生产经营某种特定的出口加工产品。

由于在出口加工区投资的外国企业所需的设备和原材料大部分依靠进口，产品全部或大部分输出国外市场销售，因此出口加工区应设在交通便利、运输费用低廉的地方。在国际性的航空港或海港附近设区最为理想。

（二）出口加工区的一般规定

为了发挥出口加工区的作用，吸引外国企业投资设厂，各国、各地区都制定了许多具体的政策措施，主要包括以下几个方面。

（1）关税的优惠规定。企业可免税或减税进口加工制造所需的设备、原料辅料、元件、半成品和零配件；生产的产品可免税或减税以全部出口。

（2）国内税的优惠规定。对企业征以较低的国内税，如所得税、营业税、贷款利息税等，并规定投产后在一定年限内完全免征或减征。

（3）放宽外汇管制的规定。对于出口加工区的外国企业，允许其资本、利润、股息全部汇出。

（4）投资保证的规定。许多国家或地区不仅保证各项有关出口加工区的规定长期稳定不变，而且保证对外投资不没收或征用。如因国家利益或国防需要征用时，政府保证给予合理的经济赔偿。

（5）其他相关政策。对于报关手续、土地、仓库、厂房租金、贷款利息、外籍员工及其家属的居留权等都给予优惠待遇。

本章小结

国际物流是随着全球化而逐渐发展起来的。国际物流，简单来讲就是物流活动超越国家疆界的限制，延伸到其他国家和地区。随着国际经济与贸易的发展、国际交往的进一步深化、全球经济的一体化发展，国际物流的规模和深度都在不断扩大。与国内物流相比，国际物流环境更复杂、系统的范围更广、对信息化和标准化的要求更高。国际物流环节多，主要包括发货、出口国国内运输、出口国报检报关、国际间运输、进口国报检报关、进口国国内运输等。在国际物流运行中，为了促进贸易的发展和国际物流效率的提高，海关批准建设特殊的海关监管区，如保税仓库、保税区、自贸区、出口加工区等，在特殊监管区内行使保税制度。

案例分析

成都双流自贸试验区以创新引领发展

2017 年 4 月，中国（四川）自贸试验区正式挂牌。成都双流自贸试验区应运而生，空港双流也迎来了又一重大发展机遇。成都双流自贸试验区总面积 34.01 平方千米，是中国（四川）自贸试验区内面积范围最广阔、区位优势最明显、产业基础最扎实、口岸功能最成熟的核心区域，涵盖成都国际航空枢纽综合功能区、成都高新综合保税区双流园区和西南航空港经济开发区三大功能板块。

自成立以来，成都双流自贸试验区以制度创新为核心，以产业发展为抓手，做大做强产业体系，加快促进对外开放，做优做强以客运货运枢纽服务、航空维修、研发培训、通用航空为主的民用航空核心产业，积极发展金融服务、跨境电商、口岸贸易等高端服务业和先进制造业，全力打造营商环境优越、投资贸易便利、监管高效便捷、创新创业活跃、产业基础雄厚的内陆自贸发展引领示范区。成都双流自贸试验区成立以来，尤其是进入 2018 年后，为打造内陆自贸发展引领示范区，在自贸区改革创新、航空经济发展、开放发展、营商环境建设等方面出了大力气，下了真功夫，并且取得了显著的成效。

成都双流自贸试验区积极对接高校和研究机构，不断加速改革创新进展。

航空经济加速发展。按照编制的功能区“三图”，创新产业链、培育生态圈，大力发展三大主导产业，加快构建具有国际竞争力和区域带动力的航空经济体系，不断优化营商环境。以构建法治化、国际化、便利化的一流营商环境为目标，推进智慧自贸，空港自贸企业服务中心建成投运。

创新“航空+铁路”多式联运模式。近年来，随着国际国内贸易物流网络的发展成型，板块区域与地区城市间的物流方式已从单一结构向多式联合转变，物流企业间的开放合作已经成为一种全新的业态形势。

2018年9月15日，随着从成都东站开出的DJ8862次动车组抵达西安北站，在双流机场与西成高铁上试点的“一单制”空铁联运货物运输顺利完成。这是2018年5月中国铁路总公司与中国民用航空总局签订空铁联运战略合作协议后，落地的首单跨境联运项目。这单跨境货物是来自我国香港的服装等商品，从成都双流国际机场入境装运后，搭乘西成高铁“动检车”到西安交付客户。铁路部门通过利用空载运行的“动检车”车厢装载货物的方式，最大化地发挥小件商品高铁运输的物流效率，从而实现能力输出的最大化使用。该方式在近几年的“双十一”电商黄金周期间曾多次使用，均取得了较好效果，得到市场充分认可。此次利用西成高铁的“动检车”试行空铁联运货物，不仅实现运效最大化，更在于检验并完善了“一单制”物流的模式推广与应用。客户只需一次填写“空铁联运单”，即可享受“门到门”全程物流链运输服务。

2019年9月，四川航空股份有限公司（以下简称“四川航空”）与中国铁路成都局集团有限公司（以下简称“中国铁路成都局”）签署空铁联运战略合作协议，双方将在客货运输、基础设施、信息数据、职业培训等领域，开展多层次、全方位战略合作，实现民航与铁路融合发展，助力“一带一路”建设。根据协议，四川航空和中国铁路成都局将持续合作，探索推进“高铁+航空”“班列+班机”的空铁联运创新产品，共建共享多式联运物流中心，以无缝衔接、高效转运、快速通关为目标，推动空铁联运全面发展。

作为我国西部铁路、航空企业服务自由贸易试验区多式联运物流的创新模式，空铁联运对我国物流行业转型发展、推动跨境空铁联运均是重大的课题突破。“航空+铁路”打造空地无缝衔接，符合国家综合交通运输发展趋势，有利于民航与铁路相互促进与协同发展。

下一步，四川航空及中国铁路成都局将考虑以成都双流国际机场、双流西站为空铁联运枢纽，以四川航空国际航线、西成高铁为通道，试点多式联运产品，主要吸引以成都为中转地，以西安和四川航空国际航点为始发地、终到地的高附加值货源。该项目的试运成功，将开启以航空货站、高铁货站为核心的多式联运枢纽的构建模式和作业流程，为今后“动检车”常态化往返运行承担货运任务打下基础，进而实现“航空+铁路”多式联运产品的常态化运营。

客货通关实现智能便利化。成都空港口岸是四川省唯一的国家一类开放口岸和全国第四大航空枢纽，国际客、货运输业务十分繁忙。2017年进出境旅客人数达到512

万人次，成为继上海浦东、北京首都、广州白云之后的全国第四个出入境旅客流量突破500万的航空口岸；国际货运量11.68万吨，增长19.3%。为实现成都海关全面实施全国通关一体化改革、进一步优化查验作业模式、提高口岸查验作业效率、提升旅客通关便利化，海关开始全面推广移动查验单兵作业系统，启用“智能审图”，通过使用信息化手段和智能化设备来实现人和货的通关便利化。

据了解，移动查验单兵作业系统是海关总署专门为海关查验作业设计，利用信息化手段解决查验人员人工查验面临的问题，以及部门间实时指挥和监控难等问题。成都双流国际机场海关在使用移动查验单兵作业系统后，大大提高了效率，企业查验变得省时、省力、省钱，正常情况下仅15分钟左右即可完成查验，减少查验时间1~2小时，降低了货物滞港所产生的仓储物流成本，企业成为真正的受益者。

下一步，借助关检融合契机，成都双流自贸试验区将联合成都双流国际机场海关，进一步梳理空港口岸通关流程，优化查验流程，进一步压缩货物整体通关时间，提高旅客通关效能，为成都空港口岸在打造西部经济核心增长极、建设现代国际化大都市、助推外向型经济发展方面起到支撑作用，并为天府国际机场建设提供可复制、可推广的模板。

思考：

成都双流自贸试验区的成功发展，有哪些可借鉴的经验？

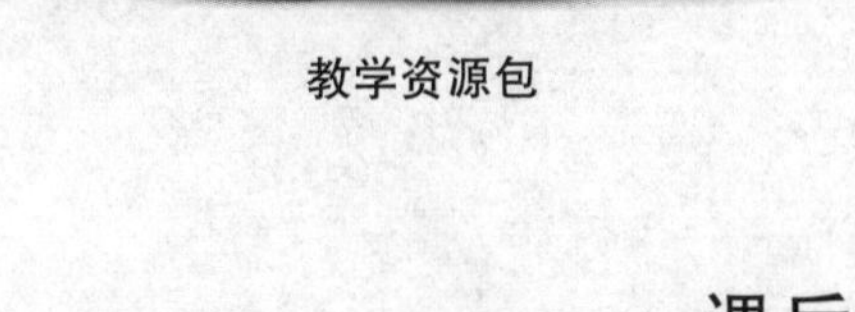

教学资源包

在线答题

课后练习

一、判断题

1. 国际物流是指跨国家的物流活动。（　）
2. 从狭义上来说，国际物流是伴随着国际贸易的发生而发生的。（　）
3. 国际物流系统运作系统范围广，环节多，过程长。（　）

4. 国际物流的标准化要求高是指物流设施设备的标准化要求高。（ ）

二、选择题

1. 国际运输方式以（ ）为主，多种运输方式相结合。

A. 海洋运输　　B. 航空运输

C. 铁路运输　　D. 公路运输

2. 通关指进出境运输工具的负责人、货物的收发货人及其代理人、进出境物品的所有人向（ ）申请办理进出口手续，海关对其呈交的单证和申请进出境的货物、运输工具和物品依法进行审核、查验、征缴税费、批准进口或者出口的全过程。

A. 边检　　B. 海关

C. 进出境商品检验检疫局　　D. 外经部门

3. 按照法律规定，不列入报关范围的是（ ）。

A. 进出境运输工具　　B. 进出境物品

C. 进出境货物　　D. 进出境旅客

4. 海洋货物运输的主要组织形式是（ ）。

A. 班轮运输　　B. 租船运输

C. 定期租船运输　　D. 定程租船运输

三、思考题

1. 什么是国际物流？举例说明典型的国际物流活动。

2. 国际物流和国内物流相比，国际物流有哪些特点？

3. 国际物流运作的主要环节有哪些？

4. 简述保税仓库、保税区、自贸区、出口加工区的定义和保税政策。

第十一章　供应链与供应链管理

本章导读

随着科学技术的迅猛发展、管理思想的不断拓展以及竞争环境的日益严峻，越来越多的企业开始运用供应链管理策略来增强企业竞争优势。供应链管理使企业与其相关企业形成了一个融会贯通的网络整体，加速了产品从生产到消费的过程，缩短了产销周期，增强了整个供应链及其成员企业的市场竞争能力。

供应链管理的实践是近 30 年才出现的，它是一项异常复杂的工作。各国的学者与管理专家对供应链进行了大量的研究与探讨，包括供应链的运作过程与运作效率和供应链中的一些共性的问题，如供应链中的物流问题、库存问题等。这样的研究逐步从点到线、从线到网络。我们可以通过相关的理论了解供应链管理的产生与发展历程。

教学目标

对供应链概念的理解是把握供应链管理思想及分析、解决供应链管理过程中问题的关键，正确引导学生全面系统地了解供应链的产生、发展及未来趋势，培养学生供应链管理的思想和全局的观念，以期为后续的学习打下良好的基础。

学习任务

1. 理解供应链与供应链管理的概念。
2. 理解供应链管理的产生及其发展过程。
3. 掌握供应链管理的内容与方法。
4. 了解供应链绩效评价的内容及评价指标体系的构成。

知识导图

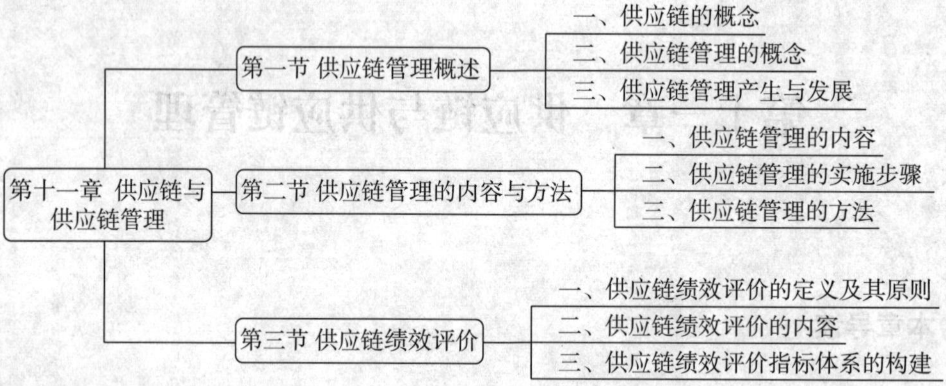

导入案例

苹果公司的供应链管理

10 多年前，苹果创始人乔布斯“一个人，一张桌子，一台电脑，就能改变世界”的偏执信念，使得苹果一度陷入濒临死亡的境地。为挽救苹果，乔布斯采取的关键行动之一就是解决供应链管理问题。现在，苹果通过实施需求导向的务实设计创新、差异化销售渠道、精简库存、外包非核心业务及构建供应链联盟等策略，开发了供应商、公司和消费者之间的快速连接，证实了不单纯依靠低成本策略的供应链也是可以取得让人羡慕的成就的。与此同时，苹果的供应链还存在过度压榨供应商、部分产品销售渠道不完善、产品定价过高及供应链联盟不稳的现象。

1. 需求导向的务实设计创新

苹果是把握消费趋势的高手。因为把握了消费趋势，苹果成为最初的个人电脑市场中为数不多的品牌；遗憾的是，过于超前的产品构想，让苹果丧失了在个人电脑市场中的绝大多数的市场份额。随后，对人性至察而又通明的能力使得苹果及时调整了需求满足策略，构建了务实的设计创新，即对于每一个新的产品设计理念，苹果都要求其工程师提供三份评价文件，即一份市场开发文件、一份工程设计文件以及一份消费者体验文件；如果这三个文件被执行委员会评价并认可，设计组就会得到一笔预算。这种以市场为导向——不是从技术角度出发，而是从市场角度确定产品及销售价格的策略值得揣摩。譬如，被《时代》杂志评为 2007 年最佳发明的 iPhone，虽然使用的都是成熟技术，却能够给消费者全新的消费体验。以音乐功能为例，iPhone 使用的是 3.5 毫米的标准耳机接口，这意味着消费者可以通过不同类型的耳机获得不同的音乐享受。苹果的经历说明，虽然非常了解消费者，但是超前的理念和设计并不一定能够引发消费者的共鸣，还需要有必要的市场资源和技术支撑才可以。在这个方面，苹果的成功经验和失败教训一样多。如果苹果没有那些失败，可能不会有惠普，不会有戴尔，不会有康柏，甚至不会有微软。

2. 差异化销售渠道

苹果针对不同的产品类型，采用各具特色的销售渠道。对于 iPhone 产品，苹果全部是直接与运营商合作，通过销售分成的方式获利，在美国是 AT&T（美国第二大移动运营商），英国是 O2（英国移动网络运营商），但在中国，当骄傲的苹果公司想将这种方式直接复制过来时，却碰了一鼻子灰，因为处于垄断地位的中国运营商远比其他国家的同行强势。据了解，O2 在取得 iPhone 的销售权的同时，便意味着今后将要把 40% 的收入交给苹果，但这种方式对中国移动或中国联通是行不通的。对于所有非 iPhone 产品，在零售终端方面，苹果进行市场细分筛选，采取了授权专卖店、卖场连锁店、网上授权零售、网上直销四种方式相结合的路线。授权专卖店主要是由一些个体户经营，这些商家对于市场反应迅速，善于钻营，自身还拥有大量的老顾客资源。卖场连锁店的模式，主要还是依靠“正规集团军”强大的店面和高素质的销售团队，抢占更多的终端消费群体。网上授权零售主要是卓越网。最后，为了让消费者配置订单，苹果开始直接通过 Apple（苹果）专卖店，在互联网（Internet）上接受教育机构与消费者的订单，并为他们直接配置产品。

3. 精简库存

1996 年苹果公司的库存成品价值高达 7 亿美元，公司一度陷入存货危机，产品库存周转率还不到 13 次。为此，苹果采取了一系列措施降低库存。

第一，减少供应商数量。苹果将原先庞大的供应商数量减少至一个较小的核心群体，开始经常给供应商传送预测信息，共同应对各种原因导致的库存剧增风险。但是，苹果对供应商也提出了一系列残忍的完美主义要求：无论何时，如果一个项目没有达到要求，苹果都会要求供应商在 12 小时内做出根本原因的分析和解释。

第二，减少产品种类。这是整个改革中最基础的环节，苹果把原先的 15 种以上的产品样式消减到 4 种基本的产品样式，并尽可能使用更多标准化部件，从而大大地减少了产品生产的零部件备用数量以及半成品数量，能够将精力更集中于定制产品，而不是为大量的产品搬运大量存货。譬如，iPod nano（一种能播放指定格式音乐的随身播放器）几乎使用了所有的通用 IC（电子元器件），从而减少了在元件准备上的时间和库存。2007 年，苹果获得了快速的存货周转水平（50.8%）和高速的业绩增长（38.6%）。

第三，提供更多无形产品。迄今为止，苹果公司的需求预测、库存管理仍非常糟糕，但是苹果通过提供 iTunes（一款供苹果电脑和其他电脑使用免费数字媒体的播放程序）音乐商店服务，让消费者把钱大把地花费在一个近 20 亿美元销售额的零库存商品供应链上。目前，苹果的在线 iTunes 音乐商店已经成为世界上第三大的音乐零售商，仅次于沃尔玛和百思买。苹果的翻身仗说明，只有降低企业的存货成本才能直接增加企业的盈利。

4. 外包非核心业务

第一，生产外包。虽然大部分的iPod（一种便携式多功能数字多媒体播放器）用户总是津津乐道iPod是由苹果生产的一款极其成功的音乐和媒体播放机，但是他们并不在意它是由谁生产或者在哪里生产出来的，而这也正是苹果想要的。来自台湾的鸿海精密、华硕和英华达公司利用各自在国内的生产厂装配了数百万台iPod，但是它们的名字鲜为人知。同样的外包决策也用在主板生产方面，苹果过去一直自己生产个人计算机（PC）的主板，但在1998年的调查中发现，一些生产厂家生产的主板已经好于苹果自己生产的主板，于是当年公司决定将这部分业务卖掉，并将以后的业务外包给供应商完成。

第二，设计外包。作为世界上最优秀的创新公司，苹果却不肯以自己拥有的资源来规划创新战略。据统计，2006年高科技企业的研发投入排行中，苹果仅以7.15亿美元列第15位，约为排名榜首的微软的1/9。比如，McIntosh（麦景图）率先使用的鼠标、iPhone所使用的多点触控（Multitouch）技术都来自其他公司，甚至iPod的最初开发工作也是外包完成的。

5. 构建供应链联盟

最初，苹果有着制造全世界最精美电脑的声誉，却只有很少的软件或者硬件能与Mac（苹果个人计算机）配套。今天，苹果的生态系统已经从一个悲惨的小型高科技村落演变成一个全球帝国。

iPod + iTunes模式把庞大的消费类电子厂商、芯片制造商、软件公司、音乐公司、电脑厂商和零售商的力量整合在一起，为客户打造了播放、下载和视频等客户供应链系统。与此同时，苹果还逐渐开展与便携话筒、音乐播放器外壳及其他小硬件的制造商的合作。譬如，2004年宝马首次在许多款车型的仪表板上的储物小格中加入iPod转接器；通用汽车的2008凯迪拉克CTS车型（凯迪拉克品牌中体积最小的车型）配有一个具有iPod旋转与点击界面的中心控制台，不仅能将iPod中的音乐播放出来，还能播放广播、CD（激光唱盘）甚至卫星广播。苹果还与耐克（Nike）合作，将运动与音乐结合起来，推出了创新的“Nike + iPod”系列产品。

同样的故事也在iPhone上演。iPhone不仅仅是一部手机，还是苹果试图建立人们看网页、听音乐、看电视电影、打电话等方面的全新体验，同时也是对手机制造商、网络运营商、制造商、电影和电视节目发行商以及计算机公司间实力的重新划分。随着iPhone的热卖，势必将有更多的合作伙伴成为苹果供应链上的一环。

思考：

解决供应链管理问题为苹果公司带来了哪些竞争优势？结合案例谈谈你对供应链管理的认识。

第一节　供应链管理概述

一、供应链的概念

（一）供应链的含义

供应链（Supply　Chain）的概念经历了一个发展过程。早期的观点认为供应链是制造企业的一个内部过程，它是指将采购的原材料和收到的零部件，通过生产的转换和销售等环节传递到企业用户的一个过程。传统的供应链概念局限于企业的内部操作，注重企业的自身利益目标。

随着企业经营的进一步发展，供应链的概念范围扩大到了与其他企业的联系，扩大到了供应链的外部环境。美国的史蒂文斯（Stevens）认为："通过价值增值过程和分销渠道控制从供应商的供应商到用户的用户的流就是供应链，它开始于供应的源点，结束于消费的终点。"埃文斯（Evens）认为："供应链管理是通过前馈的信息流和反馈的物料流及信息流，将供应商、制造商、分销商、零售商，直至最终用户连成一个整体的模式。"这几种定义注重了供应链的完整性，考虑了供应链中所有成员操作的一致性。

现代供应链的概念更加注重围绕核心企业的网链关系。哈里森将供应链定义为："供应链是执行采购原材料，将它们转换为中间产品和成品，并将成品销售到用户的功能网链。"2001 年我国发布实施的《中华人民共和国国家标准　物流术语》（GB/T 18354—2001）对供应链的定义是："生产及流通过程中，涉及将产品或服务提供给最终用户所形成的网链结构。"2006 年修订后的《中华人民共和国国家标准　物流术语》（GB/T 18354—2006）仍然使用这个供应链定义。

我国学者马士华认为："供应链是围绕核心企业，通过对信息流、物流、资金流的控制，从采购原材料开始，到制成中间产品以及最终产品，最后由销售网络把产品送到消费者手中的将供应商、制造商、分销商、零售商直至最终用户连成一个整体的功能网链结构模式。"

尽管上述定义不尽相同，表述也不尽一致，但我们还是能够从中理解供应链的基本内容和实质。从广义上来讲，供应链涉及企业的生产、流通，并连接批发、零售和最终用户，既是一个社会再生产的过程，又是一个社会再流通的过程（如图 11 - 1 所示）。从狭义上来讲，供应链是企业从原材料采购开始，经过生产、制造，到销售直至终端用户的全过程。

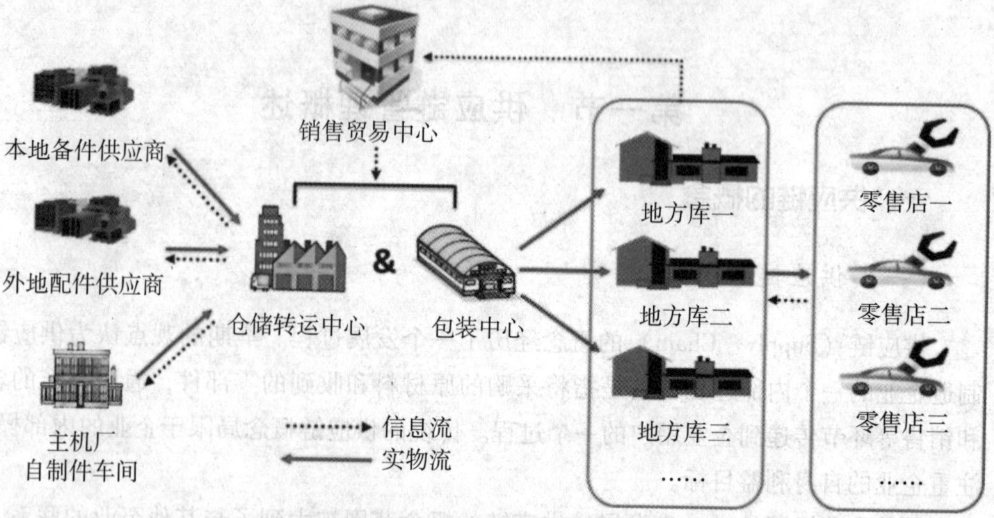

图 11－1　供应链结构示意

在供应链中，有物料的移动（形成物流），有信息的流动（形成信息流）。除此之外，所有业务活动都要耗费资源，因而整个供应链必定还会有资金的流动（形成资金流）。这样一来，在整个供应链中都伴随着物流、信息流和资金流的运动。

（二）供应链的结构模型

图 11－2 形象地显示了从产品生产到消费的全过程。按照供应链的定义，这个过程是一个非常复杂的网链模式，覆盖了从原材料供应商、零部件供应商、产品制造商、分销商、零售商直至最终用户的整个过程。

根据供应链的实际运行情况，在一个供应链系统中，有一个企业处于核心地位，该企业扮演着调度与协调供应链上的信息流、资金流和物流的角色。从图 11－2 可以看出，供应链由所有加盟的节点企业组成，一般有一个核心企业（可以是产品制造企业，也可以是大型零售企业，如美国的沃尔玛），其他节点企业在核心企业需求的驱动下，通过供应链的职能分工与合作（生产、分销、零售等），以资金流、物流和信息流为媒介，实现整个供应链的不断增值。

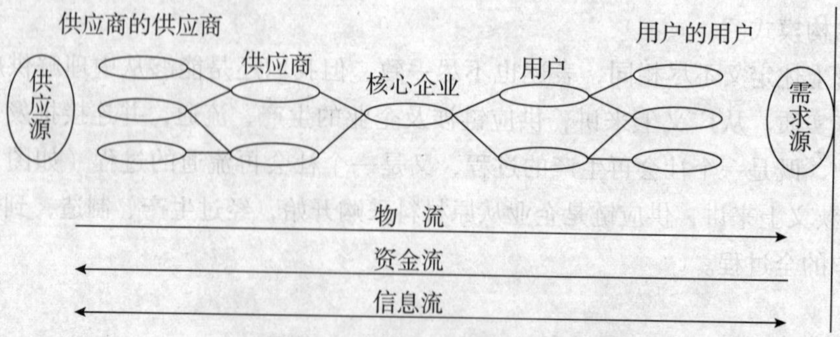

图 11－2　供应链的结构模型

（三）供应链的特征

从供应链的结构模型可以看出，供应链是一个网链结构，由围绕核心企业的供应商、供应商的供应商和用户、用户的用户组成。一个企业是一个节点，节点企业和节点企业之间是一种需求与供应关系。供应链主要具有以下特征。

1. 复杂性

现代企业的供应链是一种复杂的、非线性的虚拟价值链网络，由具有不同冲突目标的成员组成。供应链节点企业组成的跨度不同，有生产、加工、服务等类型；有上游、下游、核心层，即供应链是一个包含多个、多类型和多国度的节点企业网链。在这种网链结构上，各节点企业相互依赖，各工序环环相扣，构成了一个不可分割的有机系统。

2. 动态性

供应链系统是一个开放的动态系统，它与环境有着密切的联系。当外部环境发生变化时，系统的管理模式也将随之发生变化。因此，从发展的角度看，供应链系统及其管理是动态性的。

3. 面向用户需求

供应链的形成、存在、重构，都是基于一定的市场需求，并且在供应链的运作过程中，用户的需求拉动是供应链中信息流、产品/服务流、资金流运作的驱动源。

4. 交叉性

节点企业可以是这个供应链的成员，同时又是另一个供应链的成员，众多的供应链形成交叉结构，增加了协调管理的难度。

二、供应链管理的概念

（一）供应链管理的含义

供应链管理（Supply Chain Management，SCM）的概念最早出现于1982年。基思·奥利弗（Keith Oliver）和迈克尔·韦伯（Michael D. Webber）在《观察》上发表“供应链管理：物流的更新战略”，首次提出了“供应链管理”。然而，尽管经历了三十多年的不断探索，人们对供应链管理概念的理解还没有统一，从不同的角度出发，对供应链管理的理解也不尽相同。比较有代表性的供应链管理的定义如下。

全球供应链论坛（GSCF）对供应链管理的定义为：“供应链管理是对从原始供应商到最终客户之间所有关键商业流程所进行的整合，并被用于为客户及其他参与者提供对他们有价值的产品、服务及信息。”

美国生产与库存控制协会（APICS）对供应链管理定义是：“供应链管理是计划、组织和控制从最初原材料到最终产品及其消费的整个业务流程，这些流程连接了从供应商到客户的所有企业。”

《中华人民共和国国家标准　物流术语》（GB/T 18354—2006）对供应链管理的定义是：对供应链涉及的全部活动进行计划、组织、协调与控制。

综合上述各定义，本书将供应链管理的概念概括如下：供应链管理是指对供应链系统中的物流（包括反向物流）、信息流和资金流进行的计划、组织、协调、控制和优化，并使供应链产生的总价值最大化。供应链管理的目的，旨在通过对供应链各个环节活动的协调，实现最佳业务绩效，从而增强整个供应链上所有企业业务的表现，使生产系统能较好地管理由原料到产品、到客户的生产过程，最终提高客户的满意程度，并缩小总生产成本。

拓展知识

美国供应链管理专业协会（Council of Supply Chain Management Professionals，CSCMP）于1963年在美国成立，原名美国物流管理协会（Council of Logistics Management，CLM），是物流和供应链管理领域最有影响的个人参与的行业组织。CSCMP凭借会员的积极参与和杰出才能，一直致力于推动物流业的发展，为物流从业人员提供教育的机会和信息。为实现这一目标，CSCMP向行业人士提供了种类繁多的项目、服务和相关活动，促进从业人员参与、了解物流业，从而对物流事业做出贡献。

CSCMP特别关注三个重要领域：①通过行业内的交流和对话，创造机会，提高和发展物流管理水平；②通过计划和指导研究来推动物流理论和实践的知识发展；③作为一个资源宝库，使人们清楚地了解物流对商业活动的重要意义，以及它在全球经济中的关键性地位。

（二）供应链管理的特征

与传统物流的管理方法相比，供应链管理的特点表现在以下几个方面。

1. 供应链管理的互动特征

从管理的对象来看，物流是以存货资产作为管理对象的，供应链管理则是对存货流动（包括必要的停顿）中的业务过程进行管理，它是对关系的管理，因此具有互动的特征。有些企业的供应链管理过程，还包括从环保理念出发的商品回收渠道管理，如美国施乐公司（Xerox）。

2. 供应链管理成为物流的高级形态

事实上，供应链管理是从物流的基础上发展起来的，从企业运作的层次来看，从实物分配开始，到整合物资管理，再到整合信息管理，通过功能的逐步整合形成了供应链管理的概念。从企业关系的层次来看，则有从制造商到批发商和分销商再到最终客户的前向整合，以及向供应商的逆向整合，通过关系的整合形成了供应链管理的概念。所以，供应链管理看起来是一个新概念，实际上它是物流在逻辑上的延伸，物流是供应链管理的子系统。

3. 供应链管理决策的发展

供应链管理决策和物流管理决策都是以成本、时间和绩效为基准点的，供应链管理决策在包含运输决策、选址决策和库存决策的物流管理决策的基础上，增加了关系决策和业务流程整合决策，成为更高形态的决策模式。

供应链管理的概念涵盖了物流的概念，用系统论的观点看，物流是供应链管理系统的子系统。所以，物流的决策必须服从供应链管理的整体决策。

4. 供应链管理的协商机制

物流在管理上是一个计划的机制。在传统的物流模式中，主导企业通常是制造商，他们力图通过一个计划来控制产品和信息的流动，与供应商和客户的关系本质上是利益冲突的买卖关系，常常导致存货成本向上游企业转移。供应链管理同样制订计划，但目的是为了谋求渠道成员之间的联合和协调。

5. 供应链管理强调组织外部一体化

物流更加关注组织内部的功能整合，而供应链管理认为只有组织内部的一体化是远远不够的。供应链管理是一个高度互动和复杂的系统工程，需要同步考虑不同层次上相互关联的技术经济问题，进行成本效益权衡。

6. 供应链管理对共同价值的依赖性

随着供应链管理系统结构复杂性的增加，它将更加依赖信息系统的支持。互联网为提高信息可靠性提供了技术支持，但如何管理和分配信息则取决于供应链成员之间对业务过程一体化的共识程度。所以，与其说供应链管理依赖网络技术，还不如说供应链管理是为了在供应链伙伴间形成一种相互信任、相互依赖、互惠互利和共同发展的价值观和依赖关系而构筑信息化网络平台。

7. 供应链管理是“外源”整合组织

供应链管理与垂直一体化物流不同，它是在自己的“核心业务”基础上，通过协作的方式来整合外部资源以获得最佳的总体运营效益。

供应链管理是资源配置的优先办法。供应链管理在获得外部资源配置的同时，也将原先的内部成本外部化，通过清晰的过程进行成本核算和成本控制，更好地优化客户服务和实施客户关系管理。

8. 供应链管理是一个动态的响应系统

在供应链管理的具体实践中，应该始终关注对关键过程的管理和测评。高度动态的市场环境，要求企业管理层能够经常对供应链的运营状况实施规范的监控和评价，如果没有实现预期的管理目标，就必须考虑可能的替代供应链并做出适当的应变（见图 11 -3）。

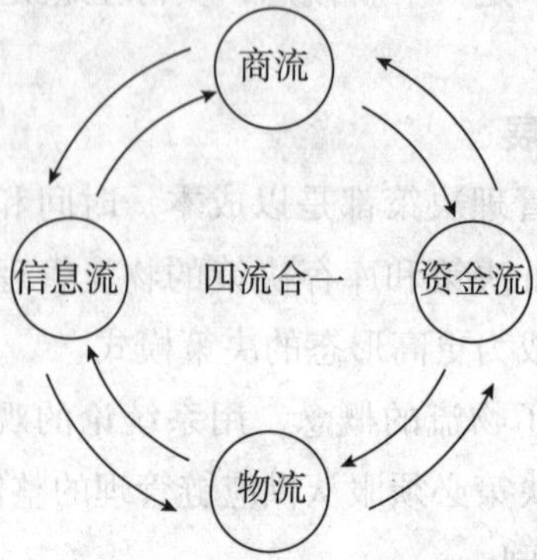

图 11－3　四流合一

三、供应链管理产生与发展

（一）供应链管理思想的产生背景

1. 从外部环境的变化角度看

（1）全球经济一体化趋势。企业需要重新思考如何在全球范围内，面对竞争、寻找资源和获取市场（见图 11－4）。

图 11－4　全球经济一体化

（2）日趋激烈的市场竞争。激烈的市场竞争要求企业不断降低总成本，以超越竞争对手。传统的管理思想指导下，企业往往追求自身利益的最大化，以它们与供应商的合作伙伴关系为代价，极力压低上游企业的进货价格。然而，这种上下游企业之间的成本转换并不能获得整体的成本领先优势，而应通过建立企业间的长期合作伙伴关系，加快流通和降低库存来减少资金占用和各种库存带来的耗费。

（3）科技的发展。科学技术的飞速发展，使得成品的更新换代不断加快，新产品被不断快速推出，产品的生命周期大大缩短，这要求整个供应链的供货周期越短越好、应变能力越强越好。这就要求企业内部、外部和整个流通过程能进行整体协调运作。同时，信息技术和网络技术的迅速发展也促进了供应链管理思想的产生，给供应链管理提供了可靠的技术支撑。

2. 从企业自身发展的角度看

（1）传统的“纵向一体化”管理模式的弊端。传统管理模式以规模化需求和区域性的卖方市场为决策背景，通过规模效应降低成本，获得效益。这种模式有三方面弊端：增加了企业的投资负担和风险；有限的资源消耗在众多的经营领域中，难以形成突出的核心优势；对于复杂多变的市场需求无法做出快速响应。

（2）现代企业向专业化和建立核心能力的方向发展。20 世纪 90 年代以来，美国很多企业继续走垂直整合的道路。企业往往通过寻找低成本和高质量的供应商来获取外部资源，而不是自身拥有资源供给部门，因而管理整个供应网络和提高整体绩效变得十分关键。

（3）企业内部的变化。随着经济和流通的发展，不同的企业（厂商、批发商和零售业主）都在进行各自的物流革新，追求各自物流系统的最优化。但是，从商品流通所经过的整个渠道来看，由于物流系统属于不同的经济主体，必然会产生矛盾与对立。通过建立一种新的合作关系，弥合流通渠道中企业间的矛盾，实现原来不可能达到的物流效率，共享创造的成果，成为企业发展的一个新方向。

（二）供应链管理思想的发展

供应链管理思想的发展主要经历了四个阶段。

（1）第一阶段：供应链管理的萌芽阶段。

20 世纪 60—70 年代，为生产而管理的业务链，在产品的数量和质量上竞争激烈，业务协调以“本位主义”为核心，企业内部以职能化、区域化为特征，供应链成员之间关系松散，存在利益冲突。一部分企业职能部门在相互隔离环境中采用 MRP（物料需求计划）/MPR Ⅱ（制造资源计划），数据完整性差，信息缺乏统一性和集成性；供应链管理只是停留在开始探索和尝试阶段，无法提出比较完善的管理理念和指导思想。

（2）第二阶段：供应链管理的初级阶段。

20 世纪 80 年代初到 90 年代初，供应链管理理念已形成了基本的雏形，开始指导实践，学术上得到了较快的发展。1989 年，美国管理学家史蒂文斯（Stevens）提出供应链管理的概念，包括企业内部集成和企业外部集成。实践上零售行业开始实施 ECR（有效客户反应）、QR（快速反应）等典型的供应链策略和模型，信息技术快速发展并大量应用，企业内部逐渐形成信息集成；企业之间的业务联系方式也不断改善。但是传统的供应链运作仍然多局限于企业内部，在供应链上仍存在着大量的企业之间的目标冲突。

（3）第三阶段：供应链管理的形成阶段。

20 世纪 90 年代初到 20 世纪末，供应链管理在理论上、实践上有了突飞猛进的发展。企业从内部生产过程转向产品全生命周期中的供应环节和整个供应链系统。ERP（企业资源计划）和 BPR（业务流程重组）、ASP、CRM（客户关系管理）、LIS（物流信息系统）、DW（数据仓库）/DM（数据挖掘）、供应链决策等管理技术使得企业内部管理从计划、执行到优化、决策，更上一层楼；企业外部管理方面，利用客户关系管理的理念和技术，以市场和客户的满意度为企业经营的中心，共同挖掘和分享知识与价值，将企业资源紧密地与客户的需求相匹配，并快速响应和满足这些需求。尤其是建立合作伙伴关系、协调供应链运作的理念、因特网和电子商务及其相关技术的出现，使得供应链管理实现了新的飞跃。

（4）第四阶段：供应链管理的成熟和发展阶段。

21 世纪以后，电子商务彻底改变了供应链上原有的物流、信息流、资金流的交互方式和实现手段；能够充分利用资源、提高效率、降低成本、提高服务质量。该时期供应链管理在计划和决策上特别强调实时的可视性、前向的可预见性以及供应链流程管理与事件管理的能力，以减少不良影响，提高快速响应水平，使整个供应链取得最理想的目标效益（如图 11-5 所示）。

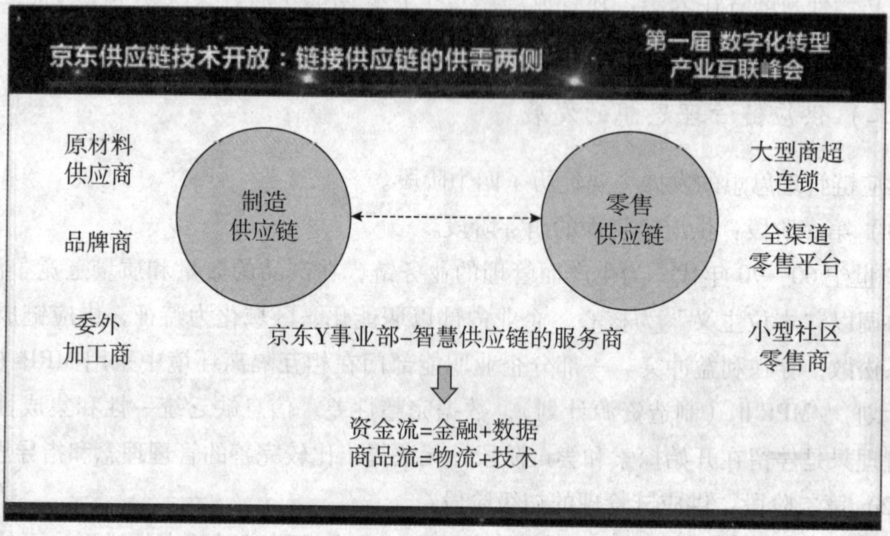

图 11-5　京东智慧供应链发展

第二节　供应链管理的内容与方法

一、供应链管理的内容

（一）供应链管理的领域

从供应链管理的具体运作看，供应链管理主要涉及四个领域：供应、生产作业、物流和需求，如图 11-6 所示。供应链管理是以同步化、集成化生产计划为指导，以各种技术为支持，尤其以 Internet/Intranet（因特网）为依托，围绕供应、生产作业、物流（主要指制造过程）、需求来实施的。供应链管理主要包括计划、合作、控制从供应商到客户的物料（零部件和成品等）和信息。供应链管理的目标在于提高客户服务水平和降低总的交易成本，并且寻求两个目标之间的平衡（这两个目标通常有冲突）。

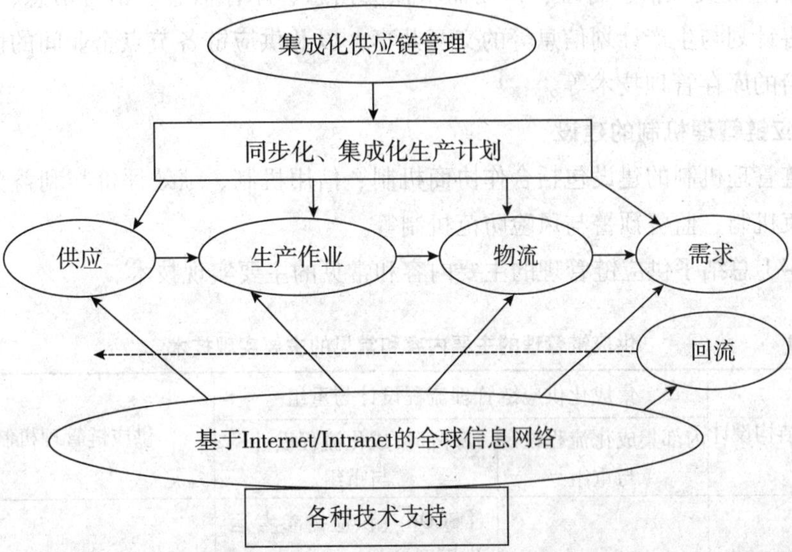

图 11－6　供应链管理领域

在以上四个领域的基础上，可以将供应链管理细分为职能领域和辅助领域。职能领域主要包括产品工程、产品技术保证、采购、生产控制、库存控制、仓储管理、分销管理，而辅助领域主要包括客户服务、制造、设计工程、会计核算、人力资源、市场营销。

由此可见，供应链管理关心的并不仅仅是物料实体在供应链中的流动，供应链管理更注重总的物流成本（从原材料到最终产成品的费用）与客户服务水平之间的关系，为此要把供应链各个职能部门有机地结合在一起，从而最大限度地发挥出供应链整体的力量，达到供应链企业群体获益的目的。

（二）供应链管理的主要内容

供应链管理的主要内容可以归纳为三个方面。

1. 供应链网络结构设计

供应链网络结构设计（即供应链物理布局的设计），具体包括供应链伙伴选择、物流系统设计。

2. 集成化供应链管理流程设计与重组

具体分为如下几个方面。

（1）各节点企业内部集成化供应链管理流程设计与重组，主要包括三大核心作业流程的设计与重组：客户需求管理流程；客户订单完成管理流程；客户服务管理流程。

（2）外部集成化供应链管理流程设计与重组：供应链核心主导企业的客户订单完成管理流程与其原材料供应商、产成品销售商、物流服务提供商（物流外包商）等合作伙伴管理流程之间的无缝对接。

（3）供应链交互信息管理：市场需求预测信息、库存信息、销售信息、新品研发信息、销售计划与生产计划信息等的交互共享，以及供应链各节点企业间的协同预测、计划与补给的库存管理技术等。

3. 供应链管理机制的建设

供应链管理机制的建设包括合作协商机制、信用机制、绩效评价与利益分配机制、激励与约束机制、监督预警与风险防范机制等。

表 11－1 总结了供应链管理的主要内容和常见的主要实现技术。

表 11－1　供应链管理的主要内容和常见的主要实现技术

供应链网络结构设计	集成化供应链管理流程设计与重组		供应链管理机制建设
	内部集成化流程设计与重组	外部集成化流程设计与重组	
供应链伙伴选择： ①合作对策与委托代理理论 ②各种决策评价方法：DEA 法、模糊综合评价法、作业成本法（ABC 成本法）等 物流系统设计： ①网络结构决策支持系统 ②仿真模型与最优化技术 ③启发式算法	① BPR（业务流程再造）理论 ②SCOR（供应链参考运作模型） ③TOC 管理（瓶颈管理、约束管理）理论 ④JIT、精益制造、零库存管理理论 ⑤ MRP Ⅱ、ERP、DRP 管理信息系统 ⑥ CAD、CAP、CIM 信息系统	①SCOR（供应链参考运作模型） ②BPR（业务流程再造）理论 ③TOC 管理（瓶颈管理、约束管理）理论 ④ CRM、SRM、SCM 管理信息系统 ⑤QR（快速响应）、ECR（有效顾客反映）技术 ⑥EDI（电子数据交换）技术 ⑦VMI（供应商管理库存）技术 ⑧JMI（联合库存管理）技术 ⑨CPFR（协同规划、预测与补给）技术 ⑩敏捷制造技术	①合作信用机制 ②协商机制 ③绩效评价与利益分配机制 ④激励与约束机制 ⑤监督与预警机制 ⑥风险防范机制

二、供应链管理的实施步骤

SCM 的实施步骤大致可以分为计划与准备阶段、选定合作伙伴阶段、计划与实施阶段和评估阶段四个阶段，每个阶段又包括不同步骤。

（一）确立正确观点，明确目标

因为供应链管理是一个整体的管理，企业在实施 SCM 之前，首先要确定 SCM 的战略目标，这也是供应链上所有成员一致的目标。这一步企业应该调整本企业的活动体制，确定企业的经营战略和活动目标。供应链上的成员是为了共同的目标走到一起来的，这个共同的目标就是降低成本、提高利润、加强竞争力。为了达到这个目标，必须研究供应、销售、产品、运输等各方面的问题。

（二）组建多功能的实施团队

多功能的实施团队由与 SCM 有关的各方面人员组成，他们是掌握一定产品知识的技术人员、业务管理人员、与供应商之间联系的组织人员、具有决策权力的企业高层管理者等。这个团队需要有一位充分了解各企业和供应链的项目负责人，他应该具有一定的领导能力和协调能力，能够处理好供应链实施时出现的各种问题。

（三）完善企业内信息系统和推进业务的标准化

考虑本企业内的采购、生产、库存、物流、销售一系列供应链的业务时，须留意多环节的信息是否统一、准确。如果库存管理系统的库存信息得不到各成员的信赖，那么库存情况确认以及生产部门和销售部门的产品条码就容易出现差错，这样就很难推进企业间的活动。业务标准化方面，着重理清业务流程与业务流程之间的关系，推进并解决业务流程的标准化。

（四）分析供应链，调整业务流程、消除瓶颈

从计划、约束条件、运作及业绩等方面来分析现有供应链中各节点所存在的问题，这些问题可以分为：企业内部的、供应链方面的、与其他供应链竞争方面的。以企业内部的生产流程为切入点，调整本企业内的协作机制，消除瓶颈。在企业内部实施项目时的各部门之间，可看成合作伙伴关系，努力构建部门之间的信赖关系，共同受益。

（五）选定合作伙伴

企业选择合作伙伴，应由企业内设置的实施活动调查小组负责筛选工作，最后由最高经营者来决定，发挥其领导能力，构筑相互信赖的关系。合作伙伴的选择应在合作伙伴能增加产品的价值、提高销售水平、有效利用资源、加速运转过程、具有互补作用、增进技术合作等原则下进行。

（六）达成协议，组建供应链

当供应链各伙伴统一了认识，愿意建立合作关系之后，组建供应链的条件也就成

熟了，接下来就可以正式由组织供应链的各方签订协议，协议中要强调目标一致、信息共享和利益分享。

（七）SCM 系统设计，确立运作规范

共同组建供应链的合作伙伴选定后，合作伙伴之间通过相互交换信息，了解现状，进行 SCM 系统的设计。根据供应链中成员的情况及相互关系、地理位置分布，运用供应链软件提供的功能，可以建立供应链网络。接下来必须在供应链各成员之间建立一套运作的标准化规范，如报表标准化、产品编码标准化、接口软件标准化等。

（八）SCM 导入，上线

在这个环节，首先要根据前面设计的流程和商务模型，选择一个核心部门来试行方案。然后进行测试，当测试结果出来后，就应该回顾结果，修改计划和运作规范。最后，按照在测试基础上形成的最终方案和模板，在整个供应链的各节点企业与部门之间进行推广和实施，直至系统全面上线。

（九）评估

对结束的项目活动进行评估，并将评估结果用于下一个项目，特别是成功经验的积累，有利于加快下一个项目实施的步伐。根据情况，如有必要，对于企业战略和活动目的进行反馈，并重新实施计划。

三、供应链管理的方法

（一）快速反应（QR）方法

1. 快速反应（QR）方法的含义

快速反应（QR）是指供应链成员企业之间建立良好的伙伴关系，利用 EDI（电子数据交换）等信息技术进行信息交换与信息共享，用高频率、小数量的配送方式补充商品，以实现缩短交货周期、减少库存、提高客户服务水平和企业竞争力为目的的一种供应链管理策略。

2. QR 的实施步骤

快速反应的实施过程就是业务流程重组和供应链再造的过程。快速反应首先要求打破企业内部的组织障碍，实现内部经营业务的集成；其次要重塑制造商与零售商的关系，采用先进的管理技术和信息技术实现企业间的业务集成。

（1）条码和 EDI。对所有的商品单元条码化，即对所有商品消费单元用 EAN/UPC 条码标识，对商品储运单元用 ITF－14 条码标识，利用 EDI 传输订购单和发票。

（2）固定周期补货。快速反应的补货要求促使供应商更频繁地运输重新订购的商

品，以保证店铺不缺货，从而提高销售额。自动补货使用基于过去和目前销售数据及其可能变化的数据软件进行定期预测，同时考虑目前的存货情况和其他一些因素，以确定订货量。

（3）先进的补货联盟。零售商和消费品制造商联合起来检查销售数据，制订关于未来需求的计划和预测，在保证有货和减少缺货的情况下降低库存水平。还可以进一步由消费品制造商管理零售商的存货和补货，以加快库存周转速度，提高投资毛利率。

（4）零售空间管理。这是指根据每个店铺的需求模式来规定其经营商品的花色品种和补货业务。一般来说，对于花色品种、数量、店内陈列及培训或激励售货员等决策，消费品制造商也可以参与甚至制定决策。

（5）联合产品开发。厂商和零售商联合开发新产品，其关系的密切超过了购买与销售的业务关系，缩短了从新产品概念到新产品上市的时间，而且可以经常在店内对新产品进行试销。

（6）快速反应的集成。通过重新设计业务流程，将前五步的工作和公司的整体业务集成起来，以支持公司的整体战略。最后一步要求零售商和消费品制造商重新设计整个组织、业绩评估系统、业务流程和信息系统，设计的中心是消费者而不是传统的公司职能。

（二）有效客户反应（ECR）方法

1. 有效客户反应定义

有效客户反应（Efficient Consumer Response，ECR）是以满足客户要求和最大限度降低物流过程费用为原则，能及时做出准确反应，使提供的物品供应或服务流程最佳化的一种供应链管理策略。

ECR 的最终目标是建立一个具有高效反应能力和以客户需求为基础的系统，使零售商及供应商以业务伙伴方式合作，提高整个供应链的效率，大幅度降低整个系统的成本、库存和物资储备，同时为客户提供更好的服务。

2. 有效客户反应的实施阶段

（1）供应链构筑阶段。供应链构筑阶段主要是供应链的优化，是在物流和信息上的交互、存货管理。这个阶段比较重要的是电子数据交换。

（2）品类管理阶段。通过品类管理，将集中点从成本缩减转移至利润增长，从客户需求、市场份额、盈利能力、客户忠诚度来看，是供应商和零售商双方的合作。

（3）激发客户热情阶段。品类管理相对来说是比较数据化的，它是从现有的需求来考虑，在这个阶段里需要激发客户消费热情，有一个长期的满意度。客户最大的期望是企业了解客户并给予满意的服务，然后建立企业与客户持久的供需关系，加强客户对企业商品的信任。

（4）强调客户价值、强调品牌的阶段。客户价值有两个方面：价值输出和价值导入。传导的价值和客户接受的价值如果是一致的，传导多少客户就接受多少。如一件衬衣在广东加工厂可能价值80元钱，但包装之后在商店也许会卖到800元钱，因此传导的价值和客户接受的价值间有很大的溢价。

第一个阶段的结果是供应链成本降低；第二个阶段的结果是销售额和毛利率增长；第三个阶段的结果是以更少的需求整合达到更大的购买力；第四个阶段的结果是购物观念改变，需求增长。总的来说实施这四个阶段的效果是价值的有效传导。

第三节　供应链绩效评价

一、供应链绩效评价的定义及其原则

（一）供应链绩效评价的定义

供应链绩效评价是指围绕供应链战略目标，在不同成员之间，对供应链整体、各环节运营状况以及各环节之间的营运关系，通过建立供应链的评价指标体系，运用数量统计和运筹学方法，通过定量和定性的分析，对供应链在一定时期的绩效做出客观、公正和准确的综合评价。

供应链绩效是指供应链各成员通过信息协调和共享，在供应链基础设施、人力资源和技术开发等内外资源的支持下，通过物流管理、生产操作、客户服务、信息开发等活动增加和创造的价值总和，即结果绩效；为达到上述目的，供应链各个成员采取的各种活动，即过程绩效。

（二）供应链绩效评价的原则

（1）强调供应链的整体绩效。根据系统论的观点，供应链上的每个企业可以看作整个供应链系统中的一个子系统，子系统之间相互关联，因此，研究绩效指标如何实现优化，必须建立起供应链的个体企业与供应链总体目标之间的关联，确保整条供应链目标的统一。

（2）供应链的各个企业之间存在联动关系，在进行供应链绩效评价时，需要从企业供应链管理的业务流模型入手，着重就供应链运作的整体绩效的内外驱动力进行全面的分析，绩效既要能够反映结果，也要反映出结果的驱动指标。

（3）供应链绩效是战略执行的结果。因此，要求其与企业战略相一致，反馈战略的执行。绩效评价只是在有规划目标和期望结果的环境中才更加重要，所以，需要有明确的规划和所期望的结果来实现绩效的改善。

（4）供应链战略从单个企业向多企业协调集成，从市场反应型发展为客户导向型。因此，绩效评价也要从单方评价扩展到多方评价，从单纯的财务指标拓展到综合指标。

二、供应链绩效评价的内容

（一）供应链内部绩效的评价

内部绩效的衡量主要是对供应链上的各个企业内部绩效进行评价，既有一般的企业绩效评价的共性，又有其独有的特性。主要评价内容包括以下六个方面。

1. 成本

绩效评价考虑的成本是完成特定运营目标所发生的成本。较有代表性的绩效成本是以金额表示的销售量的百分比或每单位数量的成本。

2. 客户服务

用以考察供应链内部企业满足客户或下游企业需求的相对能力。由于难以定量地衡量，一般将订单处理、服务反馈周期等指标作为补充指标。

3. 生产率

衡量供应链内部企业的组织绩效，一般用于评价生产某种产品的投入与产出之间的相对关系。通常可以分为静态生产率、动态生产率和替代性生产率。

4. 资产

衡量为实现供应链目标对企业设施和设备的资产及流动资本的使用情况。设施、设备、存货是一个企业资产的重要组成部分，主要注重对注入存货等流动资本的流转、固定资产的投资回报率。对于人力资源的衡量，目前受限于成本、收益的货币化衡量，仍很少被纳入考虑范围。

5. 质量

质量是内部绩效衡量的最主要内容，主要用以确定供应链企业所发生物流活动的效率。由于质量的范围非常大，因此对质量的衡量很难，目前作为折中的处理方法，通常利用“完美订货”来衡量物流运作的质量。完美订货关注的是总体的物流绩效，而非单一功能，它代表着理想的绩效。

6. 学习与创新

企业的学习与创新能力反映了企业不断创新并保持其竞争能力与未来的发展势头，以及不断成长的能力。企业不断学习和创新能持续为顾客提供更多价值含量高的产品，减少运营成本，提高企业经营效率，扩大市场，找到新增附加值的机会，保持企业成长。

（二）供应链外部绩效的评价

外部绩效的衡量主要是对供应链上的企业之间运行状况的评价。评价主要内容包括以下几个方面。

1. 客户满意程度

主要通过公司或行会组织调查或者系统的订货跟踪实现，由于难以精确地定量衡量，一般以询问关于供应链企业与竞争者的绩效入手，将可靠性、订发货周期、信息可用性、问题的解决和产品的支撑等指标作为补充。

2. 最佳实施基准

主要用于衡量整体绩效评价。最佳实施基准集中对比组织指标上的实施和程序。越来越多的供应链企业应用最佳实施基准，将它作为企业运行与相关行业或者非相关行业的竞争对手或最佳企业比较的一种技术。特别是一些核心企业，常在重要的战略领域将基准作为检验供应链运作的工具。

（三）供应链整体绩效的评价

供应链之间日趋激烈的竞争，引起人们对供应链总体绩效的日益重视，要求能够提供总体透视的衡量方法。主要评价内容包括以下几个方面。

1. 成本

与内部绩效衡量中以完成特定运营目标所发生的成本所不同，供应链整体绩效衡量中的成本是总成本，因此供应链整体所发生的成本均应纳入考虑范围。一般包括订货完成成本、原材料取得成本、总的库存运输成本，以及与物流有关的财务和管理、信息系统成本、制造劳动力和库存的间接成本等。

2. 客户服务

衡量供应链企业所能提供的总的客户满意程度，是对内部绩效与外部绩效衡量的综合，主要包括完美订货、客户满意程度和产品质量，而此处的完美订货、客户满意程度、产品质量等指标均是对供应链整体而言，因此对各企业中此类指标的衡量是实现总体评价的基础。

3. 时间

衡量企业对客户要求的反应能力，即从客户订货开始时间到客户用到产品为止所需时间。一般包括装运时间、送达客户的运输时间和客户接受时间。一般认为，时间和成本、客户服务的关系密切，时间与这两类衡量内容的目标通常矛盾，因此为保证供应链系统的高绩效，需要各类指标的综合达到最优。

4. 资产

衡量为实现供应链目标对企业设施和设备的资产及流动资本的使用情况，主要包括库存、设施及设备等相当大的资产负债，一般测量资金周转时间、库存周转天数、销售额与总资产比率等资产绩效。

上述三个方面的供应链绩效评价比较系统地描述了供应链绩效评价所涉及的主要内容，一般进行供应链绩效评价时上述三部分内容均须涉及。同时，随着现代物流理念的发展，供应链整体绩效越来越为人们所重视。

三、供应链绩效评价指标体系的构建

（一）供应链内部绩效评价指标构建

内部绩效度量主要是对供应链上的企业内部绩效进行评价。着重将企业的供应链活动和过程同以前的作业或目标进行比较。常见的一级指标和二级指标有：财务及成本状况、产品竞争力、学习与创新能力、技术能力、客户服务等。

1. 财务

企业的财务状况是衡量企业经济收益的客观数据和标准。企业的经营情况将会对整条供应链产生重大的影响。因此，需要从较为全面的角度对企业的财务状况做出评价和分析。主要从盈利能力、偿债能力和资产管理能力三个方面进行评价。

2. 成本

成本指标可以通过管理成本率、生产成本率、库存成本率、运输成本率、退货成本率等指标反映。

3. 产品竞争力

企业的最终绩效是通过产品体系体现出来的。产品的竞争力主要通过产品的质量、柔性和市场占有三个指标反映。

4. 技术能力

企业的技术能力可以从其是否满足所需的工业标准、是否通过所需的 ISO 论证以及企业的产能反映出来。

5. 学习能力

企业中员工的学习能力可以从企业内员工培训时总人时增长率和员工建议增长率两个指标加以考虑。

6. 创新能力

企业在传统的经验和技术的基础上，应当依靠创新，包括新产品，新技术和新工艺等。企业创新能力指标可以用新技术采用率、研究开发投资率和新产品收入比率、科研费用等四个指标反映。

7. 客户服务

主要考察供应链内部企业满足客户或下游企业需求的相对能力。可以通过客户满意度、客户投诉比率、交货的可靠性进行衡量。交货的可靠性又可以通过交货准确率、交货及时率和交货有效率反映。

（二）供应链外部绩效评价指标构建

供应链外部绩效评价指标体系的作用是对供应链内企业与企业之间的合作关系进行评价。一方面，主要考察上游企业对下游企业提供的产品和服务的质量，从客户满意度的角度评价上、下游企业间的合作关系；另一方面，主要考察上游企业与下游企业之间的合作关系的紧密程度，从供应链密切度的角度评价上、下游企业间的合作关系。

1. 客户满意度

影响客户满意度指标的主要因素包括上游企业的交货准时状况、上游企业的收益情况、上游企业的产品质量情况，相应地，下游企业对上游企业的综合满意程度可由下列指标体现：上游企业交货情况；上游企业成本利润率；上游企业产品质量。

2. 供应链密切度

影响供应链密切度的主要因素有企业供货情况、企业的订货完成情况、企业的采购和销售构成、信息沟通等。因此，供应链企业之间的密切程度可由下列指标体现：下游企业对上游企业订单满足情况；供应商交货提前期；企业占供应商业务的比重；企业占分销商业务的比重和供应链信息沟通水平（见图 11－7）。

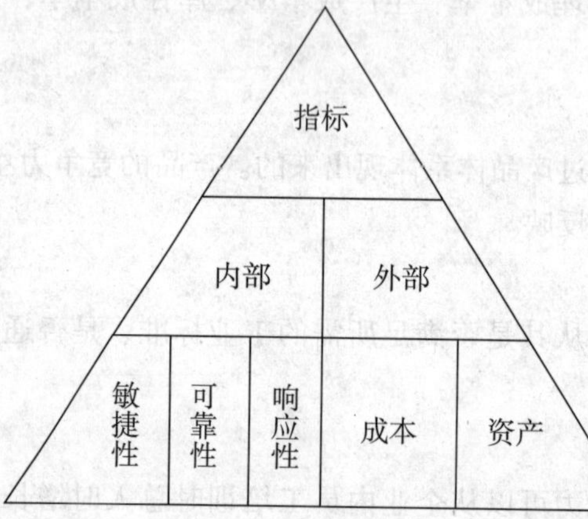

图 11－7　供应链评价指标

（三）供应链整体绩效评价指标构建

供应链整体绩效评价指标的作用是从总体上度量整个供应链的运作绩效和效率。供应链整体绩效的一级评价指标是客户价值、供应链价值、发展能力和潜力。

1. 客户价值

客户价值是供应链整体绩效的外部体现，而客户满意则是客户价值的集中反映。客户满意一般可以采用柔性、可靠性、价格和质量四个二级指标来具体描述。供应链应具有三种柔性指标：产品柔性、时间柔性和数量柔性；可靠性指标包括失去销售百分比、准时交货率和客户抱怨率指标；价格指标包括同比平均价格优势和平均单品促销频率；质量指标具体包括报修退货比率和客户抱怨解决时间等指标。

2. 供应链价值

供应链价值体现了供应链整体的内部绩效，是供应链发展和获得竞争优势的原动力，它具体由投入、产出和财务评价三个方面来描述。投入评价指标可以采用供应链总成本来衡量，所谓供应链总成本是指为保证供应链正常运作而支付的各种成本、费用的总和。产出是供应链效益的集中体现，也是供应链持续发展的前提条件，为供应链的持续改进指明了方向。产出绩效评价指标可以分为两类：效益型指标和非效益型指标。供应链的财务评价指标分为两类（或者称两个评价角度）：供应链自身角度和股东角度。

3. 发展能力和潜力

发展能力和潜力对供应链起着支撑作用，这一层次的评价主要包括信息共享和创新与学习。信息共享是整个供应链运作的基础，供应链的成员企业只有基于共享平台才能展开合作，而整个供应链的长期竞争优势还取决于组织学习与创新的能力，它是供应链发展的力量源泉。

本章小结

供应链与供应链管理是企业管理理论与实践发展到一定阶段的必然结果。供应链管理是从物流的基础上发展起来的，是物流管理的高级形态。经济全球化的加剧，企业管理模式的巨变，加速驱动着供应链管理理念的形成，快速发展的物流实践使其进一步发展，并催化了它的诞生。

本章第一节介绍了供应链的基本概念、结构模型与特征，供应链管理的概念与特征，阐述了供应链管理的产生与发展，通过对本节的学习，可以认知供应链管理的基本理论；第二节介绍了供应链管理的内容与方法，通过对本节的学习，可以了解快速反应（QR）、有效客户反应（ECR）等方法的使用；第三节介绍了供应链绩效评价的定义及原则，阐述了供应链绩效评价体系建立的内容与方法，通过对本节的学习，可以建立供应链绩效评价的概念。

供应链管理是一项异常复杂的工作，供应链管理方法的应用和发展使得供应链管理更加优化，只有建立适当的绩效评价体系，对供应链绩效进行评价，才能实现供应链健康稳定的发展。

案例分析

约翰迪尔公司供应商绩效评价

2000 年的 11 月 22 日是一个星期五，约翰迪尔公司的供应商评审小组成员罗伯茨、玛丽、埃金斯和皮尔森正在讨论其供应商 Complex Parts 的绩效。这家公司 1999 年为其在莫林的业务单元提供的服务有些问题，约翰迪尔公司正在考虑是否将 Complex Parts 的业务交给其他的供应商。评审小组需要在下周向项目经理提交一份行动方案。

公司背景

约翰迪尔公司成立于1837年，总部设在伊利诺伊州的莫林，它的2000项业务在全球160多个国家展开，在职员工43 000人。公司生产农业、建筑、商业和消费领域的各种设备，在设备租赁、能源、特种技术和卫生保健等方面提供产品和服务。公司在2000年的净销售额达到110亿美元，总资产将近120亿美元，采购达到60亿美元。

Complex Parts 在过去10年间都是约翰迪尔公司的供应商，每年的业务量大约为350万美元。Complex Parts 向约翰迪尔公司提供的生产部件需要大量工程技术和测试；能够提供和 Complex Parts 相同产品的供应商还有另外两家，但到目前为止仍然是 Complex Parts 向约翰迪尔公司提供所有零部件。Complex Parts 经常积极改善同约翰迪尔公司的业务关系，如销售工程师每周的访问，参与约翰迪尔公司的成本削减战略、设计革新和内部质量计划等。Complex Parts 正积极提高针对约翰迪尔公司的销售。

约翰迪尔公司的追求卓越项目

追求卓越项目（Achieving Excellence Program，AEP）是一个动态的供应管理战略，旨在为约翰迪尔公司和它的供应商带来面对客户的竞争优势。AEP 通过供应商评估程序，提高沟通、信任、合作和持续改进的水平，努力建立与供应商的长期合作关系。供应商评估由约翰迪尔公司的小组成员从五个方面进行评估，小组成员分别来自供应管理、运营、质量工程和产品开发部门。这五个方面分别是质量、运送、成本管理、持续周期和技术支持。

质量等级是通过以下定量的方法计算得出：

（拒收的数量/供应的数量）×1000000

因此，质量等级1000相当于每1000个运送物品中有1个被拒收。运送等级的评估说明了供应商满足约翰迪尔公司的运送日期和采购数量的情况。它的计算方法如下：

［（早到+晚到+超数量运送的次数）/总运送数量］×1000000

因此，运送等级75000就相当于每1000次运送中有75次有问题。成本管理等级是一个复合等级，由评测小组根据五个方面的绩效得出：成本管理行动、成本削减行动、成本指数、新项目中的运行情况和全球市场竞争力。成本管理等级最终由评审小组得出一致意见，也是用1~5来表示。持续周期的等级是对供应商行为的组合分析，包括供应商为克服困难所采取的行动、态度、响应、对细节的关注和沟通行为。总而言之，这些领域的良好表现意味着供应商关注客户并持续改进质量、技术支持、运送、成本、提前期、库存和电子数据交换的能力。技术支持等级也由5分组成，由评审小组对供应商的如下表现进行组合给分：对流水线的支持、设计与工艺改变的信息、生产和设计改进、问题的解决、测试、环保和供应管理支持。

供应商绩效认可是约翰迪尔公司 AEP 的一部分。根据上述五大类的等级评定情况，供应商被分为有条件的、认证的、核心的或者是合作伙伴四类。在表上列出了这些分类及其在各种等级评定中被要求的运营水平。运营水平的评测标准每年都会修订一次。每个季度都会给供应商一份绩效总结，其中包括它们的绩效信息和达标情况。归入“有条件的”一类的供应商不会得到约翰迪尔公司的正式认可和培训，面临失去业务的危险；“认证的”供应商有资格参加约翰迪尔公司的培训项目；“核心的”供应商被约翰迪尔公司授予认证标牌和培训；“合作伙伴”除获得培训以外还在供应商获奖宴会上接受奖励。

Complex Parts 的绩效

Complex Parts 在去年的质量等级得分是 666，运送等级得分是 86500。布雷克·罗伯茨是约翰迪尔公司的评审小组的成员，在采购部门工作了 8 年，他从供应商评级中发现了 Complex Parts 在运营中出现问题的信号。例如，他认为 Complex Parts 应该提出更多的削减成本计划，并减少去年在运送中出现的各种问题；有些被要求的报价也没有及时送达约翰迪尔公司。约翰迪尔公司在做着正确的事情，及时向存在问题的供应商提出质量改进建议，罗伯茨认为这项工作非常有意义。

赫里·玛丽在约翰迪尔公司的生产计划部门工作了 23 年，在评审小组中负责技术评定。赫里认为 Complex Parts 在跟上约翰迪尔公司的规格要求变化方面还是做得不错的，只是最近无法回复 Complex Parts 客户服务小组的电话。1999 年要求加急发送的情况越来越多，提高了约翰迪尔公司的成本。最近更是变得每周都有加急的情况，在过去的一个季度里，Complex Parts 的运送等级评定到了让人伤心的 155000。

斯丹·埃金斯是评审小组的质量监督员，在约翰迪尔公司工作了 20 年，他认为 Complex Parts 将约翰迪尔公司的质量计划变成了内在的要求，并成功地保证了这些质量要素的实施。Complex Parts 的质量在过去的一年中得到了大幅度的提升。最近，Complex Parts 还通过了 ISO 质量认证。一个不太好的表现是 Complex Parts 忘记了在它的新生产设备上实施约翰迪尔公司的质量计划，这个新设备是 2000 年 6 月份开始运行的，这点让他颇为担心。

琼·皮尔森是评审小组的设计兼工程监督员，在约翰迪尔公司工作了 12 年。他对 Complex Parts 的研发部门很钦佩，因为他们的几个建议促使了约翰迪尔公司在新产品上取得了成功。但不幸的是，针对这个新产品而由 Complex Parts 提供的配件没能满足约翰迪尔公司的成本要求，大大减少了约翰迪尔公司在这个产品上的利润。另外，Complex Parts 还被要求在几种新产品的配件上进行阶段性更新。

结论

这个评审小组需要评估一个与约翰迪尔公司有长期关系的供应商，这个供应商在许多方面都做得很出色。但是，也有几个方面是评审小组中四位成员都比较忧虑的地方。大家达成的一致意见就是对 Complex Parts 的评审要更加仔细和全面，并尽快向他们的项目经理提交一份报告。

思考：

1. 约翰迪尔公司对 Complex Parts 的绩效评价方法有什么优点和不足？
2. 你认为评审小组的四位成员会在哪些方面进行更加全面的考察？

教学资源包

在线答题

课后练习

一、判断题

1. 最佳实施基准主要用于衡量外部供应链的绩效评价。(　)

2. 供应链管理成为物流的高级形态。(　)

3. 快速反应策略的实施过程就是业务流程重组和供应链再造的过程。(　)

4. 21 世纪以后，电子商务彻底改变了供应链上原有的物流、信息流、资金流的交互方式和实现手段。(　)

二、选择题

1. 以下哪项不属于供应链的特征（　）。

A. 复杂性　　B. 动态性　　C. 交叉性　　D. 流通性

2. 供应链从上、下游关系来理解，不可能是单一链状结构，而是交错链状的（　）。

A. 网络结构　　B. 闭环结构　　C. 星状结构　　D. 总线结构

3. 供应链管理时代面临的市场竞争情况是（　）。

A. 产品生命周期日渐缩短　　B. 产品种数飞速膨胀

C. 交货期变得越来越严格　　D. 客户对产品和服务的需求与日俱增

4. 供应链整体绩效的一级评价指标包括（　）。

A. 客户价值　　B. 供应链价值

C. 发展能力和潜力　　D. 供应链密切度

5. 供应链管理主要涉及（　）领域。

A. 供应　　B. 生产计划　　C. 物流　　D. 需求

6. 供应链的结构模型包括（　）。

A. 推动式供应链　B. 链状　　C. 网状　　D. 拉动式供应链

三、思考题

1. 供应链管理产生的背景是什么?

2. 供应链管理的主要内容是什么?

3. 简述物流与供应链管理的关系。

4. 供应链管理方法有哪些?

5. 如何建立供应链企业的绩效评价指标体系?

第十二章　物流园区规划与运营管理模式

本章导读

物流园区是物流化进程的高级阶段，物流化进程则是一种市场经济形态，它的产生与发展需要一定的工业化进程与经济环境条件。在工业化初期，经济总体还是短缺经济，竞争只是买方竞争，此时生产规模的扩大、原材料的投入以及廉价的劳动力供给是社会财富聚敛的主要手段，社会处于“重生产、轻流通”的状态。随着工业化进程的加快，市场形态发生变化，发展到过剩时期，市场总体转变成卖方市场，市场竞争由生产领域转向流通领域，物流在国民经济中的地位得以凸显，现代化的物流设施、物流技术、物流管理有了滋生的土壤，物流也成为企业缩减成本、提高竞争力的制胜法宝。欧美的物流化进程说明商品极大丰富造成的面向流通领域的竞争是物流业形成与发展的必要条件，随着商品经济区域化、社会化、国际化的发展阶段的变迁，物流基础设施也历经了仓库、物流中心、配送中心、物流园区的发展历程。在商品经济全球化的今天，国外大量采用物流园区的物流组织形式，正是经济发展处于不同阶段，不同类型物流形态与之相适应的客观经济规律的反映。

教学目标

对物流园区的内涵的掌握是本章内容的基础，针对物流园区及物流中心等概念界定不清、运用混乱的情况，通过对当前具有代表性的几个关于物流园区的定义的分析，深入认识物流园区的概念，并在此基础上了解物流园区的特征。了解和掌握物流园区产生和发展的历程及原因，是深入了解物流园区的重要理论支撑。明确物流园区的主要功能和分类以及物流园区规划的内涵、目标、原则、内容和程序。同时，根据物流园区的国外发展情况，尤其是物流发达国家物流园区的发展现状，对物流园区投资模式、管理模式和赢利模式有清晰的认识。

学习任务

1. 掌握物流园区的内涵与特征。
2. 了解和掌握物流园区的产生原因和发展历程。
3. 了解和掌握物流园区的主要功能和分类。
4. 了解和掌握物流园区规划的内涵、目标、原则、内容以及程序。
5. 掌握物流园区投资模式、管理模式和赢利模式。

知识导图

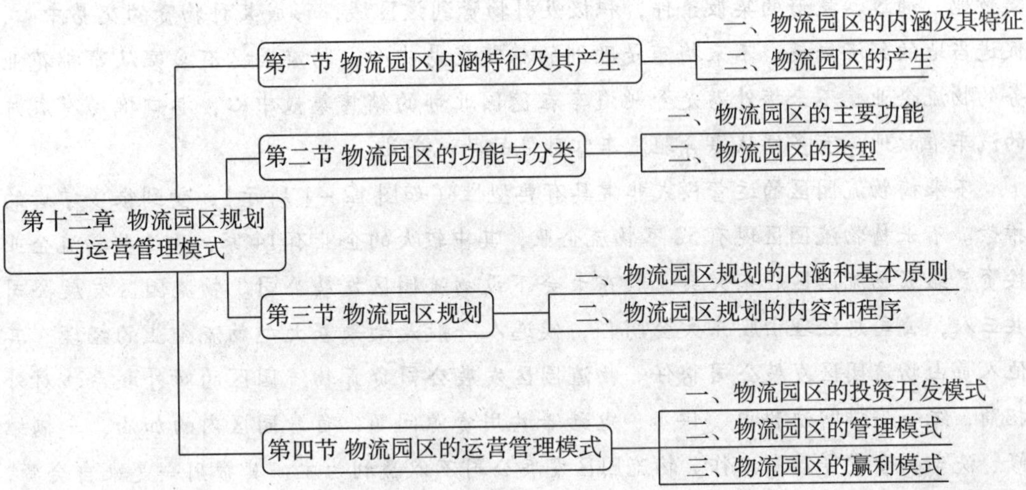

导入案例

不来梅物流园区是德国运输与物流研究所艾克斯坦因教授提出的建设方案，并获得不来梅州政府的同意，于1985年开始建设。

不来梅州政府通过直接投资和土地置换的方式对物流园区进行投资。物流园区的原址是一片盐碱地，州政府从当地农、牧民手中以每平方米6~8马克的价格征用土地200公顷，由“经济促进公司”负责物流园区的基建工作。经济促进公司是由不来梅州政府的经济部、交通部、海关、工商部等部门的人员组成，是私营的事业单位。进入经济促进公司的人员失去公务员身份。经济促进公司主要负责物流园区地面以下的基础设施建设和与物流园区相联系的公路、铁路的基础设施建设，还代表州政府负责物流园区的招商工作。进入物流园区的企业承担地面以上的建筑、设施的建设。经过整理的土地，变卖或租用给进入物流园区的企业。第一阶段，每平方米土地卖30马克（租用30年后再签协议）；第二阶段，只卖不租，每平方米土地卖50马克；第三阶段，每平方米土地卖70马克。现有的200公顷土地全部卖出或租出。利用土地的置换及卖土地的差价和政府的税收，不来梅州政府投资5亿马克，进入物流园区的企业也投资5亿马克，第一期共投资10亿马克。政府从租用土地的租金和装卸费中收回投资，收回的租金又投放到物流园区的其他基础设施建设中。

不来梅物流园区临近不来梅内港及内河港口，距港口约20千米，靠近不来梅铁路编组站。园区内有公铁联运装卸站，周围高速公路网发达，紧临联邦27号高速公路，距不来梅市5千米，交通十分便利。流经不来梅市的威悉河两岸有242家物流企业，不来梅新港至不来梅市的沿途有1400多家运输、仓储和物流企业，其中从事航运的占3%，港口的占10%，公路运输的占45%，铁路运输的占1%，第三方物流的占38%。

物流园区的功能主要是为区域的工业、销售企业提供物流服务，成为当地的货物集散地，通过其良好的集散条件，积极吸引物资到该区域，形成某种物资的交易中心，促进当地的经济发展。不来梅市是欧洲的棉花交易中心，物流园区有多家从事棉花业务的物流企业。不来梅外港是奔驰汽车在德国北部的销售集散中心，港口堆场有成片的汽车堆放地，有多家从事奔驰汽车零部件的物流企业。

不来梅物流园区的运营模式非常具有典型性（如图12－1所示），受到很多学者的推崇。不来梅物流园区现有52家物流企业，其中较大的企业有14家，由这些物流企业按资产组成物流园区股东大会，股东大会下设物流园区发展公司。物流园区发展公司共三人，公司总经理由股东大会聘任，候选人一般是十来家大型物流企业的经理。其他人员由物流园区发展公司聘任。物流园区发展公司负责物流园区的对外联系、对外招商，统一安排解决供电、供水、电话等共用资源问题，负责园区内的加油、车辆维修、洗车、食堂等后勤工作。物流园区发展公司不以赢利为主，其费用一是来自会费，会费按企业的人数缴纳，大企业一年最多交500马克；二是从加油、车辆维修、食堂的服务中获得一些赢利；三是由州政府补贴一点。另外，物流园区还成立监视会。监视会由企业和政府有关部门组成，包括若干企业代表、州交通部、经济部、经济促进公司、研究机构代表、有关专家，监视会负责监督物流园区股东大会。

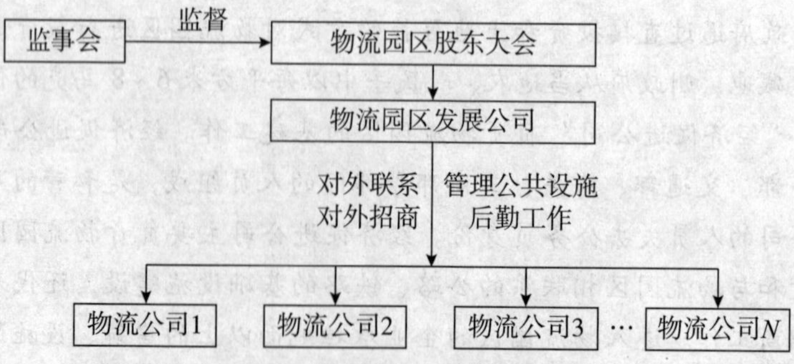

图12－1　不来梅物流园区管理运营模式

不来梅政府不干预物流园区的经营，物流园区发展公司也不介入企业的经营活动，但从节约能源、充分利用资源出发，物流园区发展公司进行一些协调工作。如25家企业合建汽车清洗车间，清洗车间建造了250吨雨水集中罐以利用雨水（不来梅地区雨量大），并采用循环水技术，清洗车间符合德国环保标准。

第一节 物流园区内涵特征及其产生

一、物流园区的内涵及其特征

（一）物流园区的内涵

物流园区的形成及概念起源于日本，由于物流园区给物流企业和其所在的城市带来了极大的经济与社会效益，引起人们的广泛重视，之后在欧洲也得到了较快的发展，随着现代物流产业在我国的起步发展，许多城市也在纷纷规划和建设物流园区，以促进区域及城市的物流业发展。我国对物流园区概念的表述有以下几种代表性观点。

定义1（牛慧恩，2000）：物流园区，日本称为物流团地，是一家或多家物流（配送）企业在空间上集中布局的场所，是具有一定规模和综合服务功能的物流集结点。物流园区主要是一个空间概念，与工业园区、科技园区等概念一样，是具有产业一致性或相关性且集中连片的物流用地空间。

定义2（王战权，2000）：物流园区，也称物流团地，最早出现在日本东京，近十多年在欧洲一些国家也开始出现，是政府从城市整体利益出发，为解决城市功能紊乱、缓解城市交通拥挤、减轻环境压力、顺应物流业发展趋势，实现“货畅其流”，在郊区或城乡接合部主要交通干道附近专辟用地，通过逐步完善各项配套基础设施、服务设施，提供各种优惠政策，吸引大型物流（配送）中心在此聚集，使其获得规模效益，降低物流成本，同时减少大型配送中心分布于市中心所带来的种种不利影响。

定义3（云俊，2001）：物流园区一般是两种以上不同类型的物流企业或物流中心集中在一起，空间布局上集中了具有综合职能和高效率物流设施的区域性物流企业。

定义4（王德荣，2002）：物流园区是指在物流作业集中的地区，在几种运输方式衔接地，将多种物流设施和不同类型的物流企业在空间上集中布置的场所，也是一个有一定规模和具有多种服务功能的物流企业集结点。

上述定义从不同角度对物流园区的内涵进行了分析，从中可以看出物流园区作为空间集聚体的内涵本质。综上所述，物流园区是指在几种运输方式衔接地形成的物流节点活动的空间集聚体，是在政府规划指导下，多种现代物流设施设备和多家物流组织机构在空间上集中布局的大型场所，是具有一定规模和多种服务功能的新型物流业载体。无论物流园区的具体定义是否统一，它的内涵都应包括以下几点。

（1）物流园区是一个空间概念，与工业园区、科技园区一样具有产业一致性或相关性。它是多家物流企业在空间集中布局的场所，并非物流管理和经营的实体。

（2）物流园区是集中物流基础设施的场所，通过园区内企业提供的物流服务实现物流综合功能。因此，从这一角度可看成物流网络的节点。笔者认为物流园区应是综合性节点，集若干功能于一体，是具有完善设施的集约型节点。

（3）从各国物流园区建设的成功经验可知，它是日本、德国等国家政府从城市整体利益出发，为解决城市功能紊乱、缓解城市交通拥挤、减轻环境压力、顺应物流业发展趋势，实现“货畅其流”，在郊区或城乡接合部主要交通干道附近专辟用地，通过逐步完善各项配套基础设施、服务设施，提供各种优惠政策，吸引大型物流（配送）中心在此聚集，使其获得规模效益，降低物流成本，同时减少大型配送中心分布于市中心所带来的种种不利影响。

（4）物流园区应是区域物流网络的节点，是为区域物流系统功能的实现提供服务的基础设施集结地。

物流园区与物流中心之间既有联系亦有区别，物流园区是物流中心发展到一定阶段的产物，是多个物流中心的空间集聚的载体。物流园区不能取代物流中心的地位，虽然物流园区也具有配送功能，但是相对于城市配送体系的庞大以及不断扩张而言，物流园区的服务范围十分有限，特别是“多批次、小批量、多样化、高速度”的物流配送发展方向，需要中小型物流中心的服务支持，提供多级配送的结构。

（二）物流园区的特征

物流园区是现代物流发展的重要物流节点形式，它与快捷畅通的公路货运通道共同构成现代物流业赖以生存与发展的基础设施平台。物流园区具有以下特征。

1. 专业性

物流园区的独立专业性主要体现在以下两方面：一方面，在物流园区内，原则上不允许单独发展制造业；另一方面，在物流园区的服务半径内，原则上不应该再发展分散的自用型物流业。在充分发挥物流园区整体功能的条件下，尽可能减少重复投资造成的浪费。

2. 公益性

物流园区的公益性是它不同于自用型物流中心的另一个特征，以公益为特征的物流园区面对的客户更广泛，服务辐射的半径更大，规模更大，配套服务的综合性更强。物流园区内至少有两家以上的大型物流企业进行业务经营，各自提供专业化的物流服务。这样，不仅可以提高物流服务的专业化水平，而且更有利于提高物流行业的资源利用率。

3. 资源共享性

因为在物流园区内进行经营的应是两家以上成规模的大型专业物流企业，所以，物流园区本身的发展就对物流资源共享提供了可能。这里的共享资源不仅指物流园区内部的线路、仓库、信息平台等硬件设施，更重要的是对各企业带入物流园区内的已形成规模的物流业务。

4. 上下分离性

物流园区用地的划拨与征用、前期的“三通一平”等公共基础设施建设一般由政府组建投资开发公司承担，并在后期对园区进行相应的维护管理；而园区内物流业务的运作经营则主要通过招商引资，吸引有关企业前来投资运营。这样物流园区的基础设施建设维护与物流业务开展分别由不同的经营主体承担。

5. 企业性

物流园区及其中的经营企业通过提供物流服务产品，参与社会生产的流通交换过程，在商品增值过程中实现物流服务价值追加的交换价值，表现出它的企业性。

二、物流园区的产生

物流园区作为社会经济和现代物流系统发展到一定阶段的产物，其产生和存在具有一定的历史必然性。

（一）产生原因

1. 商品流通的日益发展是物流园区产生的经济条件

物流园区是物流化进程的高级阶段，物流化进程则是一种市场经济形态，它的产生与发展需要一定的工业化进程与经济环境条件。随着工业化进程的加快，市场形态发生变化，发展到过剩时期，市场总体转变成卖方市场，市场竞争由生产领域转向流通领域，物流在国民经济中的地位得以凸显，现代化的物流设施、物流技术、物流管理有了滋生的土壤，物流也成为企业缩减成本、提高竞争力的制胜法宝。

2. 物流企业的合理整合是物流园区出现的内在需求

由于物流行业业务的特殊性，涉及范围与行业广泛，需要大批的不同专业企业协同经营、分工协作，才能完整高效地发挥出物流运作的整体优势。物流园区的出现，正是为不同物流专业企业协同合作创造了一个良好的环境。

3. 政府介入规划与投资是物流园区发展的推动力量

发达的物流产业水平对城市规划发展提出的挑战是严峻的。建立以物流园区为核心的合理、高效的物流系统，通过物流园区的优化、组织与协调，可以从根本上解决这个问题。

4. 经济贸易全球化是物流园区腾飞的舞台

在经济全球化和可持续发展的背景下，国际大型集团纷纷调整发展战略，现代物流思想从关注近期的、微观的利润和成本，提升到关注长期战略性发展策略，物流成为经济发展战略的重要组成部分；物流活动也跨出国界，形成全球化的物流网络。

（二）发展过程

从以物流园区为最高发展形态的物流基础设施的产生和演变过程分析，它是与社会经济发展过程密切相关的，以其功能特征为线索来划分，可分为以下几个阶段。

1. 仓储业阶段

仓储业的真正兴起是在工业经济发展的中期。19 世纪中叶，产业革命带来工业文明的繁荣，社会化大生产使产品出现相对过剩。单一生产的规模化与多样消费的分散化成为社会生活的重要矛盾，克服生产与消费在时间和空间上的分离成为流通领域的重要课题，仓储和运输此时变得至关重要。作为运输节点的仓库，承担了创造时间效用的重要功能。在这一阶段，仓储业的主要功能是储存和保管货物，其特征表现为静态存储。仓储业持续的时间长短因各国的经济情况而不同。美国持续到 20 世纪 50 年代末，日本持续到 20 世纪 60 年代中期。

2. 物流系统阶段

大规模的生产与市场营销观念的出现，加剧了企业间的竞争，为了赢得竞争优势、获取商业利润，属于物流的费用如储存保管、包装、装卸搬运、运输、流通加工等开支日益突出，成为企业发展的重要环节。这一阶段，物流的基础研究已经展开，物流系统的观念已经形成，从整体上考察物流、控制物流的思想已经成为共识。

第二次世界大战以前，商品从生产者到消费者的流通过程中，存在着许多功能单一的物流设施。随着第二次世界大战后商业物流概念的产生和普及，以仓储业为基础，逐渐产生了为商品流通提供多功能物流服务的机构，其所从事的业务范围不断扩大和完善，形成了综合性的流通设施。这就是现代物流基础设施——物流中心的雏形。

3. 物流中心阶段

随着物流系统观念的普及、物流管理地位的上升，社会对物流组织的服务要求日益提高，物流中心随之产生。在这一时期，许多物流中心以“第三者物流服务组织”的形式纷纷涌现出来。如美国的“第三方物流”、荷兰的花卉市场、日本的“宅急便”等。物流中心阶段的主要特征是：为提高物流服务水平和降低物流成本而加强对物流的组织管理功能。

4. 物流园区阶段

经济的持续繁荣伴随着市场范围的不断扩大，激烈的市场竞争加剧成本上升的巨大压力，日益严重的交通拥挤状况使物流资源更加紧张，物流业本身开始形成“互补”。这种“互补”是指物流基础设施的共用、物流资源的共享、物流业务的分担以及物流功能的互补。为了使物流功能的“互补”得到充分的发挥，物流企业聚集在一起，相互之间实现最大可能的相互“调剂”（如表 12－1 所示）。此时，以物流企业集中、物流功能互补为主要用途的新型物流基础设施——物流园区开始出现。物流园区对于物流行业的协同作战、更好更完整地发挥出物流行业的整体优势起到了积极作用，它一方面使物流企业的协作更加方便，另一方面也促使物流企业间的社会分工更加明确，专业分工更加细化，进一步推动了物流业的社会化水平。

表 12-1　　江苏、浙江、上海三地产业集聚情况

省市	产业集聚情况
上海	向四大产业基地集聚，即东部微电子产业带、南部化工工业区、西部国际汽车城、北部精品钢材基地，与此同时，在浦东航空港和洋山深水港之间，建立一个与国际航运中心相配套的装备工业产业区，以及正在外高桥、长兴岛地区建设的船舶制造业基地
江苏	江苏省选择该地区具有较大规模和比较优势的产业，聚合各种生产要素进行重点培育，尽快把企业群体做大，把产业链拉长，形成产业综合竞争优势和可持续发展优势，着眼于在竞争中培育龙头企业，使之成为产业集聚的主体，带动一批相关中小企业发展
浙江	加快传统产业集聚的国际化进程，建设“四网一中心”，即海外浙商销售网、民营企业境外销售网、联合营销国际销售网、国际大型采购组织和跨国零售集团销售网与义乌小商品国际采购中心，编织遍布世界各地的浙货国际销售网络，抢占中低端商品国际市场

第二节　物流园区的功能与分类

一、物流园区的主要功能

物流园区作为物流设施的一种具体形态，除了具有一般物流的仓储、运输、装卸、流通加工、配送、信息处理等基本功能外，还具有提供报关监管、商务综合服务、交易展示等服务项目的功能。总的来说，现代物流园区主要有两大类功能，即物流组织管理功能和依托物流服务的经济开发功能。其中，物流组织管理功能主要包括运输集散主体功能、现代物流综合服务延伸功能、信息网络平台服务功能等，依托物流服务的经济开发功能主要包括管理服务功能、交易展示功能等。

（一）运输集散主体功能

物流园区的运输集散主体功能反映了物流园区作为物流设施的一种形态，在长距离、线性方面的机能，即物流的交通机能，这主要表现在商品周转和联运支撑两个方面。

1. 商品的周转中心

在干线运输的源头或厂商集散地建立物流园区，在园区内统一集中各企业的货物，加以合理组合，再实施干线运输，既可以发挥物流规模效益使经济成本得以降低，又

可以有效地抑制社会成本的上升。

2. 联合运输的支撑作用

物流园区出现之后，实现了公路、铁路、航空、水路等不同运输形式的有效衔接，可以通过物流园区之间的干线运输和与之衔接的配送、集货运输，使联合运输的对象大为扩展。

（二）现代物流综合服务延伸功能

现代物流综合服务延伸功能主要体现了物流园区在短距离、小范围、短时间内的物流机能，内容涵盖了物流基本职能的大部分，是物流园区最重要的功能，主要表现在以下几方面。

1. 商品的分拣中心

随着流通体系的不断发展和市场营销渠道的不断细分，市场需求的多样化、差异化倾向越来越明显，由此产生多样化和差异化的物流，在这种状况下，商品的分拣职能显得日益重要。而物流园区正是发挥这种商品分拣职能的场所。

2. 商品的保管中心

在现代经济社会中，由于时间、空间和其他因素的影响，商品的生产和消费之间，往往会出现暂时的分离，为了发挥时空的调节功能和价格的调整功能，物流园区需要具备保管中心的功能。

3. 共同配送

制造商为迎合消费者差异化、个性化的产品需求，采取多品种、少批量的生产方式，由此产生高频率、小批量的共同配送需求。共同配送是经过长期的发展和探索而优化出的一种追求合理化配送的配送形式，是物流配送发展的总体趋势，也是美国、日本等一些发达国家采用较广泛、影响面较大的一种先进的物流方式。

4. 流通加工中心

商品从生产地到消费地往往要经过很多加工作业，特别是开展共同配送后，在消费地附近需要将大批量运抵的商品进行细分，这些作业都可以在物流园区内进行。此外，物流园区的流通加工功能也得到了进一步的扩充，如蔬菜调理、食品冷冻加工、食品保鲜等。

（三）信息网络平台服务功能

物流园区在信息网络平台服务功能方面主要表现在物流信息服务功能和商流信息服务功能两方面。

1. 物流信息服务

园区内部的物流作业可以通过物流信息系统进行管理控制，并实现各物流单位、企业通过物流信息系统的协同配合，有效减少非增值的物流活动，提高物流效率；而对外的物流服务则通过物流公共信息平台准确地掌握客户的供求，进行物流客户关系管理，提供物流决策支持等，并且向客户提供相应的物流信息，如货物的物流状态查询、货物的物流过程跟踪等，提高物流服务水平。

2. 商流信息服务

商流信息服务主要指的是电子商务功能，表现为物流园区向其客户提供一个用于公共信息发布、订货发货、网络营销、在线交易、财务结算等商务活动的信息网络平台，为不断适应政府海关、工商、税务等一站式大通关服务的需要，物流园区的信息网络平台也将提供相关的网络、信息、服务等方面的支持，从而简化手续，提高工作效率。

（四）管理服务功能

管理服务功能主要体现了物流园区在商流和行政管理方面的职能，主要表现在以下几个方面。

1. 内部综合服务功能

物流园区的内部综合服务功能主要是指物流园区统一为园区内的企业单位在生产作业、日常办公以及生活等方面提供物业管理、公共基础设施维护等服务，为园区内物流企业的人员进行业务知识培训和交流创造、提供相应的环境，为在园区内举行的商务会议、业务洽谈、贸易等商务活动提供活动场所、餐饮等支持性服务。

2. 一关三检后续监管服务功能

物流园区可以满足这方面的需要，可以充当进出口货物集散中心的角色，为企业进出口货物提供报关、商检、动植物检疫、卫生检疫、保税仓储、签单等一站式大通关服务和商务代理服务。

3. 商务办公功能

物流园区的商务办公功能主要是指整个物流园区内部各物流企业的日常管理、办公、后勤保障、物流园区为入驻园区的企业和政府机构等办理租赁手续等方面的功能。

（五）交易展示功能

交易展示是物流园区在商流方面作用的又一重要体现。进入物流园区的商品可以在园区的交易展示区域进行样品展示，还可以通过现场洽谈、拍卖等方式进行直接交易，交易成功可以现场办理财务结算，物流园区能够为完成的交易提供物流服务。

二、物流园区的类型

物流园区是物流系统的网络节点，是物流系统的服务设施集结地。根据其发挥节点作用的不同和提供服务范围、内容的不同，可分为不同类型的物流园区。在物流园区发展较早的日本，其物流园区的类型相对单一，主要为城市提供综合消费物流服务。以配送中心功能为主的物流园区，也兼有物流枢纽的功能。我国的物流园区建设属于起步阶段，各类研究机构和专家对物流园区的分类都有自己的看法，经过归纳总结，可从以下不同角度进行分类。

（一）按功能分类

物流园区的主要功能有：集散、周转、保管、分拣、配送和流通加工等，根据物流园区功能的侧重点不同，大致可分为以下几种。

（1）仓储型物流园区，可以看成集货中心，将分散生产的零件、产成品、物品集中成大批量货物。这样的物流园区可建在小企业群聚集地、农业区、果业区、牧业区等地，主要功能是集中货物、初级加工、运输包装、集装作业、货物仓储。

（2）配送型物流园区，以配送功能为主，是配送中心企业集中的场所。配送中心可看成为连锁商店、零售商以及消费者组织配货供应，以执行实物配送为主要职能的流通型物流节点，具有集货、储存、分货、加工、配送、信息处理等综合物流功能。

（3）货运枢纽型物流园区，是围绕交通枢纽而建的，服务于物流的转运型物流节点，除了具有转运、仓储等主要功能外，还包括拆拼箱、再包装等流通加工功能，如围绕大型港口、铁路货运场站等建设的货运枢纽、卡车终端等都属于该类型。货运枢纽型物流园区又可分成为港口服务的港口物流园区和为陆路口岸服务的陆路口岸物流园区，以及为机场服务的空港物流园区。

（4）商贸中心型物流园区，依托于各类物资、商品交易市场，提供集货、储存、包装、装卸、配货、送货、信息咨询和货运代理等服务。该类物流园区通过对货物的集疏，实现物流系统管理。

（5）综合型物流园区，集上述物流功能于一体的物流园区。

（二）按空间服务范围分类

物流园区按空间服务范围可分为国际性物流园区、区域性物流园区和地方性物流园区。以上海市为例，上海市将重点发展外高桥、浦东空港和西北物流园区三大物流园区，其中外高桥、浦东空港分别为港口型和空港型的国际物流园区，西北物流园区则是上海面向内陆腹地的公路门户，其定位为区域物流园区。

除以上两种分类外，还有其他分类，物流园区分类可见表 12－2。

表 12－2　物流园区分类

分类标准	类型
按功能划分	专业型物流园区（仓储型、配送型、运输枢纽型、商贸中心型）
	综合型物流园区

续　表

分类标准	类型
按空间服务范围划分	国际物流园区
	区域物流园区
	城市物流园区
按服务对象划分	工业物流园区
	商业物流园区
	社会物流园区
按物流作用的专业领域划分	行业物流园区
	社会物流园区
	第三方物流园区

第三节　物流园区规划

现代物流园区既肩负着综合性物流管理的重任，又承担着物流的配送工作，是一个多元化和社会化的大系统，而其规划则是事关物流园区运营效果的基础性关键问题。

一、物流园区规划的内涵和基本原则

物流园区规划是指对城市区域物流用地进行空间布局，对园区内功能进行设计和定位，对设备与设施进行配置，形成物流规划的空间结构；另外，也需要对物流园区经营方针和管理政策进行详细规划。物流园区规划是一项庞大复杂的系统工程，这是由物流管理技术应用和服务运作的复杂性与系统性所决定的。因此，在制定物流园区建设规划时，应遵循以下几条基本原则。

（一）经济合理性原则

能否吸引物流企业是物流园区规划成败的关键，在物流园区选址和确定用地规模时，必须以物流发展现状分析和预测为依据，按服务空间范围的大小，综合考虑影响物流企业布局的各种因素，选择最佳地点，确定最佳规模。

（二）环境合理性原则

缓解城市交通压力、减轻物流对环境的不利影响是物流园区规划的主要目的，也是“以人为本”规划思想的直接体现。使占地规模较大、噪声污染严重、对周围景观具有破坏性的配送中心尽量远离交通拥挤、人口密集和人们活动比较集中的城市中心区，为人们创造良好工作生活环境，这是物流园区产生的直接原因，也是城市可持续发展的必然要求。

（三）发挥自身优势，整合现有资源原则

由于现代物流的发展，所需要的高水平物流设施不可能一步到位，因此，在物流园区系统网络规划时必须充分注意利用和重新整合现有资源，合理规划物流基础设施的新建、改建和与现有物流服务相关的企业功能，以期最大限度地发挥物流服务的系统效能。以仓储设施的利用为例，在诸多物流基础设施中，仓库以其庞大的规模和资产比率，成为物流企业的空间主体。国外一般经验是仓库用地占整个配送中心用地的40%左右。

（四）重点推进、循序渐进的原则

物流园区规划和其他园区规划一样，具有一定的超前性，但任何盲目的、不符合实际的超前都有可能造成不必要的资源浪费。因此必须坚持循序渐进的原则，结合地区实际，在客观分析物流业发展现状和未来趋势基础上，合理规划物流园区。同时，物流园区的建设又是一项规模宏大、内容繁杂的长期任务，规划阶段的工作关键是选择好作为物流园区建设突破口的启动建设项目，使其对全局推进具有重要的示范性影响，并以此形成物流园区的基本框架，为今后的持续发展积累经验，打下基础。

（五）全方位、多渠道协调的统一规划原则

物流园区的规划和布局应该从城市整体发展的角度来统筹考虑，并结合规划选择的用地条件来确定园区的具体位置。因此物流园区应由规划部门统一规划，以便与城市总体规划、土地利用总体规划和其他有关规划相协调，符合城市用地空间的统一布局和统筹安排，满足城市地域合理分工和协作的要求。

（六）与城市总体规划相协调原则

物流园区的规划属于政府行为，是城市规划的组成部分。物流园区的规划应以城市的整体规划和布局为依据，顺应城市产业结构调整和空间布局变化的要求，与城市功能定位和远景发展目标相协调。

（七）可持续发展原则

可持续发展是指经济、社会、生态三者的协调持续发展，是指导经济社会建设的时代原则。物流园区的规划建设在经济上应适应时代潮流和市场经济的特征，为经济提供良好的运行环境；从对社会的作用来看，应创造更多的社会价值，为人们生活提供更多的便利；从环境方面来看，物流园区应以绿色物流的发展模式进行规划，发展

回收物流和废弃物物流。

二、物流园区规划的内容和程序

物流园区的建设是一个长期过程，尤其是大型综合物流园区的建设，时间跨度大、投资高，因此物流园区的规划要有一个层次、步骤分明的内容体系。

如图 12－2 所示，物流园区规划属于物流系统规划中物流节点子系统规划的一部分。物流园区规划主要包括物流园区布局规划、物流园区信息系统规划和物流园区运作模式规划三个部分。

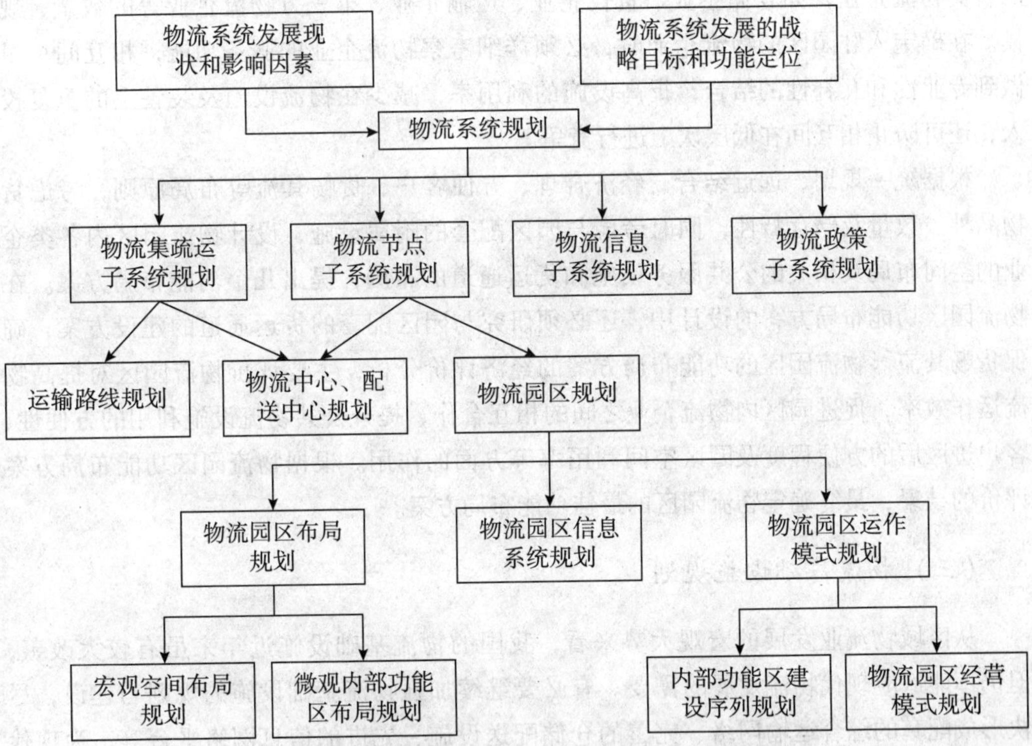

图 12－2　物流系统规划与物流园区规划的层次关系

就单一物流园区的发展建设规划而言，其主要内容应包括以下几个方面。

（一）物流园区类型与功能定位

物流园区的规划建设是一种政府行为，但其具体运营则是一种企业行为，需要按市场规律运作，同时，还须考虑物流服务对象的利益。所以，物流园区的目标定位可分为两个方面：政府部门的目标定位与物流企业及服务客户的目标定位。

综合考虑现有的各项条件因素，因地制宜地对物流园区未来发展进行类型、功能、规模等的定位，确定园区发展目标，是规划的起点。对物流园区功能和类型的定位可依据以下几点。

(1) 对园区现有软、硬件环境的分析评价。

(2) 对园区建设的各类条件和要素的分析评价。

(3) 对园区乃至区域整个物流业发展大势的预测。

(4) 政府对区域物流园区发展目标的定位。

(5) 对区域物流规模、物流市场等的现状分析与发展预测。

(二) 物流园区的功能布局方案设计及其经济评价

根据客户的物流需求和预测分析及物流服务功能互补的原则，确定入驻物流园区的各类物流企业，如仓储企业、货代企业、运输企业、第三方物流企业等的数量、规模。在确定入驻园区的物流企业时，必须详细考察物流企业的服务功能，相互间尽量做到专业性和互补性的结合，提高设施的利用率，减少在物流设施及装备上的重复投入，还可防止相互间在低层次上进行竞争。

根据统一规划、远近结合、经济合理、方便客户、货畅其流等布局原则，考虑货物品种、数量及储存特性，同时考虑与园区配套的附属设施，设计物流园区内各类企业的空间布局及相关的公共服务设施和货运通道的布局，提出几个功能布局方案。在物流园区功能布局方案的设计中，还必须研究与园区配套的货运通道的建设方案，确保货畅其流。物流园区的功能布局方案的经济评价分析，主要评价物流园区对提高物流运作效率，促进园区内物流企业之间的相互合作，提升公共物流设施利用的方便性、客户进区后的方便程度及园区空间利用率等方面的作用。根据物流园区功能布局方案评价的结果，最终确定物流园区的最佳功能布局方案。

(三) 物流基础设施规划

从区域物流业发展的宏观大势来看，我国的物流基础设施近年来虽有较大改善，但仍不能适应现代物流发展的需要。有必要继续加强物流基础设施的规划与建设，尽快形成配套的综合运输网络、完善的仓储配送设施、先进的信息网络平台等，为现代物流发展提供重要的物质基础条件。对具体的物流园区（物流基地、物流中心）而言，基础设施的建设尤为重要，除了在宏观上保持与区域物流基础设施建设的衔接，园区内部的基础设施建设更应从具体的方面来着手，如物流通道、交通设施、广场绿化等方面。同时，物流园区内的市政设施建设也十分重要，它是园区各项工作能顺利进行的前提条件。紧密结合实际情况，规划设置各类物流设施，协同各自的功能，才能使园区基础设施建设得以正常开展。

(四) 各功能模块的详细设计

在物流园区功能布局规划的基础上，进行物流园区的配送中心、仓储中心、海外组装中心等的详细功能设计，这部分的设计需要考虑物流园区的公共物流基础设施、装备等，以避免重复投资，提高设施的利用率。每一功能布局模块都有自身的特点，在满足物流园区总体功能布局的前提下，可根据物流需求方的特点进行设计。如仓储中心的设计要根据可能承担的物流服务对象、物流规模，考虑进出的物流量分布、货物品种的特点、流动方向和运输距离、作业环节和次数、出入库方式、仓储面积利用率、设备的选择、作业流程与设施的规划等，确定仓储的建设形式、规模、结构形式、占地面积及仓储内部功能分区。

（五）物流运作的网络系统规划设计

为了使物品在物流网络中有序运行，在物流网络中可设立若干物流节点，如物流园区、物流中心、配送中心等，以系统化完成物流运作的全过程。可以从以下两个方面来确定物流园区的网络特征。

（1）物流园区包括仓储中心、配送中心、运输中心、加工中心、物流企业、商务中心和研发基地等，这些物流环节都可以与具体的物品流动进行组合，从而形成柔性的网络。同时，园区各物流环节相互协作、相互联系，形成一个实体网络系统。

（2）根据区域物流量、基础设施、运输设施等的现状分布特征，对物流通道和节点进行设计和布局，以形成经济的物流网络。同时，要从长远的角度确定物流运作网络上该物流园区与其他物流园区及中心的关系及运作的相互联系，协调好各自的网络功能。另外，对园区自身物流量的分布、流向、规模等的分析，也是进行网络线路的筛选和规划设计的依据之一。

（六）物流园区选址分析

物流园区的选址是物流系统规划中具有战略意义的投资决策问题。由于商品资源的分布、需求状况、运输条件和自然条件等因素的影响，在同一计划区域内的不同地方，需要设置不同规模的物流园区，划定不同的供货范围，这对整个物流系统和全社会的经济效益是不同的。因此，进行科学而又慎重的选址分析具有十分重要的意义。

物流园区选址需要遵循以下原则。

（1）靠近主要生产消费地。

（2）靠近交通干道或枢纽。

（3）选择地价较低的地区。

（4）优先利用现有存量设施。

（5）一次规划，分期实施。

（6）与城市总体规划相协调。

（7）注重环境保护。

（七）物流园区功能分析

物流园区是集运输、配送、存储、包装、装卸、流通加工等功能于一身，具有高科技、高效率特征的新型货物集散中心。不同性质、不同规模、不同类型的物流园区，功能各不相同，业务流程也各具特色。物流园区功能组合作业结构如图 12－3 所示。

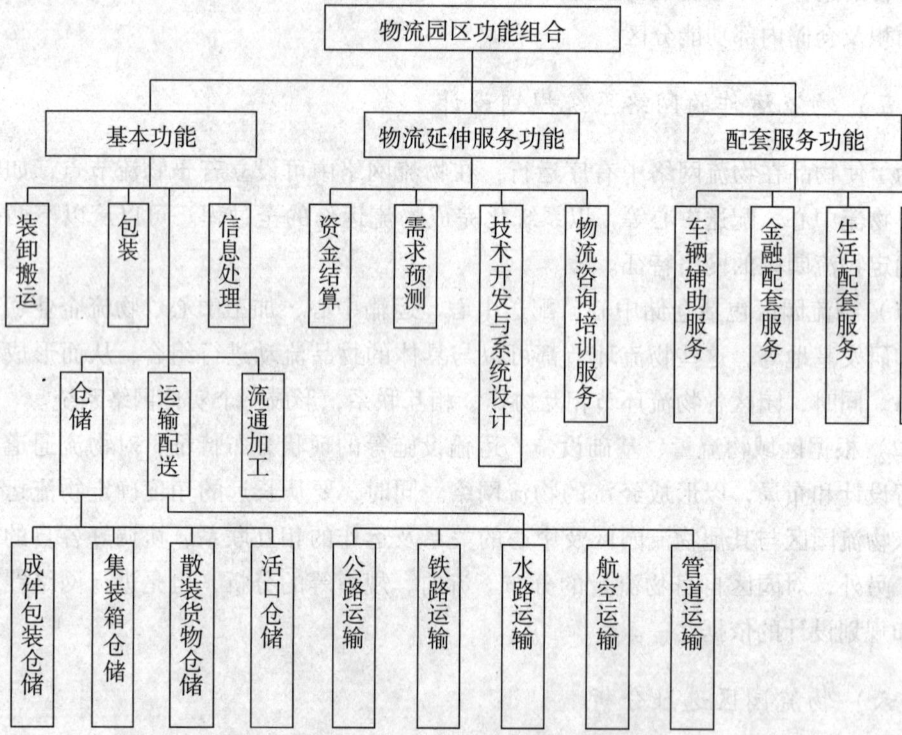

图 12－3　物流园区功能组合作业结构

根据园区的功能组合，一般可将物流园区分为如下几个作业区：仓储作业区、流通加工作业区、集货区、拣货区、办公事务区、厂区相关活动区等，各作业区拥有不同的作业项目。

（八）园区经营管理机制、保障措施、社会经济效益评价

研究物流园区分期建设规划及有关建设费用，估算物流园区的建设投资总额，研究建设资金的筹措渠道，提出相应的物流基础设施建设的实施方案，并在物流人才培养等方面提出相应的保障措施。进行社会经济效益评价时采用定性评价与定量评价结合的方法。定性评价包括对提高专业化社会化物流水平、提高全社会物流资源的利用率、减轻物流对城市环境造成的不利影响，以及改进城市的物流环境、增强城市竞争力、增强吸引外资等方面的作用评估，重点分析物流园区对提高社会生产力的作用以及所处的交通是否便利，其占地是否影响城市的发展，建成后是否影响城市景观等方

面；定性分析可采用AHP（层次分析法）等评价方法。而定量评价主要评价物流园区建成后在提高物流效益、提高物流质量、降低物流成本等方面的经济效益；定量分析可采用效益费用比、内部收益率等指标进行经济评价。

（九）信息平台规划

在对物流园区的信息平台进行规划时，除考虑与当地政府共用信息平台外，还应充分考虑区内的一些特殊企业（如外资企业等）对时效性、零库存及将物流功能外包的要求。对于物流园区信息平台总体规划，需要确定各功能模块的详细功能及开发次序，可优先开发仓储管理、货物跟踪查询、配送管理、车辆调度、订单管理、财务结算等模块。另外，还要研究信息平台建设策略，明确信息平台开发主体，制订分期实施规划等。

（十）近期重点工作项目的安排

对物流园区近期的重点建设工作给予适当的规划，搞清楚建设工作的切入点有利于园区建设工作的开展。近期建设项目是一些基础设施项目或一些具有启动和带动作用的项目，通常有以下几类。

（1）园区征地。

（2）基础设施和相关配套的物流设施。

（3）网络系统与信息平台。

（4）人才的引进及优惠政策的制定。

（5）重点企业的引进。

通过前期的重点工作，为企业的入驻创造一个良好的运营环境。同时，近期重点工作项目的安排也是整个规划方案与实际的融入点，在前期工作中，可进一步评价规划方案，对其中的一些不适当之处进行修改，使规划方案更能与实际相结合。总之，近期工作项目的安排十分重要，它基本上搭起了整个物流园区的建设框架，前期工作做得好，物流园区的建设就有了一个好的开端。

第四节　物流园区的运营管理模式

物流园区在建设之后，选择何种经营模式是物流园区经营成败的关键。物流园区的经营模式主要包括物流园区的投资开发模式、物流园区的管理模式和物流园区的赢利模式等。物流园区的投资开发模式主要是指物流园区的投资开发主体和投资开发方式的确定；物流园区的管理模式主要是指管理组织机构的建立以及管理组织在物流园区中的角色定位；物流园区的赢利模式主要是指物流园区通过选择提供何种合适的物流服务功能来获取最大的经济利益。

一、物流园区的投资开发模式

1. 国外现有物流园区的主要投资开发模式

物流园区的开发建设在日本、欧洲及北美相对比较成熟，而在欧洲各个国家中，德国的物流园区开发建设经验对我国更具有积极的借鉴意义，美国物流园区的开发建设模式更具有典型性。

（1）在日本，建设较早的日本东京物流基地是以缓解城市交通压力为主要目的而兴建的，建设中采取的具体措施主要有以下几点。

①政府组织确定城市产业规划，由于日本的物流园区一般规模较大，因此，日本政府在城市的市郊边缘带、内环线外或城市之间的主要交通干道附近，规划有利于未来具体配套设施建设的地块作为物流园区的建设位置。

②将物流园区地块以生地价格出售给不同类型的物流行业组织，这些组织再以股份制的形式在其内部会员中招募资金，用于购买土地和建造物流设施及设备。若资金不足政府可提供长期低息贷款。

③政府对已确定的物流园区积极加快交通设施的配套建设，在促进物流企业发展的同时，促使物流园区的地价和房产升值，使投资者获得良好的回报。

（2）在德国，物流园区的开发建设与日本的建设方针和经验有所不同，德国政府对物流园区的规划和建设遵循“联邦政府统筹规划，州政府和市政府协助建设，企业化经营管理，入驻企业自主经营”的发展模式，具体内容如下。

①联邦政府统筹规划。联邦政府在统筹考虑交通干线、主枢纽规划的基础上，通过广泛调查区域产业布局、物流节点和物流企业分布现状，根据各种运输方式衔接的可能，在全国范围内规划物流园区的空间布局、用地规模与未来发展趋势。为引导各州按统一规划建设物流园区，德国交通主管部门还对符合规划的物流园区给予资助或提供贷款担保。

②州政府和市政府协助建设。物流园区对区域经济有明显的带动和促进作用，物流园区所在地的主管政府总是希望规划建设的物流园区更多地实现其公共服务职能，而并非单纯以营利为目的。因此，在物流园区的建设和运营过程中，州政府和市政府是物流园区的主要投资人。

③企业化经营管理。物流园区的运营管理由当初的政府组织管理，逐步过渡到由企业自主管理。经过多年的发展经营，德国总结得出企业化的管理方式比行政化的管理方式更有效率。负责管理物流园区的有限公司受投资人的共同委托，负责园区的生地购买、基础设施及配套设施建设，以及园区建成后的地产出售、租赁、物业管理和信息服务等。

④入驻企业自主经营。入驻企业自主经营、照章纳税，依据自身经营需要建设相

应的库房、堆场、车间、转运站，配备相关的机械设备和辅助设施。每个物流园区由一家有限公司来经营，这些公司的股东有所在城市市政府和州政府部门出身的，也有地区经济促进会、工商会等公益性私营物流企业出身的，不同股东共同参与物流园区有限公司，作为所有股东利益的代表，公平公正地开展物流园区内企业之间的协调发展以及与政府部门之间的协商对话工作。

德国物流园区的投资模式中，政府投资型物流园区或政府与企业共同投资型物流园区占一半左右，由企业投资的物流园区约占另一半。德国48个物流园区分析结果显示，其中21个为政府投资型或政府与企业共同投资型物流园区，其余为企业投资型。具体情况如表12－3所示。

表12－3　　德国部分物流园区的股东类型

股东类型	物流园区个数
城市、地区内的主管部门	16
私营企业	10
银行	8
归地方所有的企业、公有企业	5
联邦州	3
工商会	2
经济发展促进公司	2
联邦铁路股份公司	1
其他组织	1

(3) 在美国，物流园区的发展大多采用自由化的市场经济模式，其在物流园区的投资开发方面也积累了丰富的经验。

①政府的优惠政策。以得克萨斯州的圣安东尼奥市为例，该区以物流园区规划建设为依托，通过吸引大量的物流资源在该市集聚，促进该市尽快成为北美自由贸易区的贸易走廊，为此，该市政府制定了前10年免征财产税、销售税返还、对从事中转货运的企业免征财产税等一系列税收优惠政策。

②物流资源整合。州政府和市政府为了达到物流资源的优化组合，出台了一些优化政策，鼓励物流企业及相关企业并购和建立战略伙伴关系，还利用并购后的优势对国内外各地的物流节点进行合并优化，将各种物流业务在时间、空间上运作到最佳状态，形成了快速、优质、高效、安全的物流配送体系。

2. 国内现有物流园区的投资开发模式

根据资料分析，我国物流园区开发和建设呈现出多元化的格局，虽然总体上采用的是“政府支持、企业合作、市场化运作”的基本模式，但通过分析，在涉及具体某个物流园区时，还是存在具有不同特点的投资开发模式。

一是公共投资型物流园区。这种类型的物流园区投资开发模式是借鉴德国和日本物流园区的投资经验，主要是交通运输、商贸流通等政府部门通过对交通基础设施、仓储等设施的投资以支持园区的建设，以及城市政府以土地优惠，用设施资源整合和置换等方式支持物流园区的建设，并通常由大型企业进行开发建设和建成后运营。此种物流园区的投资开发模式在我国已有较多的相应案例。如深圳规划开发的平湖物流基地、上海规划开发的外高桥综合物流园区、京港合作开发的北京物流基地、湖南浏阳医药物流园区、上海浦东空港物流园区、合肥新站开发区物流园区、南京龙潭物流园区等。

二是完全的企业投资型物流园区。这类物流园区的投资特点是没有公共机构的资金支持，是完全或绝大部分由私有企业投资开发的物流园区。这类物流园区开发投资模式在我国现阶段还很少见，通常由商贸流通控股企业、大型工业制造企业、大型交通运输与储运企业发起，独立完成或通过招商引资完成开发和建设，然后吸收社会商贸流通企业、零配件供应企业、运输及仓储服务企业加盟。

三是公共－私人合资型物流园区。目前，在公共－私人投资型物流园区投资模式中，较多地采用了 BOT 投资模式，BOT 全文为 Build（建造）－Operate（经营）－Transfer（转让），即项目的“带资承包模式”。此模式一般适用于政府公共工程项目，是吸引非官方资本加入基础设施建设的一种融资、建造、特许经营的项目实施模式，多用于大型基础设施的建设项目，现在也用于物流园区等基础设施的建设项目。如我国云南浩宏工业物流园区就是按 BOT 模式运作的一个综合型物流园区项目。

政府和企业是物流园区投资的两大主体，对于政府和企业在物流园区建设投资中的分工，应该有一个明确的界限。政府投资应限制在物流园区内及其周边的公共领域，包括公益性项目和基础设施项目；而企业主要投资的对象则是物流园区内的非公共领域项目的建设。

二、物流园区的管理模式

（一）国内外现有物流园区的管理模式

在物流园区的建设发展中，不同国家的建设管理模式不同，政府在物流园区建设发展中的作用也不同。

从总体上说，国内外物流园区的开发建设主要有政府主导的建设管理模式和企业主导的建设管理模式。

1. 政府主导的建设管理模式

政府在给予必要的资金支持的同时，还需要在政策的制定、运作秩序的建立和维护方面发挥不可替代的作用，即政府在物流园区的开发建设过程中起着十分关键的作用。采用自上而下建设管理模式的物流园区，一般由政府组织成立物流园区管理委员会来负责规划建设物流园区，并对入驻物流园区的各类物流企业进行相应的管理。

政府主导的建设管理模式在国内外的物流园区管理模式中都比较普遍，如日本东京的 Keihin、Adachi 物流园区，德国的 Dresden（德累斯顿）、Leipzig（莱比锡）物流园区等。我国北京空港物流园区、深圳平湖物流园区、南京龙潭物流园区等也都采用了自上而下的建设管理模式。

2. 企业主导的建设管理模式

随着我国市场经济的不断深入发展，我国少数传统的储运企业也在不断地发展壮大，如中远、中外运等，同时我国经济发达地区的物流市场需求业已达到了一个相对比较成熟的阶段。在这种情况下，一些在行业中比较有实力的大型物流企业或独立或相互联盟来开发物流园区，通过集聚的形式把众多分散的物流资源在物流园区进行有效的整合，充当第三方或第四方的角色。

这种企业主导的建设管理模式虽然是由企业自行发起成立的，但物流园区的成功运作仍离不开政府在各个方面的有力支持。这种模式基本上是在物流市场存在旺盛需求的基础上形成，通过政府的正确引导和扶持，此类模式的物流园区一般具有很强的市场运作经验，并带有强烈的营利性质。

由于我国市场经济的发展历程相对较短，市场经济体制和机制不完善，政府的宏观调控作用在现代物流产业的发展进程中还具有十分重要的作用。因此，现阶段我国物流园区的建设管理模式基本上以政府主导的建设管理模式为主。但从长远的发展趋势看，随着我国现代物流的快速发展和第三方、第四方物流企业的不断壮大，企业主导的建设管理模式在未来将逐步成为我国物流园区建设管理的趋势。

（二）物流园区管理模式的类型

物流园区管理模式的选择应该根据相应的投资开发模式而定。通过对我国现有物流园区投资开发模式和相关文献的分析，其相应的管理模式可以概括为五种类型，即管理委员会制、股份公司制、经营委员会制、行业协会制和租赁制。

1. 管理委员会制

这种模式相当于我国现有的大部分经济开发区模式，政府仿照经济开发区的管理模式，组建一个管理委员会，作为物流园区的管理机构对物流园区进行管理，前期负责进行招商引资，待物流园区运行后，提供企业登记、土地使用、人事代理等服务，管理委员会不直接参与经营，物业管理等具体工作则委托专业公司来做。这种形式适合规模较大的综合性服务功能的物流园区。

2. 股份公司制

采取股份公司制管理物流园区，设立董事会、总经理、监事会与相关部门，按照责权利相结合的原则对园区进行管理。如果物流园区采用的投资开发模式是企业主导开发模式，则采用这种管理模式的可能性比较大。

3. 经营委员会制

经营委员会制本质上就是业主委员会制。若物流园区的开发建设是由几个物流企业进行的，则参与园区开发建设的物流企业会组成业主委员会作为园区决策机构，共同组建管理部门负责具体的经营。

4. 行业协会制

由物流行业协会负责整个园区的经营管理，组织、协调园区企业开展物流服务。这种形式和业主委员会制的不同在于行业协会所代表的物流企业更加广泛，行业协会只负责组织管理，并没有对园区进行直接投资。

5. 租赁制

物流地产商完成土地开发、基础物流设施建设之后，把土地、物流园区的基础设施和设备（如仓库、办公楼、信息平台）等出租给物流公司，投资商自己成为“房东”，只收取租金，不参与经营。物流园区之于企业的服务职能则由政府有关部门提供，或委托给专业公司。

选择何种管理模式很大程度上是园区投资主体决定的，每种管理模式各有优劣。管理委员会制行政色彩比较强，能较好体现政府规划的意图；股份公司制运营效率较高，但可能片面追求效益；经营委员会制和行业协会制决策层比较松散，难以取得一致意见，效率较低；租赁制纯属投资行为，对整个园区的开拓能力较差。

三、物流园区的赢利模式

（一）国外物流园区的赢利模式

物流园区作为物流业发展到一定阶段时产生的新兴物流集散方式，在日本、德国等发达国家已经得到了快速发展，但国外物流产业发展比较好的国家，在物流园区的赢利模式上也进行了较长时间的探索，取得了良好的效果。从其发展经历看，其物流园区的赢利也各有不同的模式。

1. 日本物流园区的赢利模式

日本东京的葛西、和平岛、阪桥和足立四个物流园区是社会化物流节点的成功典范。20 世纪 70 年代始建时，政府充分考虑到物流业的特殊性，采取了政府加企业集资建设仓储、公共设施并向物流企业出租分红的发展模式。经过几十年的发展，已成为目前日本最著名的物流园区。但在过去的几十年内，该基地未能分红，可见投入资金的巨大和投资回报期的漫长。总结东京的四个物流园区的赢利模式，主要有以下两个方面。

（1）利用物流园区内的地价升值。将园区内的地块以生地价格出售给不同类型的物流行业协会，这些协会再以股份制的形式在其内部会员中招募资金，用来购买土地并建造物流设施，若资金不足政府可提供长期低息贷款，而物流园区的赢利主要来自土地价值的增长。

（2）提供低廉的仓库租金。集资企业租用仓库的租金低于市场价格，并可按市场价格转租给其他企业。政府对已确定的物流园区积极加快交通设施的配套建设，以吸引其他物流相关企业入驻物流园区，从而使物流园区投资者的投资得到回报。

2. 德国物流园区的赢利模式

德国物流园区的赢利模式与日本物流园区的赢利模式有所不同。

（1）出租收入。德国政府在规划建设物流园区的基础上，将物流园区的场地向运输企业或与运输有关的企业出租，承租企业则依据自身的经营需要建设相应的库房、堆场、车间，配备相关的机械设备和附属设施，并交纳相关费用。

（2）服务费。物流园区通过提供良好的公共设施和优良的服务并收取一定的服务费来赢利。德国的物流园区一般都建有综合服务中心、维修保养厂、加油站、清洗站、餐厅、娱乐中心等，有的还开办驾驶员培训中心、物流管理人员培训中心等实体机构，尽可能提供全面的服务。这些实体都作为独立的企业实行经营服务。良好的设施、优质的服务，使物流园区不仅取得了显著的社会效益，而且取得了巨大的经济效益。如不来梅物流园区的投入产出比接近1:6，投资2.03亿德国马克，而实现的效益为12.15亿德国马克。

（二）国内物流园区的赢利模式

由于目前我国的物流园区大多数仍处于规划建设阶段，因此，国内物流园区的赢利模式还处于摸索阶段。在国内现有为数不多的物流园区的成功经营运作模式中，北京空港物流园区和深圳平湖物流园区是其中的典型代表。

在我国各地规划建设现有物流园区的经营运作中，成功的例子仍然较少，而大多数物流园区的经营运作还不尽如人意。物流园区的社会效益是显而易见的，但拥有一定的经济效益也是非常重要的，否则，物流园区将难以为继。从我国国内为数不多的物流园区的赢利模式中，可总结出以下几种赢利模式。

1. 从提供信息服务中赢利

这种赢利模式是初建期的物流园区通常的一种赢利模式，它类似于信息配载市场的赢利模式，因此，赢利方式还比较落后，利润比较微薄。

如安徽新长江物流园区、连云港市中储物流中心的赢利途径主要有以下两种形式：①提供车辆配载信息，从成本节约中获得收益；②提供商品供求信息。

2. 从发展规模经济和保税物流中赢利

这种赢利方式一方面是利用物流园区集聚效应，在规模经济中获利；另一方面是利用国家给予的优惠保税物流政策实现获利。如深圳平湖物流园区、广州保税物流园区的赢利途径主要有：①利用政策优惠，在规模经营中获得收益；②利用区域优势，在保税物流中实现增收。

3. 从提供基本物流服务中赢利

由第三方物流企业负责运作的物流园区主要从提供基本物流服务中获利。这种赢利方式主要有：①发展企业物流基地，从提供运输、仓储等基本物流服务中创收；②努力培育物流市场，从企业化运作中增收。

4. 从提供配套服务中赢利

物流园区规划建设后，一般具有完善的配套服务设施，通过提供配套服务也可获得可观的利润。如传化物流园区的收入主要来自几个方面：①出租营业用房，从场地租金中增加收入；②吸引运输车辆，从停车费中实现收益；③提供仓储服务，从仓管费中增加收益；④实行会员制管理，在业务支持中创收。

从以上分析可知，我国物流园区目前的赢利模式还比较单一、原始，依靠增值服务赢利的物流园区还很少，这是由于我国物流园区基本还处在起步发展阶段，待我国物流园区平稳运行一段时间后，相信会有更多的物流园区从提供增值物流服务中赢利。

本章小结

本章从物流园区的定义出发，由于各国对物流园区这一物流节点形式在理解和模式上有差异，严格界定物流园区比较困难；明确指出物流园区的核心内涵，同时通过对物流园区的特征和发展过程的剖析，进一步认识物流园区。接下来对物流园区的功能进行体系化的分析和展示，并针对不同的标准对物流园区给予科学的分类，在空间上再现了物流园区的实体形式和运作程序。然后在对物流园区清晰认知的基础上，针对物流园区规划的原则进行详细探讨，并在这一系列科学规划原则的规范下结合物流园区规划的实践经验，对物流园区的规划程序和方法进行了全面的分析，以便在教学中让学生能跟着这一程序和方法进行物流园区的规划实践。最后，针对现实中运营的物流园区，结合国外和国内物流园区运作的经验和教训，描述和分析了物流园区的投资开发模式、管理模式和赢利模式。

案例分析

普洛斯广州物流园

获取教学资源包，并查阅相关资料，分析以下问题。

1. 普洛斯广州物流园的规划特点是什么？
2. 普洛斯广州物流园的投资建设与运营模式分别是什么？
3. 普洛斯广州物流园的布点与选址的总体思路是什么？

教学资源包

在线答题

课后练习

一、判断题

1. 荷兰的物流社会分工非常明确，仓库、运输、长途配送、市内配送分工明确，共同在物流园区内经营，这种运作模式可以有效地突出专业特色、降低运营成本、规范行业服务、增强市场竞争力。(　)

2. 物流园区的上下分离性是指其投资建设主体和实际运营管理主体的差异。(　)

3. 物流园区选址时最重要的考虑因素是地价。从经济合理性角度考虑，较低的地价有利于物流企业的低成本运作，提高企业效率。(　)

二、选择题（1 ~4 题为单选，5 ~7 题为多选）

1. 物流园区主要是一个空间概念，与工业园区、科技园区等概念一样，是具有产业一致性或相关性且集中连片的物流用地空间。这一对物流园区定义的认知是属于(　)的观点。

A. 王战权　　B. 牛慧恩　　C. 云俊　　D. 王德荣

2. 物流园区的配送服务范围十分有限，特别是“多批次、小批量、多样化、高速度”的物流配送发展方向，需要(　)的服务支持。

A. 中小型物流中心　　B. 大型物流中心

C. 大型配送中心　　D. 末端物流节点

3. 物流园区的规划建设是一种政府行为，但其具体运营则是一种企业行为，需要按市场规律运作，同时，还须考虑物流服务对象的利益。因此物流园区的目标定位可分为两个方面：(　)与物流企业及服务客户的目标定位。

A. 核心企业的目标定位　　B. 物流产业的目标定位

C. 政府部门的目标定位　　D. 以上都不是

4. 在物流园区的管理上，政府仿照经济开发区的管理模式，组建一个管理委员会，作为物流园区的管理机构对物流园区进行管理，前期负责进行招商引资，待物流园区运行后，提供企业登记、土地使用、人事代理等服务，管理委员会不直接参与经营，物业管理等具体工作则委托专业公司来做。这种管理模式是（ ）。

A. 股份公司制　B. 管理委员会制　C. 经营委员会制　D. 行业协会制

5. 物流综合服务功能主要体现了物流园区在短距离、小范围、短时间内的物流机能，内容涵盖了物流基本职能的大部分，是物流园区最重要的功能，主要表现为（ ）。

A. 商品的分拣中心　B. 商品的保管中心

C. 共同配送　D. 流通加工中心

E. 物流信息服务

6. 园区规划进行到"近期重点工作项目的安排"时，近期重点建设项目通常包括（ ）。

A. 园区征地　B. 基础设施和相关配套的物流设施

C. 网络系统与信息平台　D. 人才的引进及优惠政策的制订

E. 重点企业的引进

7. 德国政府对物流园区的规划和建设遵循发展模式的主要表现为（ ）。

A. 联邦政府统筹规划　B. 联邦政府投资

C. 企业化经营管理　D. 入驻企业自主经营

E. 州政府和市政府协助建设

三、思考题

1. 我国物流园区与德国和日本相比有哪些显著差异？试分析原因。

2. 在物流园区规划中，最重要的步骤是什么？简述原因。

3. 试比较配送型物流园区和货运枢纽型物流园区的异同。

4. 试分析日本现有物流园区投资建设模式选择的原因。

5. 试分析管理委员会制的物流园区管理模式的适用条件。

6. 试分析我国物流园区发展存在的主要问题。

第十三章　物流战略规划与管理

本章导读

随着我国物流业的快速发展和物流服务市场竞争的日趋激烈，物流企业如何通过物流系统构建自身的竞争优势，已成为企业战略层必须思考的现实问题，解决这一问题的根本途径就是要在企业中树立物流战略理念。物流战略是指企业在激烈竞争的环境中，为了求得长期的、稳定的发展而针对其物流业务采取的竞争行动，为了实现其发展目标所需的一切与物资相关的内容，包括原材料、半成品、成品、废弃物、一般供应品及专业服务的控制系统的组织与筹划。物流战略指明了企业物流发展的方向、进度、目标、发展方式和经营方式，是物流经营计划的依据，为企业物流在竞争中取胜提供支持，还可以使物流系统的投资最小化，最终提升企业的收入水平。企业物流战略实施的目标是降低运作成本、减少资本投入和改进服务质量，目的在于掌握企业目前的状况，明确企业具有的优势和劣势，以便有效利用资源，制定能够发挥企业优势的物流战略，实现既定的战略目标。

教学目标

了解物流战略的概念及特征。

掌握物流战略的内外部环境分析方法。

掌握物流战略的实施模式。

学习任务

1. 理解物流战略制定的重要性。
2. 了解物流战略环境分析的内容。
3. 明确物流战略要达到的目标。
4. 熟练掌握物流功能战略规划的内容。

5. 理解物流战略规划的内容。
6. 了解企业应如何实施物流战略。
7. 了解对物流战略实施过程进行有效控制的步骤。

知识导图

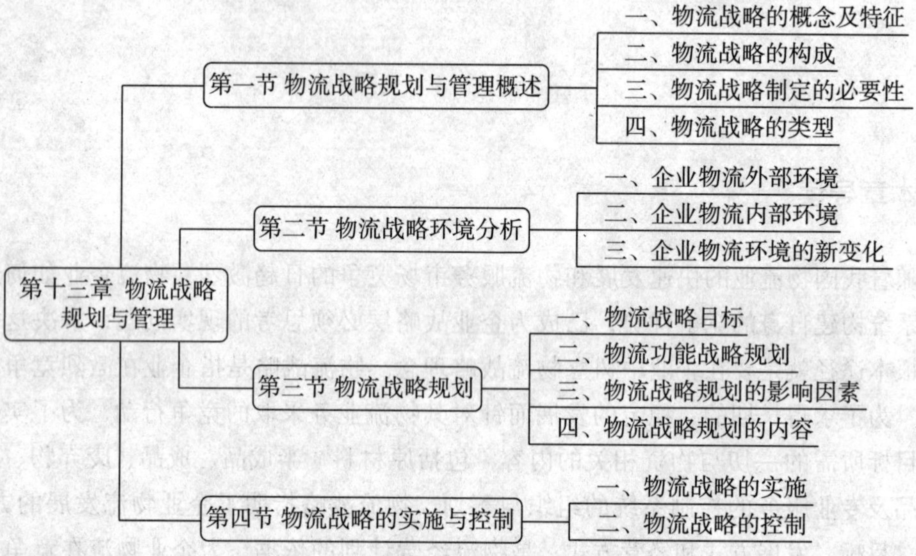

导入案例

青岛啤酒公司在迅速完成扩张后，企业战略由以规模为主的“做大做强”相应地转变为以提升核心竞争力为主的“做强做大”。啤酒下线后送达终端市场的速度，即“新鲜度管理”，成为青岛啤酒打造企业核心竞争力的关键要素。新鲜度管理的关键就是企业的物流战略管理。青岛啤酒物流战略的成功实施，使企业在物流效率的提升、成本的降低、服务水平的提高等方面成效显著，其运送成本每个月下降了100万元。

（资料来源：《青岛啤酒公司物流管理》，中国物流与采购网，http：//www. china-sourcinG. mofcom. gov. cn）

第一节　物流战略规划与管理概述

一、物流战略的概念及特征

（一）物流战略的概念

“战略”一词在希腊语中是将军的意思，在当时是指指挥军队的科学艺术。在现今社会中，该词主要用来指一个组织如何生存和发展，并充分考虑其全局性和长远性的艺术和策略。

物流战略（Logistics Strategy）是指企业在激烈竞争的环境中，为了求得长期的、稳定的发展而针对物流业务采取的竞争行动，为了实现其发展目标所需的一切与物资相关的内容，包括原材料、半成品、成品、废弃物及一般供应品及专业服务的控制系统的组织与筹划。物流战略是为了供应链而制订的长期计划，而并不致力于解决一些具体的平常琐事，其概念源自企业物流活动的实践。

（二）物流战略的特征

企业的物流战略具有以下特征。

1. 全局性

企业物流作为一个总体，由其各个重要环节、各个专业职能的活动组成，每个环节和职能虽为单独的部分，但每部分对发挥该企业物流的整体效果都有重要的影响，因此企业的物流战略具有全局性。

2. 长远性

企业的物流战略需要对企业在未来一定时期的生存发展做统筹规划，对企业的奋斗目标进行通盘考虑。

3. 前瞻性

企业的物流战略必须具有前瞻性，即对企业在未来时期内发展方向和行动步骤制定出合理的发展战略，预测未来市场的发展趋势以及企业自身在未来的发展趋势和应变能力。

4. 纲领性

企业的物流战略的纲领性规定了企业总体的长期目标、发展方向、经营重点等，这些统筹规划都需要一个具有原则性和概括性的行动纲领。在具体执行企业的物流战略时，还要根据企业所处的具体环境更改具体战略环节。其纲领性特征体现在物流战略不仅是企业的战略目标，更是全体职工的奋斗纲领。

5. 竞合性

企业的物流战略的竞合性是指其竞争性和合作性的特点。现今的企业仅仅依靠竞争来提升、发展自己已远远不够，致力于强强联合才能实现企业之间的双赢。企业实力较弱的可以联合起来，共同应对强大企业的攻势；而实力强大的企业，也需要联合实力相对弱小的企业互相协作配合，共同发展。这样企业之间既有着相互的竞争，又有着相互的合作，是未来企业发展战略的一个重要趋势。

6. 相对稳定性

企业的物流战略规定了企业的发展目标具有长远性和全局性，但是企业在实际的生存和发展中所要面临的情况是不定的、不可预测的，只要战略实施的环境没有发生重大变化，那些细小的变化也就在企业战略的预测之中。企业的物流战略所确定的战略目标、战略方针、战略重点和战略步骤等，都应该保持相对的稳定，并在具体的环境中灵活变动。

7. 艺术性

企业的物流战略具有艺术性，是指企业的物流战略应该有一些巧妙的应对策略，在适当的时候可以回避对手，通过巧妙的智慧取得成功。

二、物流战略的构成

企业的物流战略就是企业发展物流业务的方法策略。在一般情况下，企业的物流战略，包括以下内容。

（一）企业物流的发展方向

企业物流的发展方向包括企业是专业化还是综合化发展，是做运输、仓储还是管理咨询等。

（二）企业物流的发展方法、途径

企业物流的发展方法、途径包括：是选择自我经营，只为企业自身服务，还是面向社会的物流需求；是依靠单一的大用户，还是广泛开辟企业的市场等。

（三）企业物流的发展进度

包括企业物流的发展进度分为几个阶段，每个阶段的进展如何在内的企业总体的发展趋势及进度，都是该方面内容应该考虑的。

（四）企业物流的发展目标

企业物流的发展目标包括阶段目标和长期目标。阶段目标是指短期内企业能实现的目标，长期目标是指企业在长远发展方面要实现的目标。

（五）企业物流的发展策略

企业物流的发展策略包括：是选择快速发展，还是稳定发展；是低成本发展，还是高速投资发展；是独自发展，还是联合发展等。

三、物流战略制定的必要性

（一）降低成本

降低成本是企业物流战略实施的目标，将与运输和储存相关的可变成本降到最低。企业通常要在仓库选址、运输方式、运输线路等方面做出综合评价，选择最佳的行动方案。但要注意的是，无论企业怎样权衡和选择，它对客户的服务水平应该保持不变。与此同时，需要找出一个成本最低的方案，利润最大化是该战略的目标。

（二）对物流发展起到规划作用

企业的物流战略指明了企业物流发展的方向、进度、目标、发展方式和经营方式，关系着企业的生存和发展，是企业发展的根本，为企业未来的发展趋势做好了铺垫。

（三）制订物流经营计划的依据

企业将其物流经营计划按时间划分为各个阶段，结合所处环境的具体情况进行细化、具体化实施，从而形成企业的具体计划。

（四）促进物流竞争优势形成

企业的物流战略为物流竞争提供竞争策略的艺术，为企业物流竞争取胜提供支持。物流是市场营销的一个非常重要的因素。客户能否接受企业的产品，成为企业的市场成员，只有一个很实际的衡量标准，就是能否保质保量、及时地得到企业的合格产品和服务。企业的产品再好、质量再高、价格再低、促销语言再好听，如果产品不能及时地送到客户手中，或者即使按时送达，但是送货成本很高，服务质量不好，客户还是不会选择该企业的产品，这便体现了物流的重要性，即物流对市场营销效果的最后决定作用。

（五）使物流系统的投资最小化

企业需要考虑是自建仓库，还是直接将产品送达客户，租用公用仓库；是将物流业务外包，还是自营；是大力提高客户服务水平，扩大销售额，还是保持现有服务水平不变，降低物流活动成本等；而利润最大化则是首要目标。

（六）企业的收入水平在一定程度上取决于所提供的物流服务水平

尽管提高物流服务水平将大幅度提高成本，但收入的增长可能会超过成本的上升。要使战略有效果，应该制定与竞争对手截然不同的服务战略。

四、物流战略的类型

物流战略根据不同的分类方法，可以分成不同的类型。

（一）根据服务项目划分

物流战略可以分为准时货运集散战略、快速货运集散战略、整车货运集散战略、成组货运集散战略、专项货运集散战略和国际货运集散战略等。

（二）根据发展方向划分

物流战略可以分为物流服务导向战略、市场需求导向战略、专业技术导向战略、规模经营导向战略、资源优化导向战略和实时响应导向战略等。

（三）根据战略行为划分

物流战略可以分为扩张型物流战略、稳定型物流战略、收缩型物流战略和关系型物流战略等。

（四）根据战略重点划分

物流战略可以分为物流系统生存战略、经营战略和发展战略等。

（五）根据物流战略的战略用途划分

物流战略可以分为物流发展战略、物流经营战略、物流运作战略和物流竞争战略等。

（六）根据物流的业务内容划分

物流战略可以分为物流运输战略、物流仓储战略、物流配送战略、物流包装战略、物流搬运战略、物流信息战略、采购物流战略、分销物流战略、生产物流战略以及综合物流战略等。

（七）根据物流的经营方式划分

物流战略可以分为自营物流战略、物流外包战略、供应链物流战略、信息化物流战略，或分为高资产型物流战略、低资产型物流战略、无资产型物流战略，或分为独立经营战略、联合经营战略、连锁经营战略等。

（八）根据物流的发展方式划分

物流战略可以分为稳定型发展战略、收缩型发展战略、扩张型发展战略，或分为低成本发展战略、高投资迅速发展战略，或分为科技兴企战略、人才兴企战略，或分为知识型企业战略、学习型企业战略等。

（九）根据物流的竞争方式划分

物流战略可以分为正面进攻战略、回避退让战略、侧面攻击战略和避强凌弱战略等。

第二节　物流战略环境分析

一、企业物流外部环境

（一）物流战略宏观环境分析

企业的宏观环境间接或潜在地对企业发生作用和影响，一般包括政治与法律因素、经济因素、技术因素和社会因素等（如图 13－1 所示），对宏观环境进行分析，目的是确认和评价宏观因素对物流战略目标和战略选择的影响。

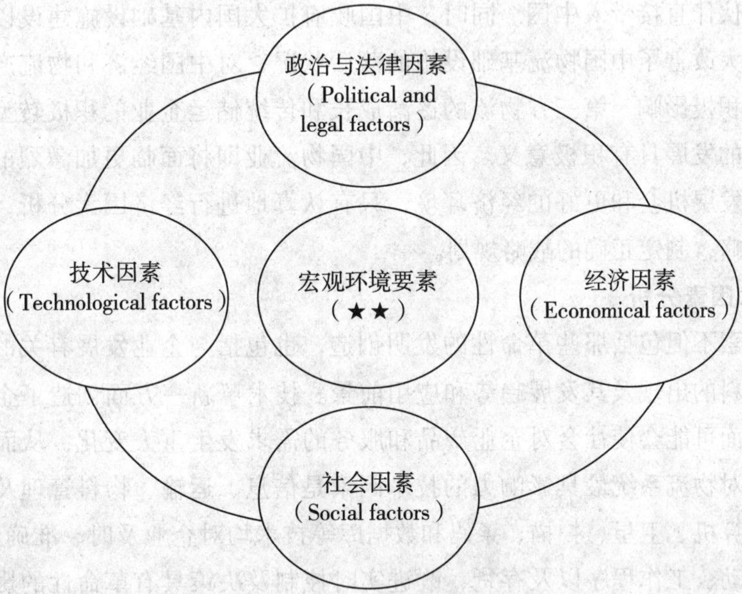

图 13－1　外部宏观环境构成

1. 政治与法律因素分析

政治与法律因素是指对企业经营具有现实的或潜在的、当前的或长期的作用与影响的政治力量，包括对企业经营进行限制或鼓励的法律法规、企业所在地区的政局是否稳定、执政党推行何种政策以及这些政策是否连续和稳定等。政府行为也对企业经营产生着复杂的影响，有些行为制约了企业经营，但有些又对企业有着指导作用和积极影响。政府主要是通过制定法律法规来间接地影响企业经营，有关物流的政策和法规无疑是影响物流发展的一个重要因素。

我国政府还没有制定直接针对物流的法规，与物流密切相关的有铁路、民航和中国邮政等，中央政府和地方政府都有物流相关产业的管理部门，这都是我国企业制定物流战略必须考虑的因素。同时，我国“入世”后，面临着更加激烈的国际物流竞争，企业还必须考虑国际化经营问题，对国际物流环境和各国政府颁布的法令政策、程序手续等进行研究。

2. 经济因素分析

首先要对企业所在国家或地区的宏观经济状况进行分析。反映宏观经济总体状况的关键指标是国民生产总值增长率，也与政府赤字水平及中央银行货币供应量有关。企业还应考虑中央银行或各专业银行的利率水平、劳动力的供给（失业率）、消费者收入水平、价格指数的变化（通货膨胀率）等。跨国经营的企业还必须考虑关税种类及水平、国际贸易的支付方式、东道主国家政府对利润的控制、税收制度等。

流入中国的产业资本和国内资本的跨地区、跨产业流动会带来大量的物流需求。“入世”后，中国逐步放开对外国物流资本的市场准入限制，跨国公司将其在国外签约的物流战略伙伴直接带入中国。同时，中国政府扩大国内基础设施建设以拉动内需的政策，也大大改善了中国物流基础设施的落后状况，对中国经济和物流产业的发展产生了长远的积极影响。第三方物流的逐渐成长和传统储运企业的积极转型，都对中国物流业今后的发展具有积极意义。因此，中国物流业即将面临更加激烈的竞争，也将面对更多的发展机会和更好的经济环境，只有认真地进行经济因素分析，才能找到正确的应对策略，制定正确的战略规划。

3. 技术因素分析

技术因素不但包括那些革命性的发明创造，也包括与企业发展有关的新技术、新工艺、新材料的出现及其发展趋势和应用前景。技术革新一方面创造了企业发展的机遇，另一方面可能会使社会对企业产品和服务的需求发生重大变化，从而使企业面临新的挑战。对物流系统最具影响力的技术因素是信息、运输、物料管理及包装技术的革新，如计算机、卫星、扫描、条码和数据库等技术均对企业及时、准确地掌握信息，跟踪物料运动、工作程序以及存货，改进实时控制及决策具有革命性的影响。信息技术与网络的结合也使传统的生产和销售模式发生了重大变革。因此，制定战略规划必须认清本企业和竞争对手在技术上的优势和劣势。

4. 社会因素分析

社会因素包括社会的文化、习俗、道德观念、公众的价值观、职工的工作态度以及人口统计特征等。社会文化是人们的价值观、思想、态度、社会行为等的综合体，影响着人们的购买决策和企业的经营行为。公众的价值观同人们的工作态度一起对企业的工作安排、作业组织、管理行为以及报酬制度等产生很大的影响。人口统计特征包括人口数量、密度、结构分布、地区分布、收入水平、教育程度等，影响着劳动力的供给以及市场的需求。因此，物流战略的规划必须考虑这些因素。

（二）物流战略微观环境分析

微观环境分析又称产业竞争性分析，主要是分析本行业中的企业竞争格局以及本行业和其他行业的关系。根据哈佛商学院教授迈克尔·波特的观点，行业竞争存在着五种基本的竞争力量，这五种力量的状况及综合强度，决定着行业的竞争激烈程度，从而决定了在行业中获利的最终潜力，即波特五力模型（如图13－2所示）。

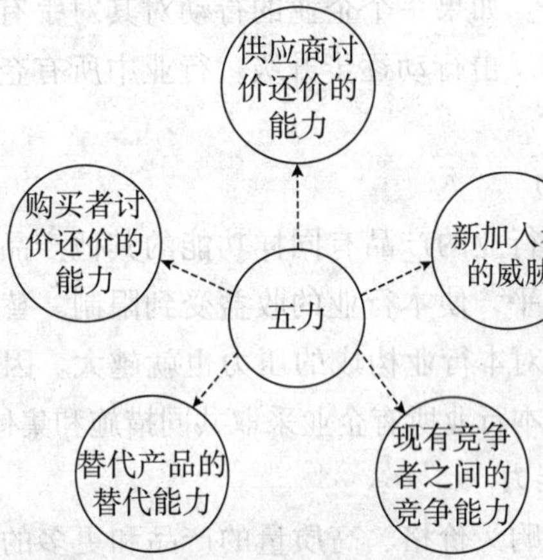

图13－2　波特五力模型

知识链接：波特五力模型

迈克尔·波特（Michael E. Porter）是美国哈佛大学商学院教授。他在1979年创立的用于行业分析和商业战略研究的理论模型——波特五力模型（Porter's Five Forces Model），又称波特竞争力模型。该模型在产业组织经济学基础上推导出决定行业竞争强度和市场吸引力的五种力量。此处市场吸引力可理解为行业总体利润水平。"缺少吸引力"意味着前述五种力量的组合会降低行业整体利润水平；而一个非常缺少吸引力的行业则意味着该行业接近于完全竞争市场，该行业中的厂商利润率趋近于零。

1. 新加入者的威胁

新加入者会导致行业生产能力的扩大，在需求未见增长的情况下，必然引起与现有企业的激烈竞争，使产品价格下跌；新加入者要获得生产所需的资源，必然导致对有限资源的竞争使行业生产成本升高；二者都导致行业的获利能力下降。新加入者威胁的强度取决于进入障碍和原有企业的反击程度，如果进入障碍高，原有企业反击有力，潜在的加入者就难以进入该行业，新加入者的威胁就小。决定进入障碍大小的主要因素有规模经济、产品差异优势、资金需求、销售渠道、与规模经济无关的成本优势等。

2. 现有竞争者之间的竞争能力

现有竞争者之间的竞争与特定行业经营的特点密切相关。在许多情况下，现有企业之间会进行激烈的竞争，如行业增长缓慢；行业具有非常高的固定成本或库存成本；行业的产品差别小或行业转换成本低；行业中的总体生产规模和能力大幅度提高；行业对企业兴衰至关重要，而且取得成功的可能性大；有众多势均力敌的竞争者；退出行业的障碍很大等。一般来说，现有竞争者之间多采用价格战、广告战、改进产品以及增加服务等手段开展竞争。如果一个企业的行动对其对手有显著威胁，就会招致报复或抵制。如果竞争行动和反击行动逐步升级，行业中所有企业可能两败俱伤，处境更糟。

3. 替代产品的替代能力

替代产品是指那些与本行业的产品有同样功能的其他产品。较低的替代产品价格会压低本行业产品的价格水平，使本行业的收益受到限制。替代产品的价格越有吸引力，这种限制作用就越大，对本行业构成的压力也就越大。因此，本行业与替代产品生产行业的竞争，常常需要本行业所有企业采取共同措施和集体行动。

4. 购买者讨价还价的能力

购买者可能要求较低的购买价格、高质量的产品和更多的优质服务，结果使行业的竞争者们互相残杀，导致行业利润下降。在下列情况下购买者有较强的讨价还价能力：购买者相对集中且大量购买；购买的产品占其全部费用或全部购买量很大的比重；产品标准化或无差别；购买者的行业转换成本低；购买者有采用后向一体化的倾向；产品对购买者无关紧要；购买者充分掌握供应商的信息等。

5. 供应商讨价还价的能力

供应商可以用提高供应价格或降低供应产品及服务质量的方法对下游行业进行威胁，从而使下游行业利润下降。在下列情况下供应商有较强的讨价还价能力：供应行业集中化程度高于购买者行业；供应商无须与替代产品进行竞争；所供应的行业对供应商无关紧要；供应商的产品是购买者的重要生产要素；供应商产品有较大差别并且购买者的转换成本很高；供应商对购买者行业构成前向一体化的威胁。

（三）企业物流外部环境的机会和风险

1. 企业物流外部环境的机会

企业物流外部环境的机会是企业发展的有利条件，如果加以利用，可以为企业的发展提供很多的机遇。企业物流外部环境的机会包括：国家物流产业政策的鼓励支持；银行信贷的支持；企业所需资源的不断扩大、增多；国内外市场容量的扩大；国家赋税的降低；企业竞争对手的减少等。

2. 企业物流外部环境的风险

企业物流外部环境的风险，可能会给企业的生存发展带来很大的障碍。企业物流外部环境的风险包括很多方面的内容，如企业所生产的产品被国家限制；国家紧缩银根，限制资规模；银行提高贷款利息率；国家提高赋税；企业产品的市场容量呈现缩减趋势；企业生产所需资源缩减等。

二、企业物流内部环境

内部环境是指企业能够加以控制的内部因素，这是物流经营的基础，是制定物流战略的出发点和依据，是竞争取胜的根本。对内部环境进行分析的目的在于掌握企业目前的状况，明确企业具有的优势和劣势，以便有效利用资源，制定能够发挥企业优势的物流战略，实现确定的战略目标。企业的管理人员应该充分分析企业自身的优势和劣势，以便更加了解企业自身的客观条件和发展前景，在面临企业外部环境的变更时，能从容应对。

（一）企业内部环境分析

一般来说，企业内部环境分析包括九方面的内容，对每一方面的分析和评价都需要回答一系列问题，这样才能明确企业所具备的优势和劣势。

1. 财务状况

财务优势和劣势是什么？财务指标的变化趋势如何？利润结构是否合理？是否有提高投资收益率的规划？有无筹措短期资金和长期资金的能力和渠道？财务管理制度是否完备？运行是否有效？成本控制是否有效？

2. 产品线及竞争地位

本企业产品或服务的优势和劣势是什么？企业是否具有能够获得竞争优势的某些专利？本企业的产品或服务目前拥有多大的市场占有率？稳定程度如何？这个市场占有率是集中的还是分散的？变化趋势如何？本企业的产品或服务是否容易受到经济周期变化的影响？现在的和潜在的顾客怎样评价本企业的产品或服务？

3. 生产设施及设备状况

生产设施及设备是否有效率？生产设备是否先进？其构成是怎样的？有无过剩的能力和扩充的可能？

4. 市场营销能力

本企业市场营销人员是否充足？素质如何？营销工作是否有效？本企业的定价策略是什么？市场调研的能力及水平如何？是否充分了解顾客需求？是否具备开拓新市场的能力？本企业的促销及广告活动是否有效？顾客对售前和售后服务如何评价？

5. 研究与开发能力

各类研发人员的数量、构成、知识结构如何？研究能力如何？是否已经开发出重要的新产品？研究试验设备的数量、构成及装备程度如何？经费是否充足？能否满足市场需要？研发工作的组织管理能力如何？

6. 管理人员的数量及素质

高层管理人员的构成是怎样的？他们的知识结构和年龄结构如何？采用怎样的管理模式？高层管理人员中占统治地位的价值观是什么？在战略实施和控制方面，中层和基层管理人员的数量及素质如何？

7. 职工的数量及素质

职工的数量是否充足？职工的技能和熟练程度怎样？这些技能是否能充分满足当前和未来的需要？职工的工作态度如何？出勤率怎样？职工的激励水平如何？

8. 组织结构

现有组织结构的类型是哪一种？能否有效运转？组织中的责权关系是否明确？分权与集权关系处理是否得当？

9. 过去的目标和战略

企业过去几年中的主要目标是什么？是否都已实现？这些目标是否适合企业自身？企业采用了什么战略？是否取得了成功？

（二）企业独特竞争能力分析

企业独特竞争能力是企业超越竞争者并获得较大利润的能力，独特竞争能力可以从企业所具有的资源与能力两方面进行分析。企业资源按其特点可分为有形资源和无形资源两类；企业能力是企业整合其资源并使其发挥作用的能力，是由企业组织结构和控制系统所决定的。资源和能力对企业独特竞争能力的形成所起的作用是不同的：企业如果仅有独特而有价值的资源，却没有使这些资源发挥作用的能力，这些资源就无法创造竞争优势并使其持续下去；反之，企业只要具有了竞争者所不具备的能力，在缺乏资源的情况下，同样可以建立起自己的独特竞争能力。

物流企业的独特竞争能力常常表现在协调供应商和经销商、整合客户资源和物流资源的能力，充分体现了市场链、供应链和价值链的统一。为了独占独特竞争能力为企业带来的丰厚收益，企业必须避免竞争者的模仿行为。所建立的模仿障碍越大，企业的竞争优势就越持久，只要竞争者模仿到独特竞争能力所花的时间大于企业确立竞争者难以企及的优势地位，或建立新的竞争能力的时间，竞争者就永远处于被动。因此，制定物流战略规划时对独特竞争能力的分析具有十分重要的意义。

三、企业物流环境的新变化

随着时代的不断发展、变化，企业物流发展也要面临新的变化。今天的全球化进程，为各个企业的发展带来了机遇和希望，如今的企业物流环境的新变化体现在很多方面。

（一）国际环境的变化促使企业物流环境发生新变化

WTO 的政策和相关协议会使一些国家进出口贸易环境发生变化，对外贸易速度加快，带动相关物流需求的增加，贸易仓储、运输加工的需求增加。

（二）越来越多的国际物流公司在企业的品牌形象、管理理念、资金实力等方面比较强大

这样必然会为企业的物流带来很多的压力，优胜劣汰，低效的物流企业将面临倒闭，或较强大需要重新整合，但是国际物流公司的加入也会带动整个物流行业的水平提高，效率上升，带来先进的管理经验和科学技术。

（三）企业要面临客户变化多端的需求

在新经济环境下，物流企业面临的压力主要来自客户需求的多样性和变化性，快速的反应在物流服务行业成为越来越重要的新竞争武器之一。如果企业无法在满足客户、技术升级或同业竞争等方面实现快速高效的反应，将被淘汰。

（四）企业物流将越来越重视提供个性化的物流服务

现代企业物流服务提供者不能仅仅依靠单纯提供部分固定的服务项目来吸引客户，而应利用信息将其咨询能力与企业客户的实际相结合，创造新价值，并将其自身的企业优势转化为新的生产力资源融入企业之中。在现今社会中，物流代理商不仅要去承接物流业务，更重要的是提供给客户一种崭新的资源，并且保证这种资源是客户迫切需要的、但通过自身内部却又无法获得的。在新的经济条件下，物流的个性化服务变成了一种跨越其组织界限的行业合作，作为“第三利润源泉”，其作用得到了更大的选择。

（五）企业应该加强物流信息的管理

物流活动所必需的信息，包括伴随物流活动而发生的信息，以及在物流活动以外发生的但对物流活动有影响的信息。企业为了使其各项职能相互衔接更加紧密，效率更加高效，要建立一个迅速传递和处理物流信息的信息系统。企业应该突破孤军奋战的状态，改为强强联合，或者是强弱相结合，或者是弱者结合起来一起对抗强者，建立动态互联的信息系统和标准化的信息系统。而且，企业必须建立应用这些技术的操作平台。为实现企业的内部信息交换，企业应建立互联网和服务器。通过互联网，一方面完成对企业在不同地域的分销商、分支机构、合作伙伴的信息沟通与控制，另一方面可以实现企业的电子商务贸易。在新的经济条件下，企业也需要采用一些现代化的物流手段，如计算机网络技术、机电一体化技术、语音识别技术、GPS、卫星通信、RFID、EDI、管理信息系统（MS）等。没有信息、网络和通信技术的支撑，是谈不上

现代化物流管理的。JIT、MRP、RFID 系统、EDI 技术、CS（客户端/服务器）结构系统等新兴科技的应用，应该也必须是企业物流战略的重要组成部分。

第三节　物流战略规划

一、物流战略目标

物流战略目标是由整个物流系统的使命所引导的，是可在一定时期内实现的量化目标，它为整个物流系统设置了一个可见的并且可以达到的未来，为物流基本要点的设计和选择指明了发展方向，是物流战略规划中的各项策略制定的基本依据。物流战略目标的制定主要包括：确定物流战略的一个长远的目标；分解企业长期的战略目标；建立整个企业的短期执行性战略目标；企业的相关业务部门及相关员工建立自己的目标。

企业物流战略的目标与企业战略的目标是一致的，主要是在保证物流服务水平的前提下，实现物流成本的最低化，即通过维持企业长期物流供应的稳定性、低成本、高效率，以企业的整体战略为目标追求与生产、销售系统良好的协调，面对环境的变化，为企业整体战略提供预警和功能范围内的应变力，最终为企业产品赢得良好的竞争优势等方式。在总结无数企业和管理者经验的基础上，物流战略目标精确阐明将在何时取得何种绩效，并通过制订好的、目标性强的方案去实现目标，极大地提高企业整体的管理水平。物流战略目标包括很多方面的内容，例如，如何扩大公司的物流市场份额，如何获得低于竞争对手的物流成本，如何在市场上获得充分的发展，如何获得供应链的优势等。总体可归纳为：降低运作成本，减少资本投入和改进服务质量。

在降低运作成本方面，物流战略目标是实现成本最小，即降低可变成本，主要包括运输和仓储成本。例如，物流网络系统的仓库选址、运输方式的选择等，在保持服务水平不变的前提下选出成本最小的方案。现代企业的经营核心都是获取利润，在企业收益不变的情况下，如果企业能够降低成本支出，就可以实现企业利润增加的目标。同时，因为物流成本是企业总成本中具有财务杠杆作用的成本之一，所以物流成本的降低就可以带来利润的数倍增加。

在减少资本投入方面，主要集中在投资最小化，即在保证企业利润不变的情况下，减少企业对物流设施和设备的投资，提高投资回报率。在保持服务水平不变的前提下，可以采用多种方法来降低企业的投资，这些措施会导致可变成本的上升，但只要其上升值小于投资的减少，则这些方法均可使用。

在改进服务质量方面，主要体现为及时、准确的到货。改进服务质量必然带来物流成本的增加，但是成本增加的同时，也带来了企业收益的增加。只要物流成本增加的幅度小于企业总收益增加的幅度，企业改进服务的物流战略就有实施的可能性和必要性。因此，综合地权衡利弊对企业来说至关重要。服务改善的指标值通常用客户需求的满足率来评价，但最终的评价指标是企业的年收入。

二、物流功能战略规划

物流功能战略规划分为物流运输战略、物流仓储战略、物流配送战略、物流信息战略和物流客户服务战略。

（一）物流运输战略

运输是物流的支柱，说到物流，人们就会认为“那是运输产业”，运输成本通常占了物流成本中的最大部分。运输功能实现了物质实体由供应地点向需求地点的移动。运输业的发展促进了竞争，平衡了供需，扩大了产品市场。例如，中东的原油产量大，容易获得。随着超级油轮的使用，中东原油以较低的价格运到世界各地。虽然有时在炼制时，需要更多的加工，但是产生的效益完全可以补偿加工费用。

物流运输战略可以使资源配置更加合理。物流运输战略的原则是规模经济和距离经济。规模经济是指随着装运规模的增长，单位货物的运输成本下降。距离经济是指每单位距离的运输费用会随运输距离的增加而减少。集运就是希望利用规模经济来降低成本的集中运输策略，主要有两种：一种是从地理上考虑把一个区域内的不同客户的货物集中起来运输；另一种是将某一个时间段内的订单合起来运输。显然集运需要考虑到成本的节约和客户服务水平之间的平衡。

物流运输战略的具体内容主要包括运输承运人的选择（外包或自营）、运输方式的选择（五种基本运输模式或联运）以及运输路线的选择（单一起讫点、多起点对多终点、起讫点重合）三个方面，企业需结合自身及客户的物流运输需求、可利用的运输条件以及可承担的物流成本等因素综合确定。

（二）物流仓储战略

仓储就是在特定的场所储存物品的行为。仓储是以改变“物”的时间状态为目的的活动，通过仓储可以克服产需之间的时间差异，从而获得更好的效用。物流仓储战略是由人员、计算机硬件、软件、网络通信设备及其他办公设备组成的人机交互系统，主要功能是进行物流信息的收集、存储、传输、加工整理、维护和输出，为物流管理者及其他组织管理人员提供战略、战术及运作决策的支持，以达到组织的战略竞争优势，提高物流运作的效率与效益。物流仓储主要包括仓库的物权决策（自用仓库、公共仓库、合同仓库）、集中仓储或分散仓储、仓库的大小及选址、仓储内部设施布局、存货种类和数量等具体内容。

（三）物流配送战略

《现代物流实用词典》认为物流配送是共同化的服务模式，物流配送共同化包括物流资源利用共同化、物流设施与设备利用共同化、物流管理共同化等。储存形态有两种：配送储备和配送暂存。配送储备是按一定时期的配送经营要求形成的对配送的资源保证。这种类型的储备数量较大，储备结构也较完善，根据货源及到货情况，可以有计划地确定周转储备并调整储备结构及数量。配送储备有时在配送中心附近单独设库解决。配送暂存是具体执行日配送时，按分拣配货要求，在理货场地所做的少量储存准备。由于总体储存效益取决于总量，所以，这部分暂存数量只会对工作方便与否造成影响，而不会影响储存的总效益，因而在数量上控制并不严格。还有另一种形式的暂存，即是分拣、配货之后，形成的发送货载的暂存，这个暂存主要是调节配货与送货的节奏，暂存时间不长。配送的一般流程比较规范，但并不是所有的配送者按流程进行。不同产品的配送可能有独特之处，如燃料油配送就不存在配货、分放、配装工序，水泥及木材配送又多出了一些流通加工的过程，而流通加工又可能在不同环节出现。

（四）物流信息战略

物流信息是反映物流各种活动内容的知识、资料、图像、数据、文件的总称。物流作为一个大系统，制定系统内部设施、机械装备、专用工具等的技术标准，包装、仓储、装运输等各类作业标准，以及作为现代物流突出特征的物流信息标准，从而形成全国以及和国际接轨的标准化体系。

物流信息战略的核心是构建现代物流信息系统。该系统是在对现代物流企业业务活动进行调研、分析的基础上，按照系统化的设计原则，综合运用现代物流管理理念及物流信息技术所开发的企业物流信息管理的人机交互系统，它具有快速处理信息及辅助决策的功能。物流信息系统软件是物流管理系统的核心，物流信息系统规划是物流系统规划的一部分，也是企业战略规划的一部分。它服务于企业的长期规划，是长期规划的手段和保证。物流信息系统规划是系统开发最重要的阶段，一旦有了好的系统规划，就可以按照数据处理系统的分析和设计持续工作，直到系统的实现。

物流信息系统规划的具体内容包括：①物流信息系统的目标、总体结构和约束条件；②企业现有的物流信息系统的情况和对其的评价，包括各个计算机应用项目；③企业的业务流程现状、存在的问题及流程在新信息技术下的重组；④对影响规划的信息技术发展方向的预测；⑤近期计划；⑥对以上内容形成的系统规划报告。

（五）物流客户服务战略

物流客户服务战略是企业为了满足客户的物流需求，开展一系列物流活动的结果。

物流的本质是服务，产生空间效用和时间效用。货主企业的物流需求是以商流为基础，并且伴随商流而发生变化，因此物流服务必须从属于货主企业物流系统，其流通货物的种类、流通时间、流通方式、提货配送方式等都是由货主决定的，物流企业只是按照货主的需求，提高相应的物流服务。物流客户服务属于非物质形态的劳动，它生产的不是有形的商品，而是一种伴随销售和消费同时发生的即时性服务。物流客户服务的特点是分布广泛，并且对象客户不固定，因此它具有移动性以及面广、分散的特性。物流客户服务的移动性和分散性会产生局部的供需不平衡，也会给经营管理带来一定的难度。它是以数量多而又不固定的客户为对象，这些客户的需求在方式上和数量上是多变的，有较强的波动性，为此容易造成供需失衡，成为在经营上劳动效率低、费用高的主要原因。企业的物流客户服务战略在市场竞争中需要确定核心业务和核心优势，差异化的客户服务能给企业带来独特的竞争优势。企业必须高度重视物流管理，并且努力改进客户服务。物流客户服务战略的制定和规划直接影响到企业的市场份额、物流总成本，进而影响到总体利润。

三、物流战略规划的影响因素

物流战略规划就是通过增加价值和客户服务来获得竞争优势的统一的、综合的、一体化的规划过程。它以整个公司的目标和计划为基础，通过预测未来的物流服务需求和管理整个供应链资源来获得高度的客户满意。

影响物流战略规划的因素有很多，包括客户服务水平、供应和分配道、设施定位、分配部署、库存、运输、信息管理、组织等，可将这些因素分为五类：需求变动、客户服务、产品特征、物流成本和定价策略。

（一）需求变动

不仅需求的水平极大地影响着物流网络的规模，而且需求的地理分布也决定着物流网络的结构、层次。通常，企业所拥有的市场份额或市场占有率是不平衡的，某一区域市场的销售可能比其他区域市场增长（或下降）得更快。这样，需求的较大波动可能要求在需求增长较快的地区建造新的仓库或配送中心，而在市场增长缓慢或萎缩的地区可能要关闭设施。如果企业的销售或市场份额发生异常变化，就说明需要对物流网络进行重新规划。可以说，社会生产和消费的需求规模和水平是物流战略规模的基础。

（二）客户服务

物流服务水平（库存可得率、送货和订单履行速度、准确性）发生改变，企业就需要重新制定物流系统战略。但如果市场比较稳定，客户服务水平本身要求不高，变化幅度也很小，就不一定需要重新调整物流服务战略。随着客户服务水平的提高，与这些因素相关的成本往往以更快的比率增长。因此，分销成本受客户服务水平的影响很大，尤其是当客户服务水平达到很高的时候。

（三）产品特征

产品特征一般是指产品的外形、质量、功能、重量、数量、价值、包装和市场风险等。

物流对象就是产品，所以物流成本受产品特征影响很大。在物流渠道中，产品特征可能因包装设计或产品储运过程中的完工状态而发生改变。例如，将货物拆散运输可能较大地影响产品的重量—体积比及与之相关的运输和仓储费。

由于产品特征的改变可能会改变物流要素组合中的某一项成本，而对其他成本项目影响不大，所以物流系统内部可能形成新的成本平衡点。因此，在产品特征发生较大变化时，重新规划物流系统是有益的。

（四）物流成本

物流成本是指物流活动中所消耗的物化劳动和活劳动的货币表现。具体地说，它是产品在实物运动过程中，如包装、搬运装卸、运输、储存、流通加工等各个活动中所支出的人力、物力和财力的总和。物流成本的高低决定物流系统重新规划的频率。一般而言，高价值产品（如精密机床等投资品）的物流成本占其总成本的比重很小，所以企业不需要经常优化物流系统战略。而对于生产普通工业产品和日用消费品的企业，其单位物流成本一般很高，物流战略规划是这类企业关注的重点。

（五）定价策略

企业定价策略是指企业在充分考虑影响定价的内外部因素的基础上，为实现企业预定的定价目标而采取的价格策略。制定科学合理的定价策略，不但要求企业对成本进行核算、分析、控制和预测，而且要求企业根据市场结构、市场供求、消费者心理及竞争状况等因素做出判断与选择，定价策略选择得是否恰当，是影响企业定价目标的重要因素。

商品采购或销售的定价策略发生变化也会影响物流战略。这主要是因为定价策略决定了买方或卖方是否承担某些物流活动的责任。例如，供应商定价由出厂价格（不含运输成本）改为运达价格（含运输成本），一般意味着采购企业无须提供或安排内向物流。同样，定价策略也影响着商品所有权的转移和分销渠道内运输责任的划分。

四、物流战略规划的内容

企业物流战略规划是指企业高层管理机构结合企业内部条件和所处的外部环境，

并根据企业长期经营、发展的总目标，制定出能够使企业实现总目标所需要遵循的管理方针和管理政策，做出现有资源优化配置的决策，提出实现总目标的经营途径和手段。企业物流战略规划是在一定的企业内外环境下，为实现企业的既定目标所制定的不同层次的规划，解决在物流过程中，一个完整的物流"链条"上的每一个环节应当做什么、何时做和如何做的问题。很多企业虽然认识到发展物流的潜力，但往往不知如何着手。因此企业要获得高水平的物流绩效，创造买方价值和企业的战略价值，必须进行相应的物流战略规划与设计，并了解企业的物流系统的各构成部分如何协调运转与整合。

（一）物流战略层

物流战略层即确立物流对企业战略的协助作用，建设两大平台和两大系统。物流战略层次如图 13－3所示。物流首先是一种服务，企业建设物流系统的目的首先是为了实现企业的战略，所以企业发展物流必须首先确立物流规划与管理对企业总体战略的协助作用。同时，企业现代物流的发展必须建设两大平台和两大系统，即基础设施平台和信息平台，信息网络系统和物流配送系统。在进行企业物流规划管理最初必须进行企业资源能力的分析，充分利用过去和现在的渠道、设施以及其他各种资源来完善企业的总体战略，并以最小的成本和最快的方式建设两大平台和两大系统。

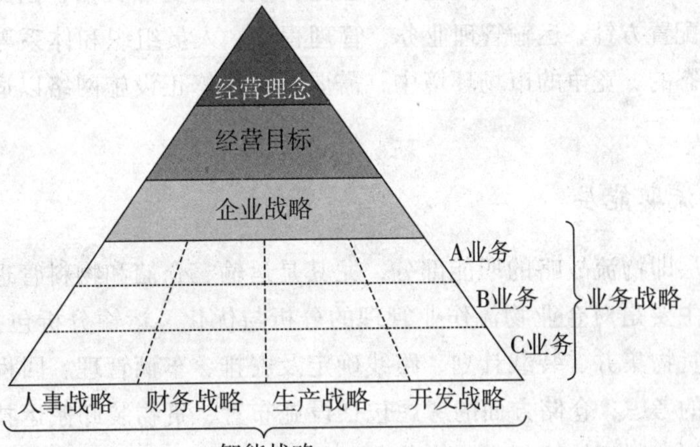

图 13－3　物流战略层次

（二）物流经营层

物流经营层即通过客户服务建立战略方向。物流活动的唯一目的是要向内部和外部客户提供及时、准确的交货，无论交货是出于何种动机或目的，接受服务的客户始终是形成物流需求的核心与动力，因此，客户服务是制定物流战略的关键。而且，要执行一项营销战略，必须要考察企业在与争取客户和保持客户有关的过程中的所有活动，而物流活动就是这些关键能力之一，可以被开发成核心战略。在某种程度上，企业一旦将竞争优势建立在物流能力上，它就具有难以重复再现的特色。

（三）物流结构层

物流结构层即物流系统的结构部分，包括渠道设计和设施的网络战略。企业的物流系统首先应该满足客户的服务需求，而物流系统的渠道结构和设施网络结构提供了满足这些需求的物质基础。

物流渠道设计包括确定为达到期望的服务水平而须执行的活动与职能，以及渠道中的哪些成员将执行它们。渠道体系设计需要在渠道目标的制定、渠道长度和宽度的评价、市场、产品、企业以及中间商因素的研究、渠道成员的选择及职责、渠道合作等方面认真分析与判断，因为体系一旦实施，常常无法轻易地改变。随着客户需求变化和竞争者的自我调整，渠道战略必须进行再评价以维持或增强市场地位。

企业物流设施的网络战略要解决的问题有：设施的功能、成本、数量、地点、服务对象、存货类型及数量、运输选择、管理运作方式（自营或向第三方外包）等。网络战略必须与渠道战略以一种给客户价值最大化的方式进行整合。涉及和 3PL 提供商的合作，物流网络可能会变得更为复杂，也比传统网络更加灵活，因此，对现有的仓储业务、库存配置方针、运输管理业务、管理程序、人员组织和体系等进行革新是明智之举。在动态的、竞争的市场环境中，需要不断地修正设施网络以适应供求基本结构的变化。

（四）物流职能层

物流职能层即物流战略的职能部分，尤其是运输、仓储和物料管理。物流战略规划的职能部分主要是对企业物流作业管理的分析与优化。运输分析包括承运人选择、运输合理化、货物集并、装载计划、路线确定及安排、车辆管理、回程运输或承运绩效评定等方面的考虑；仓储方面的考虑包括设施布置、货物装卸搬运技术选择、生产效率、安全、规章制度的执行等；在物料管理方面，可以着重分析预测、库存控制、生产进度计划和采购上的最佳运作与提高。

（五）物流执行层

物流执行层用来解决日常的物流管理问题，企业物流战略规划与管理的最后一层为执行层，包括物流信息系统、指导日常物流运作的方针与程序、设施设备的配置及维护，以及组织结构设计与人员问题。其中，物流信息系统和组织结构设计是最为重要的内容。

第四节　物流战略的实施与控制

一、物流战略的实施

为了确保物流战略的实施，要了解物流战略实施的制约因素，分配好资源，加强组织领导和激励，制订具体的行动计划等。

（一）物流战略实施的制约因素

物流战略实施的制约因素主要有三个方面：人员系统、组织结构系统和企业文化系统。在人员系统方面，企业员工，特别是企业的物流工作者，是物流战略管理过程的主体。在组织结构系统方面，企业组织结构的调整是实施物流战略的一个重要环节，任何一项物流战略都需要有一个相适应的组织结构去完成。而企业文化系统是实施战略的保证，在物流战略实施过程中，积极的企业文化起支持作用。

（二）物流战略的实施模式

物流战略的实施模式是企业管理人员在物流战略实施过程中所采用的手段。一般有以下几种模式。

1. 指挥型

这种模式的特点是企业总经理考虑如何制定一个最佳物流战略的问题。在实践中，计划人员要向总经理提交企业物流战略的报告，总经理看后做出结论，确定了物流战略之后，向高层管理人员宣布企业物流战略，然后强制下层管理人员执行。

这种模式的运用要有以下约束条件。

（1）总经理要有较高的权威，靠其权威通过发布各种指令来推动战略实施。

（2）本模式只能在战略比较容易实施的条件下运用。这就要求物流战略制定者与执行者的目标比较一致，战略对企业现行运作系统不会构成威胁；企业组织结构一般都是高度集权制的体制，企业环境稳定，能够集中大量的信息，多种经营程度较低，企业处于强有力的竞争地位，资源较为宽松。

（3）本模式要求企业能够准确、有效地收集信息，并能及时汇总，送到总经理的手中。因此，它对信息条件要求较高。这种模式不适应高速变化的环境。

（4）本模式要有较为客观的规划人员。因为在权力分散的企业中，各事业部常常因为强调自身的利益而影响了企业总体物流战略的合理性。因此，企业需要配备一定数量的有全局眼光的规划人员来协调各事业部的物流计划，使其更加符合企业的总体物流运作要求。这种模式的缺点是把战略制定者与执行者分开，即高层管理者制定物流战略，强制下层管理者执行战略，因此，下层管理者缺少了执行战略的动力和创造精神，甚至会拒绝执行战略。

2. 变革型

这种模式的特点是企业经理考虑如何实施企业物流战略。在战略实施中，总经理本人或他借助其他方面的帮助需要对企业进行一系列的变革，如建立新的组织机构、新的信息系统，变更人事，甚至是兼并或合并经营范围，采用激励手段和控制系统以促进战略的实施。为进一步增强战略成功的机会，企业物流战略领导者往往采用以下三种方法。

（1）利用新的组织机构和参谋人员，向全体员工传递新物流战略优先考虑的战略重点是什么，把企业的注意力集中于战略重点所需的领域中。

（2）建立物流战略规划系统、效益评价系统，采用各项激励政策以便支持战略的实施。

（3）充分调动企业内部人员的积极性，争取各部分人对物流战略的支持，以此来保证企业战略的实施。这种模式在许多企业中比指挥型模式更加有效，但这种模式并没有解决指挥型模式中存在的如何获得准确信息的问题、各事业部及个人利益对物流战略计划的影响问题以及战略实施的动力问题，而且还产生了新的问题，即企业通过建立新的组织机构及控制系统来支持战略实施的同时，也失去了战略的灵活性，在外界环境变化时使战略的变化更为困难。从长远来看，在环境不确定的企业，应该避免采用不利于战略灵活性的措施。

3. 合作型

这种模式的特点是企业的总经理需要考虑如何让其他高层管理人员从物流战略实施一开始就承担有关的战略责任。为发挥集体的智慧，企业总经理要和企业其他高层管理人员一起对企业战略问题进行充分的讨论，形成较为一致的意见，制定出战略，再进一步落实和贯彻战略，使每个高层管理者都能够在战略制定及实施的过程中做出各自的贡献。

协调高层管理人员的形式多种多样，如有的企业成立有各职能部门领导参加的“物流战略研究小组”，专门收集在战略问题上的不同观点，并进行研究分析、在统一认识的基础上制定出战略实施的具体措施等。总经理的任务是要组织好一支合格的制定及实施战略的管理人员队伍，并使他们能够很好地合作。

合作型的模式克服了指挥型模式和变革型模式存在的局限性，使总经理接近一线管理人员，获得比较准确的信息。同时，由于物流战略的制定是建立在集体研究的基础上的，有提高战略实施成功的可能性。该模式的缺点是由于战略是不同观点、不同目的的参与者相互协商折中的产物，会使战略的经济合理性有所降低，同时仍然存在着谋略者与执行者的区别，仍未能充分调动全体管理人员的智慧和积极性。

4. 文化型

企业总经理运用企业文化的手段，不断向企业全体成员灌输战略思想，建立共同的价值观和行为准则，使所有成员在共同的文化基础上参与战略的实施活动。由于这种模式打破了战略制定者与执行者的界限，力图使每一个员工都参与制定、实施企业物流战略，因此使企业各部分人员都在共同的战略目标下工作，使企业物流战略实施迅速，风险小，企业发展迅速。

文化型模式也有局限性，表现为以下几个方面。

（1）这种模式是建立在企业职工都是有学识的假设基础上的，在实际中，职工很难达到这种学识程度，受文化程度及素质的限制，一般职工（尤其在劳动密集型企业中的职工）对企业物流战略制定的参与程度受到限制。

（2）极为强烈的企业文化，可能会掩盖企业中存在的某些问题，企业也许会为此付出代价。

（3）采用这种模式要耗费较多的人力和时间，而且还可能因为企业的高层不愿意放弃控制权，从而使职工参与物流战略制定及实施流于形式。

5. 增长型

这种模式的特点是企业总经理考虑的是如何激励下层管理人员制定实施物流战略的积极性及主动性，为企业效益的增长而奋斗。即总经理要认真对待下层管理人员提出的一切有利于企业发展的方案，只要方案基本可行，符合企业战略发展方向，在与管理人员探讨了解决方案中的具体问题的措施以后，应及时批准这些方案，以鼓励员工的首创精神。采用这种模式，企业战略不是自上而下地推行，而是自下而上地产生，因此，总经理应该具有以下认识。

（1）总经理不可能控制所有的重大机会和威胁，有必要给下层管理人员以宽松的环境激励他们集中精力做出有利于企业发展的物流经营决策。

（2）总经理的权力是有限的，不能在任何方面都把自己的愿望强加于组织成员。

（3）总经理只有在充分调动及发挥下层管理者的积极性的情况下，才能正确地制定和实施物流战略，一个稍微逊色但能够得到人们广泛支持的战略，要比那种“最佳”的却得不到人们热心支持的战略有价值得多。

（4）企业物流战略是集体智慧的结晶，靠一个人很难得出正确的战略。因此，总经理应该坚持发挥集体智慧的作用，并努力减少集体决策的各种不利因素。

上述五种战略实施模式在制定和实施战略上的侧重点不同，指挥型和合作型更侧重于战略的制定，而把战略实施作为事后行为，而文化型及增长型则更多地考虑战略实施问题。运用这些模式的条件，主要取决于物流企业多种经营的程度、发展变化的速度以及目前的文化状态。文化型和增长型对于多种经营程度不高的物流企业来说可能更为合适。实际上，在企业中，上述五种模式往往是交叉或交错使用的，彼此之间并不互相排斥。

（三）战略实施的主要任务

战略实施的主要任务是：把物流战略的内容和要求具体化，安排实施战略和行动计划的具体工作程序，把物流战略落到实处。企业通过一定的行动来实现企业阶段目标、任务，常常表现为一些具体项目的执行活动，主要包括以下方面。

（1）建立实施战略的组织。

（2）合理预算资金。

（3）建立支持战略的政策和程序。

（4）最佳运作价值链活动。

（5）建立信息、通信与运作系统。

（6）将报酬和激励与企业业绩目标、实施战略紧密联系。

（7）创立支持战略的工作环境和企业文化。

（8）发挥领导作用，提高战略实施水平。

二、物流战略的控制

物流战略的控制是指把物流战略实施过程中所产生的实际效果与预定的目标和评价标准进行比较，评价工作业绩，发现偏差，采取措施，以实现预期的战略目标，实现战略规划。物流战略管理的过程如图 13－4 所示。

物流战略控制的步骤有如下几点。

1. 确定物流战略控制标准

这里的“标准”是预定的战略目标或标准，是战略控制的依据，一般由定量和定性两个方面的评价标准组成。

2. 衡量实际绩效

依据标准检查工作的实际执行情况等，以便与预期的目标相比。

3. 纠正偏差

衡量实际绩效之后，应将衡量结果与标准进行比较，经过比较会出现偏差，应分析原因，采取纠正措施。

物流战略控制的方法有如下几点。

1. 事前控制

事前控制又称前馈控制，是在物流战略实施前，对物流战略行动的结果有可能出现的偏差进行预测，并将预测值与物流战略的控制标准进行比较，判断可能出现的偏差，从而提前采取纠正措施。

2. 事中控制

事中控制又称为行或不行的控制，是在物流战略实施过程中，按照控制标准验证物流战略执行的情况，确定正确与错误及行与不行。

3. 事后控制

事后控制又称后馈控制，是在物流战略推进过程中将行动的结果与期望的控制标准相比较，看是否符合控制标准，总结经验教训，并制定行动措施，以利于将来的行动。

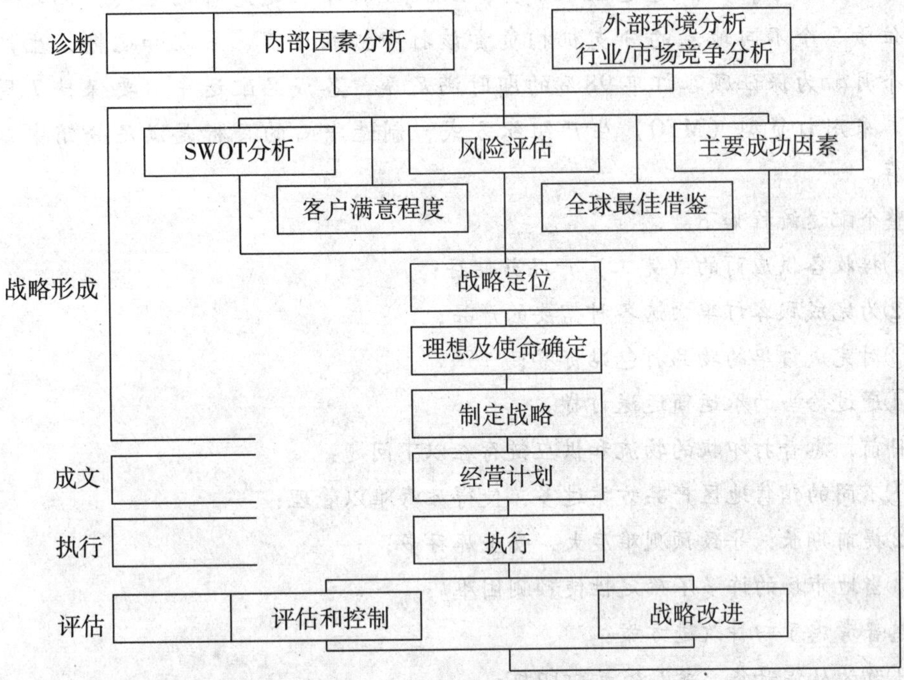

图 13－4　物流战略管理的过程

本章小结

本章介绍了物流战略管理概述、物流战略环境分析、物流战略规划、物流战略实施与控制等相关知识。物流战略指明了企业物流发展的方向、进度、目标、发展方式和经营方式，是物流经营计划的依据，为企业物流竞争取胜提供支持，并可以使物流系统的投资最小化，最终影响企业的收入水平。企业战略环境包括物流宏观环境和微观环境。企业的宏观外部环境间接地或潜在地对企业发生作用和影响，一般包括政治与法律因素、经济因素、技术因素和社会因素等，对宏观环境进行分析，目的是确认和评价宏观因素对物流系统战略目标和战略选择的影响。微观环境分析又称产业竞争性分析，主要是分析本行业中的企业竞争格局以及本行业和其他行业的关系。根据哈佛商学院教授波特的观点，行业竞争存在着五种基本的竞争力量，这五种力量的状况及综合强度，决定着行业的竞争激烈程度，从而决定着在行业中获利的最终潜力。

案例分析

惠普公司物流战略的选择

惠普（HP）公司成立于1939年，1988年惠普打印机进入市场，销售部门分布在110个国家，产品超过22000类，Deskjet打印机是惠普的主要产品之一。过去由位于5个不同地点的分支机构负责该打印机的生产、装配和运输，生产周期为6个月。为保证顾客订单98%的即时满足率，各成品配送中心要保持7周的库存量。采用订货型（MTO）生产组织方式，制造中心的目标是满足分销中心的安全库存。

整个配送流程如下：

①接收各供应商的（完工）产品并储存；

②为完成顾客订单挑选各种需要的产品；

③对完成订单的物品打包贴标签；

④通过恰当的承运商运送订货。

目前，惠普打印机的物流和供应链存在以下问题：

①不同的销售地区产品方案过多，使得库存难以管理；

②提前期长，导致预测难度大，安全库存多；

③当地市场的许多不确定性使预测困难。

惠普考虑了四种改进方案：

①改为从温哥华总装厂空运打印机；

②在欧洲货当地建厂；

③在欧洲配送中心保持更多的库存；

④改善预测。

（资料来源：Han Lee：《HP打印机延迟战略》，中国物流与采购网 http：//www.chinawuliu. com. cn）

思考：

1. 上述四种方案的优劣势分别是什么？

2. 你认为可以采用哪种物流战略来解决惠普存在的问题？这一战略在实施过程中可能会遇到什么问题和决策？

教学资源包

在线答题

课后练习

一、判断题

1. 物流战略绩效评价的第一步是开具证书。( )

2. 物流战略规划是涉及企业本质的基本问题，它决定了企业物流的总目标和方针。( )

3. 协同化的物流战略中不同产业之间的横向协同物流，处理的商品范围比较广，而且企业更容易接受。( )

二、选择题

1. 寻求最大的竞争优势的战略为（ ）。

A. 成本最低战略 B. 服务最优战略 C. 利润最高战略 D. 竞争力最强战略

2. 不属于物流战略所要追求的主要目标是（ ）。

A. 成本最小 B. 投资最少 C. 完美订货 D. 服务改善

3. 物流系统的设计应以（ ）为中心。

A. 库存战略 B. 运输战略 C. 设施分布 D. 顾客服务水平

4. 物流系统生存战略属于按（ ）划分的物流战略类型。

A. 发展方向 B. 服务项目 C. 战略行为 D. 战略重点

5. 当广大的客户或供需之间没有特殊的紧密合作关系时，应当采用（ ）战略。

A. 外包物流 B. 第三方物流 C. 自办物流 D. JIT 物流

6. 物流战略的控制是指把物流战略实施过程中所产生的（ ）进行比较，评价工作业绩，发现偏差，采取措施，以实现预期的战略目标，实现战略规划。

A. 实际效果 B. 预定的目标 C. 评价标准 D. 目标控制

7. 物流战略的特征有（ ）。

A. 全局性 B. 长远性 C. 系统性 D. 指导性

E. 风险性

三、思考题

1. 谈谈智慧物流时代物流战略创新的方向。

2. 物流系统评价必须遵循哪些原则?

3. 简述物流战略规划与管理的地位和作用。

4. 从战略角度思考物流企业绩效评价。

5. 关于应急物流战略的思考方向有哪些?

6. 分析企业物流内外部风险。